全国中等职业学校
课程改革规划新教材

Qiche Fadongji Weixiu

汽车发动机维修

（第3版）

主　　编　袁　亮　李　磊

副　主　编　唐守均　刘新江

丛书总主审　朱　军

人民交通出版社股份有限公司
China Communications Press Co.,Ltd.

内 容 提 要

本书是全国中等职业学校课程改革规划新教材之一,包括:发动机总成吊装、正时皮带检查与更换、配气机构检修、汽缸盖和汽缸体检修、曲柄连杆机构检修、冷却系统检修、润滑系统检修、发动机总装检验、发动机故障码读取、空气流量传感器检测与更换、节气门位置传感器检测与更换、温度传感器的检测与更换、曲轴位置传感器检测与更换、氧传感器的检测与更换、燃油供给系统检修、电控点火系统检修、怠速控制系统检修、电子控制单元电源电路检修、尾气排放检测与废气分析和可变配气正时(VVT – i)检修,共20个学习任务。

本书为中等职业学校汽车运用与维修、汽车检测与维修等专业的教材,也可作为汽车维修行业相关技术人员及汽车爱好者的参考书。

图书在版编目(CIP)数据

汽车发动机维修 / 袁亮,李磊主编. —3 版. —北京:人民交通出版社股份有限公司,2019.9

ISBN 978-7-114-15675-5

Ⅰ.①汽…　Ⅱ.①袁…　②李…　Ⅲ.①汽车—发动机—车辆修理—中等专业学校—教材　Ⅳ.①U472.43

中国版本图书馆 CIP 数据核字(2019)第 136761 号

书　　名:汽车发动机维修(第 3 版)
著 作 者:袁 亮 李 磊
责任编辑:戴慧莉
责任校对:刘 芹
责任印制:张 凯
出版发行:人民交通出版社股份有限公司
地　　址:(100011)北京市朝阳区安定门外外馆斜街 3 号
网　　址:http://www.ccpress.com.cn
销售电话:(010)59757973
总 经 销:人民交通出版社股份有限公司发行部
经　　销:各地新华书店
印　　刷:北京市密东印刷有限公司
开　　本:787×1092　1/16
印　　张:18.5
字　　数:423 千
版　　次:2011 年 1 月　第 1 版
　　　　　2013 年 7 月　第 2 版
　　　　　2019 年 9 月　第 3 版
印　　次:2019 年 9 月　第 3 版　第 1 次印刷　总第 4 次印刷
书　　号:ISBN 978-7-114-15675-5
定　　价:46.00 元

(有印刷、装订质量问题的图书由本公司负责调换)

全国中等职业学校汽车运用与维修专业
课程改革规划新教材编委会

（排名不分先后）

主　　任:王永莲(四川交通运输职业学校)　　王德平[贵阳市交通(技工)学校]

副　主　任:韦生键(成都汽车职业技术学校)　　陈晓科(郴州工业交通学校)

张扬群(重庆市渝北职业教育中心)　　刘高全(四川科华高级技工学校)

蒋红梅(重庆立信职业教育中心)　　余波勇(郫县友爱职业技术学校)

姜雪茹(成都市工业职业技术学校)　　袁家武[贵阳市交通(技工)学校]

黄　轶(重庆巴南职业教育中心)　　徐　力(成都工程职业技术学校)

张穗宜(宜宾市工业职业技术学校)　　刘新江(四川交通运输职业学校)

委　　员:柏令勇　杨二杰　黄仕利　雷小勇　钟　声　夏宇阳　陈　瑜　袁永东

雍朝康　黄靖淋　何陶华　胡竹娅　税发莲　张瑶瑶

盛　夏(四川交通运输职业学校)

谢可平　王　健　李学友　姚秀驰　王　建　汤　达

侯　勇[贵阳市交通(技工)学校]

王丛明　陈凯镔(成都市工业职业技术学校)

韩　超(成都工程职业技术学校)

向　阳　秦政义　曾重荣(成都汽车职业技术学校)

袁　亮　陈淑芬　李　磊(郴州工业交通学校)

向朝贵　丁　全(郫县友爱职业技术学校)

石光成　李朝东(重庆巴南职业教育中心)

唐守均(重庆市渝北职业教育中心)

夏　坤(重庆立信职业教育中心)

周　健　向　平(四川科华高级技工学校)

伍鸿平(宜宾市工业职业技术学校)

丛书总主审:朱　军

秘　　书:戴慧莉

第3版前言

本套"全国中等职业学校课程改革规划新教材",自2010年首次出版以来,多次重印,被全国多所中等职业院校选为汽车运用与维修专业教学用书,受到了广大师生的好评。2012年根据教学需求,本套教材进行了修订,使之在结构和内容上与教学内容更加吻合,更注重对学生实践能力的培养。

为了体现现代职业教育理念,贴近汽车运用与维修专业实际教学目标,促进"教、学、做"更好地结合,突出对学生技能的培养,使之成为技能型人才,2018年8月,人民交通出版社股份有限公司吸收教材使用院校的意见和建议,组织相关老师,经过充分认真研究和讨论,确定了修订方案,再次对本套教材进行了修订。

《汽车发动机维修》的修订工作,就是在本书第2版的基础上进行的,教材修订主要体现在以下几个方面:

(1)在原章节主体知识基本不变的前提下,具体内容按照"任务描述、知识准备、任务实施、评价反馈、学习拓展"的一体化教学方式编写;

(2)对原教材内容进行整合,将原学习任务二发动机总成分解和原学习任务九发动机总成组装作了删减;

(3)对原教材内容做了优化,以近年来汽车运用与维修专业机电项目技能竞赛车型丰田卡罗拉、威朗、科鲁兹、迈腾等维修内容为编写案例,并按照汽车发动机维修岗位工作过程,采用任务引领的方式重新编写了任务实施内容,操作过程增加了大量的图片,实践内容更加贴近生产实际。

本书由郴州工业交通学校袁亮、李磊担任主编,由重庆渝北职业教育中心唐守均、四川交通运输职业学校刘新江担任副主编,郴州工业交通学校范超、邓建平、张众魁、李松、吕富强参加编写。在本书的编写过程中,我们走访了很多品牌汽车 4S 店,查阅了大量的文献,特别是上汽通用、一汽丰田、一汽大众 4S 店对本教材的编写提供了帮助和支持,在此一并表示感谢!

限于编者水平,书中难免有疏漏和错误之处,恳请广大读者提出宝贵建议,以便进一步修改和完善。

全国中等职业学校汽车运用与维修专业

课程改革规划新教材编委会

2019 年 2 月

目　录

学习任务一 发动机总成吊装

任务要求

完成本学习任务后,你应能:

1. 知道常用吊装发动机工具的使用方法及其安全操作规范;
2. 知道发动机总成的组成、结构和装配关系;
3. 知道拆装发动机总成的步骤及装配要求;
4. 拆装发动机总成。

建议学时:8 学时。

任务描述

一辆科鲁兹轿车,发动机的怠速工作正常,但只要一踩加速踏板,就能听到发动机"噔、噔、噔"的敲击异响声,如继续踩加速踏板,异响声消失。经过维修工作人员检查、判断,故障原因是连杆轴承松旷所致。需要将发动机总成从汽车上吊装下来,以便进行连杆轴承的更换。

一、理论知识准备

发动机总成经过长期使用后,因其基础件和主要零部件的磨损、变形和裂损,将使发动机的技术性能显著下降,故障率增加,不再满足使用要求和废气排放标准。因此,把发动机总成从汽车上吊下,对发动机的损伤零件进行更换,使其技术状况完好,是一个非常关键的操作项目。

1. 常用的发动机吊装工具

1)液压举升机

液压举升机是用于汽车维修行业的汽车修理机械,在汽车维修中发挥着至关重要的作用,整车大修及维护都离不开液压举升机。

液压举升机分为:双柱龙门举升机(图 1-1)、四柱举升机(图 1-2)、大剪平板举升机(图 1-3)。

汽车举升机的使用注意事项如下。

(1)使用前应清除举升机附近妨碍作业的器具及杂物,并检查操作手柄是否正常,操作机构是否灵敏有效。

图 1-1　双柱龙门举升机

图 1-2　四柱举升机

图 1-3　　大剪平板举升机

（2）待举升车辆驶入后，应调整举升机支撑块位置，使其对正该车型规定的举升点。

（3）举升汽车时，4 个支角应在同一平面上，调整支角胶垫高度使其接触车辆底盘支撑部位。注意车辆不可举得过高，支起后 4 个托架要锁紧。

（4）举升时人员应离开车辆，举升到需要高度时，必须插入保险锁销，并确保锁止安全可靠才可开始到车底作业。不得在举升机上操作修理。

（5）举升机不得频繁起落。

（6）举升汽车时举升过程要稳，降落要慢。有人作业时严禁升降举升机。

（7）发现操作机构不灵、电动机不同步、托架不平或液压部分漏油，应及时报修，不得带病操作。

（8）作业完毕应清除杂物，打扫举升机周围以保持场地整洁。

（9）定期(半年)排除举升机油缸积水，并检查储油量，储油量不足应及时加注相同牌号的液压油。同时应检查、举升机传动齿轮及链条的润滑情况。

2）手拉吊葫芦

手拉吊葫芦是一种使用简单、携带方便的手动起重机械，又称"环链葫芦"或"倒链"。它适用于小型设备和货物的短距离吊运，起重质量一般不超过 10t。手拉吊葫芦的外壳材质是优质合金钢，坚固耐磨，安全性能高。

手拉吊葫芦是通过曳动手链条、手链轮转动,将摩擦片棘轮、制动器座压成一体共同旋转,齿长轴便转动片齿轮、齿短轴和花键孔齿轮。这样,装置在花键孔齿轮上的起重链轮就带动起重链条,从而平稳地提升重物。采用棘轮摩擦片式单向制动器,在载荷下能自行制动,棘爪在弹簧的作用下与棘轮啮合,保证制动器安全工作。它具有安全可靠、维护简便、机械效率高、手链条拉力小、自重较轻便于携带、外形美观尺寸较小、经久耐用的特点,如图1-4所示。

在使用手拉吊葫芦时,应该注意以下几个方面。

(1)严禁超载使用。

(2)严禁用人力以外的其他动力操作。

(3)在使用前须确认机件完好无损,传动部分及起重链条润滑良好,空转情况正常。起吊前检查上下吊钩是否挂牢。严禁重物吊在尖端等错误操作。起重链条应垂直悬挂,不得有错扭的链环,双行链的下吊钩架不得翻转。

(4)操作者应站在与手链轮同一平面内曳动手链条,使手链轮沿顺时针方向旋转,即可使重物上升;反向曳动手链条,重物即可缓缓下降。

(5)在起吊重物时,严禁人员在重物下做任何工作或行走,以免发生人员事故;在起吊过程中,无论重物上升或下降,曳动手链条时,用力应均匀和缓,不要用力过猛,以免手链条跳动或卡链。

(6)操作者如发现手拉力大于正常拉力时,应立即停止使用。

3)吊钩

吊钩采用优质碳素结构钢或合金结构钢锻造并进行热处理而成,具有体积小、质量轻、强度高等特点,如图1-5所示。吊钩主要作为起重作业中的连接工具。使用与操作吊钩的极限工作载荷和适用范围是吊钩的试验检测和使用依据,严禁超载使用。

图1-4　手拉吊葫芦

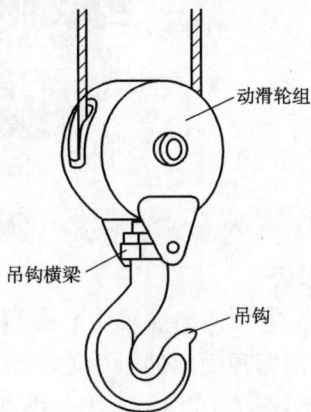

动滑轮组

吊钩横梁

吊钩

图1-5　吊钩组件

4)单臂吊机

单臂吊机主要用于维修时的重物起吊,如汽车发动机、各种电动机等,不使用的时候可折叠放置,不占很大空间。载重均达2t,提升范围大,如图1-6所示。

2.发动机总成的概念

发动机总成是一种能够把一种形式的能转化为另一种更有用的能的机器,通常是把化学能转化为机械能。发动机最早诞生在英国,所以,发动机的概念也源于英语,它的本义是指那种"产生动力的机械装置"。随着科技的进步,人们不断地研制出不同用途多种类型的发动机,但是,不管哪种发动机,它的基本前提都是要以某种燃料燃烧来产生动力。发动机的结构如图1-7所示。

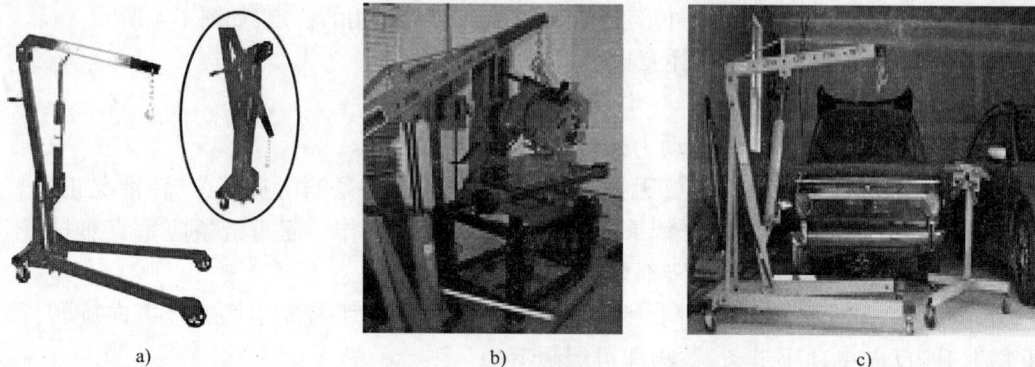

a)   b)   c)

图1-6　单臂吊机实物图及应用

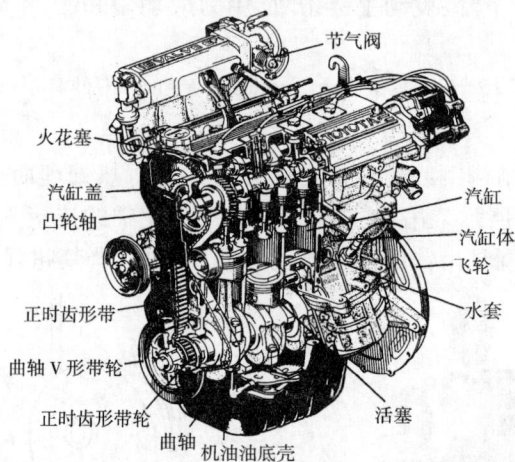

图1-7　汽油发动机的结构图

3. 发动机常用术语

上止点(TDC):活塞顶面离曲轴中心线最远时的止点。通常即活塞的最高位置。

下止点(BDC):活塞顶面离曲轴中心线最近时的止点。通常即活塞的最低位置。

活塞行程(S):活塞运行的上、下两个止点之间的距离。

汽缸工作容积(V_h):一个汽缸中活塞运动一个行程所扫过的容积。即活塞面积与行程的乘积。

燃烧室容积(V_c):活塞在上止点时活塞顶以上部分的容积。

汽缸总容积(V_a):活塞位于下止点时,其顶部与汽缸盖之间的容积。

$$V_a = V_c + V_h$$

发动机排量(V_L):多缸发动机各汽缸工作容积的总和。

压缩比(ε):气体压缩前的容积与气体压缩后的容积之比值,即汽缸总容积与燃烧室容积之比。

通常汽油机的压缩比为 6~10,柴油机的压缩比较高,一般为 16~22。

4. 发动机编号

发动机编号由以下四部分组成。

(1)首部:为产品系列符号和(或)换代标志符号,由制造厂根据需要自选相应字母表示,但需主管部门或由部门主管标准化机构核准。

(2)中部:由缸数符号、行程符号、汽缸排列形式符号和缸径符号组成。

(3)后部:结构特征和用途特征号,以字母表示。

(4)尾部:区分符号。同一系列产品因改进等原因需要区分时,由制造厂选用适当的符号表示。

5. 常见发动机总成外围部件

1)发动机舱盖

发动机舱盖(又称发动机罩)是最醒目的车身构件,对发动机舱盖的主要要求是隔热隔声、自身质量轻、刚性强。

(1)发动机舱盖的打开方法。

①将位于驾驶人侧仪表板下方的发动机舱盖锁定手柄朝自己的方向拉。

②站在车辆前方,用手指拉动辅助钩,抬起发动机舱盖。

③支撑发动机舱盖,将发动机舱盖支撑杆插入发动机舱盖上的槽内。

(2)发动机舱盖的关闭方法。

①一边用手撑住发动机舱盖,一边将支撑杆恢复原位。

②将发动机舱盖放低并轻缓地将其放下。

2)散热器总成

散热器的功用是疏散从发动机内排出的冷却液的多余热量,降低冷却液的温度,以保证冷却液在发动机冷却系统内的正常工作温度。

一般在吊装发动机之前,需要拆卸的散热器总成部件有:散热器管道、风扇等。

3)起动机

起动机俗称马达,它由直流电动机产生动力(在汽车中,通常由蓄电池提供电量),经起动齿轮传递动力给飞轮齿环,带动飞轮、曲轴转动而起动发动机。

4)空调系统

汽车空调系统是实现对车厢内空气进行制冷、加热、换气和空气净化的装置。它可以为乘车人员提供舒适的乘车环境,降低驾驶人的疲劳强度,提高行车安全。

一般在吊装发动机之前,需要拆卸的空调系统部件有:冷凝器、风扇总成、水暖软管等。

5)发动机安装托架

(1)拆卸发动机安装托架的方法。

①用千斤顶支撑住发动机。

②拆下发动机吊架总成。

③用链条葫芦等固定住发动机总成,如图 1-8 所示。

④用千斤顶顶着发动机油底壳，在它们之间垫一木块。顶起发动机直至托架上无发动机的承重，然后拆下发动机安装托架。

（2）发动机安装托架安装注意事项。

①如图1-9所示，用千斤顶顶住发动机油底壳，在它们之间垫一块木块。边调整发动机的位置边安装发动机的安装托架。

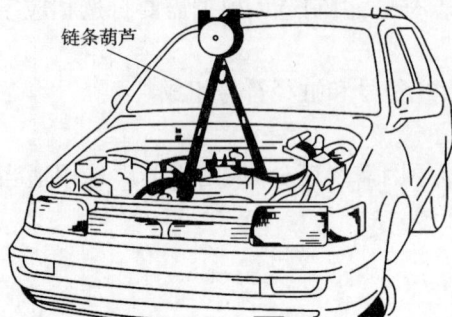

图1-8　拆卸发动机安装托架

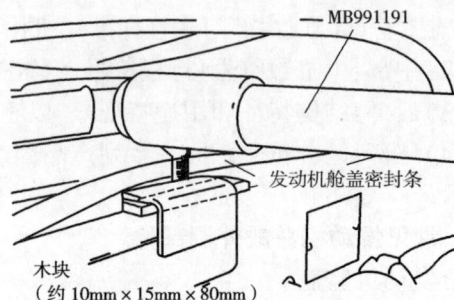

图1-9　安装发动机安装托架

②用千斤顶支撑住发动机。

③拆下链条葫芦，用发动机吊架总成（专用工具）支撑发动机总成，如图1-10所示。

注意：在发动机吊架总成和前机体之间一定要垫入一块木块。此外，不要将发动机舱盖密封条压在前机体和木块之间。

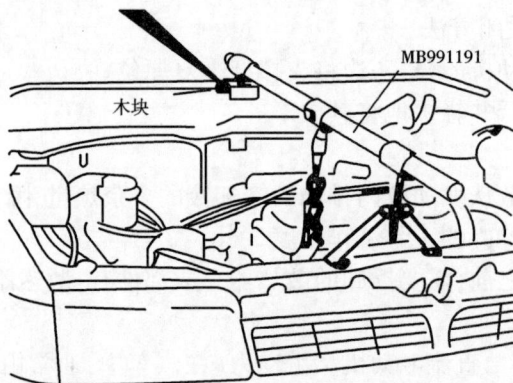

图1-10　支撑发动机总成

二、实 践 操 作

1.实践准备

科鲁兹汽车一辆、单臂吊机、吊钩、常用工具和专业工具各1套、干净的抹布、刮刀及维修手册等。

2.技术要求与注意事项

（1）搬运发动机等重物应戴手套，采用专用设备进行。

（2）注意用电、用油安全,禁止在拆装场地吸烟。

（3）正确操作发动机总成吊装工具,注意各种螺栓的拆装力矩,避免用力过大伤及周围人员或将螺栓拧断。

（4）空调系统软管容易折断,在移动冷凝器时,必须格外小心。

3. 实践操作

1）记录待修车辆的基本情况(表1-1)

待修车辆的基本情况记录表 表 1-1

项　目	内　容	项　目	内　容
车辆型号(VIN)		车主反映	发动机有异响
发动机型号		维修检查建议	需吊卸发动机进一步检修

2）故障再现

通过故障症状进一步确定故障部位。起动发动机,打开发动机舱盖,用听诊器在发动机汽缸盖、油底壳等处听诊,是否有异响发生,如有异响发生,请记录异响发生的准确部位。

□　异响发生在汽缸上部　　□　异响发生在汽缸下部、油底壳处

3）按发动机总成的吊卸步骤从车上吊下发动机

发动机总成吊卸的一般顺序是先将与发动机相连的附件、导线拆开,然后将变速器与发动机分离,最后将发动机用吊装设备吊出发动机舱,科鲁兹发动机吊卸步骤(手动变速器-D16)如下。

（1）拆下中间转向轴螺栓。

（2）打开发动机舱盖。

（3）回收制冷剂。

（4）拆下蓄电池托架。

（5）拆下前风窗玻璃洗涤液储液罐加注管1,如图1-11所示。

（6）拆下前舱熔断丝盒盖1,如图1-12所示。

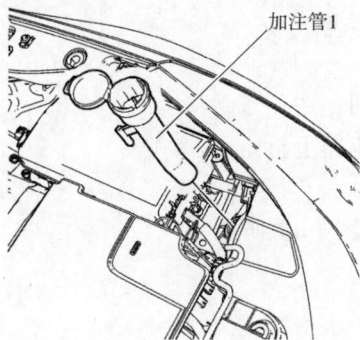

图1-11　拆下前风窗玻璃洗涤液储液罐加注管

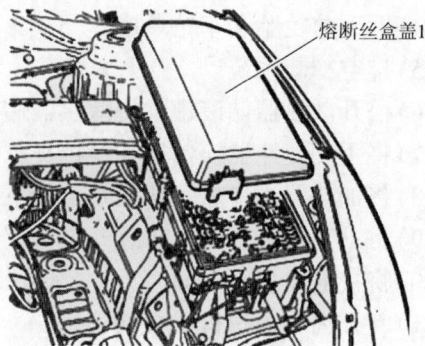

图1-12　拆下前舱熔断丝盒盖

（7）拆下3个前舱熔断丝盒螺栓1,如图1-13所示。

（8）拆下前舱熔断丝盒2,如图1-14所示。

（9）松开3个线束塞3。将线束塞从前舱熔断丝盒上断开。

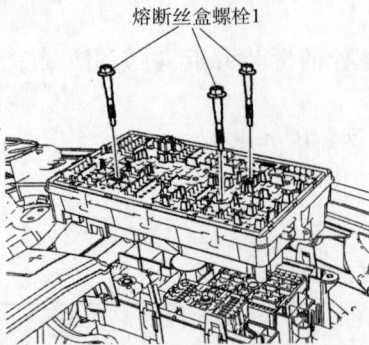

图 1-13　拆下前舱熔断丝盒螺栓

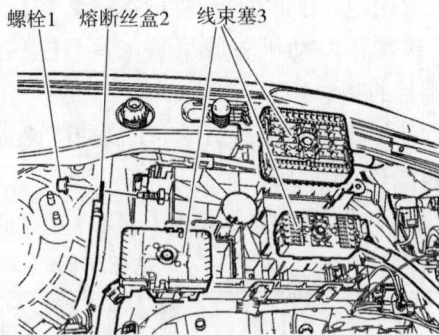

图 1-14　拆下前舱熔断丝盒

(10)拆下 3 个搭铁螺母 1 且将 3 根线束 2 放到一边,如图 1-15 所示。

(11)断开 2 个线束塞(1、2),如图 1-16 所示。

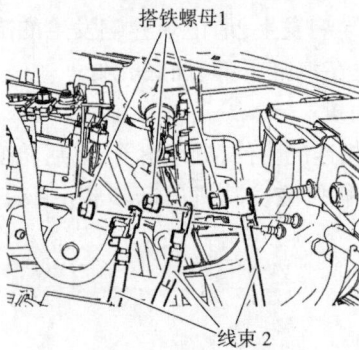

图 1-15　拆下搭铁螺母

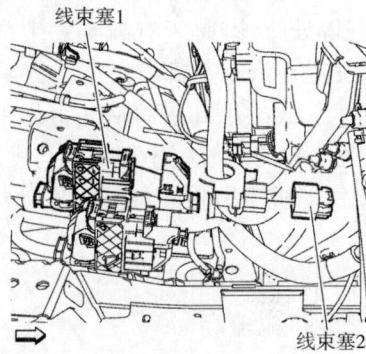

图 1-16　断开线束塞

(12)拆下空气滤清器壳体。

(13)拆下前保险杠蒙皮。

(14)拆下前轮胎和车轮总成。

(15)排空冷却系统。

(16)松开散热器储液罐。将散热器储液罐放到一边。

(17)将手动变速器换挡杆和换挡杆拉线从变速器上拆下。

(18)将加热器进口软管从隔板上拆下。

(19)将助力器真空管 1 从进气歧管上断开,如图 1-17 所示。

(20)将接液盘置于下面。

(21)断开离合器执行器泵前管。

(22)将燃油箱通风管从蒸发排放通风阀上断开。用 CH 807 封闭螺塞闭合通风管。

(23)将燃油加注管从多点燃油喷射燃油分配管上断开。用 CH 807 封闭螺塞闭合通风管。

(24)拆下动力转向液储液罐螺栓。松开动力转向液储液罐并将其支撑到发动机上。

(25)将空调压缩机和冷凝器软管螺母 1 从空调冷凝器 2 上拆下,如图 1-18 所示。

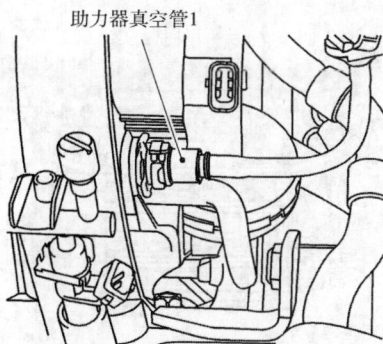

图 1-17　断开助力器真空管

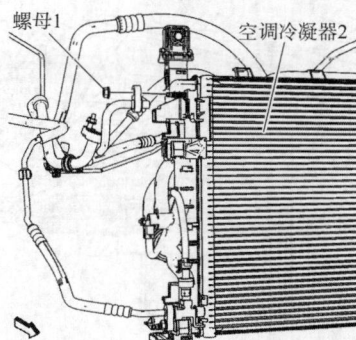

图 1-18　拆下空调压缩机和冷凝器软管螺母

（26）将空调压缩机和冷凝器软管螺母 1 从制冷剂软管 2 上拆下，如图 1-19 所示。

（27）将空调蒸发器软管总成螺母从空调冷凝器上拆下。

（28）将散热器出口软管从散热器上松开。

（29）完全举升车辆。拆下前舱防溅罩。

（30）将车辆降至其一半高度。将上稳定杆连杆从两侧的吸能器上拆下。

（31）将转向传动机构外转向横拉杆从两侧的转向节上拆下。将前下控制臂从转向节上拆下。

（32）将前轮轴从轮毂上拆下。断开两侧的车轮速度传感器。

（33）举升车辆到它的一半高度。将车轮速度传感器线束固定件从车架上拆下。

（34）将 2 根发动机冷却风扇线束（1、2）从车架上拆下，如图 1-20 所示。

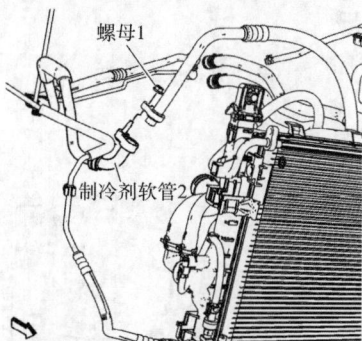

图 1-19　拆下空调压缩机和冷凝器软管螺母

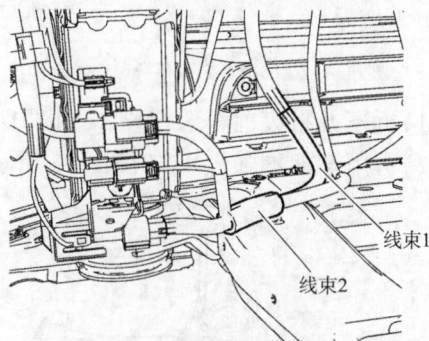

图 1-20　拆下发动机冷却风扇线束

（35）拆下排气挠性管。

（36）拆下发动机及变速器支座。

（37）拆下发动机左右侧支座。

（38）用液压千斤顶举升 CH904 底架和 CH49289 适配器直到它接触到车架，如图 1-21 所示。

注意：必须将 CH 49289 适配器的定位销（2、3）定位到传动系统车架的孔中，如图 1-22所示。

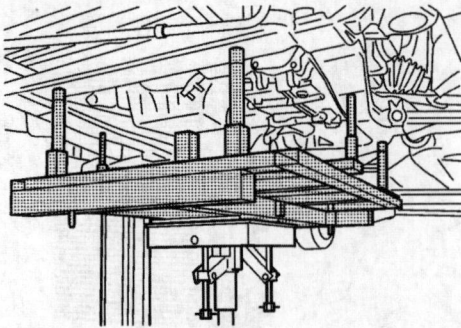

图1-21　举升 CH904 底架和 CH49289 适配器

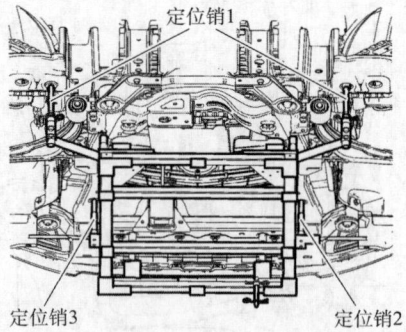

图1-22　定位销（2、3）定位

（39）检查是否需要进行车轮定位。移出定位销 1 并尝试将其插入车身底部的孔中，如图 1-23 所示。如果定位销 1 不能插入，安装传动系统车架后，需要进行"车轮定位测量"。

（40）拆下并报废前车架螺栓 2，如图 1-24 所示。

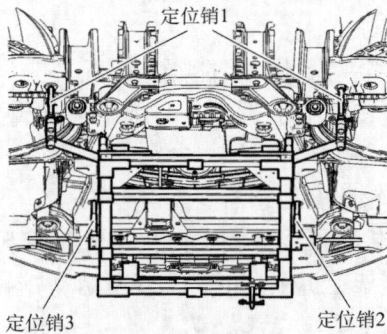

图1-23　定位销 1 插入车身底部的孔中

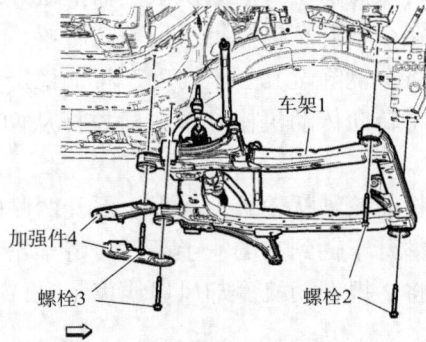

图1-24　拆下并报废前车架螺栓 2

（41）拆下并报废前车架螺栓 3，如图 1-25 所示。

（42）拆下车架加强件 4，如图 1-26 所示。

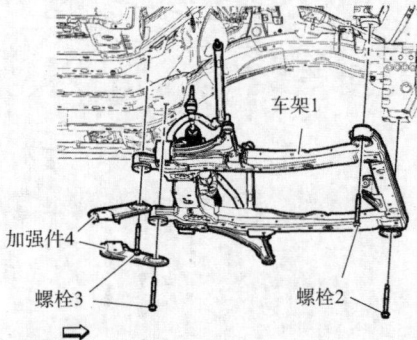

图1-25　拆下并报废前车架螺栓 3

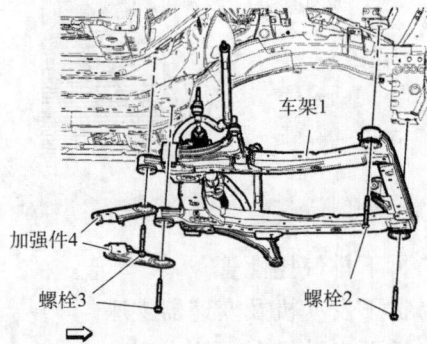

图1-26　拆下车架加强件 4

（43）将发动机变速器单元从车辆上拆下，降下车架 1，如图 1-27 所示。

（44）将左右两侧车轮驱动轴从变速器上拆下。

（45）拆下动力转向液储液罐出口软管。

(46)先松开散热器出口软管卡箍 2,再将散热器出口软管 3 从水泵 1 上拆下,如图 1-28 所示。

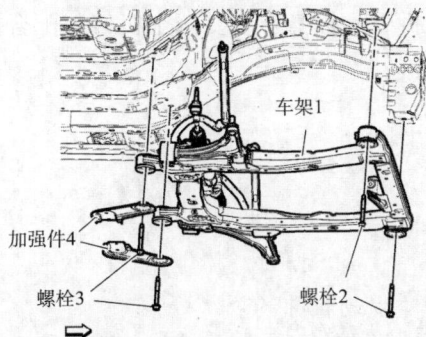

图 1-27　降下车架 1

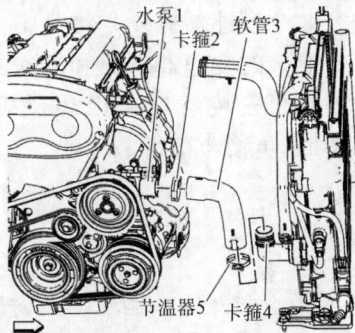

图 1-28　拆下软管卡箍 2 出口软管 3 和水泵 1

(47)先松开散热器进口软管卡箍 4,将散热器进口软管 3 从发动机冷却液节温器 5 上拆下,如图 1-29 所示。

(48)先在 3 个发动机提升支架上安装合适的拉线。再将合适的发动机提升装置安装至拉线。

并拉伸发动机提升装置直到钢制拉线轻微张紧。

(49)拆下变速器前支座贯穿螺栓 1,如图 1-30 所示。

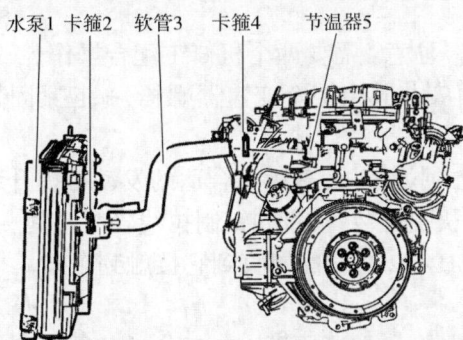

图 1-29　拆下软管卡箍 4、进口软管 3、冷却液节温器 5

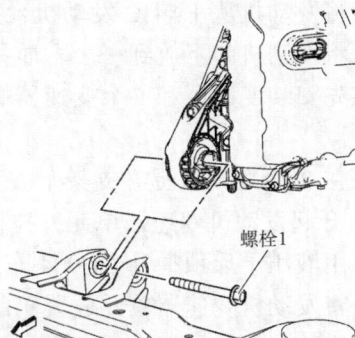

图 1-30　拆下前支座贯穿螺栓 1

(50)拆下变速器支座托架至支座的贯穿螺栓 1,如图 1-31 所示。

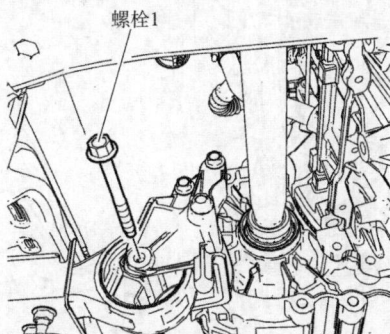

图 1-31　拆下支座托架至支座的贯穿螺栓 1

(51)降下并拆下车架。

(52)将发动机变速器单元向下放到一个木质托盘上。

(53)松开8个变速器螺栓并将其中7个螺栓拆下。注意:需要两个机修工配合操作。

(54)拆下剩余的变速器螺栓和变速器。

(55)将发动机安装至 EN 412 发动机台架。

(56)必要时,更换零部件。

想一想

发动机异响有何故障症状?如何检查和排除发动机异响?

4)清洗

(1)用刮刀将发动机各零部件上的污物刮干净。

(2)用清洗液将发动机各部件洗净。

(3)用干抹布将发动机各部件擦干净。

5)按发动机总成的安装步骤吊装发动机到车上

发动机安装的顺序与拆下的顺序相反,但在安装科鲁兹发动机(手动变速器 -D16)时应注意以下内容,须按规定进行操作。

(1)将发动机从 EN412 发动机台架拆下。

(2)将发动机向下放到一个木质托盘上。注意:需要两个机修工配合操作。

(3)先安装变速器和1个变速器螺栓,再安装其余7个变速器螺栓,一起紧固8个变速器螺栓。

(4)在 3 个发动机提升支架上安装合适的拉线。将车辆上合适的发动机提升装置安装至拉线。升起发动机变速器单元并拉伸发动机提升装置,直到钢制拉线轻微张紧。

(5)用液压千斤顶举升 CH904 车架和 CH 49289 适配器直到它接触到车架。

(6)将发动机变速器单元放置于前车架。

(7)安装变速器托架支座至支座贯穿用螺栓1,并紧固至 100 N·m,如图1-32 所示。

(8)安装变速器支座贯穿螺栓1,并紧固至 58 N·m,如图1-33 所示。

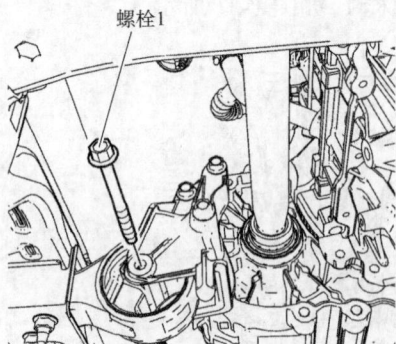

图1-32 安装支座至支座贯穿用螺栓1

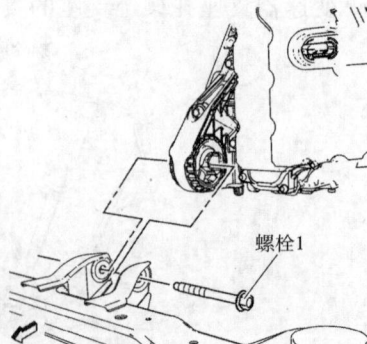

图1-33 安装变速器支座贯穿螺栓1

（9）将拉线从 3 个发动机提升支架上拆下。

（10）先将散热器进口软管 3 安装至发动机冷却液节温器 5，再安装散热器进口软管卡箍 4，如图 1-34 所示。

（11）将散热器出口软管 3 安装至水泵 1，如图 1-35 所示。

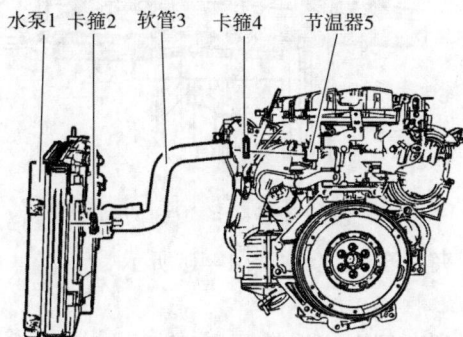

图 1-34　安装散热器进口软管 3 和冷却液节温器 5

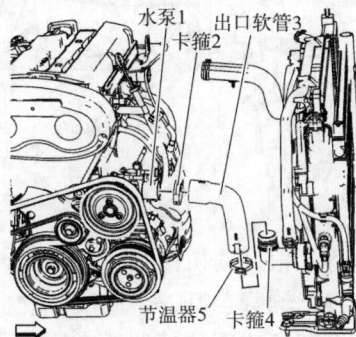

图 1-35　安装出口软管 3 和水泵 1

（12）安装散热器出口软管卡箍 2，如图 1-36 所示。

（13）安装动力转向液储液罐出口软管。

（14）将右侧车轮驱动轴安装到变速器上。再将左侧车轮驱动轴安装到变速器上。

注意：CH49289 适配器的定位销 1 必须延伸以导入车身底部孔中，如图 1-37 所示。

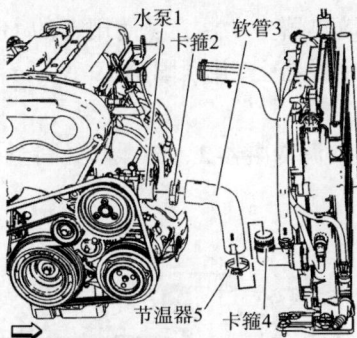

图 1-36　安装软管卡箍 2

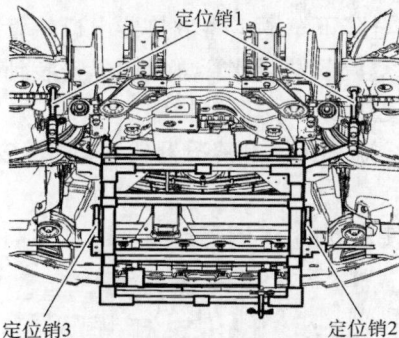

图 1-37　安装定位销 1

（15）将带发动机变速器单元的车架 1 举升至车辆发动机舱内，然后安装车架加强件 4，再安装前车架螺栓 2，只能用手紧固。接着安装加强件螺栓 3。只能用手紧固。注意：切勿重复使用旧螺栓。

最后将后车架螺栓 2 紧固至 $90\ N\cdot m + 130°$。注意：切勿重复使用旧螺栓。将前车架螺栓 1 紧固至 $120\ N\cdot m + 130°$，如图 1-38 所示。

（16）降下带液压千斤顶的 CH49289 适配器直至其可拆下，如图 1-39 所示。

（17）安装发动机右侧支座。再安装发动机左侧支座。

（18）拆下发动机和变速器支座。

（19）安装排气挠性管。

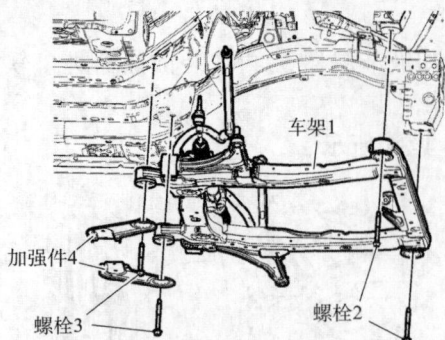

图1-38 车架及螺栓和加强件

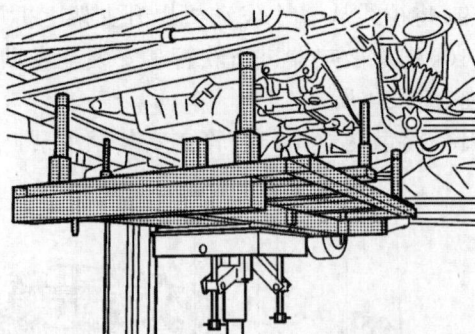

图1-39 降下 CH49289 适配器

（20）将2根发动机冷却风扇线束（1、2）夹到车架上，如图1-40所示。

（21）将车辆降至其一半高度。

（22）将车轮速度传感器线束固定件安装到车架上。连接两侧的车轮速度传感器。

（23）将前轮轴安装至轮毂。并将前下控制臂安装至转向节。

（24）将转向传动机构外转向横拉杆安装至两侧的转向节。并将上稳定杆连杆安装至两侧的吸能器。

（25）举升车辆到它的一半高度。

（26）安装发动机前舱防溅罩。

（27）检查变速器油位。

（28）完全降下车辆。将散热器出口软管夹到散热器上。注意：使用新的 O 形密封圈。

（29）将空调蒸发器软管总成螺母安装到空调冷凝器上，并紧固至19 N·m。

注意：使用新的 O 形密封圈。

（30）将空调压缩机和冷凝器软管螺母1安装至空调冷凝器2。将螺母紧固至19 N·m，如图1-41所示。

注意：使用新的 O 形密封圈。

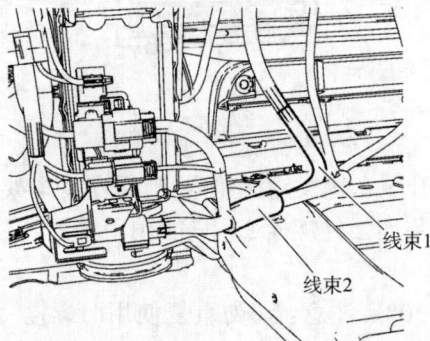

图1-40 安装冷却风扇线束

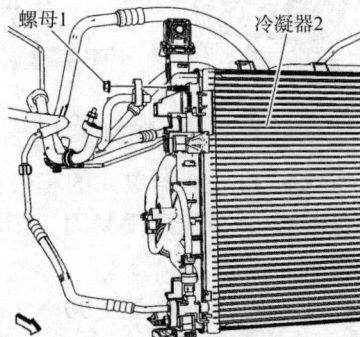

图1-41 冷凝器管螺母1

（31）夹紧动力转向液储液罐。安装动力转向液储液罐螺栓并紧固至9 N·m。并拆下 CH 807 封闭螺塞。

（32）将燃油加注管连接至多点燃油喷射燃油分配管。并拆下 CH 807 封闭螺塞。

（33）将燃油箱通风管连接至蒸发排放通风阀。

（34）将加热器出口软管从隔板上拆下。

（35）连接离合器执行器液压泵前管。并排出液压离合器系统中的空气。

（36）用离合器液压油加注储液罐至最大液位。

（37）将助力器真空管 1 连接至进气歧管，如图 1-42 所示。

（38）将加热器进口软管安装至隔板。

（39）将手动变速器换挡杆和换挡杆拉线安装至变速器。

（40）夹紧散热器储液罐，然后加注冷却液至储液罐 Max 和 Min 刻线之间。

（41）安装前轮胎和车轮总成。

（42）安装前保险杠蒙皮。

（43）安装空气滤清器壳体。

（44）连接 2 个线束塞（1、2），如图 1-43 所示。

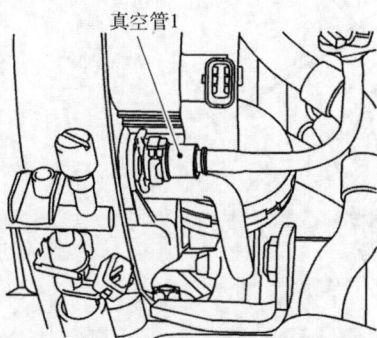

图 1-42　助力器真空管

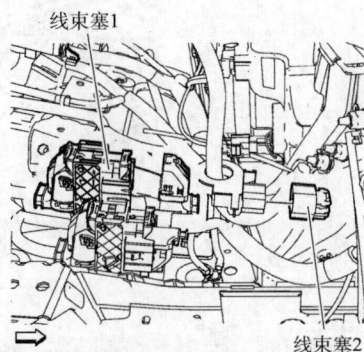

图 1-43　线束塞

（45）安装 3 根线束 2，再安装 3 个搭铁螺母 1 并紧固至 9 N·m，如图 1-44 所示。

（46）夹紧 3 个线束塞 3，将线束塞连接至前舱熔断丝盒。并安装前舱熔断丝盒 2，如图 1-45 所示。

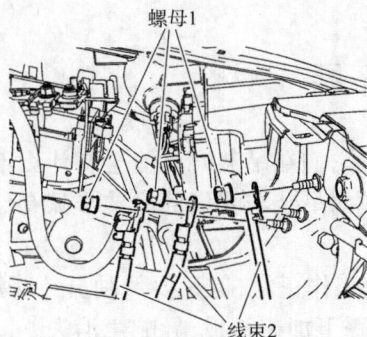

图 1-44　3 根线束 2 和 3 个搭铁螺母 1

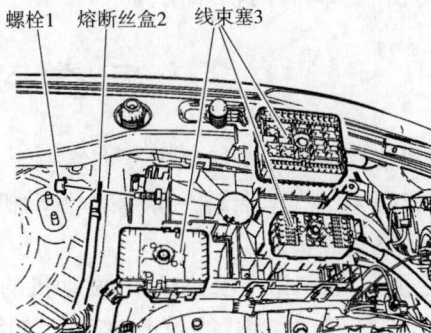

图 1-45　3 个线束塞 3

（47）安装 3 个前舱熔断丝盒螺栓 1 并紧固至 22N·m，如图 1-46 所示。

（48）安装前舱熔断丝盒盖 1，如图 1-47 所示。

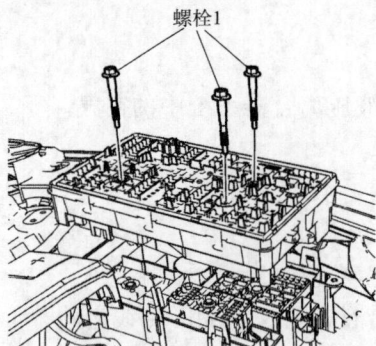

图 1-46　前舱熔断丝盒螺栓 1

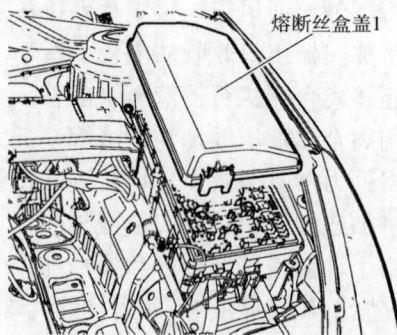

图 1-47　前舱熔断丝盒盖 1

（49）安装风窗玻璃洗涤液储液罐加注管，如图 1-48 所示。

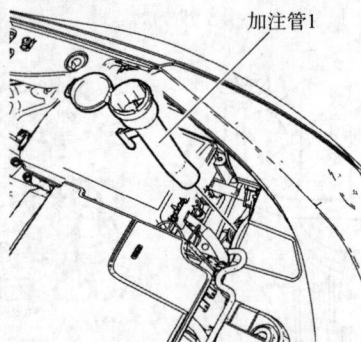

图 1-48　洗涤液储液罐加注管

（50）安装蓄电池托架。

（51）排空并加注空调制冷系统。

（52）检查机油油位，必要时加注新的发动机机油。

（53）闭合发动机舱盖。

（54）安装下中间转向轴螺栓。

三、学 习 拓 展

（1）请观察汽油机和柴油机拆装维修视频，看看它们在吊装时可能会有什么不同？

（2）请查阅丰田汽车维修手册，看看发动机总成的吊装与我们的吊装步骤有什么不同？

（3）故障案例分析。

故障现象：一辆丰田卡罗拉轿车，发动机的怠速工作正常，但只要驾驶员一踩加速踏板，就能听到发动机"喤、喤、喤"的敲击异响声，如继续踩下加速踏板，异响声消失。

故障诊断与排除：工作人员把发动机吊装下来并进行解体工作，当拆卸全部连杆轴承后，发现普遍松旷，特别是 2 缸连杆轴承已明显变薄，接着检查曲轴，曲轴未失圆，更换一副标准连杆轴承，感觉还有些松，于是在轴承盖下垫薄纸 2 张，一张为单片轴承长度的 2/3，一张为 1/3。装复，间隙理想，试车，加速敲击声得到排除。

四、评价与反馈

1. 自我评价与反馈

(1)你能主动参与工作现场的清洁和调整工作吗？（　　）

    A. 主动完成　　　　　　　B. 被动完成　　　　　　　C. 未完成

(2)你能正确规范地完成发动机总成的吊装吗？（　　）

    A. 快速规范　　　　　　　B. 规范但不熟练　　　　　　C. 不会使用

(3)写出发动机总成的吊装中用到的吊装工具。

_____

_____

(4)你知道发动机的哪些常见故障需要吊卸后进行维修吗？

_____

_____

(5)下次遇到类似的学习任务应如何改善从而提高学习效果？

_____

_____

(6)你在本学习任务中遇到的困难是什么？你是如何解决的？

_____

签名：_____　_____年_____月_____日

2. 小组评价与反馈

(1)工作页的填写情况如何？（　　）

    A. 正确且书写认真　　　B. 正确但书写潦草　　　C. 有抄袭现象

(2)是否主动参与小组讨论？（　　）

    A. 主动　　　　　　　　B. 被动　　　　　　　　C. 未参与

(3)是否完成本学习任务的学习目标？（　　）

    A. 完成且效果好　　　　B. 完成但效果不好　　　C. 未完成

(4)是否积极学习,不懂的问题是否积极向别人请教,是否积极帮助他人学习？（　　）

    A. 积极学习　　　　　　B. 积极请教

    C. 积极帮助他人　　　　D. 全部不积极

(5)零件.工具与油污有没有落地,有无保持作业现场的整洁？（　　）

    A. 无掉地且场地整洁　　B. 有零件.工具掉地

    C. 有油污掉地　　　　　D. 未保持作业现场的清洁

（6）实施过程中是否注意维修质量和有责任心？（　　　）

A. 注意质量，有责任心　　B. 不注意质量，有责任心

C. 注意质量，无责任心　　D. 全无

（7）在团队学习中主动性与合作情况如何？

A. 好　　　　　　　　B. 较好　　　　　　　　C. 一般

参与评价的同学签名：_____　_____年_____月_____日

3. 教师评价

_____

_____

_____

教师签名：_____　_____年_____月_____日

五、技能考核标准

技能考核标准见表1-2。

技 能 考 核 标 准　　　　　　　　　　　　　　　　　表1-2

序号	项目	操 作 内 容	规定分	评分标准	得分
1	准备	（1）清点工具、清理工位； （2）打开并支撑发动机舱盖； （3）安装汽车保护罩	5 5 5	（1）酌情扣分； （2）酌情扣分； （3）酌情扣分	
2	吊卸	（1）拆卸发动机外围附属件； （2）拆卸发动机支架固定螺栓； （3）发动机总成的吊卸	5 5 15	（1）操作不当扣1～5分； （2）操作不当扣1～5分； （3）操作不当扣1～15分	
3	清洗	（1）用刮刀将发动机上的污物刮干净； （2）用清洗液将发动机各部件洗净； （3）用干抹布将发动机各部件擦干净	5 5 5	（1）操作不当扣1～5分； （2）操作不当扣1～5分； （3）操作不当扣1～5分	
4	吊装	（1）将发动机总成吊到发动机支架上固定； （2）发动机与变速器的组合； （3）安装好发动机外围附属件	10 5 5	（1）操作不当扣1～5分； （2）操作不当扣1～5分； （3）操作不当扣1～5分	
5	完成时限	120min	10	（1）超时1～5min扣1～5分； （2）超时5min以上扣10分	
6	安全文明	无安全隐患，无不文明操作	5	未达标扣1～5分	
7	结束	（1）工具、量具清洁归位； （2）工作场地清洁	5 5	（1）漏一项扣1～5分，未做扣5分； （2）清洁不干净扣1～5分，未做扣5分	
		总分	100		

学习任务二 正时皮带的检查与更换

任务要求

完成本学习任务后,你应能:

1. 知道常用发动机正时皮带的检查方法和更换周期;
2. 知道发动机运转时正时皮带断裂对发动机的影响;
3. 分析发动机正时皮带安装不正确对点火正时的影响;
4. 规范更换发动机正时皮带。

建议学时:10 学时。

任务描述

一辆上海通用科鲁兹轿车到 4S 店作维护,经检查后发现发动机的正时皮带已达到规定的更换周期,需要你对正时皮带进行更换。

一、理论知识准备

1. 发动机正时皮带的作用

汽车发动机在工作过程中,汽缸内不断发生进气、压缩、做功、排气 4 个过程,而且每个步骤的时机都与活塞的运动状态和位置相配合,使进气与排气及活塞升降相互协调起来,正时皮带在曲轴的带动下将力传递给配气机构,使进、排气门有规律的运动,使发动机正常运转,如图 2-1 所示。

2. 正时皮带的装配关系

正时皮带是发动机配气系统的重要组成部分,通过与曲轴的连接并配合一定的传动比来保证进、排气时间的准确,其结构组成如图 2-2 所示。

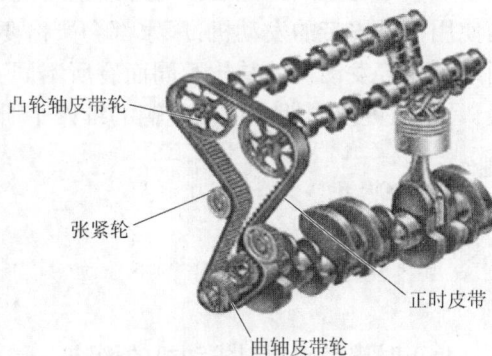

凸轮轴皮带轮
张紧轮
正时皮带
曲轴皮带轮

图 2-1　正时皮带位置示意图

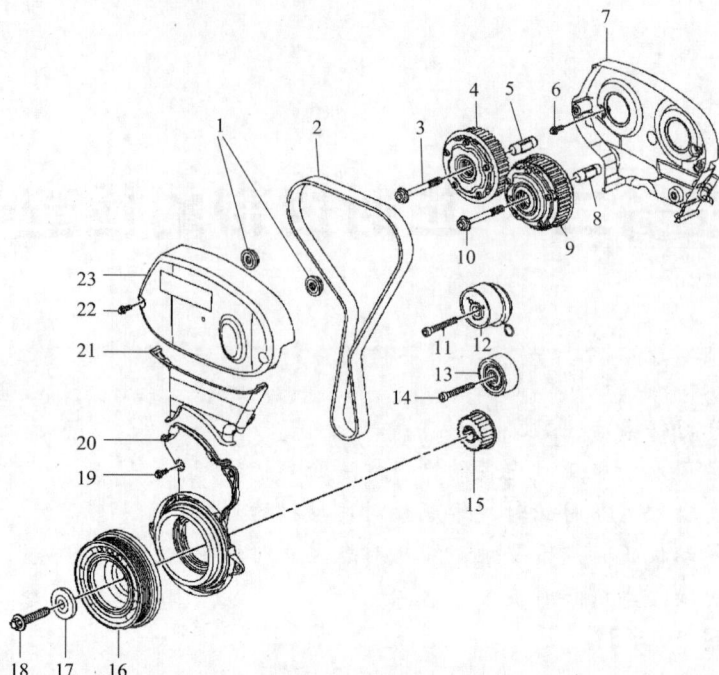

图 2-2 科鲁兹 1.6L LDE 正时皮带装配关系

1-凸轮轴调节器封闭螺塞;2-正时皮带;3-进气凸轮轴调节器螺栓;4-进气凸轮轴调节器;5-进气凸轮轴调节器螺塞; 6-正时皮带上前盖螺栓;7-正时皮带后盖;8-排气凸轮轴调节器螺塞;9-排气凸轮轴调节器;10-排气凸轮轴调节器螺栓;11-正时皮带张紧器螺栓;12-正时皮带张紧器;13-正时皮带惰轮;14-正时皮带惰轮螺栓;15-曲轴调节器;16-曲轴扭转减振器;17-曲轴压力垫圈;18-曲轴扭转减振器螺栓;19-正时皮带下前盖螺栓;20-正时皮带下前盖;21-正时皮带中前盖;22-正时皮带上前盖螺栓;23-正时皮带上前盖

3. 发动机正时皮带的定期更换

正时皮带一般由橡胶和纤维材料制成,并用玻璃纤维等材料进行强化,在使用过程中会被拉长和损伤,正时皮带的损伤形式有:硬化、龟裂、脱落、磨损、纤维松散。如果正时皮带及附件损伤后,易发生跳齿,使发动机不能正常工作,会出现怠速不稳、加速不良或发动机不能正常起动等现象。严重磨损易导致正时皮带断裂,造成发动机立即熄火损坏发动机,因此凡是使用正时皮带的发动机,厂家都会严格要求在规定的周期内更换正时皮带及附件。更换周期则随着发动机的结构不同而有所不同,一般在车辆行驶到 60000 ~ 100000km 时应该更换,具体的更换周期应该以车辆的维修手册说明为准。

小提示

在更换正时皮带时,其附属件如张紧轮、水泵也应该一块更换。

4. 正时皮带破裂对发动机的影响

正时皮带破裂时,如果皮带被咬住,那么气门停在打开状态,同时发动机停止运转;破裂时如果发动机是空转,就意味着在行程顶部的活塞与张开的气门之间存有空隙。这两种情况下的破裂,损坏的只是正时皮带本身。但是,如果发动机是"过盈配合"设计,活塞和气门占据着相同空间,它们之间没有间隙,那么很快就会损坏其他部件,如气门被弯曲、活塞受冲压等。

相关链接

发动机正时是配气正时和点火正时的基础,也就是说正时带(或正时链)是确定曲轴和凸轮轴相对位置、确定活塞运行与气门开闭时刻的关系,如发动机正时不准,配气正时和点火正时肯定不准,发动机无法正常工作。

配气正时指进气门和排气门开关时刻和开启的持续时间,用曲轴转角来表示。

点火正时是汽油机确定某缸点火的正时时刻,用曲轴转角表示。

二、实 践 操 作

1. 实践准备

科鲁兹1.6L LXV 发动机四台、量缸表、直尺、厚薄规、千分尺、刮刀、干净的抹布、刮刀、常用工具和专用工具各4套,以及维修手册等。

2. 技术要求与注意事项

(1)在进行正时皮带及其附件的拆卸和安装时,要注意拆装螺栓(母)所用的力矩和拆卸及安装顺序。

(2)拆卸正时皮带及其附件应在冷态的状况下进行。

3. 实践操作

1)记录待修车辆的基本情况(表2-1)

待修车辆的基本情况记录表　　　　　　　　　　　　　　　　表2-1

项　目	内　容	项　目	内　容
车辆型号(VIN)		车主反映	
发动机型号		维修检查建议	检查更换正时皮带

2)规范的拆卸正时皮带及附件的步骤

(1)打开发动机舱盖。

(2)拆下空气滤清器壳体。

(3)拆下正时皮带前上盖。

(4)完全举升车辆。

(5)拆下前舱防溅罩。

(6)拆下传动皮带张紧器。

(7)拆下正时皮带前下盖。

(8)将发动机设置到"上止点"。在发动机旋转至"燃烧行程的汽缸1上止点"1的方向设置曲轴平衡器,如图2-3所示。

（9）拆下螺栓1，如图2-4所示。

（10）安装EN 6625锁止装置2以挡住曲轴，如图2-5所示。

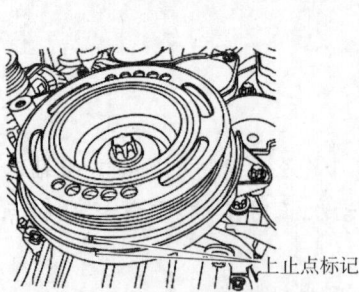

图2-3　燃烧行程的汽缸1上止点标记

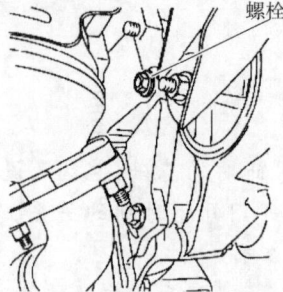

图2-4　拆下螺栓1

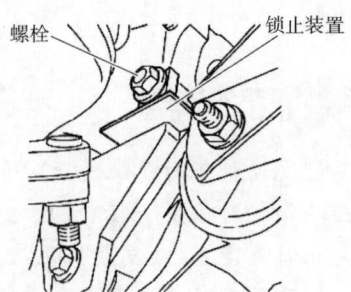

图2-5　安装EN 6625锁止装置

（11）完全降下车辆。

（12）将EN 6340锁止工具安装至凸轮轴位置执行器调节器。注意：进气凸轮轴调节器上的点型标记4和EM-6340-左侧的凹槽在此过程中不对应，但是必须与图2-6所示的情况接近。然后将EN 6340-左侧锁止工具1安装到凸轮轴位置执行器调节器。注意：排气凸轮轴调节器上的点型标记3必须与EM-6340-右侧的凹槽相对应，再将EN 6340-右侧锁止工具2安装到凸轮轴位置执行器调节器。

（13）拆下EN 6340锁止工具。

（14）完全举升车辆。

（15）松开正时皮带张紧器螺栓。

（16）使用Allen钥匙1，沿箭头所指方向向正时皮带张紧器2施加张紧力，如图2-7所示。

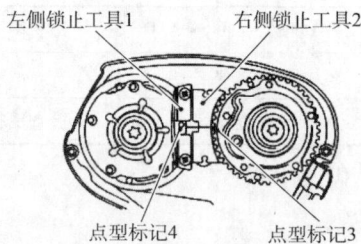

图2-6　EN 6340锁止工具

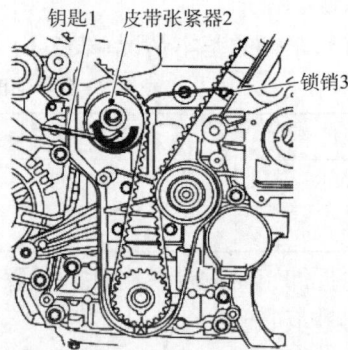

图2-7　Allen钥匙1

（17）安装EN 6333锁销3。

（18）完全降下车辆。注意：记录正时皮带的方向。

（19）拆下正时皮带。

3）正时皮带及附件检查

（1）正时皮带的检查。检查正时皮带时应注意不要弯曲、扭曲或外翻正时皮带，不要让正时皮带接触机油、水或蒸汽。完成正时皮带检查情况记录表2-2。

正时皮带检查情况纪录表　　　　　　　　　　表2-2

序号	检查内容	检查情况及结论	如有需要检查位置
1	正时皮带有无脱层		安装是否正确,正时皮带罩衬垫有无损坏、安装是否正确
2	正时皮带有无油污		曲轴油封、凸轮轴油封有无漏油
3	正时皮带带齿有无开裂或损坏		查看凸轮轴或水泵是否卡住
4	正时皮带表面有无明显的磨损或裂纹		张紧轮锁销一侧有无裂纹
5	正时皮带仅在一侧有无磨损或开裂		检查正时皮带张紧轮和每个正时皮带带轮的定位
6	正时皮带带齿有无明显的磨损		正时皮带罩有无损坏,垫片安装是否正确,正时皮带带轮齿上有无异物

注意:更换下的正时皮带不能随便丢弃,由于其材料是由橡胶和纤维做成的,随便丢弃后容易造成环境污染。

(2)张紧轮的检查。检查正时皮带张紧轮是否转动灵活。如有必要更换张紧轮。

张紧轮转动是否灵活:　　　　　□　是　　　　　□　否

检查张紧器的柱塞移动是否平稳,是否有润滑脂泄漏的迹象,柱塞锁止时是否到位,如图2-8所示。

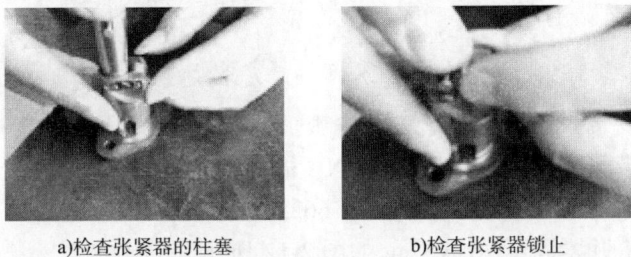

a)检查张紧器的柱塞　　　　　　　　b)检查张紧器锁止

图2-8　张紧器检查

小提示

在正常条件下,正时带张紧器杆密封处可能会有少量漏油。如果漏油过多,更换正时带张紧器。

(3)张紧轮弹簧的检查。测量弹簧的自由长度值为_____mm,弹簧的自由长度实际应为_____mm,如果弹簧的自由长度与规定值不相符,应更换弹簧。

在规定的弹簧安装长度测量弹簧的拉力,与规定值进行比较,如果其张紧力不符合规定,则应更换弹簧。

4)正时皮带安装步骤

注意:如果已经使用牙轮皮带,则观察旋转方向。

（1）将正时皮带 1 安装到闭合装配工具 2，如图 2-9 所示。

（2）用总成工具引导正时皮带穿过发动机支座托架。

（3）拆下总成工具。注意：仅允许使用新正时皮带提供的装配工具，将正时皮带穿过发动机支座托架，否则可能在此阶段由于扭结而损坏牙轮皮带。

（4）安装正时皮带。

（5）引导正时皮带穿过张紧器并将其放置到曲轴链轮上。

（6）将正时皮带放置到排气和进气凸轮轴位置执行器调节器上。

（7）完全举升车辆。

（8）使用 Allen 钥匙 1，沿箭头所指方向向正时皮带张紧器 2 施加张紧力，如图 2-10 所示。

（9）拆下 EN 6333 锁销 3。注意：正时皮带张紧器自动移至正确位置，如图 2-10 所示。

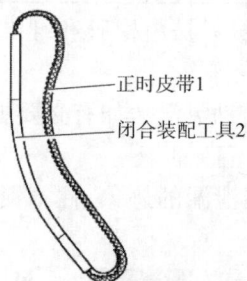

图 2-9　正时皮带和闭合装配工具 2

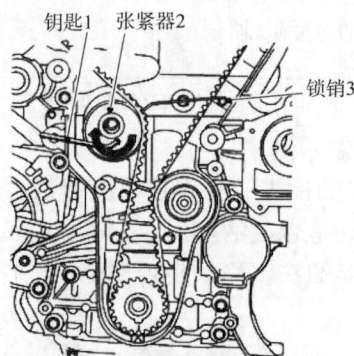

图 2-10　张紧器 2

（10）释放正时皮带张紧器的张紧力。告诫：参见"有关紧固件的告诫"。

（11）将正时皮带张紧器螺栓紧固至 20 N·m。

（12）拆下螺栓 1，再拆下挡住曲轴的 EN 6625 锁止装置 2，如图 2-11 所示。

（13）安装螺栓 1 并紧固至 75 N·m，如图 2-12 所示。

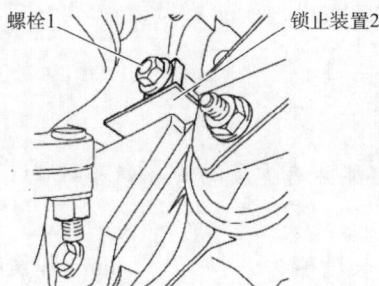

图 2-11　拆下 EN 6625 锁止装置 2

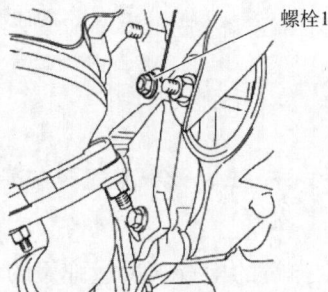

图 2-12　安装螺栓 1 并紧固

（14）完全降下车辆。

（15）正时检查。

注意：①记录凸轮轴链轮上的标记。沿发动机旋转方向，用曲轴平衡器上的螺栓转动曲轴 720°。②进气凸轮轴位置执行器上的点型标记 4 和 EM-6340-左侧的凹槽在此过程中不对应,但是必须与图 2-13 所示的情况接近。将 EN 6340-左侧锁止工具 1 安装到凸轮轴位置执行器调节器。③排气凸轮轴位置执行器上的点型标记 3 必须与 EN-6340-右侧的凹槽相对应,如图 2-13 所示,将 EN 6340-右侧锁止工具 2 安装到凸轮轴位置执行器调节器。

(16)完全举升车辆。

(17)拆下 EN6340 锁止工具。

注意:记录曲轴平衡器和盖上的标记。

(18)控制曲轴平衡器位置。扭转曲轴平衡器 1 和下盖 1 上的标记必须对准,如图 2-14 所示。

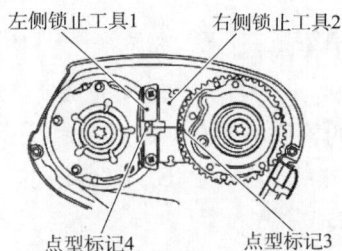

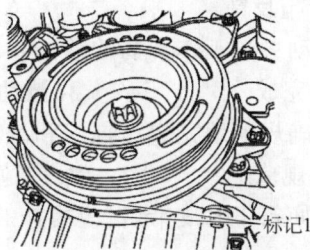

图 2-13　凸轮轴链轮上标记正时检查　　图 2-14　皮带轮上标记正时检查

(19)安装正时皮带前下盖。

(20)安装传动皮带张紧器。

(21)安装行李舱防溅罩。

(22)完全降下车辆。

(23)安装正时皮带前上盖。

(24)安装空气滤清器壳体。

想一想

为什么装上正时皮带后要转动曲轴 720°以上,再查看标记?不这样做有什么可能后果?

三、学习拓展

(1)查阅资料,进一步了解正时皮带拆装时如何进行双人作业配合。

(2)查阅资料,说明威郎、迈腾、科鲁兹、卡罗拉轿车正时皮带及附件的拆装方法有何不同。

(3)故障案例分析。

故障现象:一辆丰田雷克萨斯 LS400 轿车,冷车起动时能很清晰地听到发动机部位有连续的"哒哒"声音,轻踩加速踏板提高发动机转速则"哒哒"声更明显,若继续踩加速踏板响声消失;低挡位低速度行驶时也能听到连续的"哒哒"声音。车主反映,该车行驶 800km 左右后出现此故障现象。

故障诊断与排除:经维修工作人员检查、诊断,初步确定问题可能出现在正时系统部分,于是拆下正时皮带检查,发现正时皮带有点跑歪,没有在皮带轮的正中央位置,而且皮带的外侧已经被打磨得呈不规则状了,与另外一侧完全不同,同时还发现正时皮带已经有一条分岔;工作人员重新更换一新的正时皮带,装好试车,故障排除。

四、评价与反馈

1. 自我评价与反馈

(1)你能主动参与工作现场的清洁和调整工作吗?(　　)

    A. 主动完成　　　　　　　B. 被动完成　　　　　　　C. 未完成

(2)你能正确规范地完成汽缸盖和汽缸体的检修吗?(　　)

    A. 快速规范　　　　　　　B. 规范但不熟练　　　　　C. 不会使用

(3)写出更换新正时皮带后,应检查的部位。

_____

_____

(4)发动机正时皮带安装不正确对发动机有什么影响?

_____

_____

(5)在本学习任务中你遇到的困难是什么? 你是怎样解决的?

_____

_____

签名:_____　　____年____月____日

2. 小组评价与反馈

(1)工作页的填写情况如何?(　　)

    A. 正确且书写认真　　　B. 正确但书写潦草　　　C. 有抄袭现象

(2)是否主动参与小组讨论?(　　)

    A. 主动　　　　　　　　B. 被动　　　　　　　　C. 未参与

(3)是否完成本学习任务的学习目标?(　　)

    A. 完成且效果好　　　　B. 完成但效果不好　　　C. 未完成

(4)是否积极学习,不懂的问题是否积极向别人请教,是否积极帮助他人学习?(　　)

    A. 积极学习　　　　　　B. 积极请教

    C. 积极帮助他人　　　　D. 全部不积极

(5)零件、工具与油污有没有落地,有无保持作业现场的整洁?(　　)

    A. 无掉地且场地整洁　　B. 有零件、工具掉地

    C. 有油污掉地　　　　　D. 未保持作业现场的清洁

(6)实施过程中是否注意维修质量和有责任心？（   ）

 A.注意质量,有责任心 B.不注意质量,有责任心

 C.注意质量,无责任心 D.全无

(7)团队学习中的主动和合作情况如何？

 A.好   B.较好   C.一般

   参与评价的同学签名：_____ _____年_____月_____日

3.教师评价

_____

_____

_____

      教师签名：_____ _____年_____月_____日

五、技能考核标准

技能考核标准见表2-3。

技能考核标准   表2-3

序号	项目	操作内容	规定分	评分标准	得分
1	准备	(1)清点工具、清理工位； (2)打开并支撑发动机舱盖； (3)安装汽车保护罩	2 2 2	(1)酌情扣分； (2)酌情扣分； (3)酌情扣分	
2	拆卸	(1)外观检查正时皮带； (2)拆卸正时皮带前的准备工作； (3)拆下左上正时皮带罩； (4)拆下右上正时皮带罩； (5)拆下下正时皮带罩； (6)拧松皮带张紧器； (7)拆下正时皮带； (8)拆卸曲轴正时齿轮； (9)拆卸凸轮轴	2 2 2 2 2 2 2 2 2	(1)操作不当扣1~2分； (2)操作不当扣1~2分； (3)操作不当扣1~2分； (4)操作不当扣1~2分； (5)操作不当扣1~2分； (6)操作不当扣1~2分； (7)操作不当扣1~2分； (8)操作不当扣1~2分； (9)操作不当扣1~2分	
3	清洗	(1)用刮刀将正时皮带上的污物刮干净； (2)用清洗液将正时皮带各部件洗净； (3)用干抹布将正时皮带各部件擦干净	2 2 2	(1)操作不当扣1~2分； (2)操作不当扣1~2分； (3)操作不当扣1~2分	
4	检查	(1)检查正时皮带背面； (2)检查正时皮带帆布面； (3)检查齿根； (4)检查正时皮带侧面； (5)检查水泵齿轮； (6)检查凸轮轴齿形带轮； (7)检查正时齿形带张紧轮； (8)检查曲轴正时齿形带轮； (9)安装正时皮带后挠度检查	3 3 3 3 3 3 3 3 3	(1)操作不当扣1~3分； (2)操作不当扣1~3分； (3)操作不当扣1~3分； (4)操作不当扣1~3分； (5)操作不当扣1~3分； (6)操作不当扣1~3分； (7)操作不当扣1~3分； (8)操作不当扣1~3分； (9)操作不当扣1~3分	

序号	项目	操作内容	规定分	评分标准	得分
5	安装	(1)安装凸轮轴； (2)安装链轮； (3)安装曲轴正时齿轮； (4)安装正时齿形带； (5)拧紧正时皮带张紧器螺栓； (6)安装张紧器锁止销； (7)安装正时皮带室盖； (8)安装发电机传动带； (9)安装压缩机传动带； (10)安装冷却风扇及支架	3 3 3 3 3 3 3 3 3 3	(1)操作不当扣1~3分； (2)操作不当扣1~3分； (3)操作不当扣1~3分； (4)操作不当扣1~3分； (5)操作不当扣1~3分； (6)操作不当扣1~3分； (7)操作不当扣1~3分； (8)操作不当扣1~3分； (9)操作不当扣1~3分； (10)操作不当扣1~3分	
6	完成时限	50min	4	(1)超时1~5min扣1~4分； (2)超时5min以上扣4分	
7	安全文明	无安全隐患，无不文明操作	5	未达标扣1~5分	
8	结束	(1)工具、量具清洗、归位； (2)工作场地清洁	2 2	(1)漏一项扣1分，未做扣2分； (2)不清洁扣1分，未做扣2分	
		总分	100		

学习任务三 配气机构检修

任务要求

完成本学习任务后,你应能:

1. 描述配气机构的组成、结构和装配关系;

2. 正确拆装配气机构;

3. 分析配气机构各零件损坏导致故障的现象;

4. 检修配气机构。

建议学时:10 学时。

任务描述

一辆科鲁兹1.6L轿车,无论怠速与加速,配气机构都出现嘈杂的敲击响声,噪声大而且严重。维修工作人员诊断为发动机配气机构出现了问题,需对发动机的配气机构做进一步检查,以确定故障部位,进行维修或更换。

一、理论知识准备

目前,四冲程汽车发动机都采用气门式配气机构,其按照发动机的工作顺序和工作循环的要求,定时开启和关闭各缸的进、排气门,使新鲜混合气(或空气)进入汽缸,废气从汽缸排出。进入汽缸内的新鲜混合气(或空气)数量或称进气量对发动机性能的影响很大。进气量越多,发动机输出的有效功率和转矩越大。因此,配气机构首先要保证进气充分,进气量尽可能地多;同时,废气要排除干净,因为汽缸内残留的废气量越多,下一个循环进入的新鲜进气量将会越少。

1. 配气机构的功用

配气机构是进、排气管道的控制机构,它按照汽缸的工作顺序和工作过程的要求,准时地开闭进、排气门,向汽缸供给可燃混合气(汽油机)或新鲜空气(柴油机或缸内直喷汽油机)并及时排出废气。另外,当进、排气门关闭时,保证汽缸密封。进气充分、排气彻底,四行程发动机都采用气门式配气机构。

2. 充气效率

新鲜空气或可燃混合气被吸入汽缸越多,则发动机可能发出的功率越大。新鲜空气或可燃混合气充满汽缸的程度,用充气效率 η_v 表示。η_v 越大,表明进入汽缸的新鲜空气越多,可燃混合气燃烧时可能放出的热量也就越大,发动机的功率越大。

3. 配气机构的型式

1)气门布置方式

气门布置方式如图 3-1 所示,气门位于汽缸盖上称为气门顶置式配气机构,由凸轮、挺柱、推杆、摇臂、气门和气门弹簧等组成。其特点,进气阻力小,燃烧室结构紧凑,气流搅动大,能达到较高的压缩比,目前国产的汽车发动机都采用气门顶置式配气机构;气门位于汽缸体侧面称为气门侧置式配气机构,由凸轮、挺柱、气门和气门弹簧等组成。省去了推杆、摇臂等零件,简化了结构。因为它的进、排气门在汽缸的一侧,压缩比受到限制,进排气门阻力较大,发动机的动力性和高速性均较差,逐渐被淘汰。

2)凸轮轴布置方式

凸轮轴布置方式如图 3-2 所示,凸轮轴下置式:凸轮轴布置在汽缸下部,主要缺点是气门和凸轮轴相距较远,因而气门传动零件较多,结构较复杂,发动机高度也有所增加。

凸轮轴中置式:凸轮轴位于汽缸体的中部,由凸轮轴经过挺柱直接驱动摇臂,省去推杆,这种结构称为凸轮轴中置配气机构。

凸轮轴上置式:凸轮轴布置在汽缸盖上,有两种结构,一种是凸轮轴直接通过摇臂来驱动气门,这样既无挺柱,又无推杆,往复运动质量大大减小,此结构适于高速发动机。另一种是凸轮轴直接驱动气门或带液力挺柱的气门,此种配气机构的往复运动质量更小,特别适应于高速发动机。

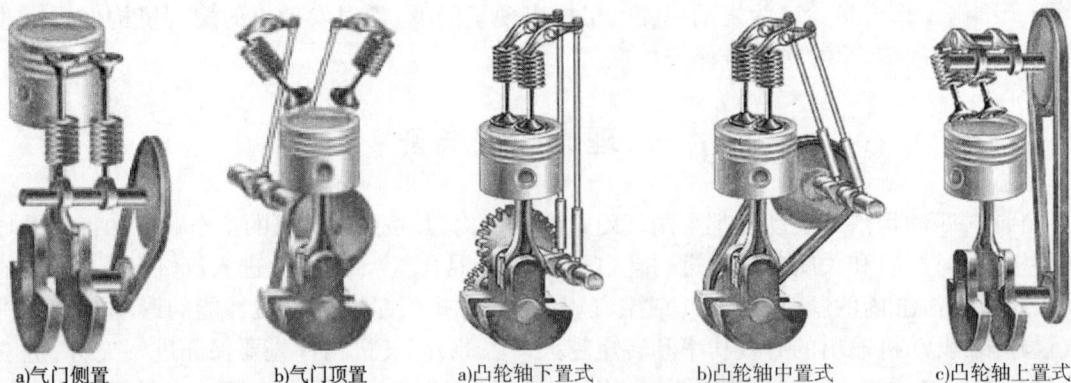

a)气门侧置　　　　b)气门顶置　　　　a)凸轮轴下置式　　　b)凸轮轴中置式　　　c)凸轮轴上置式

图 3-1　气门布置　　　　　　　　　　图 3-2　凸轮轴布置

3)凸轮轴传动方式

凸轮轴传动方式如图 3-3 所示,凸轮轴下置式和中置式的配气机构大多采用圆柱形正时齿轮传动,一般从曲轴到凸轮轴只需一对正时齿轮传动,若齿轮直径过大,可增加一个中间齿轮。为了啮合平稳,减小噪声,正时齿轮多用斜齿;凸轮轴上置式的配气机构多采用链条与链轮传动,但其工作可靠性和耐久性不如齿轮传动。近年来高速汽车发动机上广泛采用齿形皮带来代替传动链,齿形皮带传动噪声小、工作可靠、成本低。

4) 气门数目

气门数目如图 3-4 所示，一般发动机都采用每缸两个气门，即一个进气门和一个排气门的结构。为了改善换气，在可能的条件下，应尽量加大气门的直径，特别是进气门的直径。但是由于燃烧室尺寸的限制，气门直径最大一般不能超过汽缸直径的一半。当汽缸直径较大、活塞平均速度较高时，每缸一进一排的气门结构就不能保证良好的换气质量。因此，在很多新型汽车发动机上多采用每缸四个气门结构，即两个进气门和两个排气门。

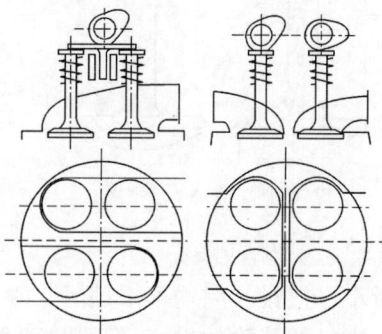

图 3-3　凸轮轴传动

图 3-4　四气门布置

4. 配气机构的组成

配气机构由气门组和气门传动组两大部分组成，如图 3-5 所示。其中，气门组由进气门 10、排气门 9、气门弹簧 8 等组成；气门传动组由同步带轮 1、凸轮轴 2、摇臂轴 3 和摇臂轴弹簧 5 等组成。

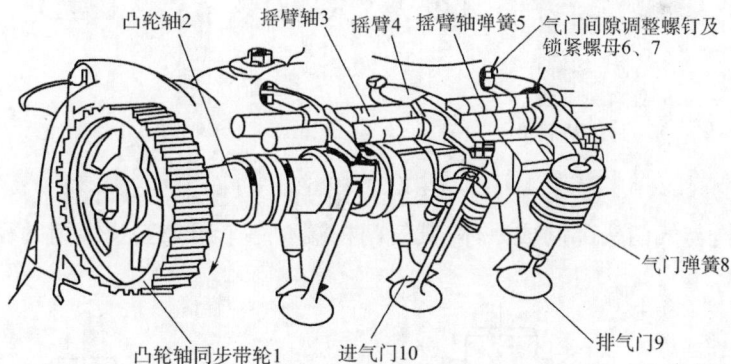

图 3-5　配气机构的结构

1) 气门组的功用与构造

气门组的功用是封闭进、排气道。

(1) 气门。

①类型：进气门、排气门。

②组成：

a. 头部——与气门座配合，封闭汽缸的进、排气通道。

b. 杆身——与气门导管配合,为气门运动导向,如图 3-6 所示。

③构造:

a. 头部形状:有平顶、喇叭形顶、球面顶 3 种,如图 3-7 所示。

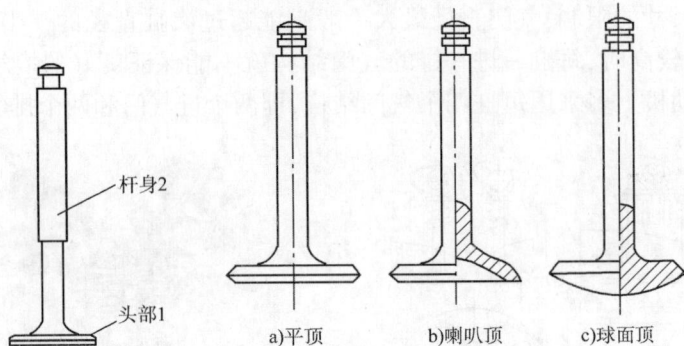

图 3-6 杆身

a)平顶　　　b)喇叭顶　　　c)球面顶

图 3-7 气门头部形状

平顶:结构简单,制造方便,吸热面积小,质量小,进、排气门均可采用。

球面顶:适用于排气门,强度高,排气阻力小,废气的清除效果好,但受热面积大,质量和惯性力大,加工较复杂。

喇叭形顶:适用于进气门,进气阻力小,但受热面积大。

b. 气门锥角:一般有 45°和 30°两种,如图 3-8 所示。

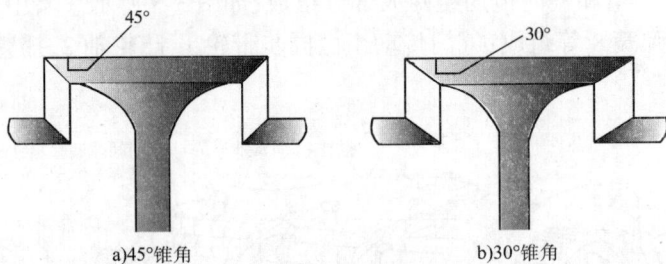

a)45°锥角　　　　　　　　b)30°锥角

图 3-8 气门锥角

c. 气门杆身:与气门头部制成一体,其气门杆端有一个用来安装锁销的径向孔,如图 3-9 所示。

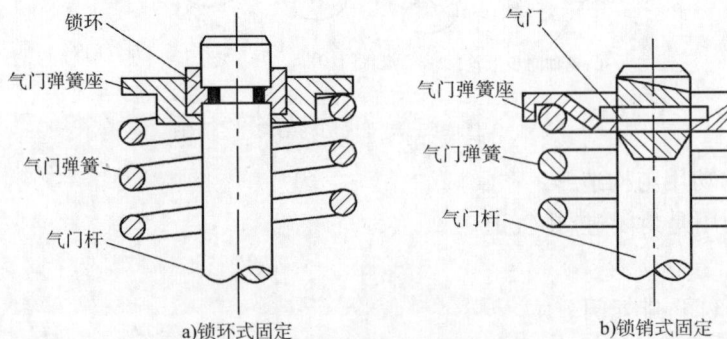

a)锁环式固定　　　　　　　b)锁销式固定

图 3-9 弹簧座的固定方式

（2）气门座。

①位置：进、排气道口与气门工作面接触部位。

②功用：与气门头部密封锥面配合密封汽缸。

③类型：在缸盖或缸体上直接镗出，也可以采用镶嵌式结构。

④气门座锥角：气门座的锥角是与气门锥角相适应的，以保证二者紧密座合，可靠地密封。气门座的锥面由三部分组成，如图3-10所示。45°（或30°）的锥面是与气门工作锥面相座合的工作面，其宽度 b 通常为1～3mm，过宽时，单位座合压力减小，且易垫上杂物，密封可靠性差；过窄时，面积小，气门头散热能力差。这一锥面应与气门工作锥面的中部附近相座合。15°和75°锥角便是用来修正工作锥面的宽度和上下位置的，以使其达到规定的要求。

（3）气门导管。

①功用：起导向作用，以保证气门作直线往复运动。

起导热作用，将气门头部传给杆身的热量，通过汽缸盖传出去。

②位置：汽缸盖上的气门导管孔中。

③结构特点：空心管状结构；伸入气道部分成锥形；后端装气门油封；有些带限位卡环；与座孔过盈配合；内孔与气门杆间隙配合，如图3-11所示。

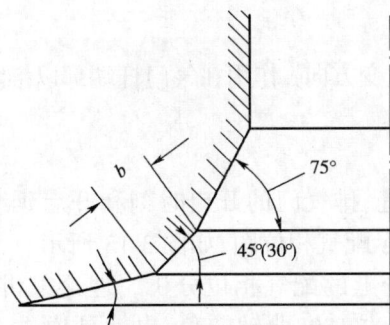

图3-10　气门座锥角

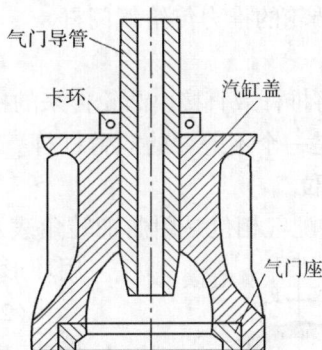

图3-11　气门座和气门导管的配合

（4）气门弹簧。

①功用：保证气门复位，使气门与气门座压紧。

②位置：安装在气门杆上。

③结构特点：圆柱形螺旋弹簧。

④类型：有等螺距弹簧、变螺距弹簧、双弹簧3种，如图3-12所示。

2）气门传动组的功用与构造

气门传动组的功用：传递凸轮轴与气门之间的运动。

气门传动组的组成：包括凸轮轴、挺柱等。

（1）凸轮轴。

①功用：控制气门的开启和关闭，每个进、排气门分别有相应的进气凸轮和排气凸轮。

②组成：由进气凸轮、排气凸论和支撑轴颈等组成。

③形状与排列：凸轮的形状影响气门的开闭时刻及高度，凸轮的排列影响气门的开闭时刻和工作顺序。

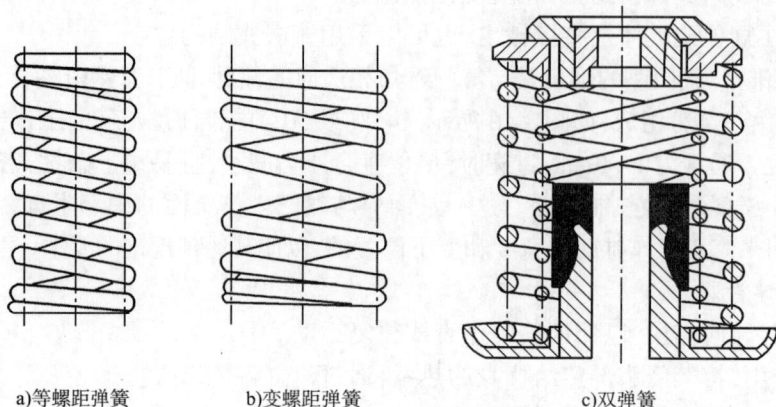

a)等螺距弹簧　　　　　b)变螺距弹簧　　　　　c)双弹簧

图3-12　气门弹簧类型

（2）挺柱。

功用：将凸轮的推力传给气门杆。

（3）摇臂。

①功用：将推杆或直接由凸轮传来的推力改变方向，作用在气门杆端部以推动气门运动。

②特点：是一个不等臂的双臂杠杆。

5. 配气相位

（1）定义：配气相位是用曲轴转角表示的进、排气门的开启时刻和开启延续时间，通常用环形图表示配气相位图，如图3-13所示。

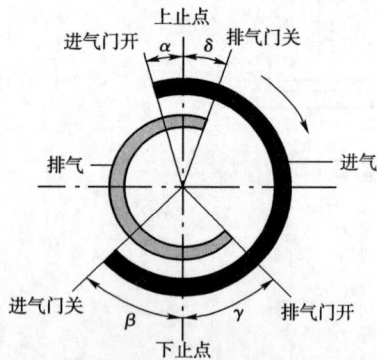

图3-13　配气相位图

（2）理论上的配气相位分析。理论上讲进气、压缩、做功、排气各占180°曲轴转角，也就是说进、排气门都是在上、下止点开闭，延续时间都是曲轴转角180°。但实际表明，简单配气相位对实际工作是很不适应的，它不能满足发动机对进、排气门的要求，原因如下。

①气门的开、闭有个过程，开启总是由小→大；关闭总是由大→小。

②气体惯性的影响。随着活塞的运动，同样造成进气不足、排气不净。

③发动机速度的要求。实际发动机曲轴转速很高，活塞每一行程历时都很短，当转速为5600r/min时一个行程只有 $60/(5600 \times 2) = 0.0054$（s），就是转速为1500r/min，一个行程也只有0.02s，这样短的进气或排气过程，使发动机进气不足，排气不净。

可见，理论上的配气相位不能满足发动机进饱排净的要求。

（3）实际的配气相位分析。为了便于进气充足，排气干净，除了从结构上进行改进外（如增大进、排气管道），还可以通配气相位让气门早开晚闭，延长进、排气时间。

①气门早开晚闭的可能。从示功图(图3-14)中可以看出,活塞到达进气下止点时,由于进气吸力的存在,汽缸内气体压力仍然低于大气压,在大气压的作用下仍能进气;另外,此时进气流还有较大的惯性。由此可见,进气门晚关可以增加进气量。

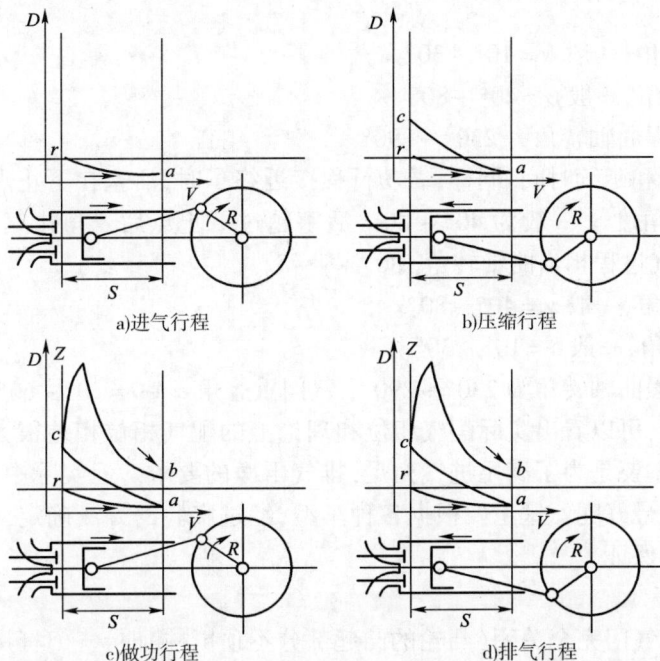

a)进气行程　　b)压缩行程

c)做功行程　　d)排气行程

图3-14　四冲程汽油机示功图

进气门早开,可使进气一开始就有一个较大的通道面积,可增加进气量。在做功行程快要结束时,排气门打开,可以利用做功的余压使废气高速冲出汽缸,排气量约占50%。排气门早开,势必造成功率损失,但因排汽终了的气压低,损失并不大,而早开可以减少排气所消耗的功,又有利于废气的排出,所以总功率仍是提高的。

从示功图上还可以看出,活塞到达上止点时,汽缸内废气压力仍然高于外界大气压,加之排气气流的惯性,排气门晚关可使废气排得更净一些。

由此可见,气门早开晚关对发动机实际工作有以下好处。

a. 进气门早开:增大了进气行程开始时气门的开启高度,减小进气阻力,增加进气量。

b. 进气门晚关:延长了进气时间,在大气压和气体惯性力的作用下,增加进气量。

c. 排气门早开:借助汽缸内的高压自行排气,大大减小了排气阻力,使废气排除干净。

d. 排气门晚关:延长了排气时间,在废气压力和废气惯性力的作用下,使废气排除干净。

②气门重叠。由于进气门早开,排气门晚关,势必造成在同一时间内两个气门同时开启。把两个气门同时开启时间相当的曲轴转角称为气门重叠角。

想一想

气门重叠角是否会使可燃混合气和废气乱窜呢?

③进、排气门的实际开闭时刻和延续时间。实际进气时刻和延续时间：在排气行程接近终了时，活塞到达上止点前，即曲轴转到离上止点还差一个角度 α，进气门便开始开启，进气行程直到活塞越过下止点后 β 时，进气门才关闭。整个进气过程延续时间相当于曲轴转角 $180° + \alpha + \beta$。

α 即进气提前角，一般 $\alpha = 10° \sim 30°$。

β 即进气延迟角，一般 $\beta = 40° \sim 80°$。

所以，进气过程曲轴转角为 $230° \sim 290°$。

实际排气时刻和延续时间：同样，做功行程接近终了时，活塞在下止点前排气门便开始开启，提前开启的角度 γ 一般为 $40° \sim 80°$，活塞越过下止点后 δ 角排气门关闭，δ 一般为 $10° \sim 30°$，整个排气过程相当曲轴转角 $180° + \gamma + \delta$。

γ 即排气提前角，一般 $\gamma = 40° \sim 80°$。

δ 即进气延迟角，一般 $\delta = 10° \sim 30°$。

所以，排气过程曲轴转角为 $230° \sim 290°$，气门重叠角 $\alpha + \delta = 20° \sim 60°$。

从上面的分析，可以看出实际配气相位和理论上的配气相位相差很大，实际配气相位，气门要早开晚关，主要是为了满足进气充足，排气干净的要求。但实际中，究竟气门什么时候开？什么时候关最好呢？这主要根据各种车型，经过实验的方法确定，由凸轮轴的形状、位置及配气机构来保证。

6. 气门间隙

气门间隙是指气门完全关闭（凸轮的凸起部分不顶挺柱）时，气门杆尾端与摇臂或挺柱之间的间隙，其作用是给热膨胀留有余地，保证气门密封，如图3-15所示。

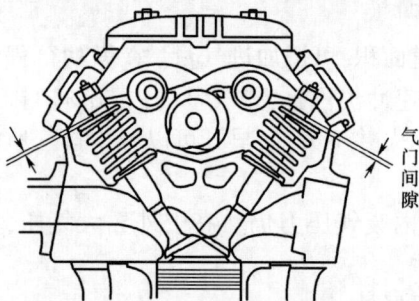

图3-15 气门间隙

不同机型，气门间隙的大小不同，根据实验确定，一般冷态时，排气门间隙大于进气门间隙，进气门间隙为 $0.25 \sim 0.3$mm，排气门间隙为 $0.3 \sim 0.35$mm。

间隙过大，进、排气门开启迟后，缩短了进、排气时间，降低了气门的开启高度，改变了正常的配气相位，使发动机因进气不足、排气不净而功率下降，此外，还使配气机构零件的撞击增加，磨损加快。

间隙过小，发动机工作后，零件受热膨胀，将气门推开，使气门关闭不严，造成漏气，功率下降，并使气门的密封表面严重积炭或烧坏，甚至气门撞击活塞。

采用液压挺柱的配气机构不需要留气门间隙。

7. 发动机进、排气装置

1）作用

发动机进、排气装置的作用不断地将新鲜空气或可燃混合气送入燃烧室，又将燃烧后的废气排到大气中去，实现充气量的不断更迭，保证发动机连续运转。

2）组成

发动机进、排气装置包括空气滤清器、进气管、排气管及排气消声器等，如图3-16所示。

（1）空气滤清器。

①必要性：由于汽车行驶时，速度快，引起道路两旁，特别是土路上的尘土飞扬，使周围空气中含有灰尘，而灰尘中又含有大量的砂粒，如果被吸入汽缸，就会黏附在汽缸、活塞和气门座等零件的密封表面，加速它们的磨损，使发动机寿命大大下降。因此，在车用发动机上，必须装上空气滤清器，如图3-17所示。

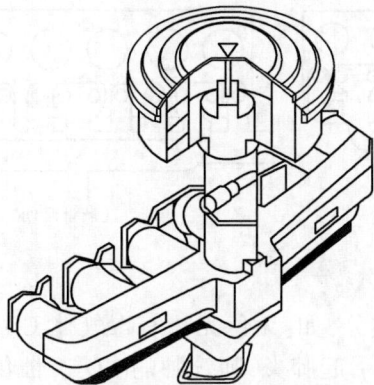

图3-16　发动机进、排气装置　　　　　　　图3-17　空气滤清器

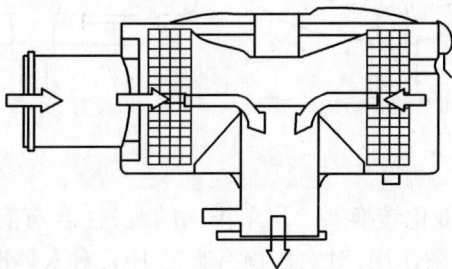

②作用与要求：空气滤清器的功用就是把空气中的尘土分离出来，保证供给汽缸足够量的清洁空气。对空气滤清器的基本要求是滤清能力强，进气阻力小，维护周期长，价格低廉。

③形式和工作原理。

目前，采用的空气滤清器的型式很多，但归纳起来可分为下面几类：按滤清方式可以分为惯性式和过滤式；按是否用机油分干式和湿式。把它们组合起来就有干惯性式、干过滤式、湿惯性式、湿过滤式、综合两种以上的叫综合式。

a. 惯性式：是根据离心力或惯性力与质量成正比的原理，利用尘土比空气重的特点，引导气流作高速旋转运动，重的尘土就会自动地从空气中甩出去，或者引导气流突然改变流动方向，重的尘土就会来不及改变方向而从空气中分离出去。其优点是进气阻力小，维护简单；其缺点是滤清能力不强，即滤清效果差。

b. 过滤式：是根据吸附原理，引导气流通过滤芯（如金属网、丝、棉质物质和纸质等），将尘土隔离和黏附在滤芯上，从而使空气得到滤清。其优点是滤清能力强，滤清效果好；其缺点是进气阻力大，滤芯易堵塞。

c. 综合式：即综合上述两种滤清方式，使空气通过惯性式，除去粗粒灰尘，然后再通过过滤式除去细粒灰尘。因此，滤清能力强，可将空气中85%的灰尘清除掉，而阻力增加不大，从而得到了广泛的应用。

（2）进气歧管与排气歧管。

①作用：进气歧管的功用是将可燃混合气引入汽缸，对多缸机还要保证各缸进气量均匀一致；排气歧管的功用是将燃烧后的废气引入大气。

②要求：进气阻力小，充气量要大；排气阻力小，排气噪声小。

进气阻力是影响充气量的主要因素，只有减小进气阻力，才能提高充气量，但进气阻力又和进气管道截面积的大小、弯曲程度以及管道内表面的形状有很大关系。

③材料：进、排气歧管一般用铸铁制成。进气歧管也有用铝合金铸造的。二者可铸成一体，也可分别铸出。都固定在汽缸盖上，接合面处装有石棉衬垫，以防漏气。进气总管以凸缘连通节气门，排气歧管连通排气消声器。而进、排气歧管则分别与进、排气门的通道连通，如图3-18所示。

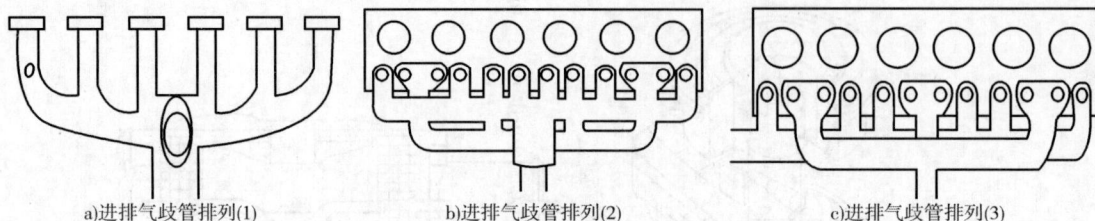

a)进排气歧管排列(1)　　　　b)进排气歧管排列(2)　　　　c)进排气歧管排列(3)

图3-18　进气歧管与排气歧管

（3）催化转换器。汽车排出的废气，含有有害成分，如：无色无味有毒气体CO；对呼吸系统有刺激作用，对农作物有害的HC；对人体有害，引起肺炎、肺气肿的NO_x。催化转换器（图3-19）就是要降低这3种成分的含量。催化转换器内装有催化剂，促进空气与这些有害成分起化学反应，使CO氧化为CO_2，CH氧化为CO_2和H_2O，NO_x还原为N_2。

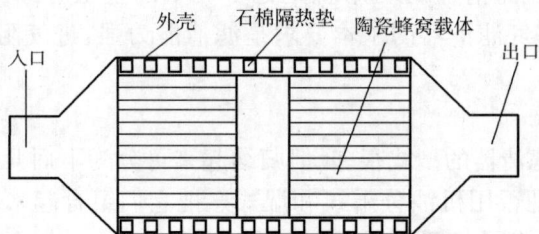

外壳　　石棉隔热垫　　陶瓷蜂窝载体

入口　　　　　　　　　　　　　　　　出口

图3-19　催化转换器

二、实　践　操　作

1. 实践准备

科鲁兹1.6L（LDE）发动机四台、常用工具和专业工具各4套工具、气门弹簧拆装工具、直尺、厚薄规、千分尺、游标卡尺、V形铁、干净的抹布、刮刀、吸油纸、干净的抹布、维修手册等。

2. 技术要求与注意事项

（1）在进行凸轮轴螺栓的拆装时，要注意所用的力矩和拆装顺序。

（2）拆卸气门组件时要按要求摆放好并做好标记。

3. 实践操作

1）记录待修车辆的基本情况（表3-1）

待修车辆的基本情况记录表　　　　　　　　　　　　表 3-1

项　目	内　容	项　目	内　容
车辆型号（VIN）		车主反映	急速与加速时，发动机有异响
发动机型号		维修检查建议	需对配气机构检修

2）气门间隙检查

（1）旋转曲轴扭转减振器紧固螺栓，直到标记与一缸在压缩上止点处对齐，二缸进气侧凸轮和三缸排气侧凸轮位于顶部且略微向内倾斜相同角度。

（2）使用厚薄规检查气门间隙，如图 3-20 所示，测量一缸进气门和排气门、二缸排气门、三缸进气门间隙，并记下结果，通过曲轴扭转减振器螺栓将曲轴沿发动机旋转方向转动 360°，使三缸进气侧凸轮和二缸排气侧凸轮以一定角度指向上方。测量四缸进气门和排气门、三缸排气门、二缸进气门间隙，并在表 3-2 中记下结果，检查气门间隙是否为规定间隙。

图 3-20　测量气门间隙

记录科鲁兹 1.6L（LDE）发动机气门间隙数据　　　　　　　表 3-2

	1 缸 1 号进气门	1 缸 2 号进气门	1 缸 1 号排气门	1 缸 2 号排气门	2 缸 1 号进气门	2 缸 2 号进气门	2 缸 1 号排气门	2 缸 2 号排气门
测量值								
液压挺柱编号								
	3 缸 1 号进气门	3 缸 2 号进气门	3 缸 1 号排气门	3 缸 2 号排气门	4 缸 1 号进气门	4 缸 2 号进气门	4 缸 1 号排气门	4 缸 2 号排气门
测量值								
液压挺柱编号								

（3）根据挺柱垫片实际厚度值计算新挺柱厚度，公式如下：

新挺柱厚度 = 测量气门间隙值 + 实际厚度值 − 标准气门间隙

（4）根据计算结果查询表 3-3 正确的配件编号。

液压挺柱零件号选配表　　　　　　　　　　　　表3-3

尺寸(cm)	配 件 号
气门挺柱(标记号:08,尺寸:3.070~3.090)	24438041
气门挺柱(标记号:12,尺寸:3.110~3.130)	24438146
气门挺柱(标记号:14,尺寸:3.130 ~3.150)	24438147
气门挺柱(标记号:16,尺寸:3.150~3.170)	24438148
气门挺柱(标记号:20,尺寸:3.190~3.210)	24438150
气门挺柱(标记号:04,尺寸:3.030~3.050)	24465260
气门挺柱(标记号:24X,尺寸:3.230~3.244)	55353764
气门挺柱(标记号:27X,尺寸:3.258~3.272)	55353766
气门挺柱(标记号:30X,尺寸:3.286~3.300)	55353768
气门挺柱(标记号:32X,尺寸:3.314~3.328)	55353770
气门挺柱(标记号:35X,尺寸:3.342~3.356)	55353772
气门挺柱(标记号:38X,尺寸:3.370~3.384)	55353774
气门挺柱(标记号:41X,尺寸:3.398~3.412)	55353776
气门挺柱(标记号:43X,尺寸:3.426~3.440)	55353778
气门挺柱(标记号:47,尺寸:3.460~3.480)	55353780
气门挺柱(标记号:51,尺寸:3.500~3.520)	55353782
气门挺柱(标记号:55,尺寸:3.540~3.560)	55353784
气门挺柱(标记号:59,尺寸:3.580~3.600)	55353786

3）气门组件的拆卸及检查

（1）拆卸凸轮轴及轴承盖。

①按照拆卸顺序松开第一道凸轮轴轴承盖螺栓,如图3-21所示。

②检查进排气凸轮轴轴承盖标记,如图3-22所示。

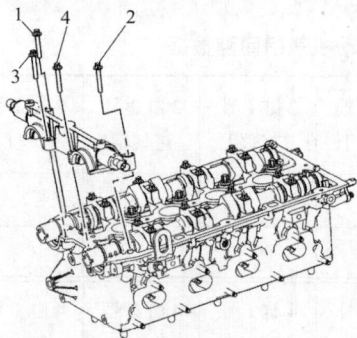

图3-21　拆第一道凸轮轴轴承盖螺栓
1、2、3、4-螺栓

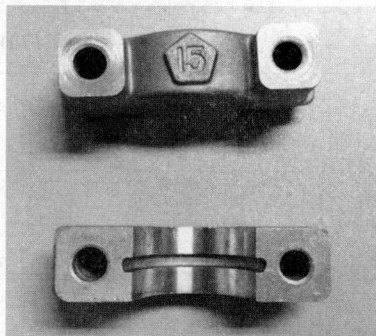

图3-22　进排气凸轮轴轴承盖标记

③按照拆卸顺序松开排气凸轮轴轴承盖螺栓,取下排气凸轮轴,放置到工作台托架上,如图3-23所示。

④按照拆卸顺序松开进气凸轮轴轴承盖螺栓,取下进气凸轮轴,放置在工作托架上,如图3-24所示。

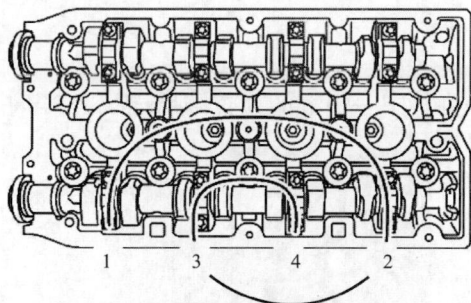

图 3-23　排气凸轮轴轴承盖螺栓松开顺序
1、2、3、4-螺栓

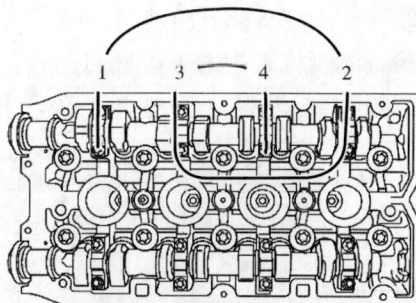

图 3-24　进气凸轮轴轴承盖螺栓松开顺序
1、2、3、4-螺栓

（2）拆卸气门挺柱。使用专用磁铁棒逐一拆下气门挺柱，并按规定位置摆放，如图 3-25 所示。

（3）拆卸汽缸进排气门组件。

①用专用工具拆卸汽缸全部进排气门，如图 3-26 所示。

图 3-25　拆下气门挺柱

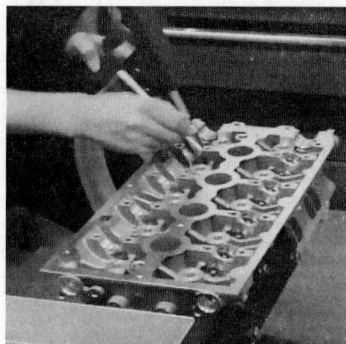

图 3-26　拆卸汽缸全部进排气门

②使用专用工具松开气门座圈，如图 3-27 所示。

③拆卸汽缸的全部进排气门组件，如图 3-28 所示。

图 3-27　松开气门座圈

图 3-28　拆卸汽缸的全部
进排气门组件

④取下该汽缸全部气门油封,如图 3-29 所示。

4)检查测量汽缸中的进排气门

(1)进排气门外观检查,如图 3-30 所示,并将其中一个缸的检查结果记录表 3-4 中。

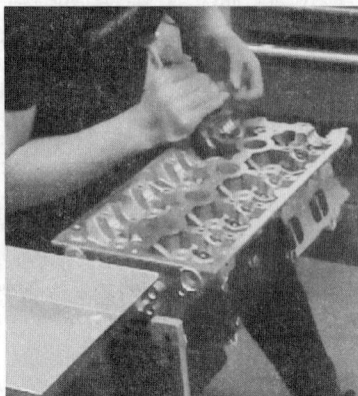

图 3-29 取下全部气门油封

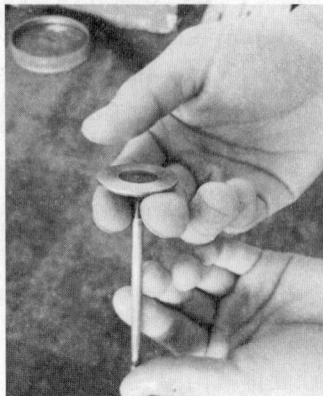

图 3-30 气门外观检查

进排气门外观目视检查 表 3-4

气 门	座部位点蚀	头部余量厚度	杆部弯曲	杆部点蚀磨损	锁片槽磨损	杆顶端磨损	处理意见
进气门							
排气门							

(2)进排气门长度测量,如图 3-31 所示,并将其中一个缸的检查结果记录表 3-5 中。

(3)进排气门头部直径测量,如图 3-32 所示,并将其中一个缸的检查结果记录表 3-6 中。

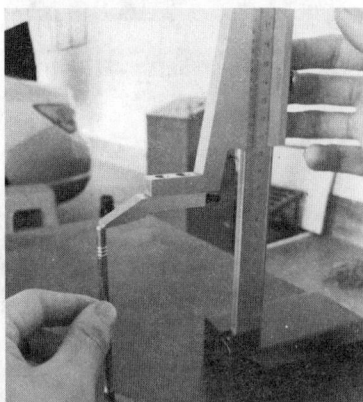

图 3-31 气门长度测量

图 3-32 气门头部直径测量

进排气门长度检测 表 3-5

测量及结果	进 气 门	排 气 门
测量值(mm)		
结果判断及处理		

进排气门头部直径检测 表 3-6

测量及结果	进　气　门	排　气　门
测量值（mm）		
结果判断及处理		

（4）进排气门座接触面宽度测量,如图 3-33 所示,并将其中一个缸的检查结果记录表 3-7 中。

（5）进排气门锥面接触面宽度测量,如图 3-34 所示。并将其中一个缸的检查结果记录表 3-8 中。

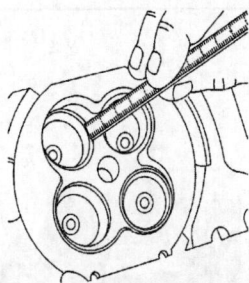

图 3-33　气门座接触面宽度测量　　图 3-34　气门锥面接触面宽度测量

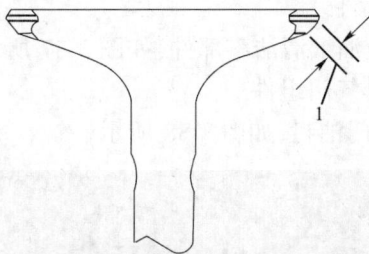

进排气门座接触面宽度 表 3-7

测量及结果	进　气　门	排　气　门
测量值（mm）		
结果判断及处理		

进排气门锥面接触面宽度测量 表 3-8

测量及结果	进　气　门	排　气　门
测量值（mm）		
结果判断及处理		

（6）进排气门对气门座同心度检查,如图 3-35 所示,并将其中一个缸的检查结记录表 3-9中。

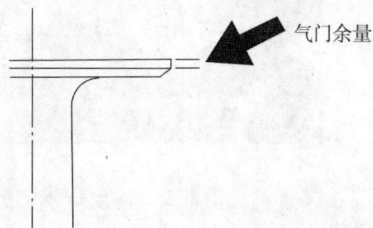

（7）气门锥面上气门与气门座接触面的位置检查,如图 3-36 所示,并将一个缸的检查结果记录表 3-10 中。

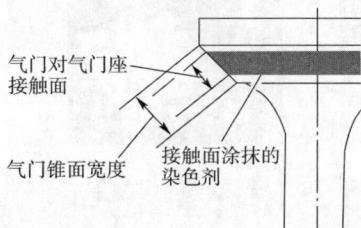

图 3-35　气门对气门座同心度检查　　图 3-36　气门与气门座接触面的位置检查

进、排气门对气门座的同心度检查 表 3-9

测量及结果	进 气 门	排 气 门
检查情况		
结果判断及处理		

气门锥面接触位置检查 表 3-10

测量及结果	进 气 门	排 气 门
检查情况		
结果判断及处理		

5)清洁零部件

用气枪或吸油纸清洁零部件,如图 3-37 所示。

6)装配进排气门组件

(1)装配气门油封,如图 3-38 所示。

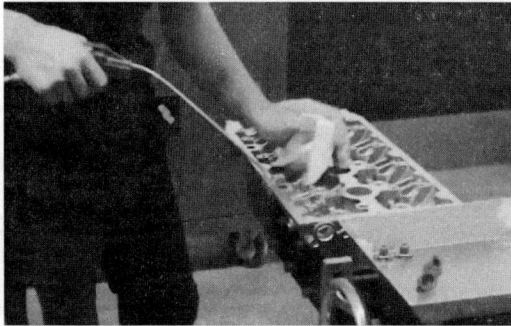

图 3-37　清洁零部件

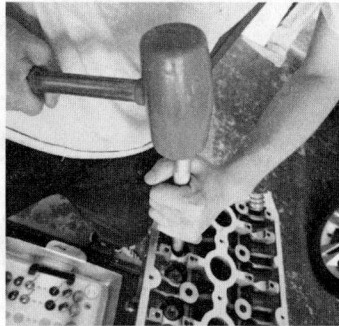

图 3-38　装配气门油封

(2)装配全部进排气门组件,如图 3-39 所示。

(3)装配气门挺柱。装配并润滑气门挺柱,如图 3-40 所示。

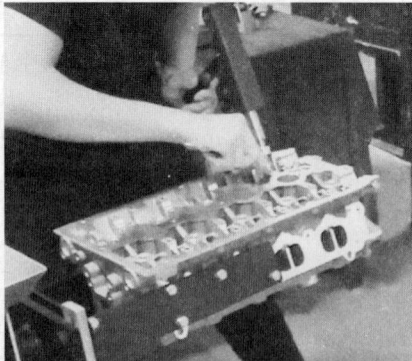

图 3-39　装配气门组件

图 3-40　装配气门挺柱

(4)安装进排气凸轮轴。

①安装进气凸轮轴,进气凸轮轴轴承盖螺栓的安装及紧固顺序,如图 3-41 所示。

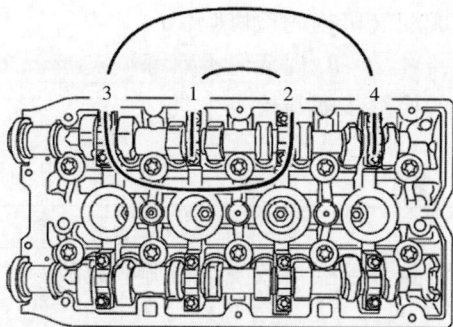

图3-41　进气凸轮轴轴承盖螺栓紧固顺序
1、2、3、4-螺栓紧固顺序号

②安装排气凸轮轴,排气凸轮轴轴承盖螺栓的安装及紧固顺序,如图3-42所示。

③按照装配顺序装上第一道凸轮轴轴承盖螺栓,如图3-43所示。

(5)检查进排气凸轮轴轴承盖标记。

(6)作业后整理、清洁工具、工作台及场地。

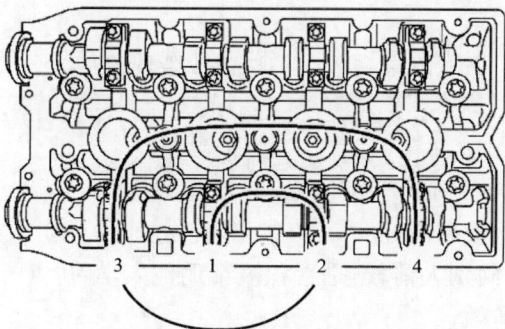

图3-42　排气凸轮轴轴承盖螺栓紧固顺序
1、2、3、4-螺栓紧固顺序号

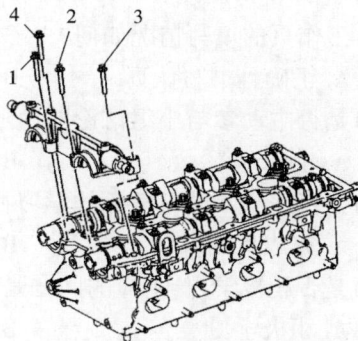

图3-43　第一道凸轮轴轴承盖螺栓紧固顺序
1、2、3、4-螺栓紧固顺序号

三、学习拓展

(1)请观看汽油机和柴油机结构视频,看看它们的配气机构在结构上有什么不同?

(2)请查阅雪佛兰科鲁兹维修手册,看看配气机构各部件与我们检修的有什么不同?拆装和检修步骤有什么不同?

四、评价与反馈

1. 自我评价与反馈

(1)你能主动参与工作现场的清洁和调整工作吗?(　　　)

　　A. 主动完成　　　　　　B. 被动完成　　　　　　C. 未完成

（2）你能正确规范地完成配气机构的检修吗？（　　　）

    A. 快速规范　　　　　　　B. 规范但不熟练　　　　　　　C. 不会使用

（3）写出检查配气机构的检测步骤与检查工具。

_____

_____

_____

（4）凸轮轴异响和气门弹簧异响会导致发动机哪些故障？

_____

_____

_____

（5）你在本学习任务的学习中遇到的困难是什么？你是如何解决的？

_____

_____

               签名：_____　_____年_____月_____日

2. 小组评价与反馈

（1）工作页的填写情况如何？（　　　）

    A. 正确且书写认真　　　　B. 正确但书写潦草　　　　　C. 有抄袭现象

（2）是否主动参与小组讨论？（　　　）

    A. 主动　　　　　　　　　B. 被动　　　　　　　　　　C. 未参与

（3）是否完成本学习任务的学习目标？（　　　）

    A. 完成且效果好　　　　　B. 完成但效果不好　　　　　C. 未完成

（4）是否积极学习，不懂的问题是否积极向别人请教，是否积极帮助他人学习？（　　　）

    A. 积极学习　　　　　　　B. 积极请教

    C. 积极帮助他人　　　　　D. 全部不积极

（5）零件、工具与油污有没有落地，有无保持作业现场的整洁？（　　　）

    A. 无掉地零件且场地整洁　B. 有件、工具掉地

    C. 有油污掉地　　　　　　D. 未保持作业现场的清洁

（6）实施过程中是否注意维修质量和有责任心？（　　　）

    A. 注意质量，有责任心　　B. 不注意质量，有责任心

    C. 注意质量，无责任心　　D. 全无

（7）团队学习中的主动性和合作性如何？

    A. 好　　　　　　　　　　B. 较好　　　　　　　　　　C. 一般

           参与评价的同学签名：_____　_____年_____月_____日

3. 教师评价

_____

_____

_____

             教师签名：_____　_____年_____月_____日

五、技能考核标准

技能考核标准见表3-11。

技 能 考 核 标 准　　　　　　　　　表3-11

序号	项　　目	操 作 内 容	规定分	评 分 标 准	得分
1	准备工作	确认工具、量具、零件	2	每步操作不当酌情扣分	
2	检查气门间隙	用厚薄规检查气门间隙（记录）	4	每步操作不当酌情扣分	
3	计算新挺柱厚度	根据公式计算新挺柱厚度	4	每步操作不当酌情扣分	
4	拆卸凸轮轴及轴承盖	按照拆卸顺序松开第一道凸轮轴轴承盖螺栓	3	每步操作不当酌情扣分	
		检查进排气凸轮轴轴承盖标记	1	每步操作不当酌情扣分	
		按照拆卸顺序松开排气凸轮轴轴承盖螺栓，取下排气凸轮轴，放置在工作台托架上	3	每步操作不当酌情扣分	
		按照拆卸顺序松开进气凸轮轴轴承盖螺栓，取下进气凸轮轴，放置在工作台托架上	3	每步操作不当酌情扣分	
5	拆卸气门挺柱	使用专用磁铁棒逐一拆下气门挺柱，并按规定位置摆放	2	每步操作不当酌情扣分	
6	拆卸指定某一汽缸进排气门组件	用专用工具拆卸指定的某一汽缸全部进排气门	3	每步操作不当酌情扣分	
		使用专用工具释放松开气门座圈	3	每步操作不当酌情扣分	
		拆卸该汽缸的全部进排气门组件	3	每步操作不当酌情扣分	
		取下该汽缸全部气门油封	3	每步操作不当酌情扣分	
7	检查测量该汽缸中指定的其中一组（前或后）进排气门	进排气门外观检查（记录）	3	每步操作不当酌情扣分	
		进排气门长度测量（记录）	3	每步操作不当酌情扣分	
		进排气门头部直径测量（记录）	3	每步操作不当酌情扣分	
		进排气门座接触面宽度测量（记录）	3	每步操作不当酌情扣分	
		进排气门锥面接触面宽度测量（记录）	3	每步操作不当酌情扣分	
		进排气门对气门座同心度检查（记录）	3	每步操作不当酌情扣分	
		气门锥面上气门与气门座接触面的位置检查（记录）	3	每步操作不当酌情扣分	

序号	项 目	操作内容	规定分	评分标准	得分
8	清洁零部件	用气枪或吸油纸清洁零部件	3	每步操作不当酌情扣分	
9	装配指定的某一汽缸的全部进排气门组件	装配该汽缸气门油封	3	每步操作不当酌情扣分	
		装配该汽缸的全部进排气门组件	5	每步操作不当酌情扣分	
10	装配气门挺柱	装配润滑气门挺柱	2	每步操作不当酌情扣分	
	安装进排气凸轮轴	安装进气凸轮轴,按照装配顺序紧固进气凸轮轴轴承盖螺栓	4	每步操作不当酌情扣分	
		安装排气凸轮轴,按照装配顺序紧固排气凸轮轴轴承盖螺栓	4	每步操作不当酌情扣分	
		按照装配顺序安装第一道凸轮轴轴承盖螺栓	3	每步操作不当酌情扣分	
		检查进排气凸轮轴轴承盖标记	1	每步操作不当酌情扣分	
11	查资料	查询维修手册	5	漏查一次扣1分	
12	完成时限	60min	5	(1)超时1~5min 扣1~2分; (2)超时5min 以上扣5分	
13	安全文明	无安全隐患,无不文明操作	5	未达标扣1~5分	
14	结束	(1)工具、量具清洁归位; (2)工作场地清洁工作	2 3	(1)漏一项扣1~3分,未做扣5分; (2)清洁不干净扣1~3分,未做清洁扣3分	
		总分	100		

学习任务四 汽缸盖和汽缸体检修

任务要求

完成本学习任务后,你应能:

1. 知道汽缸盖和汽缸体的组成、结构和装配关系;

2. 明确拆装汽缸盖和汽缸体的步骤及装配要求;

3. 分析汽缸盖和汽缸体各零件损坏导致故障的现象;

4. 检修汽缸盖和汽缸体。

建议学时:10 学时。

任务描述

一辆科鲁兹 1.6L LXV 轿车,车主发现从排气管排出过量白烟,于是将车开到修理厂检查。维修人员检查时发现,机油呈泡沫状、且已经变色,另发现汽缸垫处有油、水泄漏,需对缸体和缸盖做进一步检查,以确定故障部位,便于维修或更换。

一、理论知识准备

汽缸体和汽缸盖是发动机的支架,是曲柄连杆机构、配气机构和发动机各系统主要零部件的装配基体。汽缸盖用来封闭汽缸顶部,并与活塞顶和汽缸壁一起形成燃烧室。另外,汽缸盖和汽缸体内的水套和油道以及油底壳又分别是冷却系统和润滑系统的组成部分。

1. 汽缸体的功用

汽缸体的功用是支承发动机所有的运动件和各种附件。汽缸体内设置有冷却水道和润滑油道,保证对高温状态下工作和高速运动的零件进行可靠的冷却和润滑。汽缸体上部的圆柱形空腔称为汽缸,它的作用是引导活塞作往复运动,汽缸体下部的空间为上曲轴箱,用来安装曲轴。

2. 汽缸的型式

汽缸体内引导活塞作往复运动的圆筒就是汽缸。多缸发动机汽缸的排列形式决定了发动机外形尺寸和结构特点,对发动机汽缸体的刚度和强度也有影响,并关系到汽车的总体布置。可分为:直列式、V 型式、对置式 3 种,如图 4-1 所示。

(1)直列式。一般缸体是竖立的,汽缸是垂直排成单行,结构简单,加工方便,但高度较高,长度较长,六缸以下发动机多采用这种形式。

(2)V型式。汽缸分为左右两边排列成V形,其优点是发动机总长度缩短,高度降低,结构紧凑,功率增大,刚度加强,质量减轻等。但发动机宽度加大,形状复杂,加工困难。一般用于八缸以上功率较大的发动机上。

(3)W型式。W型式发动机是德国大众专属发动机技术。将V形发动机的每侧汽缸再进行小角度的错开,就成了W型发动机。或者说W型发动机的汽缸排列形式是由两个小V型组成一个大V型,两组V型发动机共用一根曲轴。如老帕萨特的W8、大众辉腾、宾利欧陆和奥迪A8的W12以及布嘉迪的W16。

(4)对置式。把汽缸对置排列在同一水平面上,这样降低了发动机的总高度,结构也更加紧凑。一般使用于车身底板下安装发动机的大型公共汽车和赛车上。

(5)VR式。VR发动机是大众的专属产品,1991年,大众公司开发了一种15°夹角的V62.8L发动机,称为VR6,并安装在第三代高尔夫上。VR发动机的汽缸夹角非常小,两列汽缸接近平行,汽缸盖上火花塞的孔几乎并在一条直线上。VR发动机的特点就是体积特别小,所以非常适用于大众车系的前置发动机平台。

a)直列发动机　　　　　　b)V型发动机　　　　　　c)W型发动机

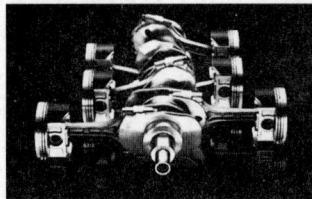 

d)水平对置发动机　　　　　e)VR发动机

图4-1　发动机汽缸形式

3. 汽缸套的类型

汽缸套分为干式缸套和湿式缸套,如图4-2所示。

4. 汽缸盖的功用

汽缸盖的功用:密封汽缸并与活塞顶、汽缸内壁上部共同形成燃烧室。

5. 汽缸盖的结构

汽缸盖的结构十分复杂(图4-3),顶置发动机缸盖上还要布置进、排气道以及相应的冷却水套,对顶置凸轮轴发动机还要考虑凸轮轴的支承,还有火花塞或喷油器以及缸盖螺栓的布置等。

6. 汽缸盖的型式

水冷式汽缸盖有3种结构形式:整体式、分体式和单体式。

名称	特　点	示意图
干缸套	外壁不直接与冷却液接触。壁厚为1～3mm	
湿缸套	外壁直接与冷却液接触。壁厚为5～9mm	

强度和刚度都较好，加工复杂，拆装不便，散热不良

散热良好、冷却均匀、易制造、易拆卸。强度和刚度不如干缸套，易漏水、漏气。广泛应用于汽车柴油机上

图4-2　干式缸套和湿式缸套特点

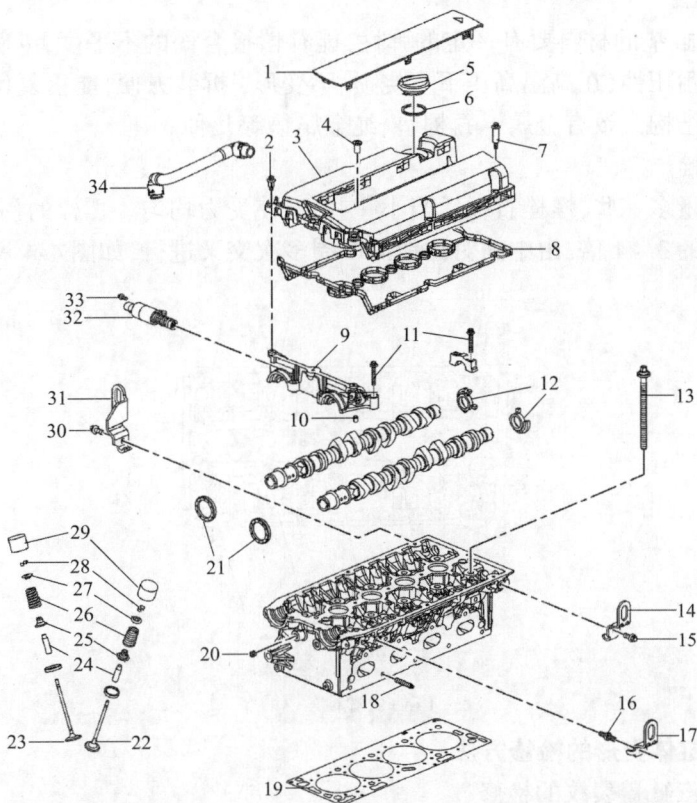

图4-3　科鲁兹1.6L LXV发动机缸盖结构

1-直接点火系统点火模块盖;2-凸轮轴盖螺栓;3-凸轮轴盖;4-螺塞;5-机油加注口盖;6-机油加注口盖衬垫;7-凸轮轴盖螺栓;8-凸轮轴盖衬垫;9-凸轮轴前轴承盖;10-螺塞;11-凸轮轴轴承盖螺栓;12-凸轮轴位置传感器激励器;13-汽缸盖螺栓;14-发动机右后提升支架;15-发动机右后提升支架螺栓;16-发动机右前提升支架双头螺栓;17-发动机右前提升支架;18-排气歧管双头螺栓;19-汽缸盖衬垫;20-螺塞;21-凸轮轴前油封;22-排气门;23-进气门;24-气门导管;25-气门座圈;26-气门环;27-气门座圈;28-气门杆油封;29-挺杆;30-发动机左后提升支架;31-发动机左后提升支架螺栓;32-凸轮轴位置执行器;33-凸轮轴位置执行器螺钉;34-曲轴箱强制通风管

（1）整体式缸盖：多缸发动机的整列汽缸共用一个缸盖的称为整体式汽缸盖，一般用于缸径较小的发动机。缸径小于 110mm 的发动机多采用整体式缸体，这种形式结构紧凑，可缩短汽缸中心距，但刚度小，制造、维修不便。

（2）分体式缸盖：多缸发动机的整列汽缸中，分开为二缸一盖或三缸一盖的称为分体式汽缸盖。缸径大于 110mm 且小于 150mm 的发动机多采用分体式缸盖。

（3）单体式缸盖：多缸发动机每缸采用一个缸盖的称为单体式汽缸盖。单体式缸盖刚度大，制造、修理方便，备件存储比较优越，但缸心距较大，且要用专门的回水管回流缸盖冷却液，故结构复杂，缸径大于 150mm 的发动机多采用单体式缸盖，风冷发动机均采用单体式缸盖。

7. 汽缸垫的功用与材料

（1）作用：汽缸垫置于汽缸盖与汽缸体之间，作用是保证燃烧室的密封，防止漏汽、漏水。

（2）材料：汽缸垫的材料要有一定的弹性，能补偿接合面的不平度，以确保密封，同时要有好的耐热性和耐压性，在高温高压下不烧损、不变形，拆装方便，能重复使用，寿命长。目前应用的汽缸垫结构大致有金属 – 石棉垫、纯金属垫等几种。

8. 汽缸盖螺栓

螺栓数量尽量多一些，螺栓直径适当小一些，以使受力均匀。螺栓的预紧力应为缸盖所受最大燃气压力的 3～4 倍，由中间对称地向四周多次交叉进行，如图 4-4 所示。

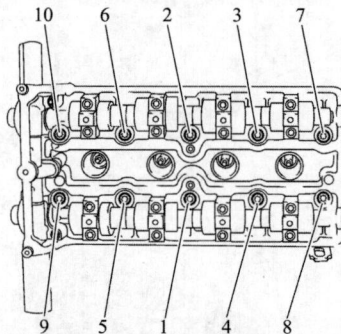

图 4-4　汽缸盖螺栓拧紧顺序
1～10-缸盖螺栓紧固顺序

9. 汽缸盖和缸体变形的检修方法

1）汽缸体与汽缸盖裂纹的检修

汽缸体裂纹的检查一般采用水压试验法。试验时，应用专用的盖板封住汽缸体水道口，用水压机将水压入缸体水道中，要求在 0.3～0.4 MPa 的压力下保持约 5 min，应没有任何渗漏现象。当镶换汽缸套（干式）时，应在镶好汽缸套后再进行一次水压试验。汽缸体在焊接修理后，也应进行水压试验。

汽缸体裂纹的修理方法有粘结法、焊接法等几种。在修理中，应根据裂纹的大小、裂纹的部位、损伤的程度以及技术能力、设备条件等情况，灵活而适当地选择。汽缸盖出现裂纹一般应予以更换。

2）汽缸体与汽缸盖变形的检修

汽缸体与汽缸盖平面发生变形可测量其平面度误差。测量时用等于或略大于被测平面全长的刀形样板尺或直尺（图4-5），沿汽缸体或汽缸盖平面的纵向、横向和对角线方向多处进行测量，然后用厚薄规测量其与平面间的间隙，最大间隙即该平面的平面度误差。

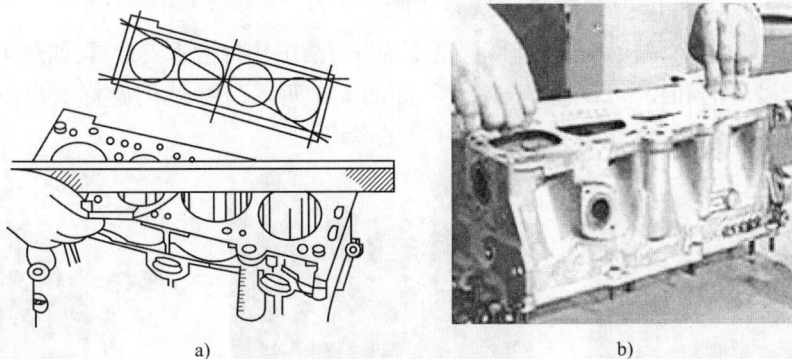

a)   b)

图4-5　汽缸体与汽缸盖平面度测量

汽缸体与汽缸盖接合平面的平面度要求如下：铝合金汽缸体一般为 0.25mm，铸铁汽缸体一般为 0.10mm。缸盖一般不能超过 0.05mm，否则应进行修理或更换。

对铝合金缸盖的变形多用压力校正法修理，即：将缸盖放置在平台上，用压力机在其凸起部分逐渐加压，同时用喷灯在变形处加热至 300～400℃，待缸盖平面与平台贴合后保持压力直到冷却。对铸铁汽缸盖的变形一般采用磨削或铣削方法进行修理。但切削量不能过大，一般不允许超过 0.5mm，否则将改变发动机压缩比。

10. 汽缸磨损（圆度、圆柱度）**的检查**

汽缸磨损检验的工艺流程如下。

（1）安装量缸表。量缸表又称内径百分表，是利用百分表制成的测量仪器，也是用于测量孔径的比较性测量工具。在汽车维修中，量缸表通常用于测量汽缸的磨耗量及内径，如图4-6所示。

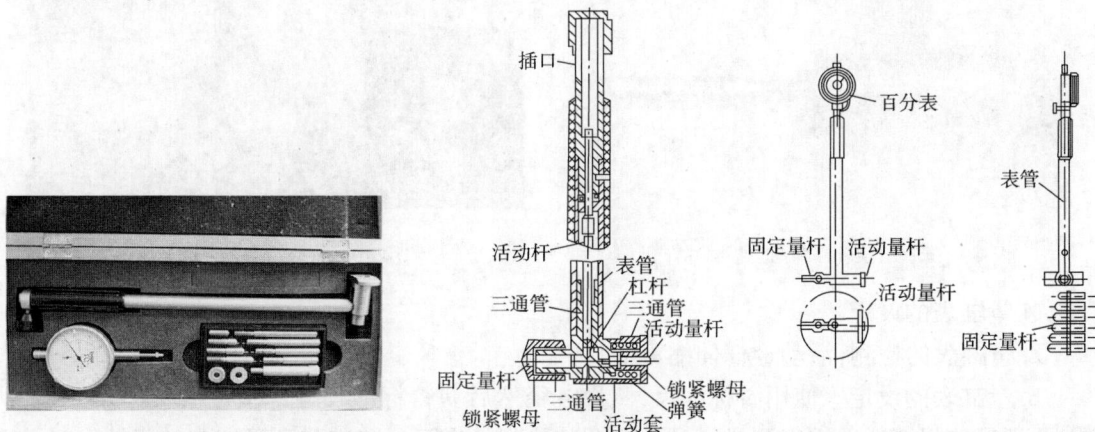

图4-6　量缸表外形结构

①根据汽缸直径的尺寸,选择合适的接杆装入量缸表的下端。接杆装好后,与活动伸缩杆的总长度应与被测汽缸尺寸相适。

②校正量缸表的尺寸。将外径千分尺校准到被测汽缸的标准尺寸,再将量缸表校准到外径千分尺的尺寸,并使伸缩杆有2mm的压缩行程,旋转表盘使表针对准零位。

(2)汽缸圆度、圆柱度误差测量方法及步骤。

①清洁汽缸筒内部,并检查是否有明显的划痕;清洁工作台检查工量具,如图4-7所示。

②游标卡尺清洁和校零,测量汽缸直径,如图4-8所示(注:使用游标卡尺测量缸径后获得基本尺寸,利用这些长度作为选择合适杆件的参考)。

a)   b)

图4-7 清洁汽缸筒内部并检查划痕   图4-8 用游标卡尺测量缸径

③安装量缸表。

a. 根据所测缸径的基本尺寸选用合适的替换杆件和调整垫圈,使量杆长度比缸径长0.5~1.0mm,如图4-9所示(注:替换杆件和垫圈都标有尺寸,根据缸径尺寸可任意组合)。

b. 将百分表插入表杆上部,预先压紧0.5~1.0mm后固定,如图4-10所示(注:为了便于读数,百分表表盘方向应与接杆方向平行或垂直)。

c. 将外径千分尺调至所测缸径尺寸,并将千分尺固定在专用固定夹上,对量缸表进行校零,如图4-11所示。

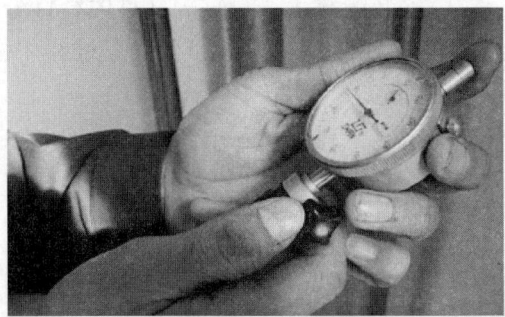

图4-9 选择替换杆件和调整垫圈并安装   图4-10 百分表插入表杆上部

④量缸表的设定。

a. 量缸表的检测:活动量杆伸缩灵活。

b. 量缸表的设定。使用游标卡尺,测量缸径然后获得标准尺寸。根据游标卡尺测得的数据,选择一根合适的固定测量杆和一个调整垫圈。当百分表安装到量缸表的规体上时,百分表的测量杆有0.5~1.0mm的移动量(指针向右旋转0.5~1圈)。锁紧百分表并将指针调回到"0"位。

c.汽缸内径量缸表的零校准。将千分尺设置到由游标卡尺取得的标准尺寸,锁紧测微螺杆;用夹具固定住千分尺尺身。将测量杆放入千分尺的两个测砧之间调整固定测量杆,使指针向右转过 0.5 ~ 1 圈;锁紧固定螺母。将量缸表的指针设定到"0"位(图 4-11)。

注意:指针调到"0"位后,将量缸表取下后就不能再调整指针。

⑤确定测量位置。在量缸表上画出汽缸上、中、下 3 个测量点的位置,测量位置在距汽缸套上平面 10mm 处、汽缸套中间位置和距汽缸套下端面 10mm 处 3 个位置。每处测量位置都要测量其横向和纵向两个方向,如图 4-12 所示。

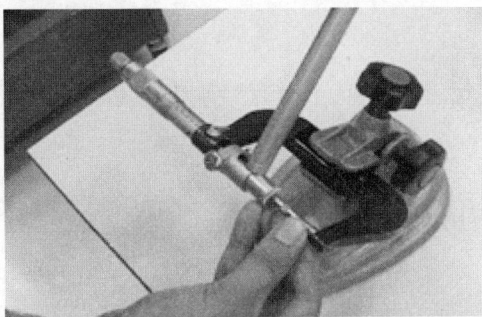

图 4-11　外径千分尺校零后调至所测缸径尺寸

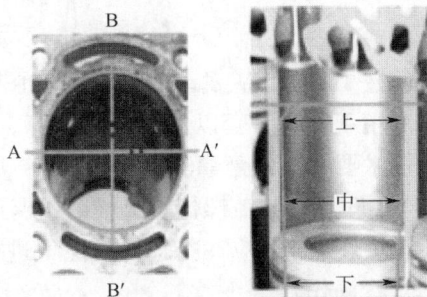

图 4-12　量缸表测量点位置

⑥汽缸直径的测量。先将量缸表的活动测头以一定的角度放进汽缸中,然后用手压住量缸表的杆身,慢慢地移动杆身使其与汽缸的轴线平行,如图 4-13 所示。左右(或者上下)移动量缸表寻找最短距离的位置,即汽缸内径的最小值。读出指针所指示的最小值。

⑦读取测量值。实际尺寸 = 标准尺寸 ± 百分表读数,即:表针在逆时针方向为" + ";在顺时针方向为" − "。例:设标准尺寸为 62.00mm ,实际尺寸 = 62.00 +0.13 =62.13(mm),如图 4-14 所示。

图 4-13　量缸表放入汽缸

图 4-14　读取测量值示意

⑧圆度 = (测量最大值 − 测量最小值)/2(同一截面上测量数据)

圆柱度 = (测量最大值 − 测量最小值)/2(所有测量数据)

⑨整理并清洁工量具。

⑩场地 7S 工作。

注意：汽缸圆度误差，汽油机为 0.05mm，柴油机为 0.065mm。汽缸圆柱度误差，汽油机为 0.20mm，柴油机为 0.25mm。如超出此范围，则应进行镗缸修理。

（3）确定发动机汽缸修理尺寸。以最大磨损汽缸尺寸为依据，来确定发动机汽缸的修理尺寸。

（4）汽缸的修理。当汽缸磨损后，可以用修理尺寸法修复。可以对汽缸进行镗削或磨削修理。

二、实 践 操 作

1. 实践准备

科鲁兹 1.6L LXV 发动机 4 台、量缸表、直尺、厚薄规、千分尺、刮刀、干净的抹布、常用工具和专用工具各 1 套以及维修手册等。

2. 技术要求与注意事项

（1）在进行汽缸盖螺栓的拆装时，要注意所用的力矩和拆装顺序。

（2）拆卸汽缸盖应在冷态的状况下进行。

3. 实践操作

1）记录待修车的基本情况（表4-1）

待修车的基本情况记录   表4-1

项　目	内　容	项　目	内　容
车辆型号（VIN）		车主反映	汽缸垫处有油、水泄漏
发动机型号		维修检查建议	检查汽缸盖和汽缸体

2）汽缸盖和汽缸体拆卸步骤

（1）拆下进气歧管，如图4-15 所示。①拆下 7 个进气歧管螺栓 1。②拆下进气歧管 2。

（2）拆下排气歧管，如图4-16 所示。

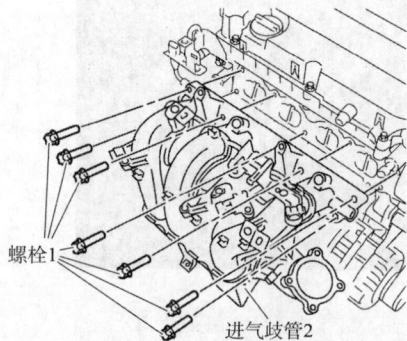

图 4-15　拆下进气歧管

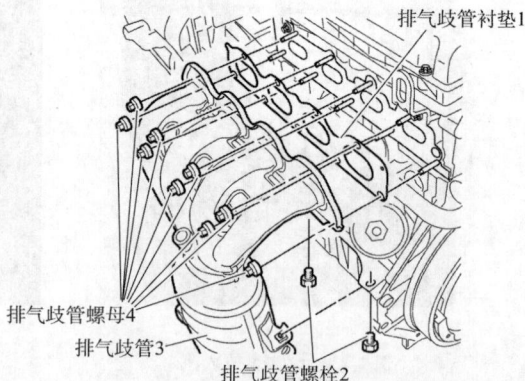

图 4-16　拆下排气歧管

（3）拆下正时皮带张紧器，如图4-17 所示。拆下张紧器螺栓 1，拆下正时皮带张紧器 2。

（4）拆下 2 个发动机机油冷却器管螺栓 1，拆下发动机机油冷却器管 2，如图4-18 所示。

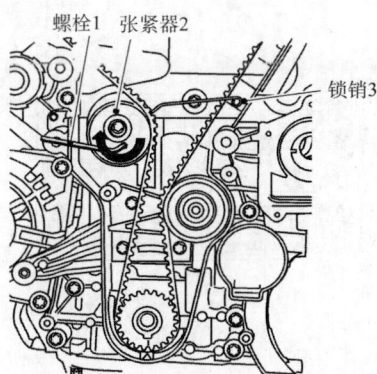

图 4-17　拆下正时皮带张紧器

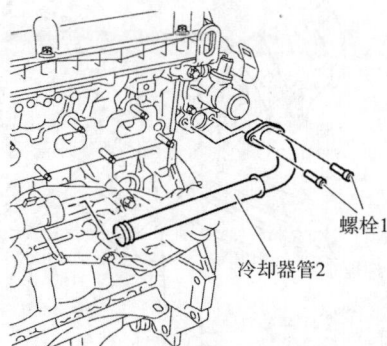

图 4-18　拆下 2 个发动机机油冷却器管螺栓 1

（5）将 3 根冷却液软管从冷却器凸缘上断开。

（6）拆下凸轮轴盖，如图 4-19 所示。拆下 11 个螺栓 2、3，拆下凸轮轴盖 1。

（7）拆下 2 个凸轮轴位置传感器，如图 4-20 所示。

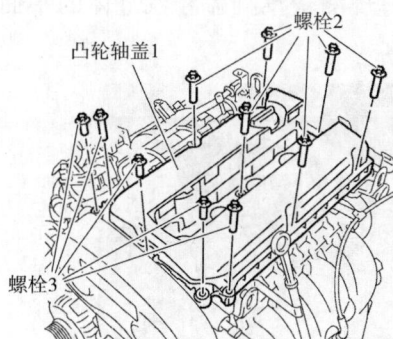

图 4-19　拆下凸轮轴盖

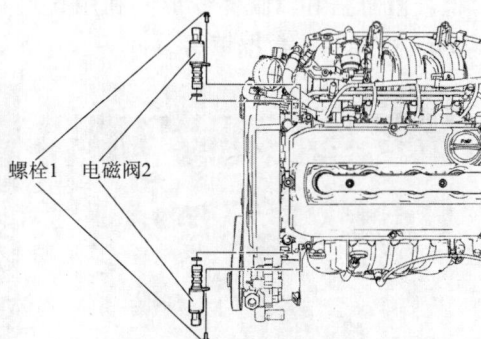

图 4-20　拆下 2 个凸轮轴位置传感器

（8）拆下 2 个凸轮轴位置执行器电磁阀。拆下凸轮轴位置执行器电磁阀螺栓 1，拆下凸轮轴位置执行器电磁阀 2。

（9）拆下 2 个凸轮轴位置执行器调节器，如图 4-21 所示。拆下 2 个凸轮轴调节器封闭螺塞 1，注意：①需要两个机修工。②固定相应凸轮轴的六角头；拆下凸轮轴调节器螺栓 2 和凸轮轴调节器 3。

（10）拆下正时皮带后盖。

（11）拆下节温器壳体。拆下发动机冷却液节温器壳体固定件螺母 4 及壳件固定件 1；拆下 4 个发动机冷却液节温器壳体螺栓 3 及壳体 2，如图 4-22 所示。

（12）拆下汽缸盖，如图 4-23 所示。松开 10 个汽缸盖紧固螺栓 90°；松开 10 个汽缸盖紧固螺栓 180°。

3）清洗

（1）用刮刀将汽缸盖和汽缸体上的污物刮干净。

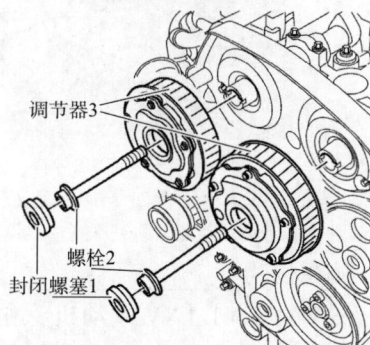

图 4-21　拆下 2 个凸轮轴位置执行器调节器

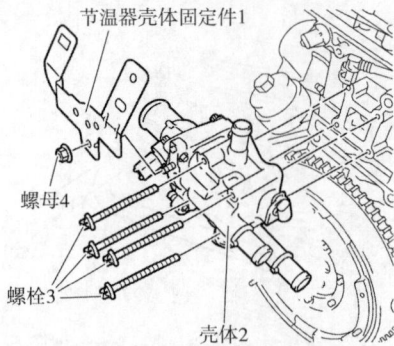

图4-22　拆下节温器壳体

节温器壳体固定件1
螺母4
螺栓3
壳体2

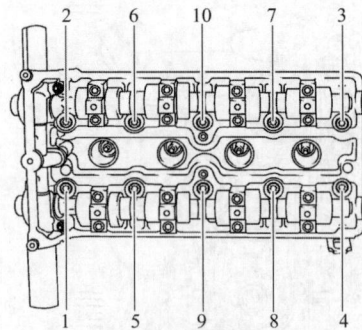

图4-23　汽缸盖螺栓松开顺序
1～10-螺栓松开顺序

（2）用清洗液将汽缸盖和汽缸体各部件洗净。

（3）用干抹布将汽缸盖和汽缸体擦干净。

4）检查

（1）检查汽缸盖和汽缸体变形。利用直尺和厚薄规测量汽缸盖和汽缸体的平面度，如图4-24所示，选择一组数据填写。

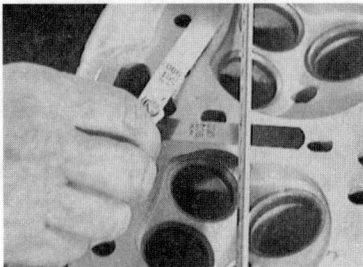

a)

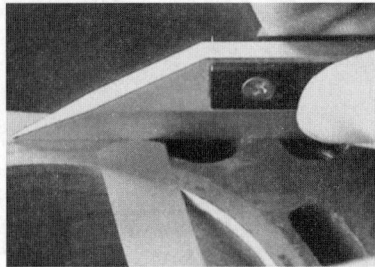

b)

c)

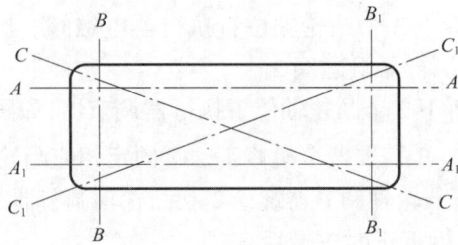

d)

图4-24　测量汽缸体与汽缸盖的平面度

测量值为：_____。

科鲁兹1.6L LXV发动机汽缸盖和汽缸体接合面的平面度标准值为：纵向平面度≤0.05mm；横向平面度≤0.03mm。

如不符合规定，如何修复？

（2）检查汽缸磨损。利用量缸表测量各汽缸的圆度和圆柱度，如图4-25所示，选择一组数据填写在表4-2中。

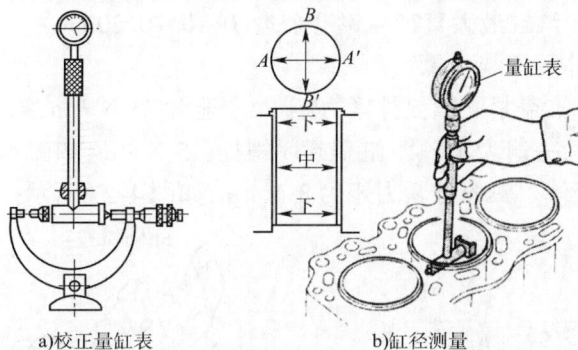

a)校正量缸表　　　　　　b)缸径测量

图4-25　汽缸圆度和圆柱度

汽缸测量记录表（单位：mm）　　　　　　　　　　　　　　　　　　　　表4-2

测量前准备					
千分尺校准读数			量缸表测量杆长度		
汽缸号	位置号	直径A(纵向)	直径B(横向)	圆度	圆柱度
1	上				
	中				
	下				
2	上				
	中				
	下				
3	上				
	中				
	下				
4	上				
	中				
	下				
分析	汽缸是否要修理				
	维修尺寸级别				

注：科鲁兹1.6L LXV发动机的缸径标准值：78.995~79.005mm。

如果汽缸的最大磨损量、圆度误差、圆柱度误差任意一项指标超过允许极限，均应修理或更换汽缸体（套）。汽油机圆度误差应小于或等于0.05mm，圆柱度误差应小于或等于0.20mm。

解决问题：

（1）确定所测汽缸是否要修？

（2）若要修确定维修级别和尺寸。

（一级维修尺寸为：0.25mm）

汽缸的修理尺寸 = 汽缸最大直径 + 镗磨余量(0.10 ~ 0.20mm)

5）汽缸盖和汽缸体的安装步骤

（1）安装汽缸盖。缸盖紧固螺栓拧紧力矩：第一遍为 25 N·m，第二遍为 90°，第三遍为 90°，第四遍为 90°，最后一遍为 45°，汽缸盖封闭螺栓：15 N·m，如图 4-26 所示。

（2）安装节温器壳体。螺栓拧紧力矩为 8 N·m，如图 4-27 所示。

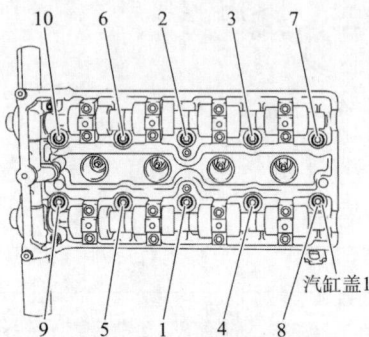

图 4-26　汽缸盖拧紧顺序
1 ~ 10-缸盖螺栓拧紧顺序号

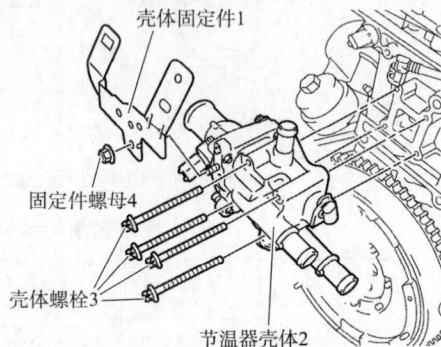

图 4-27　安装节温器壳体

（3）安装正时皮带后盖。螺栓拧紧力矩为 6 N·m，如图 4-28 所示。

（4）安装凸轮轴位置执行器调节器。螺栓拧紧力矩为 65N·m + 120° + 15°，如图 4-29 所示。

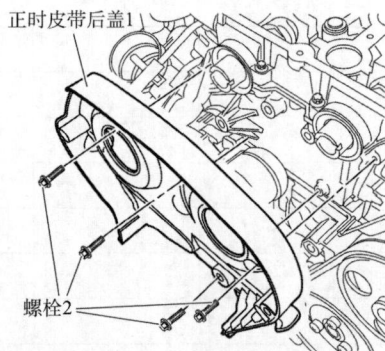

图 4-28　安装正时皮带后盖

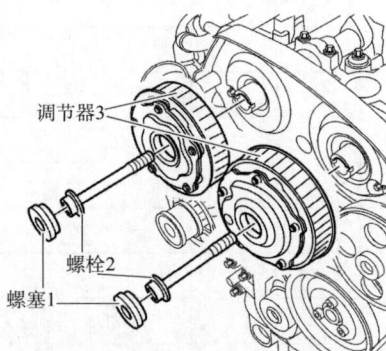

图 4-29　安装凸轮轴位置执行器调节器

（5）安装凸轮轴位置执行器电磁阀。螺栓拧紧力矩为 6N·m，如图 4-30 所示。

（6）安装 2 个凸轮轴位置传感器。螺栓拧紧力矩为 6N·m。

（7）安装凸轮轴盖。螺栓拧紧力矩为 8N·m，如图 4-31 所示。

（8）将 3 根冷却液软管从冷却液法兰上连接。

（9）安装发动机机油冷却器管 2。安装 2 个发动机机油冷却器管螺栓 1 并紧固至 9N·m，如图 4-32 所示。

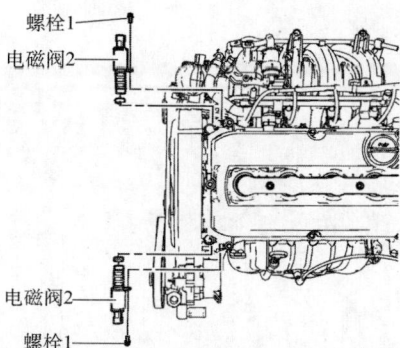

图 4-30　安装凸轮轴位置执行器电磁阀

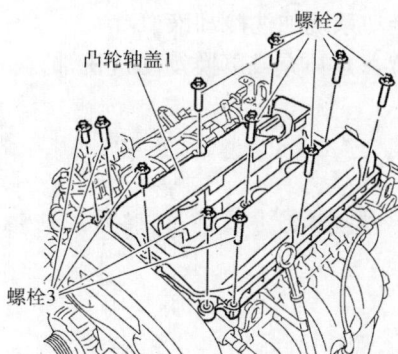

图 4-31　安装凸轮轴盖

（10）安装正时皮带张紧器。使用内六角扳手，向箭头指示的方向对传动皮带张紧器 2 施加张力，安装锁销 3。螺栓拧紧力矩为 25N·m，如图 4-33 所示。

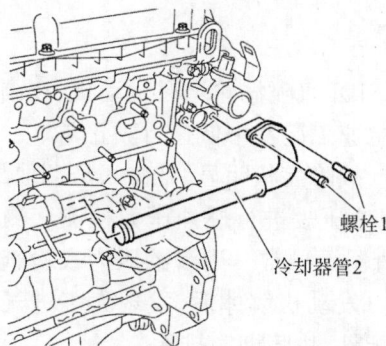

图 4-32　安装发动机机油冷却器管

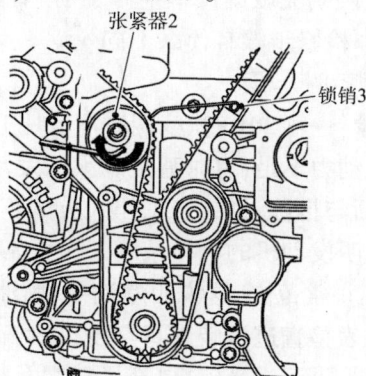

图 4-33　安装正时皮带张紧器

（11）安装排气歧管。清洁排气歧管密封面；将一个新的排气歧管衬垫 1 安装到汽缸盖上；安装排气歧管 3，并将新螺母 4 紧固至 20N·m；安装 2 个排气歧管托架螺栓 2，并紧固至 20N·m，如图 4-34 所示。

（12）安装进气歧管。清洁密封面；插入新衬垫；安装进气歧管 2 和 7 个进气歧管螺栓 1，并紧固至 20N·m，如图 4-35 所示。

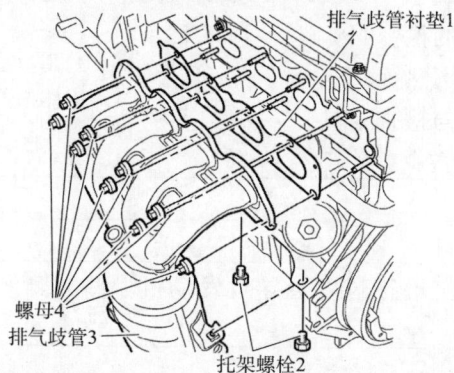

图 4-34　安装排气歧管

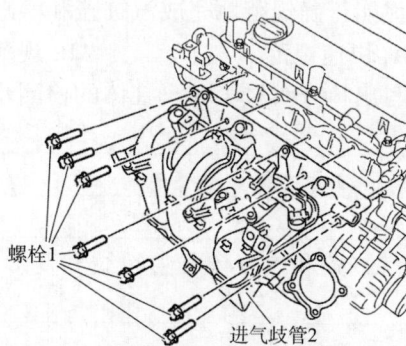

图 4-35　安装进气歧管

（13）冷却系统加注冷却液。

（14）检查并补充或更换发动机机油。

想一想

如发动机汽缸垫被冲后，将对发动机产生什么后果？如何检查？

三、学习拓展

（1）请观看汽油机和柴油机结构，看看它们的汽缸盖和汽缸体在结构上有什么不同？

（2）请查阅别克威朗汽车维修手册，看看汽缸盖和汽缸体各部件与我们检修的有什么不同？拆装和检修步骤有什么不同？

（3）故障案例分析。

故障现象：一辆2016款威朗轿车装用1.5T SIDI直喷涡轮增压发动机，在高速行驶或爬坡时，发动机动力不足，有时甚至熄火。发动机怠速工况及中低速行驶正常。

故障诊断与排除：经维修工作人员试车检查，故障症状明显，维修人员调取故障码，无故障码显示，说明发动机的电控系统工作正常。用油压表进行燃油压力检测。测得燃油压力为201kPa，属正常范围，这说明燃油泵、燃油滤清器无异常。用汽缸压力表检查汽缸的工作压力，用真空表检查进汽歧管真空度，也均正常。发动机解体后，发现大多进气门座处有不同数量的积炭，拆下进气门，更换了气门及相关配件，故障彻底排除。

四、评价与反馈

1. 自我评价与反馈

（1）你能主动参与工作现场的清洁和调整工作吗？（　　　）

　　A. 主动完成　　　　　B. 被动完成　　　　　C. 未完成

（2）你能正确规范地完成汽缸盖和汽缸体的检修吗？（　　　）

　　A. 快速规范　　　　　B. 规范但不熟练　　　　　C. 不会使用

（3）写出检查汽缸盖和汽缸体的检测步骤与检查工具。

（4）汽缸盖和汽缸体发生裂纹和变形、汽缸磨损过度会导致发动机哪些故障？

（5）在本学习任务中你遇到的困难是什么？你是怎样解决的？

_____

_____

签名：_____　_____年_____月_____日

2. 小组评价与反馈

（1）工作页的填写情况如何？（　　）

　　A. 正确且书写认真　　　　B. 正确但书写潦草　　　　C. 有抄袭现象

（2）是否主动参与小组讨论？（　　）

　　A. 主动　　　　　　　　　B. 被动　　　　　　　　　C. 未参与

（3）是否完成本学习任务的学习目标？（　　）

　　A. 完成且效果好　　　　　B. 完成但效果不好　　　　C. 未完成

（4）是否积极学习，不懂的问题是否积极向别人请教，是否积极帮助他人学习？（　　）

　　A. 积极学习　　　　　　　B. 积极请教

　　C. 积极帮助他人　　　　　D. 全部不积极

（5）零件、工具与油污有没有落地，有无保持作业现场的整洁？（　　）

　　A. 无掉地且场地整洁　　　B. 有零件、工具掉地

　　C. 有油污掉地　　　　　　D. 未保持作业现场的清洁

（6）实施过程中是否注意维修质量和有责任心？（　　）

　　A. 注意质量，有责任心　　B. 不注意质量，有责任心

　　C. 注意质量，无责任心　　D. 全无

（7）团队学习中的主动和合作情况如何？

　　A. 好　　　　　　　　　　B. 较好　　　　　　　　　C. 一般

参与评价的同学签名：_____　_____年_____月_____日

3. 教师评价

_____

_____

教师签名：_____　_____年_____月_____日

五、技能考核标准

技能考核标准见表4-3。

技 能 考 核 标 准　　　　　　　　　　　　表4-3

序号	项目	操 作 内 容	规定分	评 分 标 准	得分
1	准备	清点工具、清理工位	4	酌情扣分	
2	拆卸	（1）拆下进气歧管；	2	每步操作不当酌情扣分	
		（2）拆下排气歧管；	2		
		（3）拆下正时皮带张紧器；	2		

续上表

序号	项目	操作内容	规定分	评分标准	得分
2	拆卸	(4)拆下2个发动机机油冷却器管螺栓1； (5)拆下发动机机油冷却器管2； (6)将3根冷却液软管从冷却器凸缘上断开； (7)拆下凸轮轴盖； (8)拆下2个凸轮轴位置传感器； (9)拆下2个凸轮轴位置执行器电磁阀； (10)拆下2个凸轮轴位置执行器调节器； (11)拆下正时皮带后盖； (12)拆下节温器壳体； (13)拆下汽缸盖	2 2 2 2 2 2 2 2 2 2	每步操作不当酌情扣分	
3	清洗	(1)用刮刀将汽缸盖和汽缸体上的污物刮干净； (2)用清洗液将汽缸盖和汽缸体各部件洗净； (3)用干抹布将汽缸盖和汽缸体各部件擦干净	2 2 2	每步操作不当酌情扣分	
4	检查	(1)汽缸盖和汽缸体变形的检测； (2)汽缸磨损的检测	8 12	每步操作不当酌情扣分	
5	安装	(1)安装汽缸盖； (2)安装节温器壳体； (3)安装正时皮带后盖； (4)安装凸轮轴位置执行器调节器； (5)安装凸轮轴位置执行器电磁阀； (6)安装2个凸轮轴位置传感器； (7)安装凸轮轴盖； (8)将3根冷却液软管从冷却器凸缘上连接； (9)安装发动机机油冷却器管2； (10)安装2个发动机机油冷却器管螺栓1； (11)安装正时皮带张紧器； (12)安装排气歧管； (13)安装进气歧管； (14)冷却系统加注冷却液； (15)检查并补充或更换发动机机油	2 2 2 2 2 2 2 2 2 2 2 2 2 2 2	每步操作不当酌情扣分	
6	完成时限	50min	5	(1)超时1~5min扣1~2分； (2)超时5min以上扣5分	
7	安全文明	无安全隐患，无不文明操作	4	未达标扣1~5分	
8	结束	(1)工具、量具清洁归位； (2)工作场地清洁	3 2	(1)漏一项扣1~3分，未做扣5分； (2)清洁不干净扣1~3分，未做清洁扣3分	
		总分	100		

学习任务五　曲柄连杆机构检修

任务要求

完成本学习任务后,你应能:

1. 知道曲柄连杆机构的组成、构造和装配关系;

2. 明确拆装曲柄连杆机构的步骤及装配要求;

3. 分析曲柄连杆机构各零件损坏导致故障的现象;

4. 具备正确使用测量和检测工具检测曲轴的弯曲、扭曲、磨损和间隙的实际操作能力;

5. 正确使用测量和检测工具检测活塞连杆组零件;

6. 明确曲轴轴承的选配方法。

建议学时:12 学时。

任务描述

一辆科鲁兹轿车在冷车起动或发动机怠速运转时,可听到发动机"铛、铛、铛"的连续不断的金属敲击声;温度升高后,声响减小或消失;发动机处于怠速或中低转速时,声响明显、清晰;中高转速时,金属敲击声减弱或消失;且机油加注口处冒烟,排气管冒蓝烟。经维修人员提取数据后分析,诊断为活塞敲缸响故障。需对曲柄连杆机构进行检修,以便进一步确定故障部位,进行维修或更换。

一、理论知识准备

曲柄连杆机构是往复式内燃机的主要工作机构。曲柄连杆机构是发动机实现工作循环、完成能量转换的主要运动零件。在做功行程,它将燃料燃烧产生的热能转变为活塞往复运动、曲轴旋转运动的机械能,对外输出动力;在其他行程,则依靠曲柄和飞轮的转动惯性、通过连杆带动活塞上下运动,为下一次做功创造条件。

1. 曲柄连杆机构的功用

曲柄连杆机构的作用是提供燃烧场所,把燃料燃烧后气体压力变为曲轴的转矩;并将活塞的往复运动变为曲轴的旋转运动。

2. 曲柄连杆机构的组成、构造、装配关系

曲柄连杆机构由机体组、活塞连杆组、曲轴飞轮组三部分组成。

1）机体组

机体组包括汽缸体、汽缸垫、汽缸盖、曲轴箱及油底壳，如图 5-1 所示。

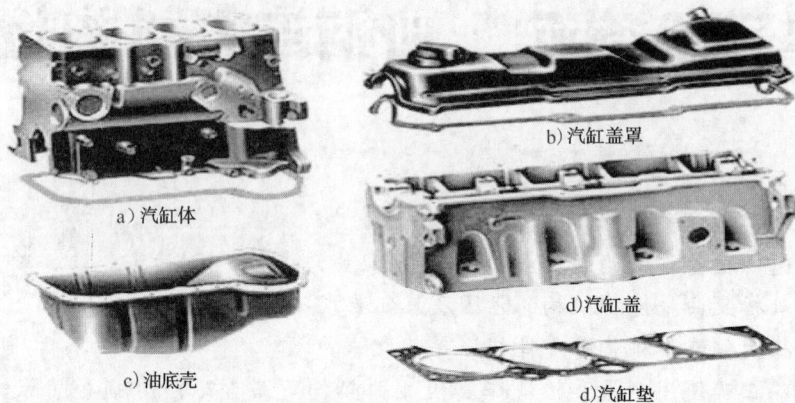

a）汽缸体

b）汽缸盖罩

c）油底壳

d）汽缸盖

d）汽缸垫

图 5-1　机体组组成

机体组的构造与检修见学习任务四。

2）活塞连杆组

活塞连杆组包括活塞、活塞环、活塞销、连杆等，如图 5-2 所示。

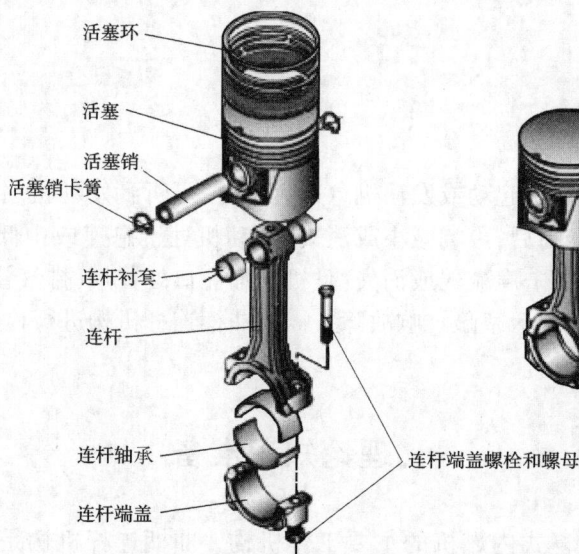

活塞环

活塞

活塞销

活塞销卡簧

连杆衬套

连杆

连杆轴承

连杆端盖

连杆端盖螺栓和螺母

图 5-2　活塞连杆组组成

（1）活塞的功用、构造。

功用：承受汽缸中气体压力所造成的作用力，并将此力通过活塞销传给连杆，以推动曲轴旋转（做功行程）。活塞顶部还与汽缸盖和汽缸壁共同组成燃烧室。

构造：活塞的基本构造可分为顶部、头部和裙部三部分，在活塞头部加工有活塞环槽和加强筋，在活塞裙部有安装活塞销的活塞销座，如图 5-2 所示。

①活塞顶部。

作用:形成燃烧室的底部。

形状:平顶、凸顶、凹顶,如图5-3所示。

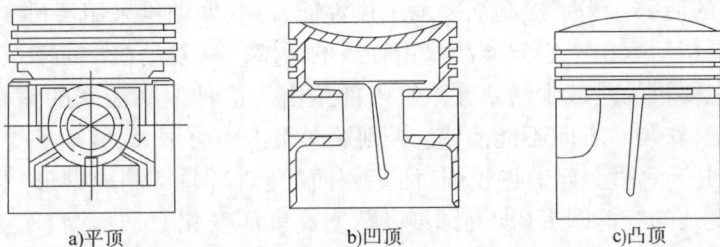

a)平顶　　　　　b)凹顶　　　　　c)凸顶

图5-3　活塞顶部形状

应用:汽油机活塞顶部多为平顶,其优点是加工简单,而且减少顶部与燃气的接触面积,从而使应力分布均匀;现代高压缩比、多气门发动机,为满足燃烧室的要求也有略微凸起或凹下的形状,以及为了避免活塞与气门碰撞而制成凹坑;柴油机活塞顶部由于燃烧系统的不同,形状有较大的差异。非直喷式的涡流室式或预燃室式燃烧室的活塞顶部基本为平顶或微浅凹坑,而直喷式燃烧室为了混合气形成的需要,一般均有较复杂的形状。

②活塞头部。

作用:承受压力并传给连杆;与活塞环一起实现汽缸的密封;将活塞顶吸收的热量通过活塞环传导到汽缸壁上。

结构:头部切有若干道用以安装活塞环的环槽。汽油机一般有2~3道环槽,上部1~2道用以安装气环,下部一道用以安装油环。在油环槽底面上钻有许多径向小孔,被油环从汽缸壁上刮下来的多余机油,经这些小孔流回油底壳。

③活塞裙部。

作用:是为活塞在汽缸内作往复运动导向和承受侧压力。

类型:半拖板式,如图5-4所示;拖板式,如图5-5所示。

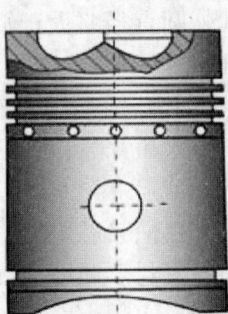

图5-4　半拖板式活塞　　　图5-5　拖板式活塞

椭圆锥裙:裙部断面制成椭圆形,椭圆的长轴在垂直活塞销的方向,即在连杆摆动平面内或承受侧压力导向平面内,椭圆的短轴在活塞销的方向。裙部轴向呈锥形,上小下大。这样活塞工作过程中,受力、受热膨胀变形时,形成圆柱形,不致在汽缸内卡住。

裙部开有绝热-膨胀槽:在裙部受侧向力较小的面,开有"T"形或"Ⅱ"形槽。其中横槽称为绝热槽，其作用是减少头部热量向裙部传导，从而减少裙部的热膨胀。竖槽称为膨胀槽，其作用是使裙部具有一定的弹性和热态起补偿作用，使活塞在装配较小的情况下热膨胀时不致卡缸。

④经过变形的活塞。为了提高活塞的工作性能，有些发动机采用经过变形了的活塞。

偏心活塞：是指活塞销中心偏离活塞销轴线的活塞。从发动机前面看，偏向左面或侧压力大的一面，其主要目的是减少活塞在汽缸内的敲击。这种偏心活塞的偏心量不易观察出来，一般都有标记，安装时方向不能搞错，否则换向敲击力会增大，使裙部受损。

桶形活塞：由于活塞上部受热较强，活塞侧面的形状，通常制成锥形、梯形或锥形和柱形组合，也有较复杂的变椭圆形（即椭圆度随活塞高度而变化）。现代汽车上的活塞有的还使用一种裙部中部隆起的桶形裙部，它不仅考虑了温度等因素引起的变形，而且还考虑到油楔的形成，从而减小摩擦，延长寿命。

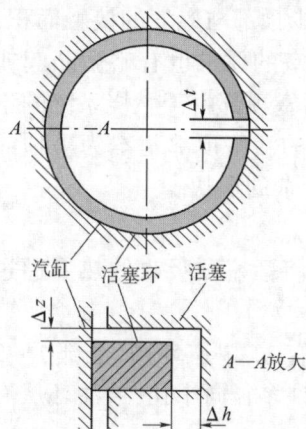

图 5-6　活塞环端隙、侧隙、背隙

（2）活塞环的构造。

①类型：分为气环和油环两种。

②活塞环的"三隙"：活塞环在安装时应留有端隙、侧隙、背隙三处间隙（图 5-6），端隙 Δt 又称开口间隙，是活塞环装入汽缸后开口处的间隙，一般为 $0.25 \sim 0.50$mm；侧隙 Δz 又称边隙，是环高方向与环槽之间的间隙，第一道环一般为 $0.04 \sim 0.10$mm，其他气环为 $0.03 \sim 0.07$mm，油环较小，一般为 $0.025 \sim 0.07$mm；背隙 Δh 是活塞及活塞环装入汽缸后，活塞环背面与环槽底部间的间隙，一般为 $0.5 \sim 1$mm。为了测量方便，维修中以环的厚度与环槽的深度差来表示。

③气环的作用。密封（防止汽缸内的气体窜入油底壳）；传热（将活塞头部的量传给汽缸壁）；辅助刮油和布油。

④气环的密封原理。气环可能漏气的通道有三条：环面与汽缸壁间隙；环与环槽的侧面间隙；开口间隙处。前两处是可以密封的。

第一密封面的建立：活塞环在自由状态下，其外圆直径略大于缸径，所以装入汽缸后，环就产生一定的弹力与缸壁压紧，形成了第一密封面。

第二密封面的建立：由于活塞头部与缸壁间有间隙，活塞环还有侧隙和背隙，汽缸内未被密封的气体不能通过第一密封面下窜，便窜入侧隙和背隙，把环压到环槽端面形成第二密封面。

气环的第二次密封：窜入活塞环背隙和侧隙的气体，产生背压力和侧压力，使环对缸壁和环槽进一步压紧，显著加强了第一、第二密封面的密封。此即为气环的第二次密封。

有了两个密封面的密封，理论上只有开口处是唯一的漏气通道。因此安装时相互按一定位置错开，形成迷宫式封气路线，其漏气量在高速发动机上是很微小的，一般仅为进气量的 $0.2\% \sim 1.0\%$。这也是往复活塞式发动机至今有巨大生命力的原因之一。

⑤活塞的泵油作用及危害。由于侧隙和背隙的存在，当发动机工作时，活塞环便产生了泵油作用。环在压力、惯性力、摩擦力的作用下，反复地靠在环的上、下沿，其过程是：当活塞带着活塞环下行（进气行程）时，环靠在环槽的上方，环从缸壁上刮下来的润滑油充入环槽

下方;当活塞又带动活塞环上行(压缩行程)时,环又靠在环槽的下方,同时将油挤压到环槽的上方,如此反复运动,就将润滑油泵到活塞顶。

活塞环的泵油作用,一方面对润滑困难的汽缸都是有利的,另一方面随着发动机转速的日益提高,泵油作用加剧,不仅增加了润滑油的消耗,而且可能使火花塞因沾油而不能产生电火花,并使燃烧室内积炭增多,甚至环槽内形成积炭,挤压活塞环而失去密封性。另外还加剧了汽缸等件的磨损。

为此,多在结构上采取如下措施:即尽量减小环的质量,气环采取特殊断面形状,油环下设减压腔,气环下面的油环加衬簧或用组合式油环等方式。

⑥气环的断面形状,如图5-7所示。

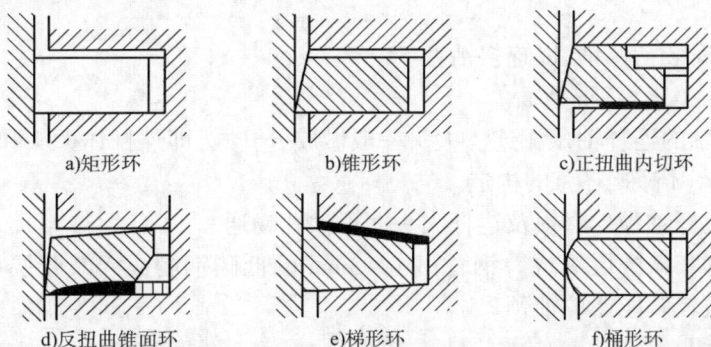

a)矩形环   b)锥形环   c)正扭曲内切环
d)反扭曲锥面环   e)梯形环   f)桶形环

图5-7 气环的断面形状

⑦油环。

作用:刮油即将汽缸壁上多余的润滑油刮下来。

类型:分为普通油环和组合油环,如图5-8所示。

(3)活塞销的构造。

作用:连接活塞和连杆,并传递活塞的力给连杆。

结构:用低碳钢或低碳合金钢制成的厚壁管状体,如图5-9所示。

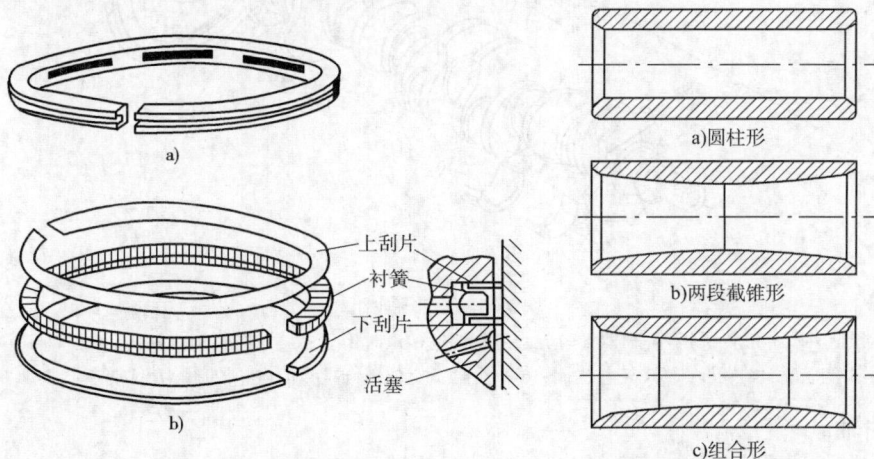

a)
上刮片
衬簧
下刮片
活塞
b)

图5-8 油环

a)圆柱形
b)两段截锥形
c)组合形

图5-9 活塞销的内孔形状

工作条件:活塞销承受着很大的周期性的冲击载荷,为此,要求活塞销要有足够的强度和刚度。特别是刚度最为重要。另外要求尽量地轻,以减小运动质量的惯性力。由于销、销座和连杆小头的润滑靠飞溅油雾润滑,润滑条件很差,因此要求销的表面耐磨。

连接方式:

①全浮式即在发动机正常工作温度下,活塞销在连杆小头孔和活塞销座孔中都能转动。

②半浮式即销与销座孔和连杆小头两处,一处固定,一处浮动(一般固定连杆小头)。

(4)连杆的构造。

功用:将活塞受到的力传给曲轴,变活塞的往复运动为曲轴的旋转运动。

组成:连杆组由连杆体、连杆轴承盖、连杆螺栓和连杆轴承等组成。

构造:

①小头用来安装活塞销,以连接活塞。

②杆身常做成"工"字形断面。

③大头与曲轴的连杆轴颈相连。大头一般做成分开式,即连杆体大头和连杆轴承盖。

(5)连杆轴承(俗称小瓦)的构造。

作用:保护连杆轴颈少磨损及连杆大头润滑油孔畅通。

组成:由钢背和减磨层组成。钢背由 1～3mm 的低碳钢制成。减摩层为 0.3～0.7mm 的减摩合金,层质较软能保护轴颈。

3)曲轴飞轮组

曲轴飞轮组由曲轴和飞轮以及其他不同作用的零件和附件组成,如图5-10所示。

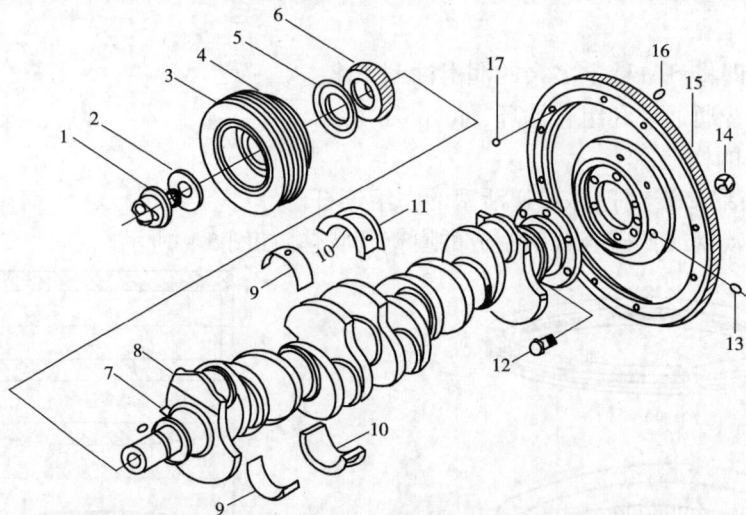

图5-10　曲轴飞轮组

1-起动爪;2-锁紧垫圈;3-扭转减振器总成;4-带轮;5-挡油片;6-正时齿轮;7-半圆键;8-曲轴;9、10-主轴瓦;11-止推片;12-飞轮螺栓;13-润脂嘴;14-螺母;15-飞轮与齿圈;16-离合器盖定位销;17-六缸上止点记号用钢球

(1)曲轴。

功用:把活塞的往复运动变为旋转运动,对外输出功率并用来驱动发动机各辅助系统工作。

构造:曲轴一般由主轴颈、连杆轴颈、曲柄、平衡块、前端和后端等组成。

①主轴颈。主轴颈是曲轴的支撑部分,通过主轴承支撑在曲轴箱的主轴承座中。主轴承的数目不仅与发动机汽缸数目有关,还取决于曲轴的支撑方式。曲轴的支撑方式一般有两种,一种是全支撑曲轴,另一种是非全支撑曲轴。在相邻的两个曲拐之间,都设置一个主轴颈的曲轴,称为全支撑曲轴,否则称为非全支撑曲轴。

②连杆轴颈。连杆轴颈是曲轴与连杆的连接部分,通过曲柄与主轴颈相连,在连接处用圆弧过渡,以减少应力集中。

③曲柄。曲柄是主轴颈与曲柄销的连接部分,也是曲轴受力最复杂、结构最薄弱的环节。曲柄形状多数呈矩形或椭圆形,它与主轴颈和曲柄销的连接处形状突然变化,存在着严重的应力集中现象,曲轴裂缝或断裂大多数出现在这个部位。

④平衡块。平衡块用来平衡发动机不平衡的离心力矩,有时还用来平衡一部分往复惯性力,从而使曲轴旋转平稳。

⑤前端轴与后端轴。前端轴是第一道主轴颈之前的部分,通常有键槽和螺栓,用来安装正时齿轮、皮带轮、扭转减振器等。后端轴是最后一道主轴颈之后的部分,一般在其后端有凸缘盘,飞轮用螺栓紧固转减振器等。曲轴的前后端都伸出曲轴箱,为了防止润滑油沿轴颈流出油底壳,在曲轴前后都设有防漏装置。常用的防漏装置有挡油盘、填料油封、自紧油封、回油螺栓等。

⑥曲轴的轴向定位。为阻止车辆行驶时,离合器经常接合与分离和带锥齿轮驱动时施加于曲轴上的轴向力以及在上、下坡行驶或突然加速、减速出现的曲轴轴向窜动,曲轴必须有轴向定位,以保证曲柄连杆机构的正常工作。但也应允许曲轴受热后能自由膨胀,所以曲轴轴向上只能有一处设置定位装置。

轴向定位是通过止推装置实现的。止推装置有翻边轴承、止推片、止推环和轴向止推滚珠轴承等多种形式。

翻边轴承:翻边轴承放在曲轴的某一主轴承内,靠翻边轴承两外侧表面的减摩合金层(与轴承内表面的合金层相同)减低与轴颈端面相对运动时的摩擦阻力并可挡住曲轴的左、右窜动。翻边轴承工艺复杂,成本高.现已很少采用。

止推片:止推片是外侧有减摩合金层的半环状钢片,装在机体或主轴承盖的槽内为防止止推片的转动,止推片上有凸起卡在槽内,止推片4片,也可用2片。

止推环:当止推装置放在曲轴第一主轴颈(曲轴自由端)上时,可采用两个带有减摩合金层的止推钢环的形式。因为它可从曲轴端部直接套入主轴颈上。为防止止推环转动,止推环上有止转销孔与主轴承盖上的止转销相配合。安装止推环时钢背应面向机体与轴承盖。止推片与止推环广泛用于发动机曲轴止推。

轴向止推滚珠轴承:在轴向力大且频繁作用时,多采用轴向止推滚珠轴承。轴向止推滚珠轴承装在曲轴功率输出端的主轴颈附近的圆柱面上,其侧面靠在圆柱面的凸台上,另一侧面有一凹槽,在凹槽内放上两个半L形圆环,在半L形圆环外面再套上一个钢制圆环,以固定两个半L形圆环。在相应于轴向止推滚珠轴承的机体与主轴承盖上有一圆形环槽,以挡住止推轴承左、右窜动。

⑦曲拐的布置。一个主轴颈、一个连杆轴颈和一个曲柄组成了一个曲拐,曲轴的曲拐数目等于汽缸数(直列式发动机);V型发动机曲轴的曲拐数等于汽缸数的一半。

曲轴的形状和各曲拐的相对位置（即所谓曲拐的布置），取决于缸数、汽缸排列方式（单列或 V 型等）和发火次序（即各缸的做功行程交替次序）。

几种常用的多缸发动机曲拐布置和发火次序如下。

四冲程直列四缸发动机：

发火间隔角应为 720°/4 ＝180°，4 个曲拐布置在同一平面内。发火次序有两种可能的排列法，即 1-2-4-3 或 1-3-4-2，见表 5-1、表 5-2。

四冲程直列四缸发动机工作顺序 1-3-4-2　　　　　　表 5-1

曲轴转角(°)	第一缸	第二缸	第三缸	第四缸
0～180	做功	排气	压缩	进气
180～360	排气	进气	做功	压缩
360～540	进气	压缩	排气	做功
540～720	压缩	做功	进气	排气

四冲程直列四缸发动机工作顺序 1-2-4-3　　　　　　表 5-2

曲轴转角(°)	第一缸	第二缸	第三缸	第四缸
0～180	做功	压缩	排气	进气
180～360	排气	做功	进气	压缩
360～540	进气	排气	压缩	做功
540～720	压缩	进气	做功	排气

四冲程直列六缸发动机：

四冲程直列六缸机的点火间隔角为 720°/6 ＝120°。这种发动机曲轴的曲拐，每两缸布置在一个平面内，互成 120°夹角（图 5-11），曲拐布置的点火顺序为 1-5-3-6-2-4（表 5-3）。直列六缸机惯性力平衡，发动机运转平稳，广泛用在各种车辆上。

四冲程直列六缸机工作顺序 1-5-3-6-2-4　　　　　　表 5-3

曲轴转角(°)		第一缸	第二缸	第三缸	第四缸	第五缸	第六缸
0～180	0～60			进气	做功	压缩	
	60～120	做功	排气				进气
	120～180			压缩	排气		
180～360	180～240		进气			做功	
	240～300	排气					压缩
	300～360			做功	进气		
360～540	360～420		压缩			排气	
	420～480	进气					做功
	480～540			排气	压缩		
540～720	540～600		做功			进气	
	600～660	压缩					排气
	660～720		排气	进气	做功	压缩	

四冲程 V 型六缸发动机：

四冲程 V 型六缸发动机的发火间隔角仍为 120°，3 个曲拐互成 120°（图 5-12）。工作顺序为 R1-L3-R3-L2-R2-L1。面对发动机的冷却风扇，右列汽缸用 R 表示，由前向后汽缸号分别为 R1、R2、R3；左列汽缸用 L 表示，汽缸号分别为 L1、L2 和 L3，工作循环见表 5-4。

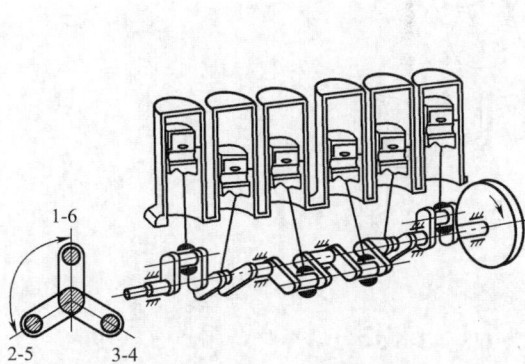

图 5-11　六缸发动机曲拐的布置

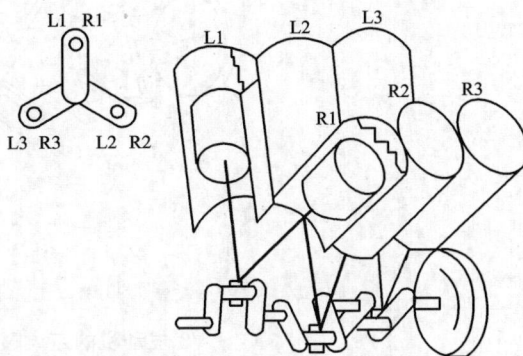

图 5-12　四冲程 V 型六缸发动机曲拐分布

四冲程 V 型六缸发动机工作顺序 R1-L3-R3-L2-R2-L1　　　　表 5-4

曲轴转角(°)		R1	R2	R3	L1	L2	L3
0 ~ 180	0 ~ 60			进气	做功		压缩
	60 ~ 120	做功	排气			进气	
	120 ~ 180			压缩	排气		
180 ~ 360	180 ~ 240		进气				做功
	240 ~ 300	排气				压缩	
	300 ~ 360			做功	进气		
360 ~ 540	360 ~ 420		压缩				排气
	420 ~ 480	进气				做功	
	480 ~ 540			排气	压缩		
540 ~ 720	540 ~ 600		做功				进气
	600 ~ 660	压缩				排气	
	660 ~ 720		排气	进气	做功		压缩

V 型八缸发动机：

V 型八缸发动机左右两缸共用一个曲拐，故曲拐布置与四缸机一样可采用曲拐 180° 平面布置，也可采用曲拐 90° 夹角空间布置（图 5-13）。V8 结构紧凑，平衡性好，大型轿车广泛应用。原国产红旗轿车发动机就是采用曲拐空间布置形式。V8 发动机的点火顺序为 1-8-4-3-6-5-7-2（表 5-5）。

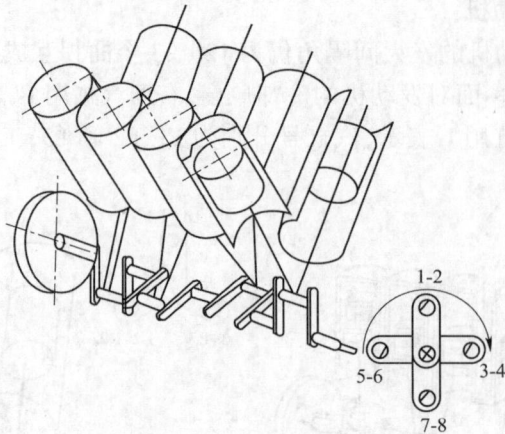

图 5-13　V 形八缸发动机曲拐布置

V8 发动机的点火顺序为 1-8-4-3-6-5-7-2　　　　　　　　　　　表 5-5

曲轴转角（°）		R1	R2	R3	R4	L1	L2	L3	L4
0 ~ 180	0 ~ 90	做功	做功	排气	压缩	压缩	进气	排气	进气
	90 ~ 180		排气	进气		做功			压缩
180 ~ 360	180 ~ 270	排气			做功		压缩	进气	
	270 ~ 360		进气	压缩		排气			做功
360 ~ 540	360 ~ 450	进气			排气		做功	压缩	
	450 ~ 540		压缩	做功		进气			排气
540 ~ 720	540 ~ 630	压缩			进气		排气	做功	
	630 ~ 720		做功	排气		压缩			进气

（2）飞轮。

功用：用来储存做功行程的能量，用于克服进气、压缩和排气行程的阻力和其他阻力，使曲轴能均匀地旋转。

构造：

①用作汽车传动系统中摩擦离合器的驱动件。

②起动发动机。

③上面刻有上止点记号，用来校准点火正时或喷油正时以及调整气门间隙。

二、实践操作

1. 实践准备

干抹布、常用工具和专用工具各一套、气门弹簧压缩器、活塞环钳、锉刀、可调铰刀、刮刀、科鲁兹发动机一台、外径千分尺、游标卡尺、百分表、活塞环弹力检验仪、活塞环漏光检验装置、连杆检验校正仪、相关维修手册、厚薄规等。

2. 技术要求与注意事项

(1)3 道环不要装错,3 道环的开口要错开 120°。

(2)对活塞做标记时,应从发动机前端向后打上汽缸号,并打上指向发动机前端的箭头。

(3)拆卸连杆和连杆轴承盖时,应打上所属汽缸号。

(4)连杆的安装:

①不能破坏连杆杆身与盖的配对及装合方向,在二者的同一侧打有配对标记;

②不能装反,也不能乱缸,在杆身上有方向标记,大头侧面有缸号标记。

3. 实践操作

1)记录待修车辆的基本情况(表 5-6)

表 5-6

待修车辆的基本情况记录表

项　目	内　容
车辆型号(VIN)	
发动机型号	
车主反映	冷车起动或发动机怠速运转时,可听到"铛、铛、铛"的连续不断的金属敲击声
维修检查建议	需对曲柄连杆机构检修

2)活塞连杆组的拆卸与检修

(1)活塞连杆组的拆卸。

①转动曲轴将准备拆卸的连杆对应的活塞转到下止点。

②拆卸连杆螺栓,取下连杆轴承盖,并按顺序放好,如图 5-14 所示。

③用橡胶锤或手锤木柄推出活塞连杆组(应事先刮去汽缸口上的台阶,以免损坏活塞环),如图 5-15 所示。

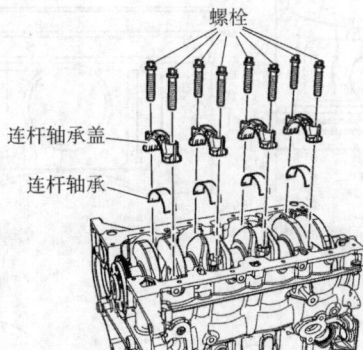

图 5-14　拆卸连杆螺栓　　　　图 5-15　推出活塞连杆组

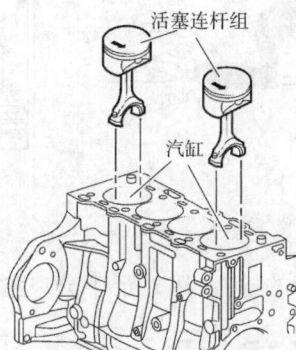

④取出活塞连杆组后,应将连杆轴承盖、螺栓、螺母按原位装回,并注意连杆的装配标记。标记应朝向皮带轮,活塞、连杆和连杆轴承盖上打上对应缸号,如图 5-16 所示。

⑤用活塞环装卸钳拆下活塞环,如图 5-17 所示。

⑥拆下活塞销和活塞,如图 5-18 所示。

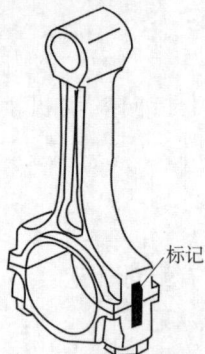

图 5-16　连杆轴承盖标记　　图 5-17　用活塞环装卸钳拆下活塞环　　图 5-18　拆下活塞销

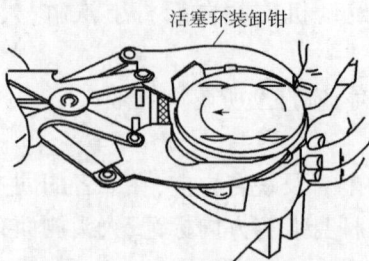

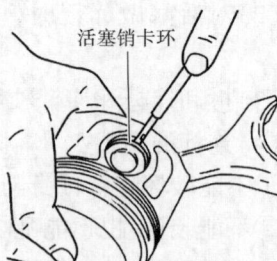

（2）清洁。清洗活塞连杆组各零部件。

（3）活塞连杆检查。

①检查活塞。

a. 活塞裙部尺寸的检测，如图 5-19 所示。

b. 配缸间隙的检测，如图 5-20 所示。

②检查活塞环。

a. 活塞环端隙的检验，如图 5-21 所示。

b. 活塞环侧隙的检验，如图 5-22 所示。

c. 活塞环背隙的检验，在实际测量中，活塞环背隙通常以槽深和环厚之差来表示。检验活塞环背隙的经验方法是：将活塞环置入环槽内，如活塞环低于环槽岸，能转动自如，且无松旷感觉，则间隙合适。

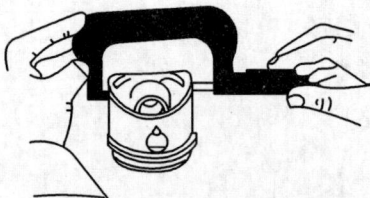

图 5-19　活塞裙部尺寸的检测　　图 5-20　配缸间隙的检测　　图 5-21　活塞环端隙的检验

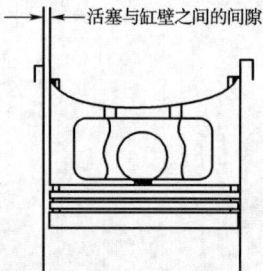

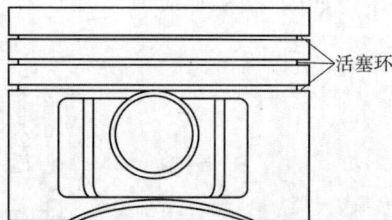

③连杆衬套的检查，用外径千分尺测量，如图 5-23 所示。

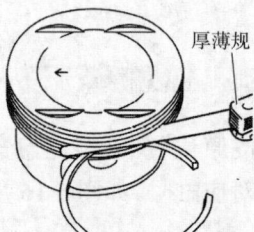

图 5-22　活塞环侧隙的检验　　　　图 5-23　连杆衬套测量

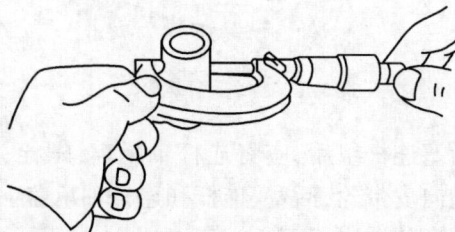

(4)活塞、活塞销与连杆组装,组装前应检查活塞的尺寸,并按缸号做好记录,以确认活塞尺寸(也即活塞与汽缸的配合间隙)无误。

①检查活塞在汽缸内的偏斜量,将未装活塞环的活塞连杆组按装配要求装入汽缸内,摇转曲轴两圈后用塞尺测量活塞头部前、后方在活塞上止点、下止点和汽缸中部时与汽缸的间隙。如活塞在上止点和下止点时该间隙的差值符合规定,而在汽缸中部时差值过大,说明连杆扭曲;若活塞在上止点和下止点时,该间隙的差值过大,则说明连杆弯曲、连杆衬套孔轴线歪斜或汽缸轴线与曲轴轴线不垂直等,这时应逐一检查、处理。

②安装活塞环,在将活塞环往活塞上安装时,最重要的是活塞环的安装方向必须正确。第一道活塞环为气环,一般为镀铬环。如果气环上有安装标记,安装时标记应向上;如果气环上有切槽,则内圆切槽向上,外圆切槽向下。安装单面外圆倒角油环时,油环外圆倒角应向上。安装带衬环的油环时,不能将衬环剪断,以免影响刮油效果。

③向汽缸内安装活塞连杆组。

a.擦净曲轴轴颈、汽缸,并且抹上一层润滑油。

b.旋转曲轴,将第1缸、第4缸连杆轴颈转到最下方。

c.在第1缸活塞连杆组的连杆轴承、活塞销和活塞上抹一层润滑油,然后转动活塞环,待润滑油向活塞环槽内渗流后将活塞连杆组按安装方向装入第1缸;与此同时,另一人可在汽缸体另一侧观察连杆是否在活塞中间(如偏向一侧,可通过移动连杆做少量调整)。

d.拨转活塞环切口,按密封的技术要求:3道环的开口要错开120°。

e.用活塞环箍压紧活塞环后,用木槌轻敲活塞顶部,将活塞推入汽缸;与此同时,另一人用手托住连杆,将连杆大头拉到曲轴连杆轴颈上,最好能听到"嗑嗒"声。

f.装上连杆盖,按规定力矩拧紧连杆螺栓,然后转动曲轴1周,观察是否正常。

按照上述步骤再安装其他各缸的活塞连杆组。在安装过程中一定要注意:每装完1个缸的活塞连杆组,应旋转曲轴1周,以确认曲轴的旋转阻力矩无明显增加。

(5)清洁场地,整理、收拾工具,恢复作业场地。

3)曲轴飞轮组的拆装与检修

(1)拆卸飞轮,按对角顺序旋松飞轮固定螺栓,取下螺栓,用手锤沿四周轻轻敲击飞轮,待松动后取下飞轮。

(2)清洁飞轮。

(3)检查飞轮。检查飞轮的齿圈的磨损情况;检查飞轮的离合器工作面的平面度。

(4)调整曲轴箱下平面朝上。转动缸体维修台手柄,将缸体摇到下平面朝上方。

(5)曲轴转动灵活性检查,旋转发动机曲轴一圈以上,检查曲轴是否转动灵活,无卡滞。

(6)曲轴轴向间隙测量,如图5-24所示。

①安装百分表,并将其安装在发动机汽缸体前面的固定装置中。将千分表吸盘紧靠曲轴放置并进行调整。

②测量曲轴的轴向间隙。纵向移动曲轴,观察千分表读数变化,测其轴向间隙。

③拆下百分表。

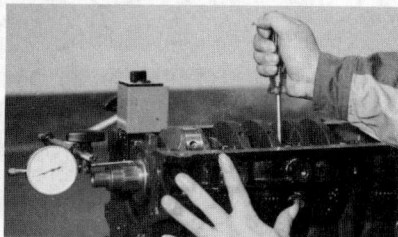

图5-24　曲轴轴向间隙测量

（7）曲轴的拆卸。

①识别、核对曲轴轴承盖,检查并核对主轴承(曲轴轴承)盖标记。

②用气枪吹清操作点,吹清主轴承盖、连杆轴颈和缸壁。

③拆主轴颈盖1~5道螺栓,用12号套筒扭力扳手,由两头向中间的顺序,分两次拧松,第三次可以用快速扳手拧松螺栓,如图5-25所示。

④取出1~5道颈盖,用橡胶锤锤松,用右手握住两个螺栓向上拉出3~4cm,然后再用手晃动螺栓,以松动主轴颈盖。

⑤取出曲轴,垂直放置在工作台上的飞轮上。如图5-26所示。

图5-25 主轴颈盖1~5道螺栓拧松顺序

图5-26 取出曲轴

（8）曲轴圆度检查。

①清洁汽缸体上轴承内表面、清洁轴承盖轴承表面,用气枪清洁汽缸体上轴承表面、主轴承盖上轴承。用吸油纸清除轴承内表面的机油。

②将曲轴插入发动机汽缸体中,用抹布、气枪清洁曲轴,将曲轴插入发动机汽缸体中,如图5-27所示。

③如图5-28所示。安装百分表。连接到发动机汽缸体上的托架上。将千分表吸盘紧靠曲轴轴颈放置并进行调整。检查曲轴的旋转间隙。平稳地转动曲轴。然后拆下百分表。

图5-27 曲轴插入发动机汽缸体

图5-28 曲轴圆度检查

（9）曲轴与轴承间隙测量。

①布置塑料线间隙规。将塑料线间隙规围绕曲轴轴颈的整个宽度方向展开。

②安装曲轴轴承盖。安装10个旧的曲轴轴承盖螺栓。螺栓需要用手轻轻拧入。

③紧固主轴承盖。分三遍拧紧2个曲轴轴承盖螺栓。第一遍紧固至30N·m(大赛规定拧紧力矩),第二遍紧固至30°,第三遍紧固至15°,按照由里至外的顺序紧固5个曲轴轴承盖螺栓。

④拆下曲轴轴承盖。使用指针式扳手交替拆下2个曲轴轴承盖螺栓分3次拧松并拆下

主轴承盖、轴承,按顺序拆下主轴承盖。

⑤测量曲轴轴承间隙,将变平的塑料线(箭头)的宽度与量尺对比。

⑥比较标准值与实际值。

⑦拆下曲轴。清洁塑料间隙规痕迹。从发动机缸体上取下曲轴,并放置在工作台上的飞轮上。

(10)主轴颈直径测量。

再次清洁第一、二、三、四、五道主轴颈,根据作业表,测量轴承间隙,异常的主轴颈用50~75mm外径千分尺测量主轴颈直径,在2个点处测量曲轴轴颈直径。如图5-29所示。计算平均曲轴轴颈直径公式:曲轴轴径=(①值+②值)/2。①和②是主轴径中部相互垂直的测量值。

图5-29 测量主轴颈直径

(11)曲轴安装。

①清洗、清洁缸体上曲轴箱轴承座孔、曲轴、轴承盖及螺栓。

②检查新的主轴承。检查零件号是否正确,检查新主轴承是否有异常变形、损坏。

③将新轴承安装到缸体主轴承座上。使用吸油纸清洁缸体上的轴承孔表面,确保轴承孔表面无机油。用吸油纸清洁轴承背部。按照安装方向,将第1、2、3、4、5道轴承安装到主轴承座上,注意方向,油孔要对齐。均匀涂抹机油在轴承内表面。

图5-30 安装曲轴并用机油润滑

④再次清洁曲轴。

⑤安装曲轴并用机油润滑。两手握住曲轴前后两端,将曲轴轻轻放置在缸体轴承座上,如图5-30所示。

⑥安装新的主轴承到主轴承盖。使用吸油纸清洁轴承盖内表面及轴承背部。安装新主轴承到主轴承盖上,注意安装方向,用手在主轴承内表面涂抹少许机油。

⑦安装曲轴轴承盖1~4道。用机油润滑轴承。安装8个新的曲轴轴承盖螺栓,如图5-31所示。

⑧安装曲轴轴承盖,安装曲轴轴承盖。安装2个新的曲轴轴承盖螺栓。

⑨使用专业工具,由中间向两端拧紧曲轴轴承螺栓。使用 EN-45059 传感器套件分 3 遍拧紧曲轴轴承盖的螺栓:第一遍紧固至30N·m(大赛规定力矩),第二遍紧固至30°,第三遍紧固至15°,如图5-32所示。

图5-31 安装曲轴轴承盖1~4道和螺栓

图5-32 按顺序拧紧曲轴轴承螺栓

⑩转动曲轴360°。检查曲轴运转平稳,无卡滞松动现象。并再次检查曲轴轴向间隙。

⑪调整缸体上平面朝上。安装飞轮。根据规定力矩安装飞轮螺栓。

清洁场地。整理、收拾工具,恢复作业场地。

三、学 习 拓 展

(1)请观看汽油机和柴油机结构教具,看看它们的曲柄连杆机构在结构上有什么不同?

(2)请查阅丰田汽车维修手册,看看曲柄连杆机构各部件与我们检修的有什么不同?拆装和检修步骤有什么不同?

(3)故障案例分析。

故障现象:一辆丰田锐志汽车在行驶过程中,在发动机下部发出一种有节奏的连续异响,声响沉重,听起来是"刚刚"的金属撞击声,严重时机身抖动。

故障诊断与排除:经维修人员试车发现,此故障异响的发响部位在发动机的下部,在发动机急加速或急减速时,异响明显,并且不随发动机的温度变化而变化,初步诊断是曲轴轴承处有异响。一般情况下,后边的轴承发响声音发闷沉重,而前边的轴承声响则偏向于轻、脆。曲轴轴承处异响的原因有如下几种:主轴承径向间隙过大;主轴承盖螺栓松动;曲轴弯曲变形;主轴承烧毁;主轴承松动或断裂;轴向止推垫片磨损过甚;主轴承润滑不良。如果是由于轴向止推垫片磨损过甚,造成轴向间隙过大而使曲轴在轴向窜动所发出的异响,是一种无节奏异响。对于其他原因所造成的主轴承异响,在发动机冷起动后温度较低时,异响尤为显著。在异响发生时,故障缸的缸盖部位有与异响相吻合的振动感。如果对发动机进行单缸断火,则异响无明显变化,而把相邻两缸同时断火时,则可能出现异响消失或减弱,则表明此两缸之间的主轴承发出异响。拆下曲轴,发现轴向止推垫片磨损过甚,更换一新件后,复装试车,故障排除。

四、评价与反馈

1. 自我评价与反馈

(1)你能主动参与工作现场的清洁和调整工作吗?(　　　)

　　A. 主动完成　　　　　　B. 被动完成　　　　　C. 未完成

(2)你能正确规范地完成曲柄连杆机构的检修吗?(　　　)

　　A. 快速规范　　　　　　B. 规范但不熟练　　　　C. 不会使用

(3)写出检查曲柄连杆机构的检测步骤与检查工具。

（4）曲柄连杆机构异响会导致发动机哪些故障？

_____

_____

（5）下次遇到类似的学习任务应如何改善从而提高学习效果？

_____

_____

（6）你在本学习任务中遇到的困难是什么？你是如何解决的？

_____

_____

签名：_____ _____年_____月_____日

2. 小组评价与反馈

（1）工作页的填写情况如何？（　　　）

  A. 正确且书写认真 B. 正确但书写潦草 C. 有抄袭现象

（2）是否主动参与小组讨论？（　　　）

  A. 主动   B. 被动   C. 未参与

（3）是否完成本学习任务的学习目标？（　　　）

  A. 完成且效果好 B. 完成但效果不好 C. 未完成

（4）是否积极学习,不懂的问题是否积极向别人请教,是否积极帮助他人学习？（　　　）

  A. 积极学习   B. 积极请教

  C. 积极帮助他人 D. 全部不积极

（5）零件、工具与油污有没有落地,有无保持作业现场的整洁？（　　　）

  A. 无掉地且场地整洁 B. 有零件、工具掉地

  C. 有油污掉地   D. 未保持作业现场的清洁

（6）实施过程中是否注意维修质量和有责任心？（　　　）

  A. 注意质量,有责任心 B. 不注意质量,有责任心

  C. 注意质量,无责任心 D. 全无

（7）团队学习中你的主动和合作情况如何？

  A. 好   B. 较好   C. 一般

参与评价的同学签名：_____ _____年_____月_____日

3. 教师评价

_____

_____

教师签名：_____ _____年_____月_____日

五、技能考核标准

技能考核标准见表5-7。

技 能 考 核 标 准 表5-7

序号	项目	操 作 内 容	规定分	评 分 标 准	得分
1	准备	清点工具、清理工位	5	酌情扣分	
2	拆卸	(1)拆卸汽缸盖； (2)拆卸油底壳； (3)拆下活塞连杆组； (4)拆卸曲轴飞轮组； (5)按顺序放置好各零部件	3 1 3 2 1	(1)操作不当扣1~3分； (2)操作不当扣1分； (3)操作不当扣1~3分； (4)操作不当扣1~2分； (5)操作不当扣1分	
3	清洗	(1)用刮刀将曲柄连杆机构上的污物刮干净； (2)用清洗液将曲柄连杆机构各部件洗净； (3)用干抹布将曲柄连杆机构各部件擦干净	2 2 2	(1)操作不当扣1~2分； (2)操作不当扣1~2分； (3)操作不当扣1~2分	
4	检查	(1)活塞的检测； (2)活塞环"三隙"的检测； (3)连杆衬套的检验； (4)曲轴轴向间隙检测； (5)曲轴圆度检查； (6)曲轴与轴承间隙测量； (7)主轴颈直径测量； (8)飞轮的检查	6 6 5 5 5 5 5 5	(1)操作不当扣1~6分； (2)操作不当扣1~6分； (3)操作不当扣1~5分； (4)操作不当扣1~5分； (5)操作不当扣1~5分； (6)操作不当扣1~5分； (7)操作不当扣1~5分； (8)操作不当扣1~5分	
5	安装	(1)安装曲轴飞轮组； (2)安装活塞连杆组； (3)安装油底壳； (4)安装汽缸盖	3 3 3 3	(1)操作不当扣1~3分； (2)操作不当扣1~3分； (3)操作不当扣1~3分； (4)操作不当扣1~3分	
6	完成时限	50min	10	(1)超时1~5min扣1~5分； (2)超时5min以上扣10分	
7	安全文明	无安全隐患，无不文明操作	5	未达标扣1~5分	
8	结束	(1)工具、量具清洁归位； (2)工作场地清洁	4 3	(1)漏一项扣1~3分，未做扣4分； (2)不干净扣1~3分，未清洁扣3分	
		总分	100		

学习任务六　冷却系统检修

任务描述

某上汽通用汽车维修站接收一辆科鲁兹轿车进厂维修,根据客户反映该车发动机冷车起动不久冷却液温度指示灯就亮,经维修业务接待员初步确诊为冷却液温度高,可能是冷却系统出现故障,需对冷却系统各零部件做进一步检查,以确定故障部位,便于维修或更换。

一、理论知识准备

发动机工作时,汽缸内的气体温度高达 2500℃,若不及时冷却,会使零部件温度过高,受热膨胀过大,影响正常的配合间隙,导致活塞"咬缸"、轴瓦"抱轴"、柴油机因柱塞卡死而"飞车"等严重事故;还会使发动机工作过程恶化,容易产生爆燃;零部件的机械强度下降;机油变质,润滑不良,零件磨损加剧等。最终导致发动机动力性、经济性、可靠性、耐久性及排放性能的全面下降。发动机工作温度过低,又会造成着火燃烧条件变差,起动困难;发动机工作粗暴;散热损失及摩擦损失增加;零件磨损加剧;CO 及 HC 排放增加,排放恶化等;导致发动机功率下降及燃油消耗率增加。因此,冷却系统是保证发动机正常工作系统之一,一旦出现故障,要及时检修和排除。

1. 冷却系统的功用

把受热零件吸收的部分热量及时散发出去,保证发动机在最适宜的温度状态下工作。

2. 冷却系统的形式

冷却系统按照冷却介质不同可以分为风冷和水冷。

风冷系统是把发动机中高温零件的热量直接散入大气而进行冷却的装置。

水冷系统是把这些热量先传给冷却液,然后再散入大气而进行冷却的装置。

由于水冷系统冷却均匀,效果好,而且发动机运转噪声小,目前汽车发动机上广泛采用的是水冷系统。

发动机正常工作时,水冷却系统中的冷却液温度应保持在 80~90℃ 范围内。

3. 冷却系统的组成及工作过程

冷却系统组成如图 6-1 所示。

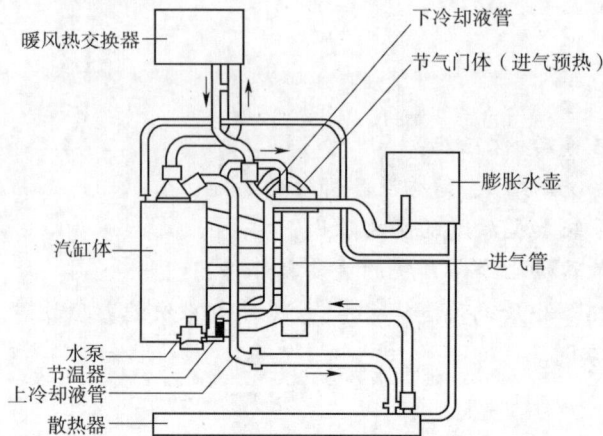

图 6-1　发动机冷却系统组成图

冷却系统工作过程:发动机冷却液由水泵强制循环,分为两路,一路流经散热器冷却后,通过节温器进入水泵进口,为大循环;另一路是直接通过节温器后流入水泵进口,为小循环。节温器装在水泵进口处,节温器阀门在 87℃ 时开始开启,在 102℃ 时全开。不管节温器打开还是关闭,小循环是常循环。

电动风扇由热敏开关控制。风扇 1 挡,转速 1600r/min,工作温度为 93~98℃,关闭温度为 88~93℃;风扇 2 挡(快速),转速为 2400r/min,工作温度为 105℃,关闭温度为 93~98℃。

4. 冷却系统组件损伤形式及成因

发动机冷却系统组件损伤表现为发动机冷却液温度过高或过低等,这都将严重影响发动机的正常工作,甚至造成拉缸。

冷却液温度过高,发动机易出现爆燃和表面点火,甚至引起活塞烧顶事故。高温使各运动零部件受热膨胀过度,配合间隙发生变化,破坏正常工作状态;同时润滑油黏度下降和变质。

冷却液温度过低,使燃油雾化不良,油耗增加,功率下降;同时激化缸壁"冷激"现象,加剧缸壁和活塞腐蚀与磨损。

总之,发动机的工作温度过高或过低都会影响发动机的动力性、经济性、可靠性以及使用寿命。为了使水冷系统持久保持最佳温度范围,应经常对水冷系统各部件进行检查与维护。

5. 冷却系统组件的检修方法

1)散热器的检修

(1)散热器的清洗。散热器的清洗,即清洗散热器的水垢,一般采用化学法,利用酸或碱类物质与水垢的化学反应,生成可溶入水的物质而将水垢清洗除去。

清洗时,一般采用循环法,即先用酸性溶液洗涤,再用碱性溶液冲洗中和,清洗时除垢剂以一定压力(0.01MPa),在汽缸体水套或散热器内循环。一般经 3~5min 后即清洗完毕。

(2)散热器的检查。首先对散热器进行外观检查,散热器芯表面的散热片不得有较大面积的倒伏或脱落,散热器表面若有明显水垢,则可能是渗漏所造成的,应进行散热器密封性检测。

将检测仪(图 6-2)安装到散热器上,用检测仪手泵对冷却系统加压到 0.1MPa,观察检查仪上压力表的指示压力。当压力出现明显下降时,说明冷却系统存在渗漏部位,应予以排除。可将散热器浸泡在水中,如有气泡冒出,则表明该部位有泄漏。对于空气-蒸汽阀的散热器盖可用专用手动气泵检查;蒸汽阀开启压力应为 0.12~0.15MPa,空气阀开启压力应为 0.10~0.12MPa。

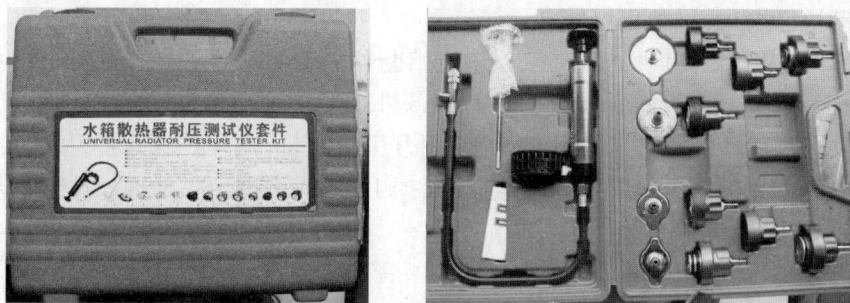

图 6-2　检测仪

冷却系统维修竣工后,应进行泄漏试验。系统内压力为 0.13MPa 时 2min 内压力应不降低;发动机在 3000r/min 时,随转速的变化冷却系统的压力不应改变。若压力随发动机转速的变化而变化,则说明压缩气体或燃烧室内的气体已进入冷却系统,若数次急速改变发动机转速可看到有冷却液从排气管排出,应检修汽缸体、汽缸盖裂纹及更换损坏的汽缸垫。

2)水泵的检修

常见损伤形式:水泵壳体、卡环槽及叶轮破裂;带轮凸缘配合孔松动;水封变形、老化及损坏;泵轴和轴承磨损等。

(1)水泵的检修。

①泵体和带轮应无损伤;壳与盖接合面变形若大于 0.05mm,应予以修平。

②水泵轴无弯曲和轴颈无明显磨损;轴端螺纹无损坏。

③若轴承轴向间隙大于 0.50mm、径向间隙大于 0.15mm 应更换。

④水泵叶轮的叶片应无破损;轴孔磨损过甚应镶套修复。

⑤水封、胶木垫、弹簧等零件的磨损过大,应予更换。

⑥带轮毂与水泵轴应配合良好;泵轴孔磨损过甚应更换。

(2)水泵装合后试验。

水泵装合后,用手转动皮带轮,泵轴转动应无卡滞现象;水泵叶轮与泵壳应无碰擦现象。

3)节温器的检测

将节温器放在一个充满水容器内加热,如图 6-3 所示。用温度表监测温度。AJR 发动机冷却液温度为 85~87℃时,节温器阀门必须开启;冷却液温度约为 105℃时,应完全打开,阀门最小行程为 8mm。若不符合技术要求应更换。

85~105℃

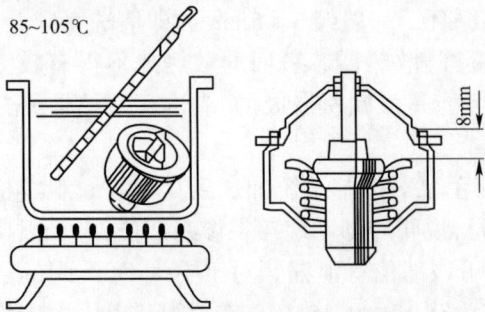

图6-3　节温器的检测

8mm

4）风扇的检修

（1）风扇叶片的检查。风扇叶片出现变形、弯曲、破损后，应及时更换。由于风扇叶片变形、弯曲、破损后，破坏了风扇叶片原设计的角度，使其丧失平衡性能，不但影响散热器的空气流速和流量，还降低了散热器的冷却能力，甚至打坏散热器，加速水泵轴承、水封的损坏，还会大幅度地增加风扇的噪声。

（2）电动风扇热敏开关的检查。发动机热态时，即使发动机已熄火，风扇仍可转动。

如果冷却液温度很高但风扇不转，应检查熔断器。若熔断器完好，则应停机检查温控开关，必要时检查风扇电动机的性能或更换有关部件。AJR发动机电动风扇热敏开关的检查方法：将电动风扇热敏开关放入加热的水中，用万用表测量，低速挡在水温达到93～98℃时应能导通；当水温到88～93℃时应断开。高速挡105℃应导通；93～98℃时应断开。否则，应更换电动风扇热敏开关。

6.冷却系统过热故障现象及成因

1）现象

（1）运行中的汽车，冷却液温度表指针经常指在100℃以上，且散热器伴随有"开锅"现象。

（2）发动机熄火困难。

（3）汽油机易发生爆燃或表面点火，柴油机易发生工作粗暴。

（4）活塞膨胀，发动机熄火后不易起动。

2）原因

（1）冷却液不足。

（2）风扇皮带打滑或断裂；水泵轴与叶轮脱开。

（3）点火时间或供油时间太晚；混合气太稀或太浓。

（4）燃烧室积炭严重。

（5）风扇电动机结合时机太晚。

（6）汽缸盖衬垫太薄或缸盖接合面磨削过多。

（7）节温器主阀门打不开或打开太迟。

（8）散热器和水套内沉积的水垢、锈污太厚。

（9）油底壳油面太低、润滑油黏度太低、润滑油变质。

（10）汽车超载、爬长坡、天气炎热或在高原地区行驶。

二、实 践 操 作

1.实践准备

科鲁兹1.6L LXV发动机4台、干净的抹布、常用工具和专用工具各4套、G11防冻液原液以及维修手册等。

2. 技术标准与要求

（1）为了避免烫伤，发动机、散热器还热时，勿拆下散热器盖，防止液体、蒸汽喷出。

（2）注意节温器上的温度标记为阀的开启温度。

（3）散热器的清洗，一般采用酸或碱类物质进行清洗。

（4）电动冷却风扇。

风扇 1 挡：工作温度为 93～98℃；关闭温度为 88～93℃；转速为 1600r/min。

风扇 2 挡：工作温度为 105℃；关闭温度为 93～98℃；转速为 2400r/min。

（5）散热器盖：蒸汽阀的开启压力为 0.12～0.15MPa；空气阀的开启压力为 0.10～0.12MPa。

3. 实践操作

1）记录待修车辆的基本情况（表 6-1）

待修车辆的基本情况记录表　　　　　　　　　　　　　　　表 6-1

项　　目	内　　容
车辆型号（VIN）	
发动机型号	
车主反映	发动机冷车起动不久冷却液温度指示灯就亮
维修检查建议	需对冷却系统进行检修

2）发动机冷却系过热故障诊断步骤

在冷却液温度表和冷却液温度传感器技术状况良好的情况下，按图 6-4 所示流程对发动机冷却系过热故障进行检测与诊断。

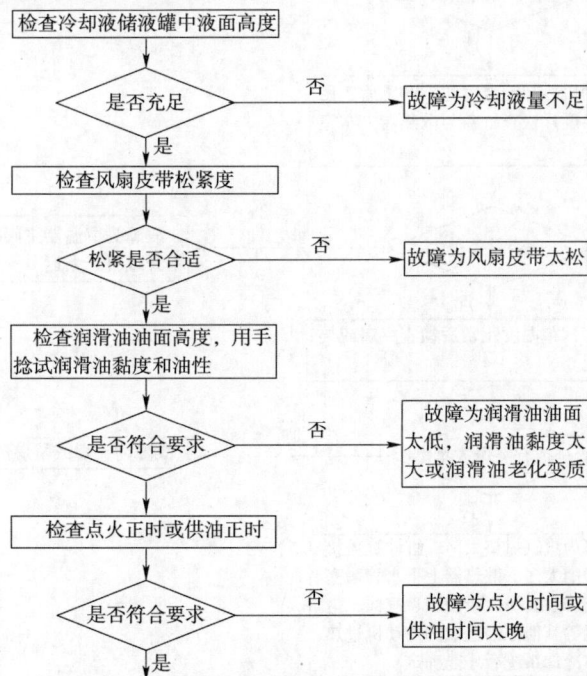

图　6-4

```
                  ┌─────────────────────┐
                  │    检查混合气浓度       │
                  └─────────────────────┘
                             │
                        ◇────────────◇        否      ┌─────────────────────┐
                        │ 是否符合要求 │ ───────────→ │ 故障为混合气浓度太大  │
                        ◇────────────◇              │ 或太小               │
                             │ 是                     └─────────────────────┘
                  ┌─────────────────────┐
                  │ 借助车上的温度表，观察发动机匀 │
                  │ 速升温时风扇电动机的结合时机    │
                  └─────────────────────┘
                             │
                        ◇────────────◇        否      ┌─────────────────────┐
                        │ 是否符合要求 │ ───────────→ │ 故障为风扇电动机的结  │
                        ◇────────────◇              │ 合时机太晚           │
                             │ 是                     └─────────────────────┘
                  ┌─────────────────────┐
                  │ 检查火花塞中心电极和侧电极积炭 │
                  │ 情况                │
                  └─────────────────────┘
                             │
                        ◇────────────◇        是      ┌─────────────────────┐
                        │  是否有积炭  │ ───────────→ │ 故障为燃烧室内积炭或  │
                        ◇────────────◇              │ 火花塞积炭           │
                             │ 否                     └─────────────────────┘
                  ┌─────────────────────┐
                  │ 一手握住散热器上部回水管，另一 │
                  │ 手使发动机加速，检查冷却液的流速 │
                  │ 与发动机转速之间的关系        │
                  └─────────────────────┘
                             │
                        ◇────────────◇        否      ┌─────────────────────┐
                        │ 是否流速随转  │ ──────────→ │ 故障为水泵的效能不佳  │
                        │ 速增加而加快  │             │ 或水泵轴与叶轮脱开    │
                        ◇────────────◇              └─────────────────────┘
                             │ 是
                  ┌─────────────────────┐
                  │ 发动机冷却液温度达到90℃后，用 │
                  │ 手或温度计检查缸盖与散热器上水室 │
                  │ 的温差              │
                  └─────────────────────┘
                             │
                        ◇────────────◇        是      ┌─────────────────────┐
                        │ 是否温差很大 │ ───────────→ │ 故障为节温器主阀门打  │
                        ◇────────────◇              │ 不开或打开太迟        │
                             │ 否                     └─────────────────────┘
                  ┌─────────────────────┐
                  │ 汽车试跑温度正常后检查突爆或早 │
                  │ 燃情况              │
                  └─────────────────────┘
                             │
                        ◇────────────◇        是      ┌─────────────────────┐
                        │ 是否有突爆或早燃 │ ───────→ │ 故障为突爆或早燃造成  │
                        ◇────────────◇              └─────────────────────┘
                             │ 否
                  ┌─────────────────────┐
                  │ 故障为汽缸衬垫太薄、缸体缸盖接 │
                  │ 合面磨削太多、散热器上下水管堵塞、 │
                  │ 散热器和水套绣烂或使用、气候、地 │
                  │ 理因素等其他原因造成的发动机过热， │
                  │ 需解体冷却系统后才能确定      │
                  └─────────────────────┘
```

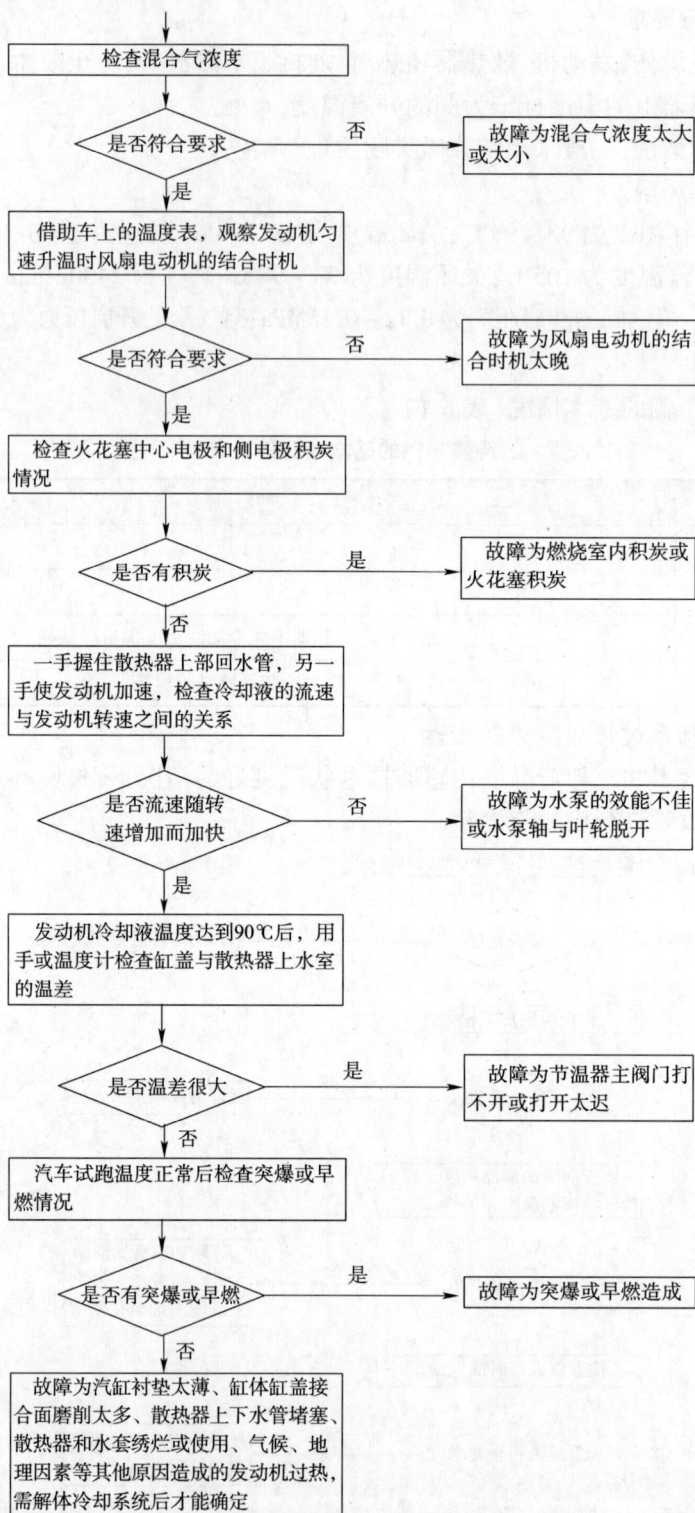

图 6-4　发动机过热诊断流程图

3）冷却系常规检查

（1）冷却液液位高度检查，冷却液液位应处于冷却液储液罐的 max 和 min 刻线之间，如图 6-5 所示，若冷却液不足，应按 G11 防冻剂的配比规定，结合地区环境温度，配备合格的液冷液后添加。

（2）润滑油油面高度检查，润滑油油面高度应在机油尺 max 与 min 两刻度线之间，如图 6-6 所示，若油面高度太低，应按原厂要求的规定及时补充。

图 6-5　冷却液液位检查

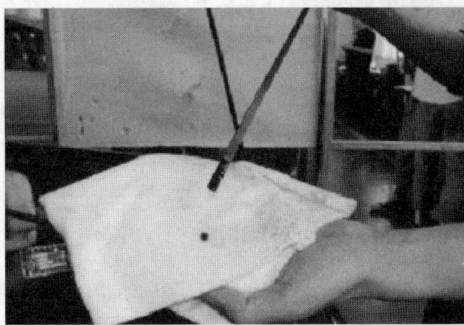

图 6-6　润滑油油面高度检查

提示：应注意安全，不允许在发动机温度较高时打开散热器盖。

（3）用润滑油试纸检查机油斑点分散性、氧化性及杂质多少如图 6-7 所示，若润滑油品质变差应及时更换。

提示：发动机润滑油的质量和品质不符合要求，使运动机件的润滑条件变差，将加大运动机件磨损而引起温度升高。

（4）检查点火正时，检查各缸工作情况，检查各缸火花塞积炭情况，如图 6-8 所示。

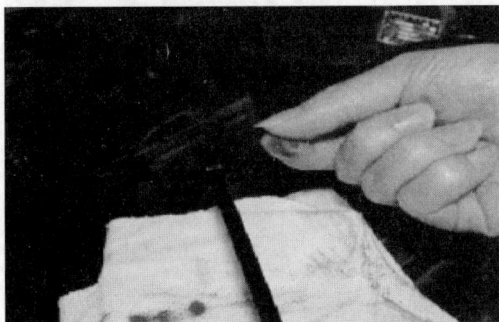

图 6-7　润滑油品质检查

图 6-8　火花塞积炭

（5）握住散热器上部回水管，另一人使发动机加速，检查冷却液的流速与发动机转速之间的关系。若没有明显变化，说明水泵泵水能力下降，如图 6-9 所示。拆检水泵，视情修复或更换水泵。

（6）通过观察发动机冷却液温度表，观察发动机匀速升温时风扇电动机开始转动的时机。发动机冷却液温度达到 90℃后，用温度计检查缸盖与散热器上水室的温差，若温差较大，应检查节温器。

图6-9　水泵泵水能力检查

三、学 习 拓 展

(1)查阅资料:硅油风扇离合器的结构特征。

(2)查阅资料:硅油风扇离合器如何检修。

(3)怎样用清洗剂对冷却系进行清洗?

当发动机散热性能不好、发动机冷却系统水垢过多时,应使用专用的散热器清洗剂进行清洗。采用冷却系统清洁剂对冷却系统进行清洗的操作方法是:

①发动机处于熄火冷却状态,打开副散热器盖,慢慢加入清洁剂。

②按冷却系统的容量添加清洁剂。

③检查副散热器盖水位处于正常位置,然后拧紧副散热器盖。

④起动发动机,怠速运转至正常工作温度,打开暖风开关,车辆运行10min后放掉清洁剂,水垢和水锈将随之排出。

四、评价与反馈

1.自我评价与反馈

(1)你能主动参与工作现场的清洁和调整工作吗?(　　　)

　　A.主动完成　　　　　　B.被动完成　　　　　　C.未完成

(2)你能正确规范地完成冷却系统的检修吗?(　　　)

　　A.快速规范　　　　　　B.规范但不熟练　　　　　　C.不会使用

(3)写出检修冷却系统的检测步骤。

_____

_____

(4)汽车冷却系统出现故障时对发动机有什么影响?

_____

_____

（5）在本学习任务中你遇到的困难是什么？你是怎样解决的？

_____

签名：_____ _____年_____月_____日

2. 小组评价与反馈

（1）工作页的填写情况如何？（　　　）

    A. 正确且书写认真　　　　B. 正确但书写潦草　　　　C. 有抄袭现象

（2）是否主动参与小组讨论？（　　　）

    A. 主动　　　　　　　　　B. 被动　　　　　　　　　C. 未参与

（3）是否完成本学习任务的学习目标？（　　　）

    A. 完成且效果好　　　　　B. 完成但效果不好　　　　C. 未完成

（4）是否积极学习，不懂的问题是否积极向别人请教，是否积极帮助他人学习？（　　　）

    A. 积极学习　　　　　　　B. 积极请教

    C. 积极帮助他人　　　　　D. 全部不积极

（5）零件、工具与油污有没有落地，有无保持作业现场的整洁？（　　　）

    A. 无掉地且场地整洁　　　B. 有零件、工具掉地

    C. 有油污掉地　　　　　　D. 未保持作业现场的清洁

（6）实施过程中是否注意维修质量和有责任心？（　　　）

    A. 注意质量，有责任心　　B. 不注意质量，有责任心

    C. 注意质量，无责任心　　D. 全无

（7）团队学习中的主动和合作情况如何？

    A. 好　　　　　　　　　　B. 较好　　　　　　　　　C. 一般

参与评价的同学签名：_____ _____年_____月_____日

3. 教师评价

_____

_____

教师签名：_____ _____年_____月_____日

五、技能考核标准

技能考核标准见表 6-2。

技 能 考 核 标 准   表 6-2

序号	作业项目	考核要求	配分	评分标准	扣分	得分
1	劳动防护用品穿戴	劳动防护用品穿戴齐全	5	穿戴不全不得分		
2	正确选用工具、量具、材料	选用工具、量具、材料齐全	5	缺一件扣 1 分，选错一件扣 1 分，扣完为止		

序号	作业项目	考核要求	配分	评分标准	扣分	得分
3	根据发动机冷却系统过热的故障现象,分析故障原因	运用正确方法确认故障,分析产生故障的原因	20	故障确认不准确扣5~10分,分析原因不相关扣5~15分,扣完为止		
4	发动机冷却系统过热的故障诊断	用正确的方法诊断故障	20	诊断方法错误扣5~10分,诊断步骤每错一步扣5~10分,诊断结果错误不得分		
5	发动机冷却系统过热的故障排除	运用正确方法排除故障	20	(1)不能排除扣20分; (2)引发基地故障,一处扣5分		
6	发动机冷却系统过热的故障排除效果验证	按照要求验证排除效果	5	验证方法不当扣1~5分,不进行验证扣5分		
7	正确使用工具、用具	工具、用具使用正确	10	(1)一种工具、用具使用不正确扣1分,扣完为止; (2)损坏丢失一件工具、用具不得分		
8	操作规程	操作规程执行情况	10	违反操作规程不得分		
9	清理现场	清理、擦洗并回收工具、用具	5	(1)少收一件工具、用具扣1分,扣完为止; (2)未回收不得分		
10	分数总计		100			
否定项说明:出现重大安全事故按0分计						

学习任务七　润滑系统检修

任务要求

完成本学习任务后,你应能:

1. 知道润滑系统的各部件组成、安装位置;
2. 对润滑系统的主要部件进行检测和修复;
3. 分析润滑系统的典型故障并能正确地诊断与排除;
4. 检修润滑系统的主要部件。

建议学时:8 学时。

任务描述

一辆 1.6L 丰田卡罗拉轿车,发动机型号为 1ZR-FE,已行驶 55000km。车主反映在行驶过程中,发动机温度与转速正常,机油压力警告灯常亮。车主担心安全问题,及时联系了维修厂。经维修人员初步分析,机油压力警告灯亮说明发动机润滑油路中的机油压力低于润滑系统要求的下限值,润滑系统中某个或多个零部件工作异常。维修技师主要从润滑油和机械两个方面对润滑系统进行了检查,以进一步确定故障部位,便于维修或更换。

一、理论知识准备

汽车发动机润滑系统的主要任务是将润滑油不断供给各个零件的摩擦表面,减少零件的摩擦和磨损。如润滑系统出了故障,将不能保证运动件表面的润滑,导致磨损加剧,温度升高,使发动机不能正常工作或停止工作。

1. 润滑系统的功用

(1)减摩作用。

(2)冷却作用。

(3)清洁作用。

(4)密封作用。

(5)防锈作用。

2. 润滑方式

发动机运转时,各运动零件的工作条件不同,所要求的润滑强度也不同,因而要采取不同的润滑方式。常用的润滑方式有：

（1）压力润滑：通过机油泵，将一定压力和流量的润滑油连续不断地输送到各摩擦表面进行润滑。这种润滑方式是发动机中最重要的一种润滑方式，适用于工作载荷大、相对速度高的运动件表面，如曲轴主轴承、连杆轴承、凸轮轴轴承等。

（2）飞溅润滑：利用运动零件旋转时飞溅起来的油滴或油雾润滑摩擦表面。此法适用于载荷较轻、相对速度较低的运动件表面，如活塞、汽缸壁、凸轮、正时齿轮、摇臂、气门等。

（3）脂润滑：采用定期加注润滑脂的方式进行润滑。如水泵轴承、发电机轴承、起动机轴承等。近年来在发动机上有采用含有耐磨润滑材料（如尼龙、二硫化钼等）的轴承来代替加注润滑脂的轴承。

目前，发动机润滑系统多采用压力润滑与飞溅润滑相结合的润滑方式。

3. 润滑系统的组成

润滑系统由机油储存和供给装置、滤清装置、冷却装置、仪表装置组成，如图7-1所示。

（1）机油储存和供给装置：如油底壳、机油泵、油管、油道、限压阀等，用于储存机油，建立足够的油压使之在发动机内循环流动，并限制油路中的最高压力。

（2）滤清装置：如集滤器、机油滤清器等，用来清除机油中的杂质，保证润滑油清洁和润滑可靠。

（3）冷却装置：如机油散热器、机油冷却器等，用来冷却机油，保持油温正常，润滑可靠。有些发动机没有专门的机油冷却装置，靠空气流过油底壳冷却润滑油。

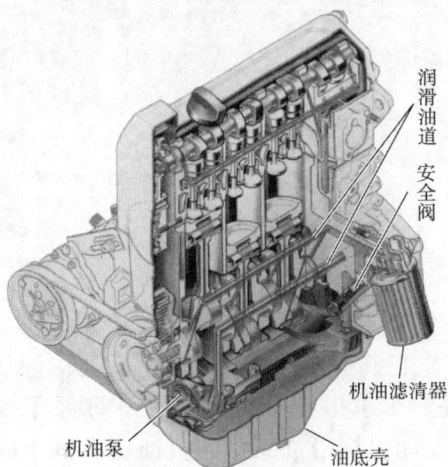

图7-1 发动机润滑系统组成

（4）仪表装置：如油温表、油压表等，用来检测润滑系统工作情况。

4. 润滑系统故障诊断

1）润滑油压力过低

在发动机正常运转的情况下，润滑油压力表指针指示值低于规定值。

（1）故障原因。

①润滑油量不足。润滑油泵通过集滤器时而吸入润滑油，时而吸入空气，因此，进入管道内的润滑油量不足，致使润滑油压力降低。

②润滑油黏度过低。润滑油黏度的高低与润滑油的牌号、发动机温度以及润滑油内是否进入汽油、柴油或水有关，润滑油黏度过低则容易使润滑系统中的泄漏增大，润滑油泵的出油压力也小。

③润滑油集滤器的滤网破污物堵塞，油管接头、管路或摇臂轴端盖脱落等，使润滑油泄漏，油的沿途阻力小，油压过低。

④润滑油泵损坏。如润滑油泵（齿轮式）的端面间隙、齿顶间隙或齿轮啮合间隙等增大，引起密封性能变差，使泵油压力低。

　　⑤润滑油限压阀弹簧折断或被污物卡住不能关闭,或其开启压力调整过低。

　　⑥曲轴的主轴承、连杆轴承或凸轮轴轴承磨损,配合间隙增大,润滑油将从间隙处泄漏到下曲轴箱（油底壳）,使油压降低。

　　⑦润滑油压力表不准确润滑油压力传感器型号不对或有故障。

　　(2)故障检查程序。

　　润滑油压力过低故障检查程序如图7-2所示。

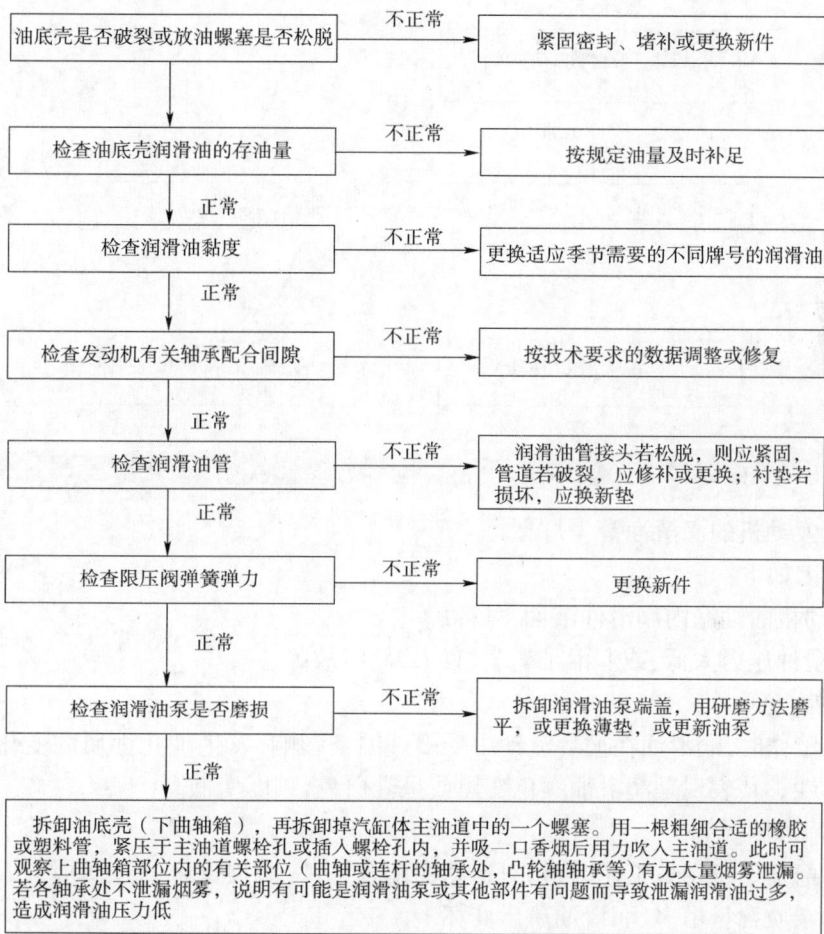

图7-2　润滑油压力过低故障检查程序

　　2)润滑油压力过高

　　润滑油压力表指示的压力超过规定的最高压力值,即是润滑油压力过高的表现。

　　(1)故障原因。

　　①润滑油内含有的机械杂质、沥青或胶质等黏附在管壁和滤清器芯上,日久后积聚量增多,影响润滑油流动,甚至会将油道和滤清器芯完全堵塞,使润滑油循环阻力大,引起润滑油压力增高。

　　②润滑油压力表、传感器失灵,造成润滑油压力表指示错误,或润滑油过稠,机油因黏度

高,流动性差,致使润滑油压力过高。

③润滑油限压阀卡滞或粘咬在关闭位置,或限压阀弹簧的预紧力调整过高,使其处在关闭或难以打开状态,起不到卸油压作用,引起润滑油压力过高。

④有关轴颈与轴承间隙过小,使润滑油进得多而出得少,油压增高。

（2）故障检查程序。

润滑油压力过高故障检查程序如图7-3所示。

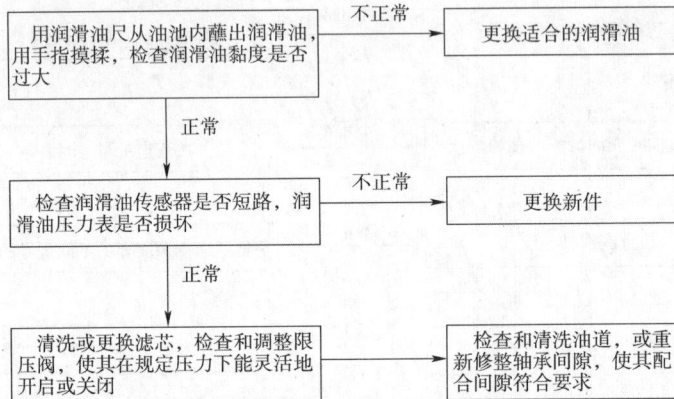

图7-3 润滑油压力过高故障检查程序

3）电喷发动机的润滑油警告灯亮

故障原因如下:

（1）发动机曲轴箱内润滑油液面不够高。

（2）润滑油压力太低,或润滑油警告灯的线路有故障。

4）润滑油变质

发动机工作时,润滑油在循环流动中受多种因素影响,发生理化性质的变化,使润滑油丧失了润滑性。其表现是润滑油颜色变黑或呈乳白色,黏度变低。

（1）故障原因。

①机件磨损。发动机工作时,相对运动的配合机件,磨损下来的金属屑混入润滑油中,使润滑油的杂质含量增多,润滑油质量变坏。

②未完全燃烧的物质进入润滑油中。如汽油发动机混合气过浓、个别汽缸不工作,冷发动机起动时,进入汽缸的多余燃油窜入曲轴箱的润滑油中;柴油发动机燃油雾化不良、喷油嘴滴油、活塞与汽缸配合间隙过大,未完全燃烧的物质窜入曲轴箱,混入润滑油内,引起润滑油变质。另外,膜片式汽油泵膜片破裂,使汽油进入曲轴箱,造成润滑油变质。

③润滑油粗滤芯堵塞或旁通阀弹簧过软而使润滑油未经过滤便进入主油道;离心式润滑油细滤器安装质量不高,转子体不旋转或其转速不够,或因润滑油压力低而使润滑油不能进入细滤器,失去对润滑油的进一步过滤。

④曲轴箱通风不良。曲轴箱通风装置的功用就是:将通过活塞与汽缸的间隙窜入曲轴箱的可燃性混合气、废气或蒸气等排出到曲轴箱外。若曲轴箱的通风不良,或强制通风装置

吸气管断开,使进入曲轴箱的有害气体不能及时排出,或含铅汽油燃烧后,废气中含的氧化铝混入润滑油,均会引起润滑油变质。

⑤空气滤清器的过滤效果变差,灰尘就会随空气进入曲轴箱,混入润滑油内而使润滑油含杂质增多,即润滑油变质。

⑥润滑油在受燃烧气体高温和机件摩擦产生的高温影响下,遇到空气会发生氧化。其后产生的产物,如胶质、酸质和沥青等有害杂质进入机油,引起润滑油老化变质;另外,有的驾驶人在冬季用火烤油底壳使润滑油升温便于起动,然而却造成润滑油的变质。

⑦发动机冷却液漏入曲轴箱后,与润滑油混合而使润滑油变质。

(2)故障检查程序。

润滑油变质故障检查程序如图7-4所示。

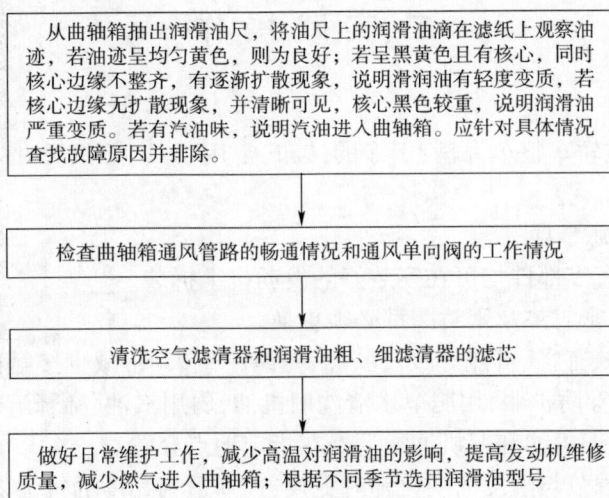

图 7-4　机油变质检查程序

5)润滑油消耗过多

(1)故障原因。

①曲轴的前后端、气门室盖、正时齿轮盖或润滑油管接头等处漏油。

②油环积炭、磨损、弹力减弱或折断,活塞上的泄油孔堵塞,使排油不畅,刮油能力下降,造成润滑油进入燃烧室烧掉。

③活塞环的边隙、背隙或开口间隙过大;活塞环抱死或对口。

④活塞与汽缸壁间隙过大,或汽缸磨损拉缸、进气门杆与导管磨损过甚,造成润滑油进入燃烧室。

⑤活塞环装反,开口没交错好。

⑥润滑油量多、黏度低、油压大或温度高,使润滑油的泄漏量相对增多。

⑦曲轴通风系统堵塞,或进气门防油装置失效,或空气压缩机活塞沾上机油等。

(2)故障检查程序。

润滑油消耗过多故障检查程序如图7-5所示。

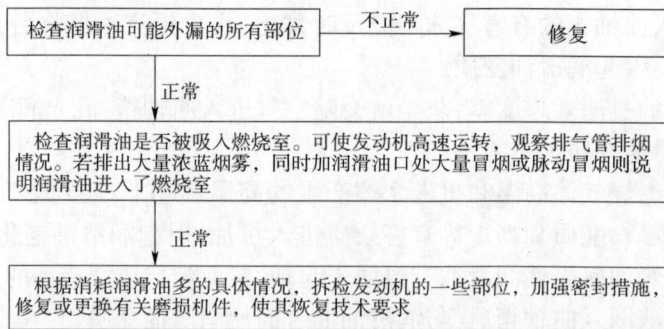

图 7-5　润滑油消耗过多检查程序

二、实 践 操 作

1. 实践准备

1.6L 丰田卡罗拉轿车整车一辆、干净的抹布、常用工具、刀口尺、厚薄规、机油压力表、相关维修手册等。

2. 技术要求与注意事项

(1) 润滑系统所有零部件均可在安装好的发动机上拆装。

(2) 拆装时,所有密封垫及密封圈都必须更换。

(3) 机油对人皮肤有害,可能导致皮肤癌;熟练注意事项,减少接触机油的时间和次数,使用时戴防护手套和穿防护服,用肥皂水清洗旧机油,勿用汽油、稀释溶剂清洁。

(4) 为保护环境,旧机油和旧机油滤清器在指定地点弃置。

(5) 机油应根据季节与温度的变化随时更换,选择适当黏度的机油。

3. 实践操作

一辆丰田卡罗拉轿车车主反应:该车在发动机正常运转的情况下,机油压力警告指示灯点亮。

1) 记录待修车辆基本情况(表 7-1)。

待修车辆基本情况记录　　　　　　　　　　　　　　　　　　表 7-1

项　　目	内　　容
车辆型号(VIN)	
发动机型号	
客户反映	发动机正常运转时,机油压力警告指示灯点亮
维修接待意见	检查润滑系统

2) 故障再现

发动机起动后,观察机油压力表和机油压力警告指示灯。指示灯是否熄灭?

□ 是　　　□ 否

3) 车上检查

(1) 检查机油油位。起动发动机至暖机,然后停车 5min 后,检查发动机油底壳油位应在机油尺 max 与 min 刻线标记之间。如果机油油位过低,检查是否漏油,并加机油至机油标尺 max 刻线标记处。注意:切勿加机油超过 max 刻线标记。

（2）检查机油质量。

①检查机油是否变质、变色、变稀,以及油中是否混有水。

②如果质量明显不佳,则更换机油。

（3）机油压力检查。

①断开机油压力开关连接器,如图 7-6 所示。

②用 24mm 长套筒扳手,拆下机油压力开关。

③安装机油压力表,如图 7-7 所示。

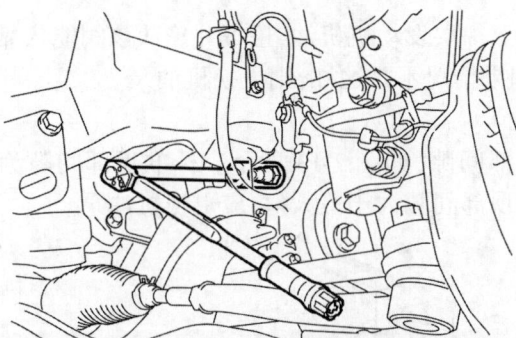

图 7-6　断开机油压力开关连接器

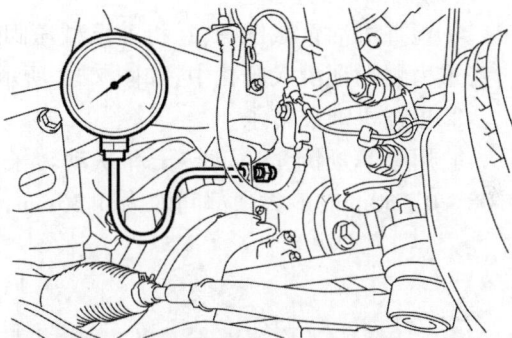

图 7-7　安装机油压力表

④起动发动机至暖机。

⑤检查机油压力。如果油压不符合表 7-2 中的规定,检查机油泵。

急速和 3000r/min 时的机油压力要求　　　　　　　　　　表 7-2

急　　　速	3000r/min 时
25kPa 或更高	150～550kPa

⑥在机油压力开关的 2 或 3 个螺纹上涂抹粘结剂（丰田原厂粘结剂 1344）,如图 7-8 所示。

⑦用 24mm 长套筒扳手,安装机油压力开关,拧紧力矩为 15N·m,安装后,至少 1h 后再起动发动机。

⑧连接机油压力开关连接器。

⑨检查发动机是否泄漏机油。

4）机油泵的拆装与检查

（1）机油泵的拆卸。

①拆卸机油泵总成,拆下 3 个连接螺栓和机油泵,如图 7-9 所示。

②拆卸机油泵减压阀。用 27mm 长套筒扳手拆下螺塞;拆下阀弹簧和减压阀,如图 7-10 所示。

③拆卸机油泵盖,拆下 5 个连接螺栓和机油泵盖;从机油泵上拆下机油泵主动转子和从动转子,如图 7-11 所示。

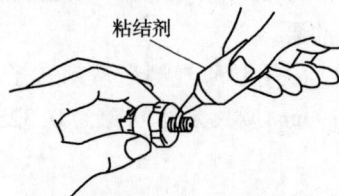

图 7-8　机油压力开关的 2 或 3 个螺纹上涂抹粘结剂

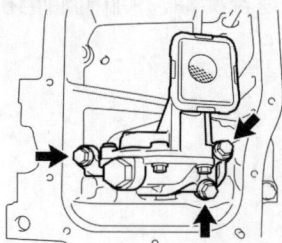

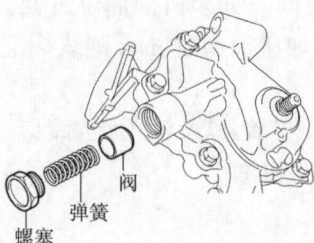

螺塞　弹簧　阀

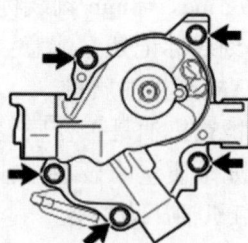

图7-9　拆卸机油泵总成螺栓　　图7-10　拆卸机油泵减压阀　　图7-11　拆卸机油泵盖

（2）机油泵的检查。

①检查机油泵减压阀，在机油泵减压阀上涂上一层发动机机油，检查并确认该阀能依靠自身重力顺畅地滑入阀孔中，如图7-12所示。如果情况不是这样，则更换机油泵。

②检查机油泵转子。

a. 用厚薄规测量主动转子和从动转子的顶部间隙，如图7-13所示。标准顶部间隙为0.08～0.160mm；最大顶部间隙为0.35mm，如果顶部间隙大于最大值，应更换机油泵。

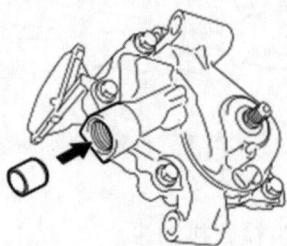

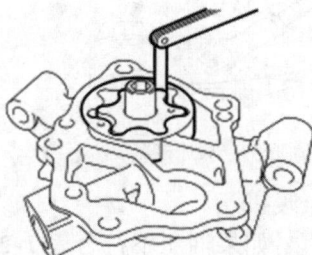

图7-12　检查机油泵减压阀　　图7-13　测量主动转子和从动转子的顶部间隙

b. 用厚薄规和精密直尺测量两个转子之间的间隙，如图7-14所示。

标准间隙：0.030～0.080mm，最大顶部间隙为0.160mm，如果侧隙大于最大值，应更换机油泵。

c. 用厚薄规测量从动转子和机油泵体间的间隙，如图7-15所示。标准泵体间隙：0.12～0.19mm，最大泵体间隙为0.325mm，如果泵体间隙大于最大值，应更换机油泵。

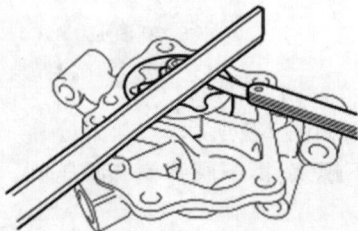

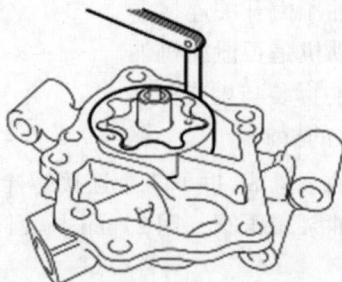

图7-14　测量两个转子之间的间隙　　图7-15　测量从动转子和机油泵体之间的间隙

100

（3）更换正时链条盖油封。

①在木块上安置正时链条盖，如图7-16所示。

②用螺丝刀撬出油封，如图7-16所示。注意，使用螺丝刀前在螺丝刀头部缠上胶带。不要损坏油封压力装配孔的表面。

③使用SST敲入一个新的油封，直到其表面与正时链条盖边缘持平，如图7-17所示。注意：使油封唇口远离异物，不要斜敲油封。

④在油封唇口上涂抹通用润滑脂。

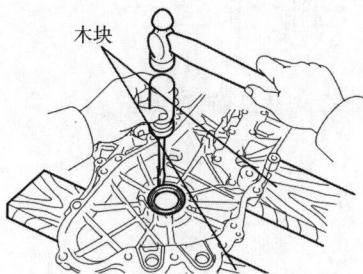

图7-16　螺丝刀撬出正时链条盖油封

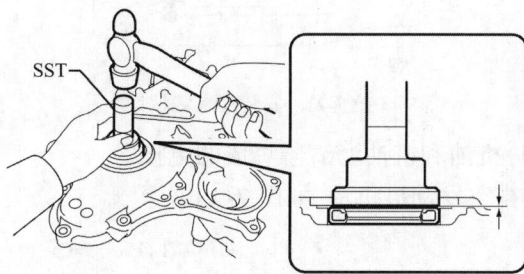

图7-17　安装新的正时链条盖油封

（4）重新装配机油泵。

①安装机油泵盖，用发动机机油涂抹机油泵主动转子和从动转子，并将其标记朝向机油泵盖侧放入机油泵，如图7-18所示。

②用5个紧固螺栓安装机油泵盖。拧紧力矩为8.8N·m，如图7-19所示。

③安装机油泵减压阀，在减压阀上涂抹发动机机油；将减压阀和弹簧插入机油泵体孔中。用27mm长套筒扳手安装减压阀螺塞。拧紧力矩为49N·m，如图7-20所示。

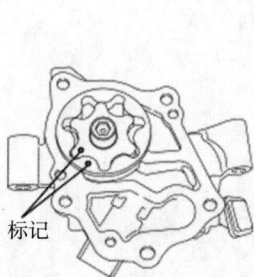

图7-18　安装机油泵盖分总成

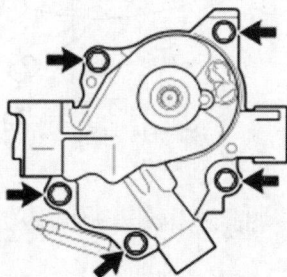

图7-19　安装机油泵盖

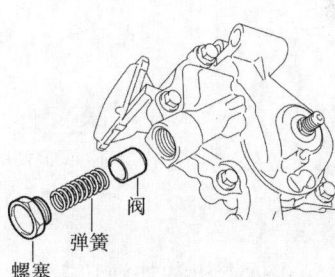

图7-20　安装机油泵减压阀

④安装机油泵总成，用3个紧固螺栓安装机油泵，拧紧力矩为21N·m，如图7-21所示。

⑤安装2号油底壳总成，清除所有旧的填料，注意不要将油滴在汽缸体和油底壳接触面上。

如图7-22所示，涂抹一条连续的密封胶（直径4.0mm），丰田原厂黑密封胶，注意清除接触面所有机油，涂抹密封胶后3min内安装油底壳，安装油底壳后至少2h内不要起动发动机。用10个螺栓和2个螺母安装2号油底壳，力矩：10N·m。

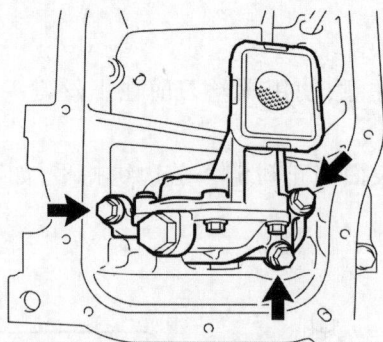

图 7-21　安装机油泵总成

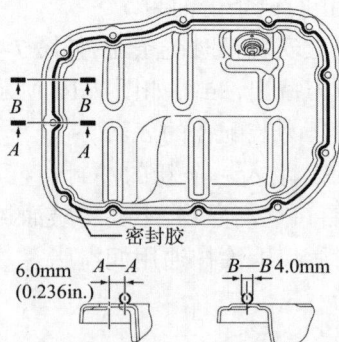

图 7-22　安装油底壳总成

（5）机油和机油滤清器总成的更换。

①排空发动机机油，如图 7-23 所示。

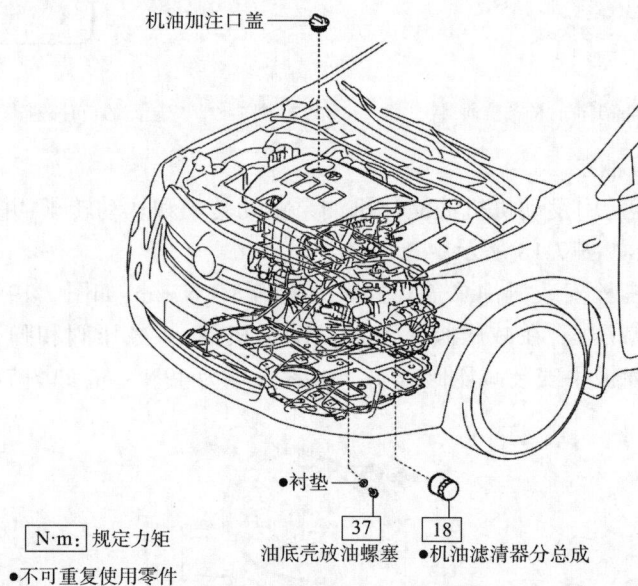

图 7-23　排空发动机机油

a. 拆下机油加注口盖。

b. 拆下放油螺塞，并将机油排放到一个容器中。

c. 清洗放油螺塞，用新衬垫加以安装，力矩：37N·m。

②拆卸机油滤清器分总成，用专用工具拆下机油滤清器总成。

③安装机油滤清器分总成。

a. 检查并清洗机油滤器的安装面。

b. 在新机油滤器的衬垫上涂抹一层干净的发动机机油。

c. 将机油滤清器轻轻地旋到位并拧紧，然后直到衬垫接触到机油滤清器底座。

d. 用 SST 紧固机油滤清器，力矩：18N·m。

④添加发动机机油。

a.添加新的发动机机油并安装机油加注口盖。

b.检查机油是否泄漏。

三、学习拓展

(1)请查阅大众迈腾汽车维修手册,看看润滑系统各部件拆装和检修步骤有什么不同?

(2)机油在使用中应注意哪些事项?合理使用发动机润滑油,对发动机的正常使用、延长使用寿命以及节省燃料都极为重要。机油在使用中应注意以下事项。

①注意新车机油选用。新车或发动机大修的车辆在磨合期内选用机油时应注意:质量级别不应过低,黏度级别不应过高。机油的质量级别要满足发动机厂家的使用要求,黏度一般选用10W/30或15W/40的为佳。因为发动机在磨合期轴承间隙小,轴承间易产生金属磨屑和大量的热,这就要求润滑油要有更好的流动性,即较小的黏度,这样就能容易带走金属屑和起到更好的冷却作用,避免了烧瓦、抱轴事故的发生。

②注意不同种类的机油不能混用。

a.不能用专用的汽油机机油代替柴油机机油,以免加速柴油机的磨损。汽油机机油和柴油机机油原则上应区别使用,只有在汽车制造厂有代用说明或标明汽油机和柴油机可以通用润滑油时才可代用或在标明的级别范围内通用。

b.单级机油和多级机油不要混用。

c.不同牌号的机油,必要时可临时混用,但不要长期混用。

d.不同规格、不同厂家生产的机油不要混用。因为不同的机油添加剂成分不同,混在一起时易形成沉淀物,对发动机润滑不利。

③注意经常检查油底壳润滑油储量。曲轴箱足够的润滑油量是发动机正常润滑的保证。若油量过少,会引起机件烧坏并加速机油变质;若油面过高,机油会从汽缸活塞的间隙中窜进燃烧室使燃烧室积炭增多。为此,应经常对曲轴箱内机油的数量进行检查,不足时应及时添加。

④注意定期更换机油。有条件时,可实行按质换油;没有条件时可按使用说明书的推荐或车型规定的换油里程换油。如捷达轿车用 SF 级机油,在一般地区换油里程为 1200 ~ 15000km(或一年)。越是高级的机油,更换的间隔就越长。

(3)如何鉴别机油质量?

①看颜色:国产正牌散装机油多为浅蓝色,具有明亮的光泽,流动均匀。凡是颜色不均、流动时带有异色线条者均为伪劣或变质机油,若使用此类机油,将严重损害发动机。进口机油的颜色为金黄略带蓝色,晶莹透明,油桶制造精致,图案字码的边缘清晰、整齐,无漏色和重叠现象,否则为假货。

②闻气味。合格的机油应无特别的气味,只略带芳香。凡是对嗅觉刺激大且有异味的机油均为变质或劣质机油,绝对不可使用。

四、评价与反馈

1. 自我评价与反馈

（1）你能主动参与工作现场的清洁和调整工作吗？（　　）

    A. 主动完成　　　　　　B. 被动完成　　　　　　C. 未完成

（2）你能正确规范地完成润滑系统的检修吗？（　　）

    A. 快速规范　　　　　　B. 规范但不熟练　　　　C. 不会使用

（3）写出检查润滑系统的检测步骤与检查工具。

_____

_____

（4）机油压力过低会导致发动机哪些故障？

_____

_____

（5）在本学习任务的学习中你遇到的困难是什么？你是怎样解决的？

_____

_____

签名：_____　_____年_____月_____日

2. 小组评价与反馈

（1）工作页的填写情况如何？（　　）

    A. 正确且书写认真　　　B. 正确但书写潦草　　　C. 有抄袭现象

（2）是否主动参与小组讨论？（　　）

    A. 主动　　　　　　　　B. 被动　　　　　　　　C. 未参与

（3）是否完成本学习任务的学习目标？（　　）

    A. 完成且效果好　　　　B. 完成但效果不好　　　C. 未完成

（4）是否积极学习，不懂的问题是否积极向别人请教，是否积极帮助他人学习？（　　）

    A. 积极学习　　　　　　B. 积极请教

    C. 积极帮助他人　　　　D. 全部不积极

（5）零件、工具与油污有没有落地，有无保持作业现场的整洁？（　　）

    A. 无掉地且场地整洁　　B. 有零件、工具掉地

    C. 有油污掉地　　　　　D. 未保持作业现场的清洁

（6）实施过程中是否注意维修质量和有责任心？（　　）

    A. 注意质量，有责任心　B. 不注意质量，有责任心

    C. 注意质量，无责任心　D. 全无

(7)团队学习中的主动和合作情况如何?

　　A.好　　　　　　　　　B.较好　　　　　　　　　C.一般

　　参与评价的同学签名:＿＿＿＿　＿＿＿年＿＿＿月＿＿＿日

3.教师评价

_____

_____

_____

　　　　　　　　　　教师签名:＿＿＿＿　＿＿＿年＿＿＿月＿＿＿日

五、技能考核标准

技能考核标准见表7-3。

技能考核标准　　　　　　　　　　　　　　　　　　　　表7-3

序号	项目	操作内容	规定分	评分标准	得分
1	准备	(1)清点工具、清理工位; (2)打开并支撑发动机舱盖; (3)安装汽车保护罩; (4)外观检查	3 2 3 2	(1)酌情扣分; (2)酌情扣分; (3)酌情扣分; (4)酌情扣分	
2	拆卸	(1)拆卸机油泵; (2)拆卸油底壳	5 3	(1)操作不当扣1~5分; (2)操作不当扣1~3分	
3	更换	(1)机油滤清器的更换; (2)更换正时链条盖油封	4 3	(1)操作不当扣1~2分; (2)操作不当扣1~2分	
4	检查	(1)机油油面高度的检查; (2)机油压力检查; (3)检查机油泵减压阀; (4)机油泵主、从动转子的顶部间隙检查; (5)机油泵主、从动齿轮齿侧间隙的检查; (6)机油泵轴向间隙的检查; (7)压力开关的检修	5 5 5 5 5 5 5	(1)操作不当扣1~5分; (2)操作不当扣1~5分; (3)操作不当扣1~5分; (4)操作不当扣1~5分; (5)操作不当扣1~5分; (6)操作不当扣1~5分; (7)操作不当扣1~5分	
5	安装	(1)安装油底壳; (2)安装机油泵	5 5	(1)操作不当扣1~5分; (2)操作不当扣1~5分	
6	故障诊断	润滑系统故障诊断	10	操作不当扣1~10分	
7	完成时限	80min	5	(1)超时1~5min扣1~5分; (2)超时5min以上扣10分	
8	安全文明	无安全隐患,无不文明操作	5	未达标扣1~5分	
9	结束	(1)工具、量具清洗、归位; (2)工作场地清洁	5 5	(1)漏一项扣1~5分,未做扣5分; (2)不清洁扣1~5分,未做扣5分	
		总分	100		

学习任务八 发动机总装检验

任务要求

完成本学习任务后,你应能:

1. 知道维修企业竣工检验制度;

2. 会对发动机总成进行常规检验。

建议学时:12 学时。

任务描述

一台 2013 款雪佛兰科鲁兹发动机,经过大修之后,发动机各个部件已组装完毕,现要把发动机安装到汽车上,需对发动机总成进行常规检验。

一、理论知识准备

所有的车辆诊断都应遵循逻辑顺序。"基于策略的诊断"是修理所有系统的统一方法。始终运用诊断流程排除系统故障是最佳的故障诊断方法。当需要维修时,应从诊断流程开始。诊断程序的第一步必须是"了解并确认客户报修故障"。诊断程序的最后一步应是"维修和确认修复"。正确的"诊断策略"如图 8-1 所示。

1. 汽车维修企业竣工检验制度

(1)汽车维修竣工检验由专职检验人员负责实施。

(2)汽车维修竣工检验内容为整车检查、检测、路试、检测路试后的再检测及车辆验收。

(3)修竣车辆竣工检验严格依据《营运车辆综合性能要求和检验方法》(GB/T18565—2001)要求进行。首先进行整车外观和底盘检查,检查合格后进行路试,对于路试中所发生的不正常现象,要认真复查。路试合格后重新进行底盘检查,确保各项技术性能合格后由总检开具出厂合格证。

(4)对于进行二级维护及以上维修作业的车辆,除上述检验内容外,还必须经计量认证的汽车综合性能检测站检测合格。

(5)严禁为检验不合格的车辆开具竣工出厂合格证。

(6)竣工检验合格的车辆实行规定的质量保证期制度。

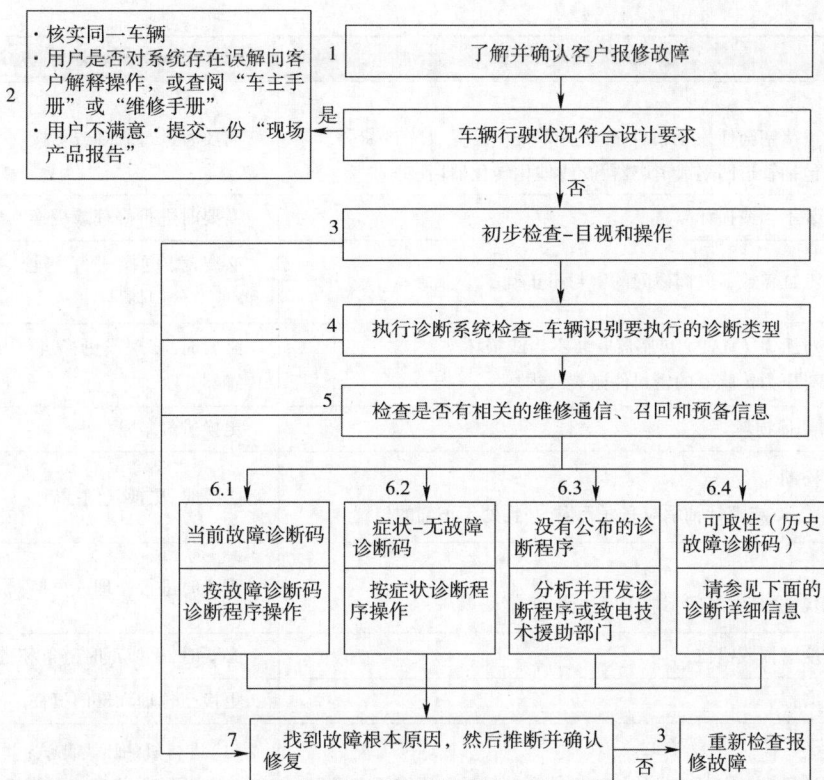

图 8-1　诊断策略步骤

2.发动机机械系统诊断

以下诊断涉及发动机常见的机械方面的故障原因及解决方案,根据故障现象,按以下诊断表进行故障诊断。

(1)发动机缺火,但发动机内部没有噪声的故障原因及解决方案见表8-1。

发动机缺火,但发动机内部没有噪声的故障原因及解决方案　　　　　　　　表8-1

故　障　原　因	解　决　方　案
附件传动皮带异常、严重开裂、隆起或部分缺失 附件传动系统和/或部件中的异常情况可能导致发动机转速变化并引发缺火故障诊断码(DTC)。没有实际缺火故障时,也可能出现缺火故障码	更换传动皮带
附件传动部件磨损、损坏、错位或皮带轮跳动量过大,可能导致缺火故障诊断码。 没有实际缺火故障时,也可能出现缺火故障码	检查部件,必要时进行修理或更换
发动机飞轮或曲轴扭转减振器松动或安装不当 没有实际缺火故障时,也可能出现缺火故障码	必要时,修理或更换飞轮和/或曲轴扭转减振器

续上表

故 障 原 因	解 决 方 案
排气系统阻塞 排气流被严重堵塞会使发动机性能大幅降低并设置故障诊断码。堵塞的原因可能包括管道凹陷或消声器和/或催化转化器堵塞	需要时进行修理或更换
真空软管安装不当或损坏	需要时进行修理或更换
进气歧管和汽缸盖或节气门体间的密封不正确	必要时，更换进气歧管、衬垫、汽缸盖和/或节气门体
进气歧管绝对压力（MAP）传感器安装不当或损坏 进气歧管绝对压力传感器的密封件撕裂或损坏	必要时，修理或更换进气歧管绝对压力传感器
MAP 传感器壳体损坏	更换进气歧管
摇臂磨损或松动 摇臂轴承端盖和/或滚针轴承应完好无损，并且处于正确的位置	必要时，更换气门摇臂
气门卡滞 气门杆上积炭，会导致气门不能正确关闭	需要时进行修理或更换
正时链条过度磨损或错位	必要时，更换正时链条和链轮
凸轮轴凸角磨损	更换凸轮轴和气门挺柱
机油压力过大 润滑系统机油压力过大可能导致气门挺柱泵升过量和压缩压力损失	（1）进行机油压力测试； （2）必要时，修理或更换机油泵
汽缸盖衬垫故障和/或汽缸盖和发动机汽缸体冷却系统通道开裂或其他损坏 冷却液消耗不一定导致发动机过热	（1）检查火花塞是否浸满冷却液； （2）检查汽缸盖、发动机汽缸体和/或汽缸盖衬垫； （3）需要时进行修理或更换
活塞环磨损 机油消耗不一定导致发动机缺火	（1）检查火花塞是否有机油浸润； （2）检查汽缸压缩压力是否降低； （3）进行汽缸泄漏和压缩测试，以识别故障原因； （4）需要时进行修理或更换
曲轴磁阻轮损坏 曲轴磁阻轮损坏会导致不同的症状，具体情况取决于损坏的程度和部位 （1）带电子通信、DIS 或点火线圈（每个汽缸）并且磁阻环严重损坏的系统可能显示曲轴位置周期性丢失，信号传送停止，然后重新与曲轴位置同步； （2）带电子通信、DIS 或点火线圈（每个汽缸）并且磁阻环轻微损坏的系统可能没有曲轴位置丢失和缺火现象。但是，系统可能会设置 DTC P0300； （3）带机械通信、高压开关并且变磁阻环严重损坏的系统可能导致额外脉冲并影响燃油和火花输送，以致产生 DTC P0300 或 P0336	必要时，更换传感器和/或曲轴

（2）发动机缺火,且发动机内部下方有异常的噪声故障原因及解决方案见表8-2。

发动机缺火,且发动机内部下方有异常的噪声故障原因及解决方案　　　表8-2

故 障 原 因	解 决 方 案
附件传动皮带异常、严重开裂、隆起或部分缺失 附件传动系统和/或部件中的异常情况可能导致发动机转速变化,噪声与下部有故障的发动机相似,并且也会导致缺火故障。没有实际缺火故障时,也可能出现缺火故障码	更换传动皮带
附件传动部件磨损、损坏、错位或皮带轮跳动量过大 没有实际缺火故障时,也可能出现缺火故障码	检查部件,必要时进行修理或更换
发动机飞轮或曲轴扭转减振器松动或安装不当 没有实际缺火故障时,也可能出现缺火故障码	必要时,修理或更换飞轮和/或平衡器
活塞环磨损 机油消耗不一定导致发动机缺火	（1）检查火花塞是否有机油浸润; （2）检查汽缸压缩压力是否降低; （3）进行汽缸泄漏和压缩测试,以确定故障原因; （4）需要时进行修理或更换
曲轴推力轴承磨损 曲轴和/或止推轴承上的止推面严重磨损可能使曲轴前后移动,并在实际上无缺火故障的情况下产生故障诊断码（DTC）	必要时,更换曲轴和轴承

（3）发动机缺火,且气门系有异常噪声故障原因及解决方案见表8-3所示。

发动机缺火,且气门系有异常噪声故障原因 及解决方案　　　表8-3

故 障 原 因	解 决 方 案
摇臂磨损或松动 摇臂轴承端盖和/或滚针轴承应完好无损（在摇臂总成内）	必要时,更换气门摇臂
气门卡滞 气门杆上积炭可能导致气门不能正确关闭	需要时进行修理或更换
正时链条过度磨损或错位	必要时,更换正时链条和链轮
凸轮轴凸角磨损	更换凸轮轴和气门间隙调节器
气门挺柱卡滞	必要时进行更换

（4）发动机缺火,且冷却液有消耗故障原因及解决方案见表8-4。

发动机缺火,且冷却液有消耗故障原因及解决方案　　　表8-4

故 障 原 因	解 决 方 案
汽缸盖衬垫故障和/或汽缸盖和发动机汽缸体冷却系统通道开裂或其他损坏 冷却液消耗不一定导致发动机过热	（1）检查火花塞是否浸满冷却液; （2）进行汽缸泄漏测试; （3）检查汽缸盖和发动机汽缸体是否有冷却液通道损坏和/或汽缸盖衬垫故障; （4）需要时进行修理或更换

（5）发动机缺火,且机油消耗过多故障原因及解决方案见表8-5。

发动机缺火,且机油消耗过多故障原因及解决方案　　　　　表8-5

故障原因	解决方案
气门、气门导管和/或气门杆油封磨损	(1)检查火花塞是否有机油沉积; (2)需要时进行修理或更换
活塞环磨损 机油消耗不一定导致发动机缺火	(1)检查火花塞是否有机油沉积; (2)检查汽缸压缩压力是否降低; (3)执行汽缸泄漏和压缩测试,以确定故障原因; (4)需要时进行修理或更换

（6）发动机起动时有噪声,但仅持续数秒故障原因及解决方案见表8-6。

发动机起动时有噪声,但仅持续数秒故障原因及解决方案　　　　　表8-6

故障原因	解决方案
机油滤清器不正确(不带防回油功能)	安装正确的机油滤清器
机油黏度不正确	(1)排空机油; (2)使用正确黏度的机油
气门间隙调节器泄漏速度过快	必要时,更换间隙调节器
曲轴推力轴承磨损	(1)检查止推轴承和曲轴; (2)需要时进行修理或更换
机油滤清器旁通阀损坏或存在故障	(1)检查机油滤清器旁通阀工作是否正常; (2)需要时进行修理或更换
凸轮轴位置执行器故障——机油黏度不正确或被污染。结果是凸轮轴执行器锁销无法锁止	(1)通过更换发动机机油和滤清器,确认发动机机油黏度是否正确。重新评估该问题; (2)将噪声源确定到特定的凸轮轴位置执行器; (3)更换凸轮轴执行器、机油和滤清器

（7）发动机上部有噪声,且与发动机转速无关故障原因及解决方案见表8-7。

发动机上部有噪声,且与发动机转速无关故障原因及解决方案　　　　　表8-7

故障原因	解决方案
机油压力过低	(1)进行机油压力测试; (2)需要时进行修理或更换
气门摇臂附件松动和/或磨损	(1)检查气门摇臂双头螺柱、螺母或螺栓; (2)需要时进行修理或更换

故 障 原 因	解 决 方 案
气门摇臂磨损	更换气门摇臂
气门摇臂润滑不当	检查以下部件,必要时进行修理或更换 (1)气门摇臂; (2)气门挺柱; (3)机油滤清器旁通阀; (4)机油泵和机油泵滤网; (5)发动机汽缸体机油油道
气门弹簧折断	更换气门弹簧
气门挺柱磨损或脏污	更换气门挺柱
正时皮带拉伸或断裂和/或链轮轮齿损坏	更换正时皮带和链轮
正时皮带张紧器磨损、损坏或故障	更换张紧器
发动机凸轮轴凸角磨损	(1)检查发动机凸轮轴凸角; (2)必要时,更换凸轮轴和气门挺柱
气门导管或气门杆磨损	检查以下部件,必要时进行修理: (1)气门; (2)气门导管
(1)气门卡滞; (2)气门杆或气门座积炭可能导致气门保持打开	检查以下部件,必要时进行修理: (1)气门; (2)气门导管

（8）发动机下部有噪声,且与发动机转速无关故障原因及解决方案见表8-8。

发动机下部有噪声,且与发动机转速无关故障原因及解决方案　　　　表8-8

故 障 原 因	解 决 方 案
机油压力过低	(1)进行机油压力测试; (2)必要时,修理或更换损坏的部件
附件传动部件磨损——有诸如附件传动皮带严重开裂、隆起或部分缺失和/或系统部件错位之类的异常情况	(1)检查辅助传动系统; (2)需要时进行修理或更换
曲轴扭转减振器松动或损坏	(1)检查曲轴扭转减振器; (2)需要时进行修理或更换
爆燃或点火爆震	确认点火系统工作正常
变矩器螺栓松动	(1)检查变矩器螺栓和飞轮; (2)需要时进行修理或更换
飞轮松动或损坏	修理或更换飞轮

续上表

故 障 原 因	解 决 方 案
油底壳损坏,触及机油泵滤网 已经损坏的油底壳,可能会使机油泵滤网的位置不正确,妨碍机油正常流向机油泵	(1)检查油底壳; (2)检查机油泵滤网; (3)需要时进行修理或更换
机油泵滤网松动、损坏或阻塞	(1)检查机油泵滤网; (2)需要时进行修理或更换
活塞与汽缸之间的间隙过大	(1)检查活塞和汽缸孔; (2)必要时进行修理
活塞销至销孔的间隙过大	(1)检查活塞、活塞销和连杆; (2)需要时进行修理或更换
连杆轴承间隙过大	检查以下部件,必要时进行修理: (1)连杆轴承; (2)连杆; (3)曲轴; (4)曲轴轴颈
曲轴轴承间隙过大	检查以下部件,必要时进行修理: (1)曲轴轴承; (2)曲轴轴颈
(1)活塞、活塞销和连杆安装不当; (2)安装活塞时,必须使活塞顶部的标记或凹槽面向发动机前方。活塞销必须位于连杆销孔的中心	(1)确认活塞、活塞销和连杆安装正确; (2)必要时进行修理

（9）带负载时发动机有噪声故障原因及解决方案见表8-9。

带负载时发动机有噪声故障原因及解决方案　　　　表8-9

故 障 原 因	解 决 方 案
机油压力过低	(1)进行机油压力测试; (2)需要时进行修理或更换
爆燃或点火爆震	确认点火系统工作正常
变矩器螺栓松动	(1)检查变矩器螺栓和飞轮; (2)必要时进行修理
飞轮开裂——自动变速器	(1)检查飞轮螺栓和飞轮; (2)必要时进行修理
连杆轴承间隙过大	检查以下部件,必要时进行修理: (1)连杆轴承; (2)连杆; (3)曲轴

故 障 原 因	解 决 方 案
曲轴轴承间隙过大	检查以下部件,必要时进行修理: (1)曲轴轴承; (2)曲轴轴颈; (3)汽缸体曲轴轴承孔

（10）发动机不起动-曲轴不转动故障原因及解决方案见表8-10。

发动机不起动-曲轴不转动故障原因及解决方案

表8-10

故 障 原 因	解 决 方 案
辅助传动系统部件卡死	(1)拆下附件传动皮带; (2)用手在平衡器或飞轮位置转动曲轴
汽缸因液压而卡住 (1)冷却液/防冻剂进入汽缸内; (2)机油进入汽缸内; (3)燃油进入汽缸内	(1)拆下火花塞并检查上面是否有液体; (2)检查汽缸盖衬垫是否断裂; (3)检查发动机汽缸体或汽缸盖是否开裂; (4)检查喷油器是否堵塞; (5)检查汽缸壁是否开裂
自动变速器变矩器卡滞	(1)拆下变矩器螺栓; (2)用手在平衡器或飞轮位置转动曲轴
手动变速器卡滞	(1)分离离合器; (2)用手在平衡器或飞轮位置转动曲轴
正时链条和/或齿轮断裂	(1)检查正时链条和齿轮; (2)必要时进行修理
平衡轴卡滞	(1)检查平衡轴; (2)必要时进行修理
汽缸内有异物 (1)气门断裂; (2)活塞材料; (3)异物; (4)汽缸壁开裂	(1)检查汽缸内是否有损坏的部件和/或异物; (2)检查汽缸壁是否脱落; (3)需要时进行修理或更换
曲轴轴承或连杆轴承卡死	(1)检查曲轴和连杆轴承; (2)检查汽缸壁是否脱落; (3)必要时进行修理
连杆弯曲或开裂	(1)检查连杆; (2)必要时进行修理
曲轴开裂	(1)检查曲轴; (2)必要时进行修理

（11）冷却液进入发动机机油故障原因及解决方案见表8-11。

冷却液进入发动机机油故障原因及解决方案 表8-11

故　障　原　因	解　决　方　案
定义：如果机油呈泡沫状、变色或发动机机油液面过高，则表明冷却液可能进入发动机曲轴箱。冷却液液位过低、冷却风扇不工作或节温器故障可能导致温度过高状况出现，从而导致发动机部件损坏。应更换被污染的发动机机油和机油滤清器。 （1）检查机油是否存在泡沫过多或加注过量的情况。被冷却液稀释的机油不能正常润滑曲轴轴承，并可能导致部件损坏。 （2）进行汽缸泄漏测试。在该测试中，冷却系统中如果出现过量气泡，则表明衬垫有故障或零部件损坏。 （3）进行汽缸压缩压力测试。当并列在发动机汽缸体两侧的两个汽缸压缩压力过低时，表明汽缸盖衬垫可能损坏	
汽缸盖衬垫故障	必要时更换汽缸盖衬垫和部件
汽缸盖翘曲	更换汽缸盖和衬垫
汽缸盖开裂	更换汽缸盖和衬垫
汽缸套开裂	必要时更换部件
汽缸盖或汽缸体有孔隙	必要时更换部件

（12）机油泄漏诊断故障原因及解决方案见表8-12。

机油泄漏诊断故障原因及解决方案 表8-12

步骤	操　　作	是	否
定义：首先通过目视查找泄漏，修理或更换部件，或通过重新密封衬垫表面，您可以修复大多数液体泄漏。一旦找到泄漏部位，应确定泄漏原因和修复泄漏			
1	（1）运转车辆直至正常工作温度； （2）将车辆停驻在水平表面上（在一大张纸或其他清洁的表面上）； （3）等待15min； （4）检查是否有油滴落在纸上 是否出现油滴？	至步骤2	系统正常
2	您可以识别油液的类型和泄漏的大体部位吗？	至步骤10	至步骤3
3	（1）目视检查周边可疑区域。如果可疑部位不易观察，可借助一面小镜子； （2）检查如下位置是否泄漏： ①密封面； ②接头； ③部件开裂或损坏 您可以识别油液的类型和泄漏的大体部位吗？	至步骤10	至步骤4
4	（1）彻底清洁整个发动机和周围部件； （2）在正常工作温度下，以不同的速度行车数千米； （3）将车辆停驻在水平表面上（在一大张纸或其他清洁的表面上）； （4）等待15min； （5）识别油液的类型和泄漏的大体位置 您可以识别油液的类型和泄漏的大体部位吗？	至步骤10	至步骤5

续上表

步骤	操　作	是	否
5	(1)目视检查周边可疑区域。如果可疑部位不易观察,可借助一面小镜子; (2)检查如下位置是否泄漏: ①密封面; ②接头; ③部件开裂或损坏 您可以识别油液的类型和泄漏的大体部位吗?	至步骤10	至步骤6
6	(1)彻底清洁整个发动机和周围部件; (2)将喷雾型粉末,例如婴儿爽身粉或足粉涂到可疑的区域; (3)在正常工作温度下,以不同的速度行车数千米; (4)根据粉末表面的变色情况识别油液的类型和泄漏的大体位置 您可以识别油液的类型和泄漏的大体部位吗?	至步骤10	至步骤7
7	(1)目视检查周边可疑区域。如果可疑部位不易观察,可借助一面小镜子; (2)检查如下位置是否泄漏: ①密封面; ②接头; ③部件开裂或损坏 您可以识别油液的类型和泄漏的大体部位吗?	至步骤10	至步骤8
8	识别油液的类型和泄漏的大体位置 您可以识别油液的类型和泄漏的大体部位吗?	至步骤10	至步骤9
9	(1)目视检查周边可疑区域。如果可疑部位不易观察,可借助一面小镜子; (2)检查如下位置是否泄漏: ①密封面; ②接头; ③部件开裂或损坏 您可以识别油液的类型和泄漏的大体部位吗?	至步骤10	系统正常
10	(1)检查发动机是否有机械损坏。应特别注意以下方面: ①油液液位高于推荐值; ②油压高于推荐值; ③油液滤清器或压力旁通阀堵塞或故障; ④发动机通风系统堵塞或故障; ⑤紧固件紧固不当或损坏; ⑥部件开裂或有孔隙; ⑦密封胶或衬垫不正确; ⑧密封胶或衬垫安装不当; ⑨衬垫或密封件损坏或磨损; ⑩密封面损坏或磨损。 (2)检查发动机是否存在客户改装 发动机是否存在机械损坏或客户改装情况?	至步骤11	系统正常
11	修理或更换所有损坏或改装的部件 您是否完成了修理?	至步骤1	—

（13）传动皮带"啁啾"声、"尖叫"声和"呜呜"声的诊断见表8-13。

传动皮带"啁啾"声、"尖叫"声和"呜呜"声的诊断 表8-13

步骤	操作	是	否
	告诫：参见"皮带油告诫"。 定义：以下情况为"啁啾"声的症状： （1）传动皮带或皮带轮每转一圈听到一次高频噪声。 （2）在寒冷、潮湿条件下起动时，可能出现"啁啾"声，当车辆达到正常工作温度时"啁啾"声会平息。 定义：以下情况为传动皮带"尖叫"声的症状： （1）由打滑的传动皮带引起的很大的"尖叫"声。此情况很少出现在多棱的传动皮带上。 （2）此噪声通常出现在大负载加到传动皮带上时，如空调系统压缩机起动、节气门快速开启、皮带轮打滑或卡滞或附件传动部件故障。 定义：以下情况为传动皮带"呜呜"声的症状： （1）持续的高频噪声。 （2）噪声可能是由附件传动部件中有故障的轴承引起的		
1	是否查阅了"传动皮带症状"中的操作，并执行了必要的检查？	至步骤2	至"症状－发动机机械系统"
2	确认是否有"啁啾"声、"尖叫"声或"呜呜"声？ 发动机是否产生"啁啾"声、"尖叫"声或"呜呜"声？	至步骤3	转至"诊断帮助"
3	（1）拆下传动皮带。 如果发动机有多个传动皮带，一次只拆下一个传动皮带，并且每次拆下一个皮带时，都要执行以下测试。 （2）将发动机运行不超过30~40s。 （3）必要时，拆下其余的皮带重复本测试。 "啁啾"声、"尖叫"声或"呜呜"声是否仍然存在？	至"症状-发动机机械系统"	至步骤4
4	（1）如果诊断出有"啁啾"声，检查是否出现超过1/3皮带槽深度的严重起球现象； （2）如果诊断出"尖叫"声或"呜呜"声，则转至步骤13 皮带槽是否起球？	至步骤5	至步骤6
5	用合适的钢丝刷清洁传动皮带轮 您是否完成了修理？	至步骤20	至步骤6
6	检查皮带轮是否错位 皮带轮是否错位？	至步骤7	至步骤8
7	更换或修理错位的皮带轮 您是否完成了修理？	至步骤20	至步骤8
8	检查托架是否弯曲或开裂 是否发现托架弯曲或开裂？	至步骤9	至步骤10

步骤	操　　作	是	否
9	更换弯曲或开裂的托架您是否完成了修理?	至步骤20	至步骤10
10	检查紧固件是否不正确、松动或缺失 故障是否已找到?	至步骤11	至步骤12
11	(1)告诫:参见"紧固件告诫", 紧固松动的紧固件; (2)更换任何不正确或缺失的紧固件 您是否完成了修理?	至步骤20	至步骤12
12	检查皮带轮是否弯曲 故障是否已找到?	至步骤18	至步骤19
13	(1)检查附件传动部件轴承是否卡滞或附件传动部件是否有故障; (2)如果诊断出"鸣鸣"声且该故障仍然存在,则转至"诊断帮助"是否发现故障 并加以排除?	至步骤20	至步骤14
14	测试传动皮带张紧器是否正常工作。参见"传动皮带张紧器诊断" 是否发现故障并加以排除?	至步骤20	至步骤15
15	检查传动皮带长度是否正确 是否发现故障并加以排除?	至步骤20	至步骤16
16	检查皮带轮是否错位 是否发现故障并加以排除?	至步骤20	至步骤17
17	检查皮带轮的尺寸是否正确 是否发现故障并加以排除?	至步骤20	转至"诊断帮助"
18	更换弯曲的皮带轮 您是否完成了修理?	至步骤20	至步骤19
19	更换传动皮带 您是否完成了修理?	至步骤20	转至"诊断帮助"
20	运行系统以检验修理效果 故障是否已排除?	系统正常	至步骤3

(14)传动皮带"隆隆"声和振动的诊断见表8-14。

传动皮带"隆隆"声和振动的诊断　　　　　　　　　表 8-14

步骤	操　　作	是	否
	告诫：参见"皮带油告诫"。 定义：以下情况为传动皮带"隆隆"声的症状： (1)在急速或稍高于急速运行时，听到低频敲击声、爆震声或砰砰声； (2)传动皮带或皮带轮每转一圈能听到一次上述噪声； (3)"隆隆"声可能起因于： ①起球现象，聚集的橡胶粉尘在传动皮带轮槽中形成小球或小条； ②传动皮带分层； ③传动皮带损坏； ④传动皮带惰轮磨损。 定义：以下情况为传动皮带振动的症状： (1)与发动机转速有关的振动； (2)振动随附件的负载而变化		
1	是否查阅了"传动皮带症状"中的操作，并执行了必要的检查？	至步骤2	至"症状-发动机机械系统"
2	确认"隆隆"声或振动与发动机有关发动机是否产生"隆隆"声或振动？	至步骤3	转至"诊断帮助"
3	(1)拆下传动皮带。 如果发动机有多个传动皮带，一次只拆下一个传动皮带，并且每次拆下一个皮带时，都要执行以下测试。 (2)将发动机运行不超过30~40s。 (3)必要时，拆下其余的皮带重复本测试"隆隆"声或振动是否仍然存在？	至"症状-发动机机械系统"	至步骤4
4	检查传动皮带是否磨损、损坏、分层或有皮带棱部缺失和积屑是否发现上述任何故障？	至步骤7	至步骤5
5	检查是否存在超过传动皮带轮槽深度1/3的严重起球现象是否发现严重起球现象？	至步骤6	至步骤7
6	(1)用合适的钢丝刷清洁传动皮带轮； (2)重新安装传动皮带 故障是否已排除？	至步骤8	至步骤7
7	安装新传动皮带 更换是否完成？	至步骤8	至步骤9
8	运行系统以检验修理效果 故障是否已排除？	系统正常	至步骤9
9	检查紧固件是否不正确、松动或缺失 是否发现上述任何故障？	至步骤10	至步骤11

续上表

步骤	操　作	是	否
10	(1)告诫:参见"紧固件告诫", 紧固松动的紧固件; (2)更换不正确或缺失的紧固件 您是否完成了修理?	至步骤13	至步骤11
11	检查水泵轴是否弯曲 是否发现故障并加以排除?	至步骤13	至步骤12
12	检查托架是否弯曲或开裂 是否发现故障并加以排除?	至步骤13	转至"诊断帮助"
13	运行系统以检验修理效果 故障是否已排除?	系统正常	至步骤3

(15)传动皮带脱落和过度磨损的诊断见表8-15。

传动皮带脱落和过度磨损的诊断 表8-15

步骤	操　作	是	否
	告诫:参见"皮带油告诫"。 定义:传动皮带脱落或传动皮带不能正确套在皮带轮上。 定义:由于传动皮带安装不正确而导致传动皮带外侧棱磨损。		
1	是否查阅了"传动皮带症状"中的操作,并执行了必要的检查?	至步骤2	至"症状-发动机机械系统"
2	(1)如果诊断过度磨损,转至步骤13; (2)如果诊断脱落的传动皮带,检查传动皮带是否损坏 故障是否已找到?	至步骤3	至步骤4
3	安装新传动皮带 传动皮带是否仍然脱落?	至步骤4	系统正常
4	检查皮带轮是否错位 是否发现故障并加以排除?	至步骤12	至步骤5
5	检查皮带轮是否弯曲或凹陷 是否发现故障并加以排除?	至步骤12	至步骤6
6	检查托架是否弯曲或开裂 是否发现故障并加以排除?	至步骤12	至步骤7

续上表

步骤	操　　作	是	否
7	检查紧固件是否不正确、松动或缺失 是否发现紧固件松动或缺失？	至步骤8	至步骤9
8	(1)告诫:参见"紧固件告诫", 紧固松动的紧固件; (2)更换不正确或缺失的紧固件 传动皮带是否仍然脱落？	至步骤9	系统正常
9	测试传动皮带张紧器是否正常工作	至步骤11	至步骤10
10	更换传动皮带张紧器。传动皮带是否仍然脱落？	至步骤11	系统正常
11	检查传动皮带惰轮和传动皮带张紧器皮带轮轴承是否有故障 是否发现故障并加以排除？	至步骤12	转至"诊断帮助"
12	运行系统以检验修理效果 故障是否已排除？	系统正常	至步骤2
13	检查传动皮带安装是否正确 此故障是否已找到？	至步骤16	至步骤14
14	检查传动皮带是否正确 此故障是否已找到？	至步骤16	至步骤15
15	检查传动皮带是否与托架、软管或线束摩擦 是否发现故障并加以排除？	至步骤17	转至"诊断帮助"
16	更换传动皮带	至步骤17	—
17	运行系统以检验修理效果 故障是否已排除？	系统正常	—

二、实 践 操 作

1. 实践准备

2013 款雪佛兰科鲁兹整车一辆、干净的抹布、常用工具、相关维修手册等。

2. 技术要求与注意事项

注意:完成修理后,某些故障诊断码需要将点火开关旋至 OFF(关闭)位置,然后旋回至 ON(打开)位置之后,故障诊断仪功能才会清除故障诊断码。

(1)安装、拆下或更换部件或连接器必须将点火开关置于 OFF(关闭)位置才能进行。

(2)在拆下或更换部件或模块时,根据需要进行调整、编程或设置程序。

(3)加注的发动机机油、冷却液符合规定的牌号、数量。

(4)各导线的插接件插接到位,接线正确无误。

（5）如果修理与故障诊断码有关,则再现运行故障诊断码的条件并使用"冻结故障状态/故障记录"(如适用),以便确认故障诊断码未重置。如果再次设置该故障诊断码或存在另一个故障诊断码,则参见"故障诊断码（DTC）列表-车辆"并执行相应的诊断程序。或如果修理与症状有关,再现客户报修故障出现的条件,以检验修理效果。如果再次出现客户报修故障或存在其他症状,则返回"症状-车辆"并执行相应的症状诊断。

3. 实践操作

1）记录待修车辆基本情况（表8-16）。

待修车辆基本情况记录表 表8-16

项　目	内　容	项　目	内　容
车辆型号（VIN）		客户反映	发动机功率不足、反应迟缓
发动机型号		维修接待意见	总装检验

2）发动机控制装置故障诊断

故障症状包括故障诊断码不包含的故障。特定故障可能会导致多种症状。发动机控制装置故障症状及现象见表8-17。

发动机控制装置故障症状及现象 表8-17

序号	故障症状	故　障　现　象
1	回火	进气歧管或排气系统中的燃油点燃,产生严重的爆裂噪声
2	断火、缺火	发动机转速稳定脉动或不规则,通常在发动机负载增加时更加明显。在高于1500r/min或48km/h时,此故障通常不易察觉。怠速或低速时排气具有稳定的喷射声音
3	爆燃/点火爆震	轻微至严重的爆鸣声,在加速时通常更加严重。发动机产生尖锐的金属敲击声,声音随节气门开度变化
4	续燃	进气歧管或排气系统中的燃油点燃,产生严重的爆裂噪声
5	起动困难	发动机起动正常,但长时间不起动。车辆最终能够运行,或者可以起动但立即失速
6	加速迟缓、转速下降、转速不稳	踩下加速踏板时,没有瞬时响应。在任何车速下此故障都可能发生。停车后的第一次起动时此故障通常更明显。如果此故障严重到一定程度,则会导致发动机失速
7	功率不足、反应迟缓或绵软	发动机低于期望功率。部分踩下加速踏板时,提速很少或根本不加速
8	燃油经济性差	在实际路试时测量的燃油经济性明显低于期望值。此外,燃油经济性还明显低于该车实际路试时曾显示的值
9	燃油加注困难	给车辆添加燃油困难
10	怠速不良、不稳或不正确怠速和失速	发动机怠速不稳定。如果严重,发动机或车辆会出现颤抖。发动机怠速转速可能变化。上述两种故障均可能严重到使发动机失速
11	喘振/突突声	在节气门稳定或巡航时,发动机功率出现变化。感觉好似加速踏板位置不变时车速上升和下降

121

（1）故障症状检验。

发动机故障症状检验方步及步骤见表8-18。

故障症状检验表 表8-18

序号	检 验 项 目	检 验 结 果	
1	发动机控制模块（ECM）和故障指示灯（MIL）工作	正常	不正常
2	故障自诊断系统	有故障诊断码	无故障诊断码
3	故障诊断仪数据	在正常工作范围内	不在正常工作范围内
4	"维修通信"	对当前症状适用	对当前症状是不适用
5	发动机控制模块搭铁	清洁、牢固且处于正确的位置	不清洁、牢固且处于不正确的位置
6	车辆轮胎气压	正常	不正常
7	空气滤清器滤芯	未堵塞	未堵塞

（2）故障症状测试。

①测试发动机以下情况。

a. 检查质量空气流量（MAF）/进气温度（IAT）传感器的正确安装。

b. 检查燃油系统的以下情况：校正燃油压力；喷油器泄漏或运行不当；燃油受污染或质量差。

c. 检查点火系统的以下情况：火花塞特性热值不正确或出现异常情况；火花塞是否被冷却液或机油污染；用喷雾器喷水以湿润次级点火系统，湿润次级点火系统有助于确定损坏或老化的部件，在喷水时观察/倾听是否跳火或缺火。使用火花测试仪检测火花是否微弱。

d. 检查变速器变矩器离合器（TCC）的运行情况。当指令变矩器离合器接合时，故障诊断仪应指示发动机转速下降。

e. 检查空调压缩机的运行情况。

f. 检查可能会导致发动机混合气过稀或过浓的项目。

g. 检查曲轴位置传感器的电阻是否正确。处于高温后，曲轴位置传感器电阻值可能超出范围。电阻值应介于 $700 \sim 1200 \ \Omega$ 之间。

h. 发动机是否有以下机械故障：大量机油进入燃烧室或阀门密封泄漏；汽缸压缩力不正确；气门卡滞或泄漏；凸轮轴凸角磨损；气门正时不正确；气门弹簧折断；燃烧室积炭过多；发动机零件不正确。

i. 检查真空软管是否开裂或扭结。确认"车辆排放控制信息标签"中的布线和连接。

j. 检查爆震传感器系统火花启动是否过迟。

k. 检查燃油辛烷值开关的设置是否正确。确认车辆使用燃油辛烷值开关设置为合适的燃油额定辛烷值。确认燃油辛烷值开关设至车辆目前使用的燃油合适的燃油辛烷值评级。

l. 检查涡轮增压器系统正确运行（如装备）。

m. 检查涡轮增压器增压空气冷却器系统没有泄漏（如装备）。

n. 检查排气系统部件的以下情况：是否物理损坏或可能的内部故障；三效催化转化器

是否堵塞。

　　o. 参考电压电路的电磁干扰可能会导致发动机缺火故障。可以使用故障诊断仪监测发动机转速参数,以检测电磁干扰情况。发动机转速参数突然增加而实际的发动机转速几乎没有变化,则表示存在电磁干扰。如果存在问题,则检查点火控制电路附近电压过高的部件。

　　p. 检查曲轴箱强制通风系统和所有接头是否泄漏或堵塞。

　　q. 检查蒸发排放(EVAP)炭罐吹洗电磁阀是否卡在打开位置。

　　r. 检查发动机冷却系统的以下情况:节温器的热值范围是否正确;发动机冷却液节温器加热器是否正常工作;发动机冷却液液位是否正确。

　　②如果以上情况未涉及症状,进行其他症状测试。

　　a. 爆燃/点火爆震:测试发动机是否有过热故障。

　　b. 燃油经济性差:检查节气门孔内是否有异物堆积、节气门板或节气门轴是否有积炭。同时检查节气门体是否堵塞。

　　c. 怠速不良、不稳或不正确怠速和失速:检查发动机支座。

　　d. 喘振/突突声:测试加热型氧传感器(HO2S)。加热型氧传感器应迅速响应节气门位置的变化。如果加热型氧传感器没有响应不同的节气门位置,则检查是否受到燃油、硅的污染或错误地使用室温硬化密封胶。该传感器表面可能出现白色粉末涂层,导致信号虚高(指示排气过浓)的信号电压。发动机控制模块减少发动机燃油供油量,导致驱动性能下降。

　　③起动困难诊断。

　　a. 测试发动机冷却液温度(ECT)传感器。在冷机上比较发动机冷却液温度传感器值和进气温度(IAT)传感器值。发动机冷却液温度和进气温度传感器值之间的偏差应在约3℃(5°F)内。如果发动机冷却液温度传感器值超出进气温度传感器值范围,则测试发动机冷却液温度传感器的电阻。如果电阻值不符合规定,则更换发动机冷却液温度传感器。如果传感器在规格内,则测试发动机冷却液温度传感器电路是否电阻过大。

　　b. 测试燃油泵继电器的工作。将点火开关置于"ON(打开)"位置时,燃油泵应打开并持续2s。

　　④加速迟缓、转速下降、转速不稳诊断。

　　a. 测试燃油压力。

　　b. 测试歧管绝对压力(MAP)传感器。

　　c. 测试发电机。如果发电机输出电压低于9V或高于16V,则修理充电系统。

　　⑤燃油经济性差诊断。

　　a. 重载或牵引过重的负载。

　　b. 加速过快或过于频繁。

　　c. 检查节气门孔内是否有异物堆积、节气门板或节气门轴是否有积炭。同时检查节气门体是否堵塞。

　　⑥燃油加注困难诊断。

　　a. 通风管路堵塞。

b. 燃油温度过高。

c. 燃油箱总成的内部部件故障。

⑦燃油气味诊断。

a. 蒸发排放（EVAP）炭罐饱和。

b. 燃油箱总成的内部部件故障。

3) 发动机大修竣工检验

按照表 8-19 中项目进行竣工检验并填写检验单。

发动机竣工检验检验单 表 8-19

进厂编号		厂牌车型		车牌照号码	
发动机编号		竣工日期		主修人	
发动机外观、装备及性能					
检验内容及结果：		检验内容及结果：			
发动机外观：		急速转速（r/min）			
喷（涂）漆：		运转状况： 急速：　中速：　高速：　加速及过度：			
四漏检查： 油：　水：　电：　气：		发动机异响：			
螺栓和螺母：		机油压力：　　　MPa 急速：　　　高速：			
润滑油：		汽缸压力（MPa）			
		1 | 2 | 3 | 4 | 5 | 6 | 7 | 8			
		汽缸压力差（MPa）			
空气滤清器：		真空度（kPa） 急速：　　波动范围：			
限速装置：		排放污染物：			
		急速＿＿＿r/min　　高急速＿＿＿r/min			
		CO（%）| HC（10⁻⁶）| CO（%）| HC（10⁻⁶）			
起动性能：		额定功率（kW）　　最大转矩（N·m）			
		发动机燃油消耗率 [g/(kW·h)]：			
电控系统有无故障码显示：		发动机噪声：			
备注：					

三、学习拓展

(1)请查阅丰田汽车维修手册,看看发动机总装检验有何不同?

(2)请写一份关于发动机总装检验的学习报告。

四、评价与反馈

1. 自我评价与反馈

(1)你能主动参与工作现场的清洁和调整工作吗?(　　)

　　A. 主动完成　　　　　　B. 被动完成　　　　　　C. 未完成

(2)你能正确规范地完成发动机总成的安装吗?(　　)

　　A. 快速规范　　　　　　B. 规范但不熟练　　　　C. 不会使用

(3)写出发动机总成安装的顺序。

_____

_____

_____

(4)在本学习任务的学习中你遇到的困难是什么?你是怎样解决的?

_____

_____

_____

签名:_____　_____年____月____日

2. 小组评价与反馈

(1)工作页的填写情况如何?(　　)

　　A. 正确且书写认真　　　B. 正确但书写潦草　　　C. 有抄袭现象

(2)是否主动参与小组讨论?(　　)

　　A. 主动　　　　　　　　B. 被动　　　　　　　　C. 未参与

(3)是否完成本学习任务的学习目标?(　　)

　　A. 完成且效果好　　　　B. 完成但效果不好　　　C. 未完成

(4)是否积极学习,不懂的问题是否积极向别人请教,是否积极帮助他人学习?(　　　)

　　A. 积极学习　　　　　　B. 积极请教

　　C. 积极帮助他人　　　　D. 全部不积极

(5)零件、工具与油污有没有落地,有无保持作业现场的整洁?(　　　)

　　A. 无掉地且场地整洁　　B. 有零件、工具掉地

　　C. 有油污掉地　　　　　D. 未保持作业现场的清洁

(6)实施过程中是否注意维修质量和有责任心?(　　　)

　　A. 注意质量,有责任心　　B. 不注意质量,有责任心

　　C. 注意质量,无责任心　　D. 全无

(7)团队学习中的主动和合作情况如何?

    A.好   B.较好   C.一般

    参与评价的同学签名:_____ _____年_____月_____日

3.教师评价

_____

_____

              教师签名:_____ _____年_____月_____日

五、技能考核标准

技能考核标准见表8-20。

技能考核标准   表8-20

序号	项目	操作内容	规定分	评分标准	得分
1	准备	(1)清点工具、清理工位; (2)打开并支撑发动机舱盖; (3)安装汽车保护罩	3 2 2	(1)酌情扣分; (2)酌情扣分; (3)酌情扣分	
2	检验	(1)发动机外观; (2)急速转速; (3)运转状况; (4)四漏检查; (5)发动机异响; (6)机油压力; (7)润滑油; (8)真空度; (9)电控系统有无故障码显示; (10)发动机噪声	3 5 5 5 7 5 5 3 5 7	(1)操作不当扣1~2分; (2)操作不当扣1~2分; (3)操作不当扣1~2分; (4)操作不当扣1~4分; (5)操作不当扣1~2分; (6)操作不当扣1~2分; (7)操作不当扣1~2分; (8)操作不当扣1~6分; (9)操作不当扣1~2分; (10)操作不当扣1~2分	
3	故障诊断	发动机故障诊断	10	操作不当扣1~6分	
4	完成时限	60min	10	(1)超时1~5min扣1~5分; (2)超时5min以上扣10分	
5	安全文明	无安全隐患,无不文明操作	5	未达标扣1~5分	
6	结束	(1)工具、量具清洗、归位; (2)工作场地清洁	5 3	(1)漏一项扣1~3分,未做扣5分; (2)不清洁扣1~3分,未做扣3分	
		总分	100		

学习任务九　发动机故障码的读取

任务要求

完成本学习任务后,你应能:

1. 知道自诊断系统的作用及重要性;

2. 人工读取、清除故障码;

3. 正确连接和使用手持式汽车诊断电脑读取、清除故障码;

4. 借助维修资料,正确完成发动机故障的排除。

建议学时:6 学时。

任务描述

一台装备自诊断系统的发动机故障指示灯点亮,维修工作人员需读取故障码、进行故障分析、以进一步确定故障部位,以便维修或更换部件,排除发动机故障。

一、理论知识准备

汽车发动机自诊断系统是发动机控制系统的主要功能之一,不但有效地控制了在用车的排放污染,也是维修技术人员诊断和维修车辆的重要辅助工具。发动机控制模块(ECM 或 PCM)不断地检测各个传感器的信号,一旦发现有任何不正常的信号(传感器信号中断、信号值超出正常范围等),无论是由机械故障,还是由传感器、执行器、线路、发动机控制模块故障引起的故障,系统都将设置故障码(DTC),并可能点亮仪表板上的故障指示灯以提示驾驶人车辆需要立即进行维修。

目前,电喷发动机主要应用在轿车、小型客货车上。一般情况下电喷发动机很少发生故障,一旦出现故障必须借助汽车诊断电脑才能排除。

1. 发动机故障诊断的基本步骤

利用发动机自诊断系统进行发动机故障诊断的基本步骤如图 9-1 所示。

2. 故障诊断的思路

准确找出故障的症状,根据症状推测故障原因,按照推测、验证、再推测、再验证的方法,找出真正的故障原因。

```
┌──────────────────────┐
│    待修车辆进入车间    │
└──────────┬───────────┘
           ↓
┌──────────────────────┐
│  对客户描述的故障进行分析  │
└──────────┬───────────┘
           ↓
┌────────────────────────────┐
│  连接手持式汽车诊断电脑到诊断接口  │
└──────────┬─────────────────┘
           ↓
  ┌────────┬──────────────┐
  ↓        ↓              ↓
┌──────┐ ┌──────┐    ┌──────────────┐
│无故障码│ │有故障码│    │  无法显示故障码  │
└──┬───┘ └──┬───┘    └──────────────┘
   │        ↓
   │   ┌────────────────────────────────┐
   │   │  清除故障码、重现故障，再次读取故障码  │
   │   └──────────┬─────────────────────┘
   │         ┌────┴────────┐
   │         ↓             ↓
   │      ┌──────┐      ┌──────┐
   │      │无故障码│      │有故障码│
   │      └──┬───┘      └──┬───┘
   │         │        ┌────┴──────────┐
   │         │        ↓               ↓
   │         │  ┌──────────────┐ ┌──────────────┐
   │         │  │故障码与故障现象无关│ │故障码与故障现象有关│
   │         │  └──────┬───────┘ └──────┬───────┘
   │         │         │                │
┌──┴─────────┴─────────┘                │
↓                      ↓                ↓
┌──────────────┐ ┌──────────────┐ ┌──────────────┐
│对没有自诊断功能的│ │  针对故障码排   │ │  检查ECU和电  │
│系统进行诊断检查 │ │  除故障       │ │  源的故障     │
└──────────────┘ └──────────────┘ └──────────────┘
```

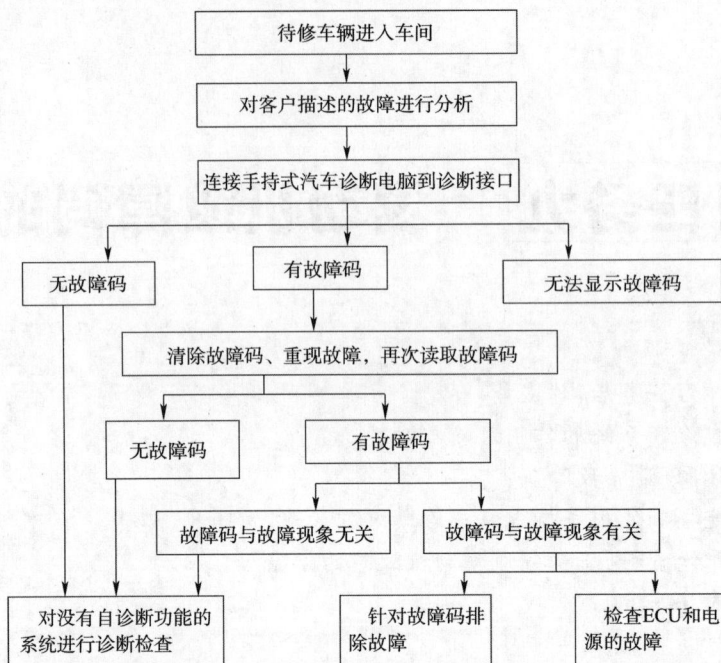

图 9-1　发动机故障诊断程序流程图

3.发动机自诊断方式

(1)静态诊断,即发动机不运转。只闭合点火开关,不起动发动机,把 ECU 的故障码读出。

(2)动态诊断,即发动机在运转中,读取故障码并测取其他参数。

4.进入故障自诊断状态的方法

通用方法,用解码仪法。所有车型的故障码读取均可采用解码仪进行。但是,有些车型只能用专用解码仪读取故障码。例如,比亚迪轿车等。

5.故障码的显示与读法

目前汽车维修实际中通用的方法用专用仪器显示读取故障码。现在的汽车均配有专用的故障码阅读接口。专用的解码器用专用接续器与阅读接口连接,通过操作解码仪,故障码便显示在专用仪器的屏上。

6.清除故障码的方法

对电喷车维修和处理故障后,一定要把存在 ECU 的故障码清除,以便今后运转中记录、存储新的故障码。

如果不及时清除原有的故障码,当发动机再出现故障时,ECU 会把新、旧故障码一起输出,造成不必要的诊断错误。

切断发动机电子控制器 ECU 的电源是清除原有故障码的基本方法。现维修实际中用专用仪器清除故障码是最简便的方法:用专用故障诊断仪中的故障码清除功能键,按下清除故障码键清除故障码。

7.常用诊断仪器

1)跨接导线

构造:跨接导线是一段专用导线,不同形式的跨接线主要是其长短和两端接头不同。跨接线两端的接头一般是不同形式的插头或鳄鱼夹,以适应不同位置的跨接,如图9-2所示。

作用:主要用于电路故障诊断。

2)数字式万用表

数字式万用表主要用来测量电阻、电压、电流等参数,以此判断电路的通断和电控元件的技术状况。可分为指针式万用表和数字式万用表。发动机电控系统检测必须使用高阻抗数字式万用表。

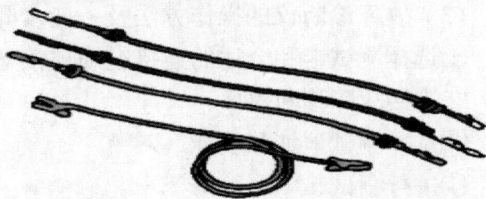

图9-2　跨接导线

(1)常用数字式万用表。

构造:具有测量精度高、测量范围广、输入阻抗高、抗干扰能力强、容易读数等优点,在汽车故障诊断与检修中应用广泛。

作用:一般只能用来测量电阻、电压、电流。

使用数字式万用表时应注意以下几个方面。

①按被测量的性质和数值大小选择合适的"挡位"和"量程",并将测量导线插接到相应的"插孔"中。

②选择万用表的量程时最好从低级到高级进行选择,以便获得较准确的测量数据。

③严禁电控元件或电路处于通路状态时测量其电阻,以免万用表损坏。

(2)汽车万用表。

汽车万用表除具有数字式万用表的功能外,还具有一些汽车专用测试功能。除可用来测量电控元件和电路的电阻、电压、电流外,一般还能测量转速、频率、温度、电容、闭合角、占空比等项目,并具有自动断电、自动变换量程、数据锁定、波形显示等功能。

3)故障诊断仪(俗称解码器)

(1)功能。

①快速、方便地读取或清除故障码。

②对发动机控制系统进行动态测试,显示瞬时信息,为诊断故障提供依据。

③能在静态或动态下,向电控系统各执行元件发出检修作业需要的动作指令,以便检查执行元件的工作状况。

④在车辆运行或路试时监测并记录数据流。

⑤具有示波器功能、万用表功能和打印功能。

⑥有些诊断仪能显示系统控制电路图和维修指导,以供故障诊断和检修时参考。

⑦有些功能强大的专用诊断仪能对发动机控制单元(ECU)进行某些数据的重新输入和更改。

(2)常见故障诊断仪简介。故障诊断仪可分为专用型和通用型两大类。

①专用型。是汽车制造公司为自己生产的汽车而专门设计制造的。一般只适合在特约维修站配备,以便提供良好的售后服务,充分发挥故障诊断仪的功能。

②通用型。是汽车保修设备制造公司为适应诊断检测多种车型而设计制造的,一般都配有不同车系的测试卡和适合各种车型的检测连接电缆连接器,测试卡存储有几十种甚至

上百种不同公司、不同车型汽车电控系统的检测程序、检测数据和故障码等资料,适合综合性维修企业使用。

（3）故障诊断仪的操作方法及一般步骤。

①选择测试卡和合适的连接电缆连接器(专用故障诊断仪不需此项)。

②连接故障诊断仪。

③选择测试地址和功能。

④进行测试。

二、实 践 操 作

1. 实践准备

干净的抹布、常用工具、汽车专用万用表、丰田卡罗拉发动机台架、专用跨接线、丰田卡罗拉轿车一辆、相关维修手册等。

2. 技术要求与注意事项

（1）禁止使用大功率仪器,避免对电控单元产生无线电干扰。

（2）在拆除蓄电池的搭铁线前,先读取 ECU 中的故障码。

（3）在拆卸和插接线路或元件连接器之前,点火开关一定要置于"ON"位。

3. 实践操作

1）记录待修车辆的基本情况（表9-1）

待修车辆的基本情况记录表 表9-1

项　目	内　容	项　目	内　容
车辆型号（VIN）		车主反映	汽车行驶中故障指示灯点亮
发动机型号		维修检查建议	需读取故障码,再进一步检查

2）尝试人工读取

（1）尝试通过人工读码读取丰田发动机台架的控制系统故障码,并记录在表9-2中。

故 障 码 记 录 表 表9-2

序　号	故　障　码	故　障　部　位

①用诊断导线短接 DLC3 的 13（TC）和 4（CG）端子,如图9-3所示。

②将点火开关拧至"ON"位置,但不起动发动机。

③根据"CHECK ENG"指示灯闪烁次数的数字读取 DTC,如图9-4所示。DTC"21"和"31",此外如系统正常,指示灯每秒闪2次,如图9-5所示。

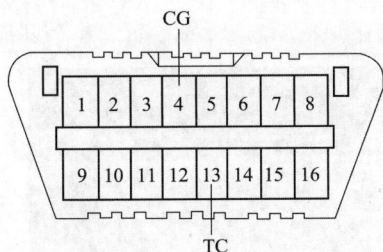

图 9-3　DLC3 接头

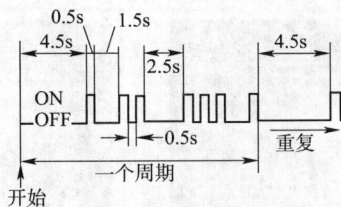

图 9-4　代码"21"和"31"显示

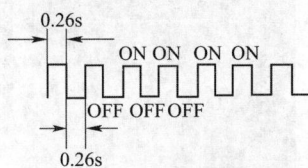

图 9-5　系统正常显示

（2）查找维修手册找出故障码所代表的故障部位，并记录在表 9-2 中。

（3）人工清除故障码。

方法一：关闭点火开关，从熔断丝盒中拔下 EFI 熔断丝 10s 以上。

方法二：将蓄电池负极电缆拆开 10s 以上，但这种方法同时使时钟、音响等有用的存储信息丢失。

3）查阅丰田卡罗拉维修手册

请查阅丰田卡罗拉维修手册，并找到该车的自诊断插座，并在维修手中查找出诊断插座中基本端子的含意，并记录在下面空格中。

_____

_____

_____

4）用手持式汽车诊断电脑 KT600 读取和清除故障码

（1）读取故障码。

①关闭发动机点火开关。

②将故障诊断仪接入 OBD-Ⅱ诊断座中，如图 9-6 所示。

③打开点火开关。

④在手持式汽车诊断电脑开机界面选择汽车诊断，如图 9-7 所示。

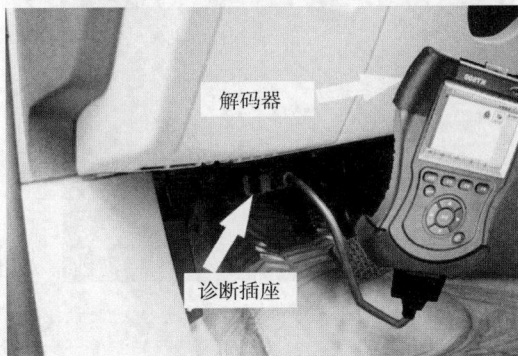

图 9-6　故障诊断仪接入 OBD-Ⅱ诊断座

图 9-7　开机界面

⑤选择汽车品牌，如图9-8所示。

⑥选择车款，如图9-9所示。

图9-8　选择汽车品牌

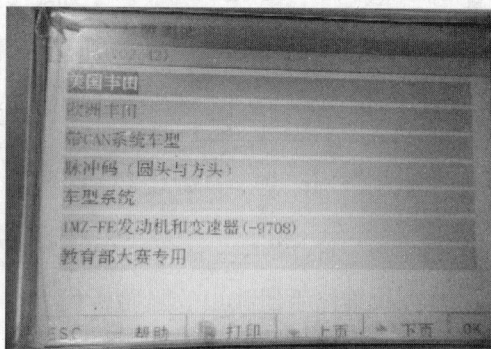

图9-9　选择车款

⑦选择车型，如图9-10所示。

⑧选择进入发动机系统，如图9-11所示。

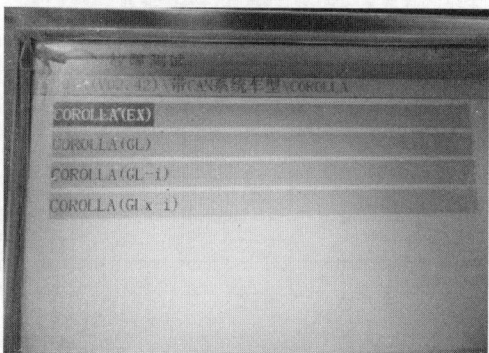

图9-10　选择车型

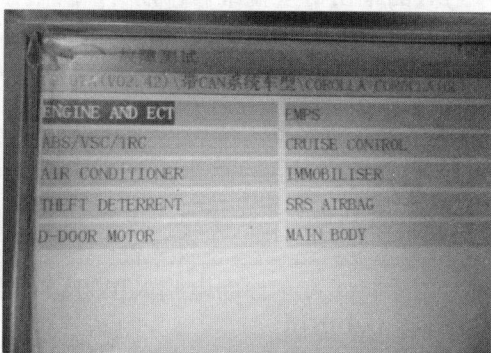

图9-11　选择进入发动机系统

⑨读取故障码，如图9-12所示。

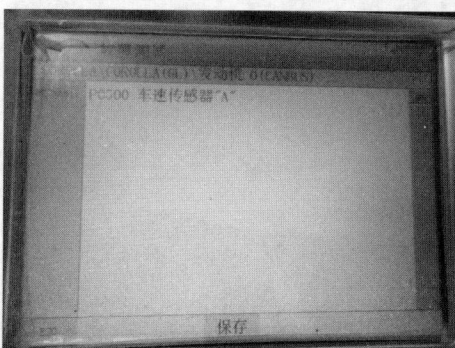

图9-12　读取故障码

⑩退出诊断程序，关闭点火开关。

⑪拔下诊断接头。

（2）清除故障码。

①关闭发动机点火开关。

②将故障诊断仪接入 OBD-Ⅱ诊断座中。

③打开点火开关。

④在手持式汽车诊断电脑开机界面选择汽车诊断。

⑤选择汽车品牌。

⑥选择车款。

⑦选择车型。

⑧选择进入发动机系统。

⑨清除故障码。

⑩退出诊断程序,关闭点火开关。

⑪拔下诊断接头。

三、学 习 拓 展

1994 年美国汽车工程师协会提出第二代随车故障自诊断系统,即 OBD-Ⅱ,OBD-Ⅱ将故障检测插座的形式、故障码的位数和含义、故障码的读取方法等均做了统一,并增加了较强的数据流检测功能,但是,故障码和数据流只能用微机故障检测仪获得,人工无法读取故障码,到目前为止,只有 1996 年以后美国生产的车辆、引进美国技术生产的车辆(如上海别克等)和销往美国的车辆等只采用 OBD-Ⅱ,而完全抛弃了 OBD-Ⅰ,其他车辆一般是 OBD-Ⅰ和 OBD-Ⅱ并存。OBD-Ⅱ端子如图 9-13 所示。

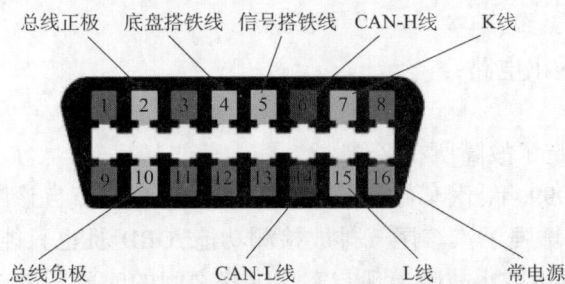

图 9-13　OBD-Ⅱ16 针诊断座

OBD-Ⅱ诊断座统一为 16 针诊断座,安装在驾驶室仪表板下方,诊断座子代号及内容如下:

    1#　　　　提供给制造厂应用

    2#　　　　SAE-J1850 资料传输(总线正极)

    3#　　　　提供制造厂应用

    4#　　　　车身搭铁

    5#　　　　信号回路搭铁

    6#　　　　CAN-H

7#	ISO-9141 资料传输
8#	提供给制造厂应用
9#	提供给制造厂应用
10#	SAE-J1850 资料传输（总线负极）
11#	提供给制造厂应用
12#	提供给制造厂应用
13#	提供给制造厂应用
14#	CAN-L
15#	ISO-9141 资料传输
16#	ISO-9141 资料传输

OBD-Ⅱ故障码由 5 位数字组成,如 P1352,其中:

第一个字为英文字母代码,代表测试系统:

P 代表发动机变速器电脑(POWERRAIN);

B 代表车身电脑(BODY);

C 代表底盘电脑(CHADDIS)。

第二个字代表制造厂码。

第三个字为 SAE 定义的故障范围代码:

(1)燃油-空气系统;

(2)燃油-空气系统;

(3)点火系统;

(4)排放控制系统;

(5)汽车怠速控制系统;

(6)电脑和输入/输出电路;

(7)变速器。

第四、五位数字规定了故障所在区域。

OBD-Ⅲ系统:从 1999 年,汽车界又采用了第三代随车故障自诊断系统,即 OBD-Ⅲ,其实质是 OBD-Ⅱ+I/M,增强了汽车尾气排放检测功能,OBD-Ⅲ也只能用微机故障检测仪进行检测诊断。该系统可以减小故障出现与实际维修之间的时间间隔,进一步控制在用车的排放污染,在 OBD-Ⅱ的基础上增加电子通信和遥感检测功能,形成 OBD-Ⅲ。在装备有 OBD-Ⅲ系统的汽车,一旦发现故障,自诊断系统随即将车辆 VIN、故障码等信息通过 GPS 导航系统或无线通信方式发送给管理中心,并告知车主立即进行检修。

四、评价与反馈

1. 自我评价与反馈

(1)你能主动参与故障码的读取与清除吗?（　　　）

    A. 主动完成　　　　　B. 被动完成　　　　　C. 没有完成

(2)完成本学习任务后,你能快速和规范地使用维修手册等资料吗?

    A.快速规范　　　　　　B.规范但不熟练　　　　　　C.不会使用

(3)你能正确规范地完成故障码的读取与清除吗?

    A.独立完成　　　　　　B.小组合作完成　　　　　　C.在老师指导下完成

(4)当发动机出现故障码时,不及时清除对发动机有什么影响?

_____

_____。

(5)你在本学习任务的学习过程中遇到的困难是什么? 你是如何解决的?

_____

_____

签名:_____ ____年____月____日

2.小组评价与反馈

(1)工作页的填写情况如何?(　　)

    A.正确且书写认真　　　B.正确但书写潦草

    C.有抄袭现象　　　　　D.未完成

(2)是否主动参与小组讨论?(　　)

    A.主动　　　　　　　　B.被动　　　　　　　C.未参与

(3)是否完成本学习任务的学习目标?(　　)

    A.完成且效果好　　　　B.完成但效果不好　　　C.未完成

(4)是否积极学习,不懂的问题是否积极向别人请教,是否积极帮助他人学习?(　　)

    A.积极学习　　　　　　B.积极请教

    C.积极帮助他人　　　　D.全部不积极

(5)零件、工具与油污是否有落地,有没保持作业现场的整洁?(　　)

    A.无掉地且场地整洁　　B.有零件、工具掉地

    C.有油污掉地　　　　　D.未保持作业现场的整洁

(6)维修过程中是否注意维修质量和责任心?(　　)

    A.注意质量、有责任心　B.不注意质量、有责任心

    C.注意质量、没有责任心 D.全无

(7)团队学习中主动与合作情况如何?

    A.好　　　　　　　　　B.较好　　　　　　　C.一般

参与评价的同学签名:_____ ____年____月____日

3.教师评价

_____

_____。

教师签名:_____ ____年____月____日

五、技能考核标准

技能考核标准见表9-3。

技 能 考 核 标 准   表 9-3

序号	项目	操 作 内 容	规定分	评 分 标 准	得分
1	准备	(1)清点工量具,清理工位; (2)打开并支撑发动机舱盖; (3)安装汽车保护罩; (4)找到故障诊断插座	5 5 5 5	(1)酌情扣分; (2)酌情扣分; (3)酌情扣分; (4)酌情扣分	
2	故障码的读取	(1)人工读取故障码; (2)解码器调取故障码; (3)分析故障码	10 10 10	(1)操作方法不当,扣 1～10分; (2)操作方法不当,扣 1～10分; (3)分析方法不当,扣 1～10分	
3	故障码的清除	(1)人工清除故障码; (2)解码器清除故障码	10 10	(1)操作方法不当,扣 1～10分; (2)操作方法不当,扣 1～10分	
4	完成时间	在45min内完成实训内容	10	(1)超时 1～5min 扣 1～5分; (2)超时 5min 以上扣 10 分	
5	安全文明	无安全隐患,无不文明操作	10	未达标扣 1～5分	
6	结束	(1)工具、量具清洁归位; (2)工作场地清洁	5 5	(1)漏一项扣 1 分,未做扣5分; (2)清洁不彻底扣 1～2分,未做扣5分	
		总分	100		

学习任务十　空气流量传感器的检测与更换

任务要求

完成本学习任务后,你应能:

1. 知道空气流量传感器的种类及用途;

2. 明白各种空气流量传感器的工作原理;

3. 知道各种空气流量传感器的优缺点;

4. 能规范地进行空气流量传感器的检查并对检查结果进行处理;

5. 知道可燃混合气浓度与进气量和喷油量之间的关系。

建议学时:8 学时。

任务描述

一辆 2013 款科鲁兹轿车发动机故障灯点亮,起动困难、怠速不稳、动力性能下降、加速时有回火和放炮、油耗增加且偶尔伴有爆震,通过用汽车诊断电脑进行检测,检测出与空气流量传感器相关的故障码,需对空气流量传感器及电路进行检查,确定故障部位,并维修或更换。

一、理论知识准备

1. 空气流量传感器的作用

空气流量传感器是测量发动机吸入汽缸的空气量,并将吸入的空气量转变成电信号输送给 ECU,作为决定喷油器的基本喷油量和基本点火提前角的主控信号之一,如图 10-1 所示。如果空气流量传感器或线路出现故障,ECU 得不到正确的进气量信号,就不能正常地进行喷油量的控制,将造成混合气过浓或过稀,使发动机运转不正常。如:发动机起动困难;发动机性能失常;怠速不稳;加速时回火、放炮;油耗增大;易爆震。

2. 空气流量传感器的主要类型

(1)压力型(D 型)——进气压力传感器(MAP)。根据用压力传感器间接测量进气歧管内的绝对压力和发动机转速,推算出进气流量,从而确定燃油喷射量。又称为速度—密度方式。

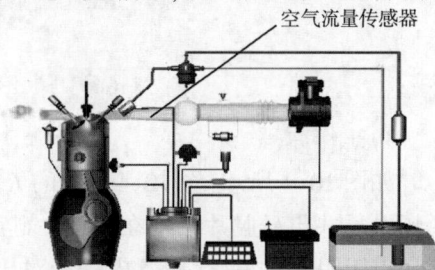

图 10-1　空气流量传感器工作原理图

特点:结构简单,进气阻力小,但是测量精度低,受外界条件影响大,需要对大气压力和进气温度进行修正。

(2)流量型(L型)——空气流量传感器(MAF)。采用空气流量传感器直接测量单位时间内进入汽缸的空气质量流量,电控单元根据测出的空气质量和发动机转速计算每一循环的进气空气质量流量,再计算出该循环基本喷油量。

特点:测量精度高,反应速度快。无须进行大气压力和温度修正。

3.进气歧管压力传感器

1)安装位置

它一般装于发动机舱内,用一个真空管与进气歧管相连接或直接装在节气门后方的进气歧管上,如图10-2所示。

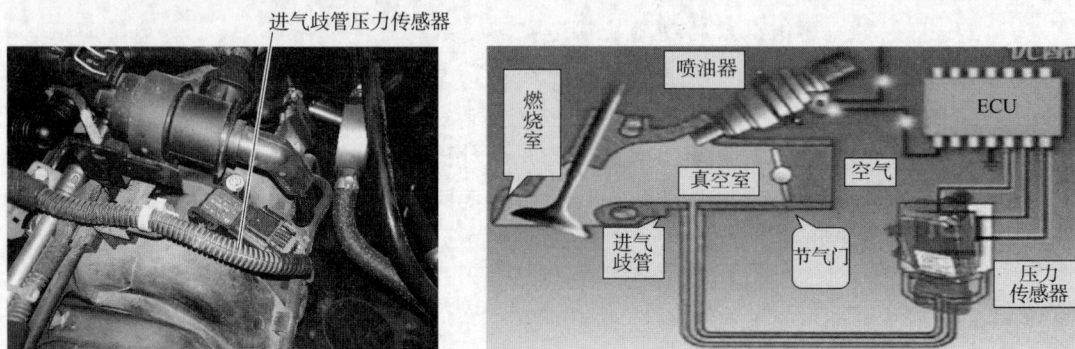

图10-2 进气歧管压力传感器安装位置

2)种类

进气歧管压力传感器种类较多,有压敏电阻式、电容式等。由于压敏电阻式具有响应时间快、检测精度高、尺寸小且安装灵活等优点,因而被广泛用于D型喷射系统中。压敏电阻式进气歧管压力传感器结构示意图如图10-3所示。

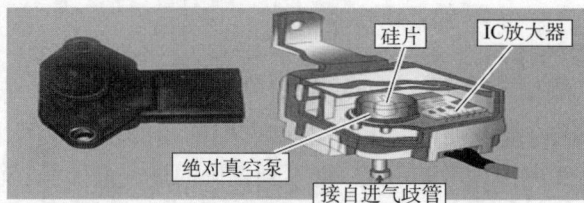

图10-3 压敏电阻式进气歧管压力传感器结构示意图

3)工作原理

如图10-4所示,图10-4a)中的 R 是图10-4b)中的应变电阻 R_1、R_2、R_3、R_4,它们构成惠斯顿电桥并与硅膜片粘结在一起。硅膜片在歧管内的绝对压力作用下可以变形,从而引起应变电阻阻值的变化,歧管内的绝对压力越高,硅膜片的变形越大,从而电阻 R 的阻值变化也越大。即把硅膜片机械式的变化转变成了电信号,再由集成电路放大后输出至ECU。

4. 空气流量传感器

1）安装位置

它一般装于发动机机舱内，空气滤清器与进气管之间，如图 10-5 所示。

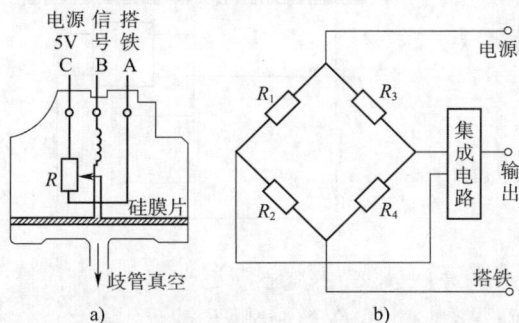

图 10-4　压敏电阻式进气歧管压力传感器工作原理简图

图 10-5　空气流量传感器安装位置

2）种类

空气流量传感器按其结构形式可分为以下五种。

（1）翼片式空气流量传感器（淘汰）。

（2）量芯式空气流量传感器（淘汰）。

（3）卡门涡流式空气流量传感器（淘汰）。

（4）热线式空气流量传感器（部分采用）。

（5）热膜式空气流量传感器（应用广泛）。

3）热线式空气流量传感器的结构和工作原理

　　热线式空气流量传感器的基本结构由感知空气流量的白金热线（铂金属线）、根据进气温度进行修正的温度补偿电阻（冷线）、控制热线电流并产生输出信号的控制线路板以及空气流量传感器的壳体等元件组成。根据白金热线在壳体内的安装部位不同，热线式空气流量传感器分为主流测量、旁通测量方式两种结构形式。图 10-6 所示是采用主流测量方式的热线式空气流量传感器的结构图。它两端有金属防护网，取样管置于主空气通道中央，取样管由两个塑料护套和一个热线支承环构成。热线线径为 $70\mu m$ 的白金丝（R_H），布置在支承环内，其阻值随温度变化，是惠斯顿电桥电路的一个臂（图 10-7）。热线支承环前端的塑料护套内安装一个白金薄膜电阻器，其阻值随进气温度变化，称为温度补偿电阻（R_K），是惠斯顿电桥电路的另一个臂。热线支承环后端的塑料护套上粘结着一只精密电阻（R_A）。此电阻能用激光修整，也是惠斯顿电桥的一个臂。该电阻上的电压降即为热线式空气流量传感器的输出信号电压。惠斯顿电桥还有一个臂的电阻 R_B 安装在控制线路板上。

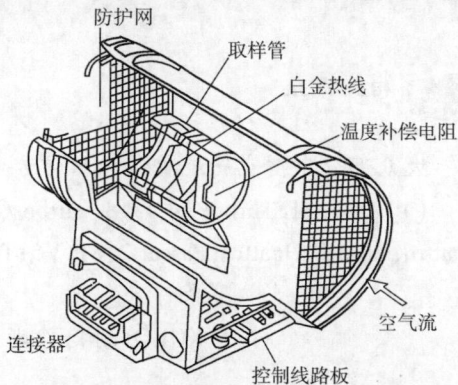

图 10-6　热线式空气流量传感器（主流测量方式）

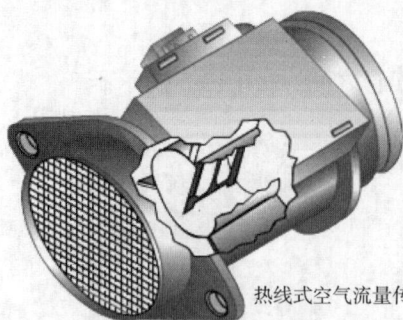

热线式空气流量传感器

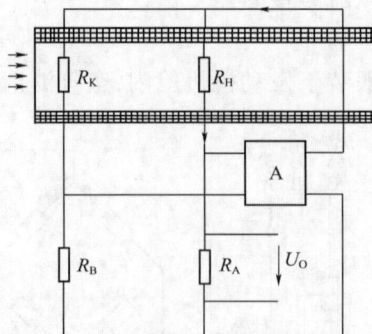

图 10-7　热线式空气流量传感器工作原理
A-混合集成电路;R_H-热线电阻;R_K-温度补偿电阻;R_A-精密电阻;R_B-电桥电阻

　　热线式空气流量传感器的工作原理是:热线温度由混合集成电路 A 保持其温度与吸入空气温度相差一定值,当空气质量流量增大时,混合集成电路 A 使热线通过的电流加大,反之,则减小。这样,就使得通过热线 R_H 的电流是空气质量流量的单一函数,即热线电流 I_H 随空气质量流量增大而增大,或随其减小而减小,一般在 50～120mA 之间变化。波许 LH 型汽油喷射系统及一些高档小轿车采用这种空气流量传感器,如别克、日产 MAXIMA(千里马)、沃尔沃、奥迪等。

　　热线式空气流量传感器优点:响应速度快,测量精度高,进气阻力小,无磨损,可以直接测量进气空气质量等;缺点:制造成本高,容易受到空气中灰尘玷污,影响精度,发动机回火时容易造成热线损坏等。

小提示

　　(1)在检查热线式空气流量传感器时,切不可将手指或工具伸入空气流量传感器进气通道内,以免损坏空气流量传感器的热线丝。

　　(2)清洁空气流量传感器时要用布将进气口堵住,以免灰尘进入发动机和空气流量传感器,损坏空气流量传感器。

相关链接

大众部分车型空气流量传感器信号电压如下。

　　(1)A4 1.8L Turbo;A4 1.8L Turbo Quattro;A4 V6;A4 V6 Quattro;A6(1995—2000);A6 Quattro;A8;A8 Quattro;Passat 2.8L V6;Tt。

条件	电压(V)
KOEO(静态诊断)	0.3～1.1
怠速	1.5
发动机转速为 3000r/min	2.7～3.4

（2）Beetle；Cabrio；Eurovan；Golf/GTI；Jetta；Passat 1.8L 20V Turbo。

条件	电压(V)
KOEO(静态诊断)	0～0.3
急速	0.7～1.15
发动机转速为3000r/min	1.56～1.99

提示：KOEO是指静态诊断，就是提取故障码的时候将点火开关打开，发动机不运转，全称是KEY ON ENGINE OFF。

二、实践操作

1. 实践准备

干净的抹布、常用工具、解码器、汽车专用万用电表、208接线盒、2013款科鲁兹整车一辆、科鲁兹发动机台架两台，相关维修手册等。

2. 技术要求及注意事项

（1）先关闭点火开关，再拔下空气流量传感器连接器。

（2）连接空气流量传感器端子时，先关闭点火开关，再连接端子。

（3）严禁短路或试火。

（4）拆下空气流量传感器时，要轻拿轻放，且避免灰尘进入空气流量传感器里。

（5）空气流量传感器里有灰尘时，不能用螺丝刀、铁丝等硬东西伸入空气流量传感器里除尘。

3. 实践操作

1）记录待修车辆的基本情况（表10-1）

待修车辆的基本情况记录表　　　　　　　　表10-1

项　目	内　容
车辆型号(VIN)	
发动机型号	
车主反映	发动机故障灯点亮，起动困难、急速不稳、加速时有回火和放炮
维修检查建议	经读取故障码，需检查空气流量传感器及电路

2）进气歧管绝对压力传感器的检测

（1）读取故障码的操作方法及步骤（方法见学习任务九）。

通过查阅维修手册得知2013款科鲁兹发动机进气歧管绝对压力传感器。其线路如图10-8所示（从左往右）1号端子是进气歧管绝对压力传感器5V电源线，2号端子是进气歧管绝对压力传感器搭铁线，3号端子是进气歧管绝对压力传感器信号线。

（2）进气歧管绝对压力传感器线路检测。

①查阅维修手册，识读进气歧管绝对压力传感器与ECU连接线路图。

②将点火开关置于"OFF（关闭）"位置，断开B74（进气歧管压力和空气温度传感器）线束。如图10-9所示。

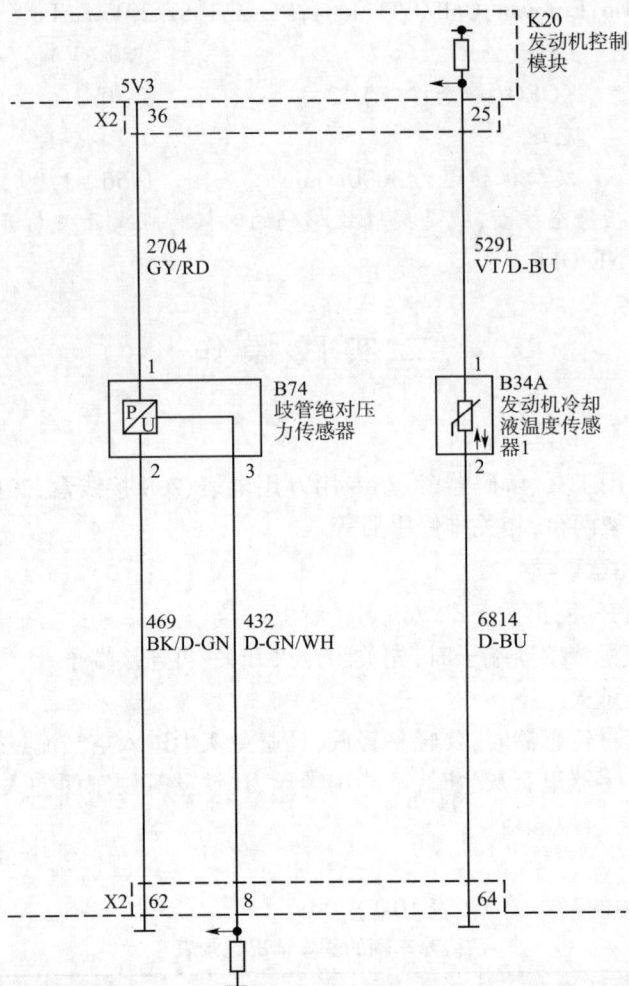

K20
发动机控制
模块

5V3
X2 | 36

2704
GY/RD

5291
VT/D-BU

1

B74
歧管绝对压
力传感器

P/U

2   3

1

B34A
发动机冷却
液温度传感
器1

2

469   432
BK/D-GN   D-GN/WH

6814
D-BU

X2 | 62   8

64

图 10-8　进气歧管绝对压力传感器端子引脚及电路图

图 10-9　断开线束

③在传感器的 5V 参考电压电路端子 1 和传感器线束之间安装一根带 3A 熔断丝的跨接线。

④在传感器的低电平参考电压电路端子 2 和搭铁之间安装一根跨接线。

⑤在传感器的信号电路端子 3 上安装一根跨接线。

⑥将数字式万用表连接到跨接线和搭铁之间。

⑦将点火开关置于"ON(打开)"位置,观察数字式万用表上的直流电压。使用 GE-23738-A 向传感器缓慢施加 -15kPa 的真空。确认电压在 1.3～0.9 V 之间变化,并且无任何骤升或骤降。

如果没有介于 1.3～0.9 V 之间,或出现骤升或骤降,则更换 B74 进气歧管压力传感器。

如果介于 1.3～0.9 V 之间,并且无骤升或骤降,一切正常。

3)空气流量传感器的检测

(1)读取故障码(方法见学习任务儿)。

通过查阅维修手册得知 2013 款科鲁兹发动机空气流量传感器其线路如图 10-10 所示,2 号端子是空气流量传感器搭铁端子,4 号端子是空气流量传感器工作电源端子,5 号端子是空气流量传感器信号线,1 号端子为温度传感器搭铁,3 号端子为温度信号线。

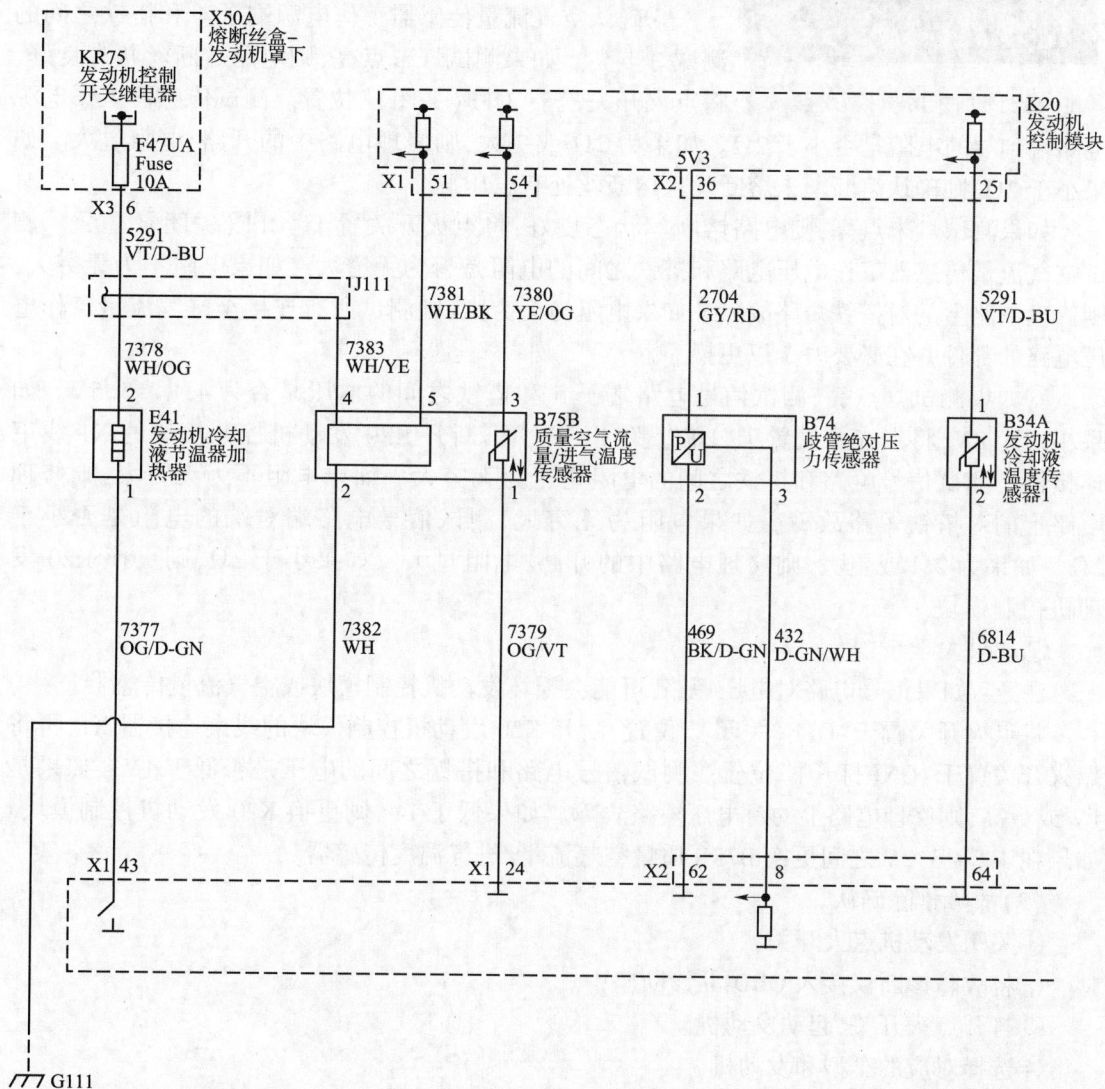

图 10-10　空气流量传感器端子引脚及电路图

(2)空气流量传感器线路检测。

①查阅维修手册,识读空气流量传感器与 ECU 连接线路图。

②将点火开关置于"OFF(关闭)"位置,断开 B75B 质量空气流量/进气温度传感器的线束连接器。如图 10-11 所示。

③测试搭铁电路端子 2 和搭铁之间的电阻是否小于 10Ω。

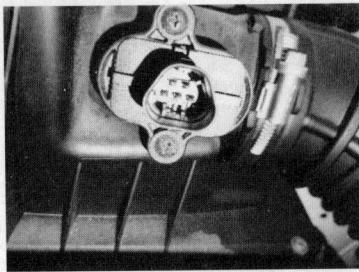

图10-11 断开B75B线束连接器

如果等于或大于10Ω，将点火开关置于"OFF（关闭）"位置。测试搭铁电路端对端的电阻是否小于2Ω。如果为2Ω或更大，则修理电路中的开路/电阻过大。如果小于2Ω，则修理搭铁连接中的开路/电阻过大故障。

④如果小于10Ω，将点火开关置于"ON（打开）"位置。

⑤确认空气流量传感器工作电源端子4和搭铁之间的测试灯点亮。如果测试灯未点亮，则电路熔断丝状态良好，将点火开关置于"OFF（关闭）"位置。测试传感器工作电源电路端到端的电阻是否小于2Ω。如果为2Ω或更大，则修理电路中的开路/电阻过大。如果小于2Ω，则确认熔断丝未熔断丝且熔断丝处有电压。

如果测试灯未点亮，则电路熔断丝状态良好，将点火开关置于"OFF（关闭）"位置。测试空气流量传感器工作电压电路和搭铁之间的电阻是否为无穷大。如果电阻不为无穷大，则修理电路上的对搭铁短路故障。如果电阻为无穷大，则测试所有连接至空气流量工作电压电路的部件并在必要时予以更换。

⑥如果测试灯点亮，测试信号电路端子5和搭铁之间的电压是否为4.8～5.5V。如果小于4.8V，将点火开关置于"OFF（关闭）"位置，断开K20发动机控制模块的X1线束连接器。测试信号电路和搭铁之间的电阻是否为无穷大。如果电阻不为无穷大，则修理电路上的对搭铁短路故障。如果电阻为无穷大，测试信号电路端对端的电阻是否小于2Ω。如果为2Ω或更大，则修理电路中的开路/电阻过大。如果小于2Ω，则更换K20发动机控制模块。

⑦如果大于5.2V。

注意：如果信号电路对电压短路，可能会损坏发动机控制模块或空气流量传感器。

将点火开关置于"OFF（关闭）"位置，断开K20发动机控制模块的线束连接器X1，再将点火开关置于"ON（打开）"位置。测试信号电路和搭铁之间的电压是否低于1V。如果是1V或更高，则修理电路上的对电压短路故障。如果低于1V，则更换K20发动机控制模块。如果在4.8～5.2V之间更换B75B质量空气流量/进气温度传感器。

（3）故障排除确认。

①关闭发动机点火开关。

②将故障诊断仪接入OBD-Ⅱ诊断座中。

③打开点火开关，起动发动机。

④选择对应的车型和发动机。

⑤清除故障码。

⑥使用故障诊断仪读取发动机故障码和数据流。发动机工作正常，发动机故障指示灯熄灭，数据流正常，说明故障排除。如果数据流没有变化，并且发动机无法起动，则说明发动机控制模块故障，需要更换发动机控制模块。

⑦退出诊断程序，关闭点火开关。

⑧拔下诊断接头。

⑨场地7S工作。

三、学 习 拓 展

(1)失效保护:在发动机运转过程中,空气流量传感器的信号电压应在 0.5~4.5V 之间,怠速时应在 0.5~1.5V 之间,节气门全开时应在 2.5~4.5V 之间。如果怠速时空气流量传感器电压突然变成 0V,发动机控制模块就命令控制程序不采纳空气流量传感器的信号,而是根据节气门开度信号和发动机转速信号计算出当时进气量的近似值,用近似值代替空气流量传感器的输入值,使发动机能维持运转。

(2)某些空气流量传感器具有自洁电路,如奥迪 A6,在发动机熄火后,自动将热线加热至 1000℃,持续 1s 时间,将灰尘烧掉;也有一些热线式空气流量传感器将保持温度提高至 200℃,防止污染物脏污热线。

四、评价与反馈

1. 自我评价与反馈

(1)你能主动参与空气流量传感器的检测吗?(　　)

　　A. 主动完成　　　　　　　B. 被动完成　　　　　　　C. 没有完成

(2)完成本学习任务后,你能快速和规范地使用维修手册等资料吗?

　　A. 快速规范　　　　　　　B. 规范但不熟练　　　　　C. 不会使用

(3)你能正确规范完成对空气流量传感器的检测判断吗?

　　A. 独立完成　　　　　　　B. 小组合作完成　　　　　C. 在老师指导下完成

(4)空气流量传感器有哪些常见故障?对发动机性能有何影响?

_____

_____。

(5)你对这个学习任务的学习是否满意?

　　A. 满意　　　　　　　　　B. 基本满意　　　　　　　C. 不满意

(6)你在本学习任务的学习过程中遇到的困难是什么?你是如何解决的?

_____

签名:_____　_____年_____月_____日

2. 小组评价与反馈与反馈

(1)工作页的填写情况如何?(　　)

　　A. 正确且书写认真　　　　B. 正确但书写潦草

　　C. 有抄袭现象　　　　　　D. 未完成

(2)是否主动参与小组讨论?(　　)

　　A. 主动　　　　　　　　　B. 被动　　　　　　　　　C. 未参与

(3)是否完成本学习任务的学习目标?(　　)

　　A. 完成且效果好　　　　　B. 完成但效果不好　　　　C. 未完成

（4）是否积极学习，不懂的问题是否积极向别人请教，是否积极帮助他人学习？（　　　）

    A. 积极学习　　　　　　　B. 积极请教

    C. 积极帮助他人　　　　　D. 全部不积极

（5）零件、工具与油污是否有落地，有没保持作业现场的整洁？（　　　）

    A. 无掉地且场地整洁　　　B. 有零件、工具掉地

    C. 有油污掉地　　　　　　D. 未保持作业现场的整洁

（6）维修过程中是否注意维修质量和责任心？（　　　）

    A. 注意质量、有责任心　　B. 不注意质量、有责任心

    C. 注意质量、没有责任心　D. 全无

（7）团队学习中主动与合作情况如何？

    A. 好　　　　　　　　　　B. 较好　　　　　　　　C. 一般

参与评价的同学签名：_____　_____年_____月_____日

3. 教师评价

_____

_____

_____

教师签名：_____　_____年_____月_____日

五、技能考核标准

技能考核标准见表10-2。

技能考核标准　　　　　　　　　　　　　　　表10-2

序号	项　　目	操 作 内 容	规定分	评 分 标 准	得分
1	准备	清点工具、清理工位	4	酌情扣分	
2	读取故障码	用KT600读取故障码	10	每步操作不当酌情扣分	
3	查阅维修册	查阅维修手册	10	每步操作不当酌情扣分	
4	检测空气流量传感器线路	（1）断开蓄电池负极； （2）测量发动机控制模块线束连接器K20 X1端子至空气流量传感器线束连接器的B75B 5号端子电阻； （3）测量空气流量传感器线束连接器B75B 2号端子与搭铁之间的电阻； （4）测量空气流量传感器工作电压； （5）测量空气流量传感器线束连接器B75B 4号端子与搭铁之间的电阻值； （6）测量空气流量传感器连接器信号电压	2 3 3 3 3 8	每步操作不当酌情扣分	

续上表

序号	项　目	操　作　内　容	规定分	评 分 标 准	得分
5	检测空气流量传感器	(1)跨接空气流量传感器 5 号端子与 2 号端子读取跨接后的数据流； (2)检查进空气流量传感器安装情况； (3)拆卸空气流量传感器； (4)用电吹风检查空气流量传感器； (5)安装空气流量传感器； (6)安装发动机控制模块线束连接器	2 10 5 4 2 2	每步操作不当酌情扣分	
6	故障排除确认	(1)将故障诊断仪接入 OBD-Ⅱ诊断座中； (2)打开点火开关； (3)选择对应的车型和发动机； (4)清除故障码； (5)使用故障诊断仪读取发动机数据流； (6)退出诊断程序,关闭点火开关； (7)拔下诊断接头	2 2 2 2 2 2 2		
7	完成时限	60min	5	(1)超时 1～5min 扣 1～2分； (2)超时 5min 以上扣5分	
8	结束	场地 7S 管理工作	10	(1)漏一项扣 1～3分,未做扣5分； (2)不清洁扣 1～3分,未做扣3分	
		总分	100		

学习任务十一　节气门位置传感器的检测与更换

任务要求

完成本学习任务后,你应能:

1.知道节气门位置传感器的安装位置,种类,原理和结构;

2.能够判断节气门位置传感器及相关线路是否正常工作;

3.分析节气门位置传感器损坏导致故障的现象。

建议学时:6 学时。

任务描述

　　一辆 2013 年手动丰田卡罗拉 1.6L 轿车,行驶了 6 万 km,车主反映车辆加速的时候提速变慢,动力上升慢,转速被限制在 2000r/min,并且仪表板上的发动机故障灯点亮。于是将车开到修理厂检查。维修人员发现,该车刚做维护不久,空气格机油格都没有到达更换周期,需用解码器对发动机做进一步检查,以确定故障部位,便于维修或更换。

一、理论知识准备

　　节气门是控制空气进入发动机的一道可控阀门,气体进入进气管后会和汽油混合变成可燃混合气,从而燃烧做功。它上接空气滤清器,下接发动机缸体,被称为是汽车发动机的咽喉。节气门是当今电喷车发动机系统最重要的部件之一,汽车加速是否灵活,与节气门的脏污有很大的关系。节气门有传统拉线式和电子节气门两种,传统发动机节气门操纵机构是通过拉索(软钢丝)或者拉杆,一端连接加速踏板,另一端连接节气门连动板而工作。电子节气门主要通过节气门位置传感器,来根据发动机所需能量,控制节气门的开启角度,从而调节进气量的大小,如图 11-1 所示。

1. 节气门位置传感器的功用

　　节气门位置传感器主要功用是检测节气门当前打开的角度,并转换为电信号传给发动机 ECU,发动机 ECU 通过得到的信号判断发动机此时是处于怠速工况还是负荷工况,是加速工况还是减速工况,并以此来控制发动机的喷油量。

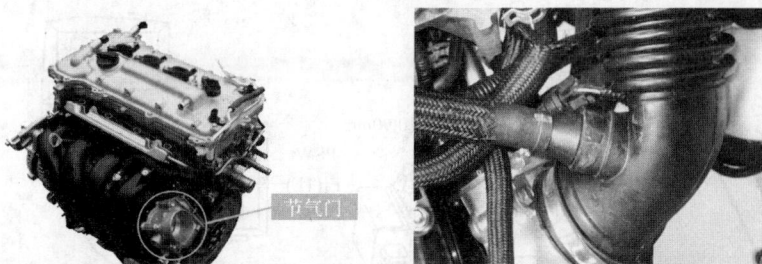

图 11-1　节气门位置传感器安装位置

　　节气门位置传感器出现故障,往往影响发动机的怠速和加速性能,造成发动机怠速不稳、无怠速、加速不良等现象。节气门位置传感器信号还是电控自动变速器中重要的换挡信号,当它出现故障时,将导致自动变速器产生换挡冲击等故障。

2. 节气门位置传感器的类型

　　节气门位置传感器按总体结构分为霍尔式、滑动变阻式和触点开关式。按输出信号类型分为线性输出型和开关输出型两类。霍尔式原理与凸轮轴位置传感器和曲轴位置传感器原理雷同,在此不再重复。

　　1)开关型节气门位置传感器

　　(1)结构和电路原理。

　　节气门位置传感器使用一个怠速(IDL)触点和高功率(PSW)触点来检测发动机是怠速还是在高负荷下运转。当节气门完全关闭时,怠速触点闭合、高功率触点断开。这时发动机 ECU 确定发动机处于怠速。当踩下加速踏板时,怠速触点断开,当节气门开度达 50% 以上时, PSW 触点闭合,表明发动机处于大负荷状态;而当节气门开度在关闭至 50% 之间时,动触点悬空,表明发动机处于中小负荷状态,如图 11-2 所示。

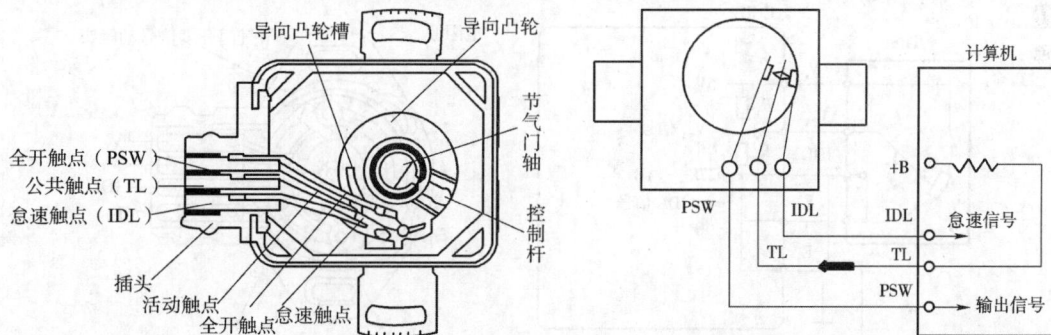

图 11-2　开关型节气门位置传感器结构及电路原理

　　(2)开关型节气门位置传感器端子间的导通性检测方法。

　　点火开关置于"OFF"位置,拔下节气门位置传感器连接器,在节气门限位螺钉和限位杆之间插入适当厚度的厚薄规;如图 11-3 所示,用万用表欧姆挡在节气门位置传感器连接器上测量怠速触点和全负荷触点的导通情况。

　　当节气门全闭时,怠速触点 IDL 应导通;当节气门全开或接近全开时,全负荷触点 PSW 应导通;在其他开度下,两触点均应不导通。具体见表 11-1。否则,应调整或更换节气门位置传感器。

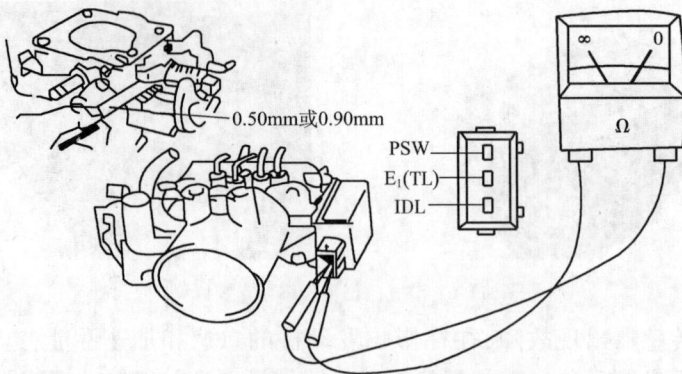

图11-3　开关量输出型节气门位置传感器端子间导通性检测

端子间导通性检测要求（丰田 1S-E 和 2S-E）　表 11-1

限位螺钉和限位杆之间的间隙	端　子		
	IDL-E(TL)	PSW-E(TL)	IDL-PSW
0.5mm	导通	不导通	不导通
0.9mm	不导通	不导通	不导通
节气门全开	不导通	导通	不导通

2）滑动变阻式气门位置传感器

（1）结构和电路原理。

当节气门位置改变时，节气门轴旋转带动主副触电在滑动电阻体和滑片上滑动，因此改变电源端和信号端子之间的电阻值，使节气门开度转化为电压信号传给 ECU，如图11-4 所示。

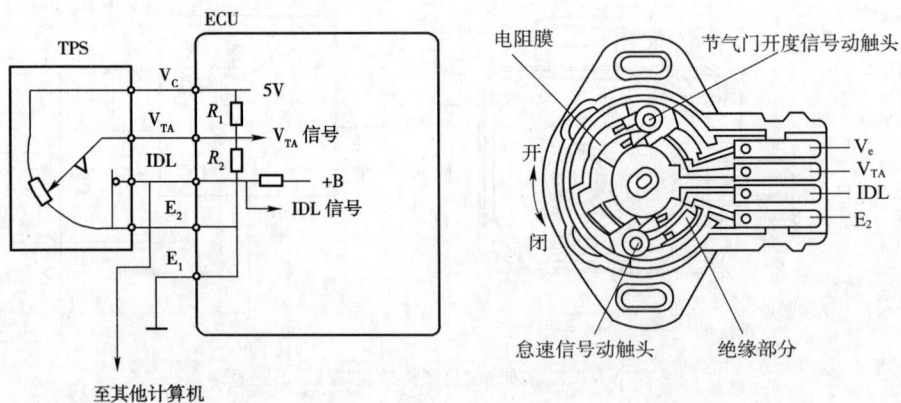

图11-4　滑动变阻器式型节气门位置传感器结构及原理电路

（2）滑动变阻式气门位置传感器的检测（以皇冠 3.0 为例）。

①怠速触点导通性检测点火开关置于"OFF"位置，拔去节气门位置传感器的导线连接器，用万用表欧姆挡在节气门位置传感器连接器上测量怠速触点 IDL 的导通情况（图11-5）。当节气门全闭时，IDL-E_2端子间应导通（电阻为0）；当节气门打开时，IDL-E_2端子间应不导通（电阻为∞）。否则应更换节气门位置传感器。

②测量线性电位计的电阻。点火开关置于 OFF 位置,拔下节气门位置传感器的导线连接器,用万用表的欧姆挡测量线性电位计的电阻(图 11-6 中 E_2 和 IDL 之间的电阻),该电阻应能随节气门开度增大而呈线性增大。

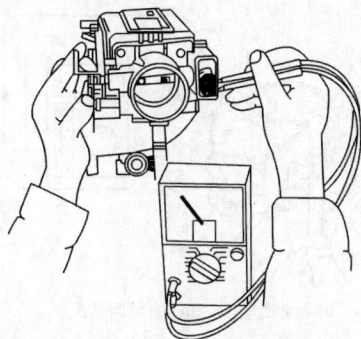

图 11-5　检查怠速触点导通情况

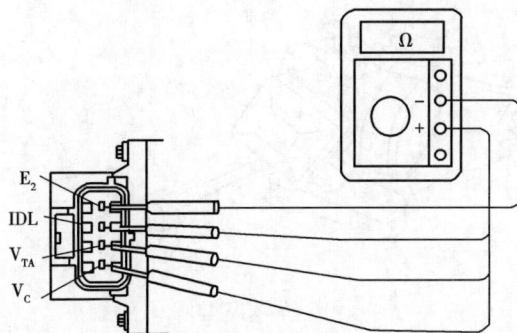

图 11-6　线性可变电阻型节气门位置传感器的检测

在节气门限位螺钉和限位杆之间插入适当厚度的厚薄规,用万用表欧姆挡测量此传感器导线连接器上各端子间的电阻,其电阻值应符合表 11-2 所示。

线性可变电阻型节气门位置传感器各端子间的电阻(皇冠 3.0 车)　　表 11-2

限位螺钉与限位杆间隙(或节气门开度)	端 子 名 称	电 阻 值
0mm	V_{TA}-E_2	0.34 ~ 6.30kΩ
0.45mm	IDL-E_2	0.50kΩ 或更小
0.55mm	IDL-E_2	∞
节气门全开	V_{TA}-E_2	2.40 ~ 11.20kΩ
—	V_C-E_2	3.10 ~ 7.20kΩ

③电压检查。插好节气门位置传感器的导线连接器,当点火开关置"ON"位置时,发动机 ECU 连接器上 IDL、V_C 三个端子处应有电压;用万用表电压挡检测 IDL-E_2、V_C-E_2、V_{TA}-E_2 间的电压值应符合表 11-3 所示。

节气门位置传感器各端子电压　　表 11-3

端 子	条 件	标准电压(V)
IDL-E_2	节气门全开	9 ~ 14
V_C-E_2	—	4.0 ~ 5.5
V_{TA}-E_2	节气门全闭	0.3 ~ 0.8
	节气门全开	3.2 ~ 4.9

(3)节气门位置传感器的调整。

拧松节气门位置传感器的两个固定螺钉(图 11-7a),在节气门限位螺钉和限位杆之间插入 0.50mm 厚薄规,同时用万用表欧姆挡测量 IDL 和 E_2 的导通情况(图 11-7b)。逆时针转动节气门位置传感器,使怠速触点断开,然后按顺时针方向慢慢转动节气门位置传感器,直至怠速触点闭合为止(万用表有读数显示),拧紧节气门位置传感器的两个固定螺钉。再先后用0.45mm和0.55mm的厚薄规插入节气门限位螺钉和限位杆之间，测量怠速触点IDL和E$_2$之间的导通情况。当厚薄规为0.45mm时，IDL和E$_2$端子间应导通；当厚薄规为0.55mm时，IDL和E$_2$端子间应不导通。否则，应重新调整节气门位置传感器。

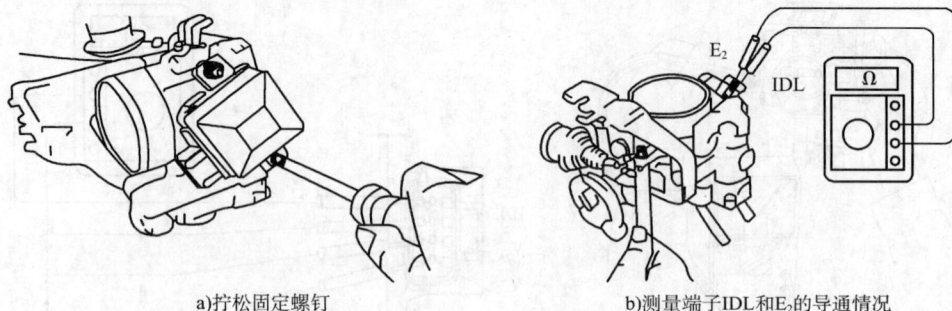

a)拧松固定螺钉　　　　　　　　　　b)测量端子IDL和E$_2$的导通情况

图11-7　节气门位置传感器的调整

二、实践操作

1.实践准备

丰田1ZR发动机4台、丰田卡罗拉轿车1辆、故障诊断仪4台，数字万用表4个，208接线盒4盒，专用工具及工具车4套，维修手册，实训工单等。

2.技术要求与注意事项

（1）故障诊断仪不能带电插拔。

（2）先关闭点火开关，再拔下节气门位置传感器连接器。

（3）连接传感器端子时，先关闭点火开关，再连接端子。

（4）严禁短路或试火。

（5）拆下节气门位置传感器时，要轻拿轻放。

（6）不得随意更改节气门位置传感器基本参数的设置，以免损坏发动机。

3.实践操作

1）记录待修车辆的基本情况（表11-4）

待修车辆的基本情况记录表　　　　　　　　　　表11-4

项　　目	内　　容
车辆型号（VIN）	
发动机型号	
车主反映	发动机故障灯点亮，时而怠速不稳、无怠速、加速不良
维修检查建议	经读取故障码，需检查节气门位置传感器及电路

2）节气门位置传感器的检修

（1）读取故障码操作步骤及方法（见学习任务九）。

通过查阅维修手册得知1ZR – FR发动机有VTA1和VTA2两组信号，VTA1用于检测节气门开度，VTA2用于监测VTA1是否工作正常。其线路如图11-8所示（从左往右），1号端子是节气门电动机电源线,2 号端子是节气门搭铁线,3 号端子是节气门位置传感器搭铁线,4 号端子是节气门位置传感器 2 信号线,5 号端子是节气门位置传感器电源线,6 号端子是节气门位置传感器 1 信号线。

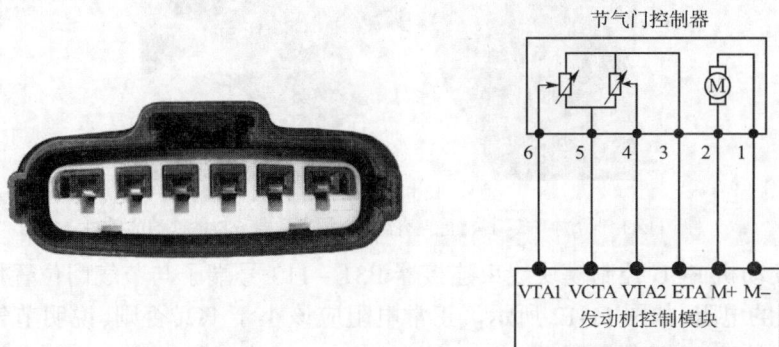

图 11-8　节气门位置传感器线束连接器

(2)节气门位置传感器线路检测。

①查阅维修手册,识读节气门位置传感器与 ECU 连接线路图。

②断开蓄电池负极。拆下发动机控制模块 B31 线束连接器,如图 11-9 所示。

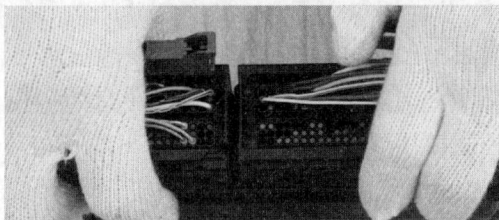

图 11-9　拆下发动机控制模块 B31 线束连接器

③将检测线一端连接 89 号端子,另一根检测线接入节气门位置传感器线束连接器 5 号端子,如图 11-10 所示。

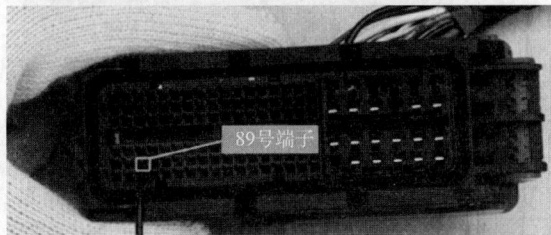

图 11-10　检测 B31 的 89 号端子与节气门位置传感器线束连接器 5 号端子间的电阻

④用万用表电阻挡,检测连接器 5 号端子与 ECU 连接器 B31-89 号端子之间的电阻。正常电阻应该小于 1Ω,否则说明节气门位置传感器电源线路故障,应检修该线路。

⑤检测 5 号端子与搭铁端的电阻,正常电阻应大于 $10k\Omega$,否则,说明节气门位置传感器电源线路短路,应检修该线路,如图 11-11 所示。

图 11-11　检测节气门位置传感器连接器 5 号端子与搭铁端的电阻

⑥检测发动机 ECU 控制模块线束连接器 B31 – 113 号端子与节气门位置传感器连接器 6 号端子之间的电阻,如图 11-12 所示。正常电阻应该小于 1Ω,否则,说明节气门位置传感器 1 信号线路故障,应检修该线路。

图 11-12　检测 B31 的 113 号端子与节气门位置传感器线束连接器 6 号端子间的电阻

⑦测量节气门位置传感器连接器 6 号端子与搭铁之间电阻。正常电阻应大于 $10k\Omega$,否则,说明节气门位置传感器 1 信号线路短路,应检修该线路,如图 11-13 所示。

⑧检测发动机 ECU 控制模块线束连接器 B31-112 号端子与节气门位置传感器连接器 4 号端子之间的电阻。正常电阻应该小于 1Ω,否则,说明节气门位置传感器 2 信号线路故障,应检修该线路,如图 11-14 所示。

图 11-13　检测节气门位置传感器连接器 6 号端子与搭铁端的电阻

图 11-14　检测 B31 的 112 号端子与节气门位置传感器线束连接器 2 号端子间的电阻

⑨测量节气门位置传感器连接器 4 号端子与搭铁之间电阻。正常电阻应大于 $10k\Omega$,否则,说明节气门位置传感器 2 信号线路短路,应检修该线路,如图 11-15 所示。

⑩检测发动机 ECU 控制模块线束连接器 B31-90 号端子与节气门位置传感器连接器 3 号端子之间的电阻。正常电阻应该小于 1Ω,否则,说明节气门位置传感器搭铁线路故障,应检修该线路,如图 11-16 所示。

图 11-15　检测节气门位置传感器连接器
4 号端子与搭铁端的电阻

图 11-16　检测 B31 的 90 号端子与节气门位置传感器
线束连接器 3 号端子间的电阻

（3）节气门位置传感器检测。

①安装发动机 ECU 线束连接器，如图 11-17 所示。

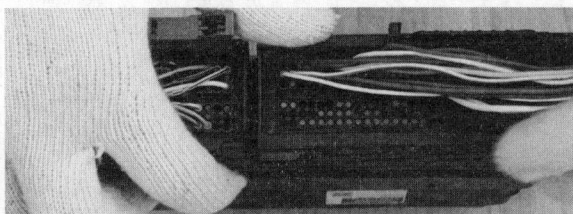

图 11-17　安装发动机 ECU 线束连接器

②安装蓄电池负极。

③用专用检测线连接节气门位置传感器 3 号和 5 号端子，如图 11-18 所示。

④将点火开关置于"ON"位置。

⑤用万用表直流电压挡检测传感器电源，红表笔接 5 号端子，黑表笔接 3 号端子，电源正常为 4.5 ~ 5.5V。否则，说明传感器电源故障，应更换发动机控制单元。如果以上测量均正常，则更换节气门体总成，如图 11-19 所示。

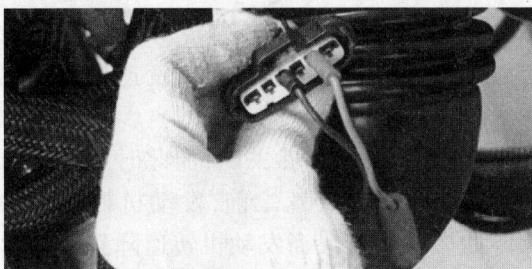

图 11-18　专用检测线连接节气门位置
传感器 3 号和 5 号端子

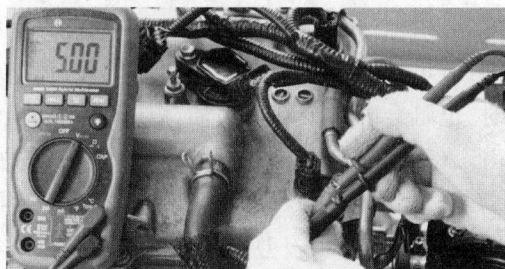

图 11-19　万用表直流电压挡检测传感器电源

⑥关闭点火开关。安装节气门位置传感器线束连接器。

⑦连接故障诊断仪。

⑧打开点火开关。

⑨清除故障码。

⑩完全踩下并松开加速踏板,等待5s以上,然后再次读取故障码。如果故障码仍然存在,则更换发动机控制单元。

(4)故障排除确认方法及步骤。

①关闭发动机点火开关。

②将故障诊断仪接入OBD-Ⅱ诊断座中。

③打开点火开关。

④选择对应的车型和发动机。

⑤清除故障码。

⑥使用故障诊断仪读取发动机数据流。发动机故障指示灯熄灭,数据流正常,说明故障排除。

⑦退出诊断程序,关闭点火开关。

⑧拔下诊断接头。

⑨场地7S工作。

想一想

如果发动机节气门位置传感器VTA2信号线断路,将对发动机产生什么后果?如何检查?

三、学习拓展

1. 断油控制

(1)断油控制的作用:降低发动机转速和燃油消耗,改善尾气排放。

(2)断油控制分为:超速断油控制(当转速高于极限转速6000~7000r/min)/减速断油控制/溢油消除功能(因此,电子控制汽油喷射式发动机在起动时,不必踩下加速踏板,否则,有可能进入溢油消除状态而使发动机无法起动)/减转矩断油控制(自动变速器在升挡时,电脑会中断个别缸喷油,以降低发动机转速,从而减轻换挡冲击)。

(3)断油控制的工作原理:在发动机急减速过程中,节气门突然关闭,而此时发动机由于惯性还保持在较高的转速,发动机转速还没有下降到设定转速之前,发动机控制模块(ECU)判定此时为不需要供给燃油的减速状态,停止燃油供应。当发动机转速降到接近急速转速时,重新开始喷油。

2. 节气门开度对喷油量的影响

(1)汽车在节气门全开情况下大负荷行驶时,为了确保车辆动力性,往往将空燃比设定在12.5:1,缺点是不能利用氧传感器信号进行闭环控制。

(2)在发动机加速和减速过程中,发动机控制模块根据节气门位置传感器和空气流量传感器(进气歧管压力传感器)来识别发动机是否处于减速运行状态,以便对混合气的浓度进行修正。节气门开启的速度越大,进气量变化(增加)越大,喷油量就越大;节气门关闭的速度越大,进气量变化(减小)越大,喷油量就越小。

3. 失效保护

节气门位置传感器信号电路产生断路或短路时,发动机控制模块将采用正常运转值代替节气门位置传感器信号(通常按节气门开度为0°~25°来控制发动机的工作)。以确保车辆能行驶一定的距离。

想一想

节气门位置传感器失效后,发动机会有什么样的故障现象?

四、评价与反馈

1. 自我评价与反馈

(1)你能主动参与工作现场的清洁和调整工作吗?(　　)

    A. 主动完成　　　　　　B. 被动完成　　　　　　C. 未完成

(2)你能正确规范地完成节气门位置传感器的检测与更换吗?(　　)

    A. 快速规范　　　　　　B. 规范但不熟练　　　　　C. 不会使用

(3)写出节气门位置传感器检测步骤与检查工具。

_____

_____

(4)节气门位置传感器短路会导致发动机哪些故障?

_____

_____

(5)在本学习任务中你遇到的困难是什么? 你是怎样解决的?

_____

_____

签名:_____　_____年_____月_____日

2. 小组评价与反馈及反馈

(1)工作页的填写情况如何?(　　)

    A. 正确且书写认真　　　B. 正确但书写潦草　　　C. 有抄袭现象

(2)是否主动参与小组讨论?(　　)

    A. 主动　　　　　　　　B. 被动　　　　　　　　C. 未参与

(3)是否完成本学习任务的学习目标?(　　)

    A. 完成且效果好　　　　B. 完成但效果不好　　　C. 未完成

(4)是否积极学习,不懂的问题是否积极向别人请教,是否积极帮助他人学习?（　　　）

  A. 积极学习   B. 积极请教

  C. 积极帮助他人   D. 全部不积极

(5)零件、工具与油污有没有落地,有无保持作业现场的整洁?（　　　）

  A. 无掉地且场地整洁   B. 有零件、工具掉地

  C. 有油污掉地   D. 未保持作业现场的清洁

(6)实施过程中是否注意维修质量和有责任心?（　　　）

  A. 注意质量,有责任心   B. 不注意质量,有责任心

  C. 注意质量,无责任心   D. 全无

(7)团队学习中的主动和合作情况如何?

  A. 好   B. 较好   C. 一般

    参与评价的同学签名:＿＿＿＿　＿＿＿＿年＿＿＿＿月＿＿＿日

3. 教师评价

_____

_____

       教师签名:＿＿＿＿＿　＿＿＿＿年＿＿＿＿月＿＿＿日

五、技能考核标准

技能考核标准见表11-5。

技能考核标准   表11-5

序号	项目	操作内容	规定分	评分标准	得分
1	准备	清点工具、清理工位	5	酌情扣分	
2	读取故障码	用手持式解码器读取故障码	15	每步操作不当酌情扣分	
3	查阅维修手册	查阅维修手册	10	每步操作不当酌情扣分	
4	检测节气门位置传感器线路	(1)断开蓄电池负极;	2		
		(2)拆下发动机控制模块 B31 线束连接;	2		
		(3)测量 89 号端子和节气门位置传感器线束连接器 5 号端子之间的电阻;	2		
		(4)测量连接器 5 号端子与 ECU 连接器 B31-89 号端子之间的电阻;	2		
		(5)测量 5 号端子与搭铁端的电阻;	2		
		(6)测量 B31-113 号端子与节气门位置传感器连接器 6 号端子之间的电阻;	2		
		(7)测量节气门位置传感器连接器 6 号端子与搭铁之间电阻;	2		

续上表

序号	项　目	操 作 内 容	规定分	评 分 标 准	得分
4	检测节气门位置传感器线路	(8)测量线束连接器 B31-112 号端子与节气门位置传感器连接器 4 号端子之间的电阻； (9)测量节气门位置传感器连接器 4 号端子与搭铁之间电阻； (10)测量模块线束连接器 B31-90 号端子与节气门位置传感器连接器 3 号端子之间的电阻	2 2 2	每步操作不当酌情扣分	
5	检测节气门位置传感器	(1)安装发动机 ECU 线束连接器； (2)安装蓄电池负极； (3)测量电源电压； (4)关闭点火开关； (5)安装节气门位置传感器线束连接器； (6)连接故障诊断仪； (7)打开点火开关； (8)清除故障码； (9)完全踩下并松开加速踏板，等待 5s 以上，然后再次读取故障码	2 2 3 2 2 2 2 2 2	每步操作不当酌情扣分	
6	故障排除确认	(1)关闭发动机点火开关； (2)将故障诊断仪接入 OBD-Ⅱ诊断座中； (3)打开点火开关； (4)选择对应的车型和发动机； (5)清除故障码； (6)使用故障诊断仪读取发动机数据流； (7)退出诊断程序，关闭点火开关； (8)拔下诊断接头	2 2 2 2 2 2 2 2		
7	完成时限		5	(1)超时 1~5min 扣 1~2分； (2)超时 5min 以上扣 5 分	
8	结束	场地 7S 管理工作	10	(1)漏一项扣 1~3分，未做扣 5 分； (2)不清洁扣 1~3分，未做扣 3 分	
		总分	100		

学习任务十二　温度传感器的检测与更换

任务要求

完成本学习任务后,你应能:

1. 知道进气温度传感器的安装位置、种类、原理和结构;

2. 能够对进气温度传感器线路故障进行分析;

3. 分析进气温度传感器损坏导致故障的现象。

建议学时:6 学时。

任务描述

一辆丰田卡罗拉轿车,行驶了 6 万 km,冷起动后发动机略微抖动。发动机排放气味较浓,仪表板上的发动机故障灯点亮。经维修人员初步检查,需对温度传感器及电路进行的检测。

一、理论知识准备

1. 温度传感器的基本知识

1) 温度传感器的种类

常用的温度传感器有绕线电阻式、热敏电阻式、扩散电阻式、半导体晶体管式等形式。如冷却液温度传感器、空气温度传感器、变速器油温度传感器、排气温度传感器(催化剂温度传感器)、EGR 监测温度传感器、车外温度传感器、车内温度传感器、日照温度传感器、蒸发器出口温度传感器、热敏开关等,本节主要讲解冷却液温度传感器和进气温度传感器。

汽车发动机上目前应用较多的是半导体热敏电阻式和绕线电阻式温度传感器。前一种温度传感器是利用半导体材料的电阻随温度变化而变化的特性制成的,按照电阻-温度特性的不同又可分为正热敏电阻式和负热敏电阻式两种。

汽车发动机上的温度传感器从用途上分为冷却液温度传感器(ECT)(图 12-1)、进气温度感器(IAT)(图 12-2)和排气温度传感器(此种已不用)等。

图 12-1　热敏电阻式冷却液温度传感器

图 12-2　热敏电阻式进气温度传感器

2）温度传感器的作用

温度传感器用于测量温度,并将信号送给 ECU,供修正喷油量使用。

2. 发动机冷却液温度传感器(ECT)

1）冷却液温度传感器的作用

冷却液温度传感器用于测量发动机的冷却液温度,并将信号送给 ECU,供修正喷油量使用。

2）冷却液温度传感器安装部位、特性及原理

冷却液温度传感器安装在发动机缸体或缸盖的水套上,与冷却液接触,用来检测发动机的冷却液温度。温冷却液度传感器的内部是一个半导体热敏电阻(图 12-3a),它具有负的温度电阻系数。冷却液温度越低,电阻越大;反之,冷却液温度越高,电阻越小,并以电信号的形式通过冷却液温度传感器线束连接器及导线将冷却液温度变化传递给发动机 ECU。电阻-温度特性如图 12-3b)所示。

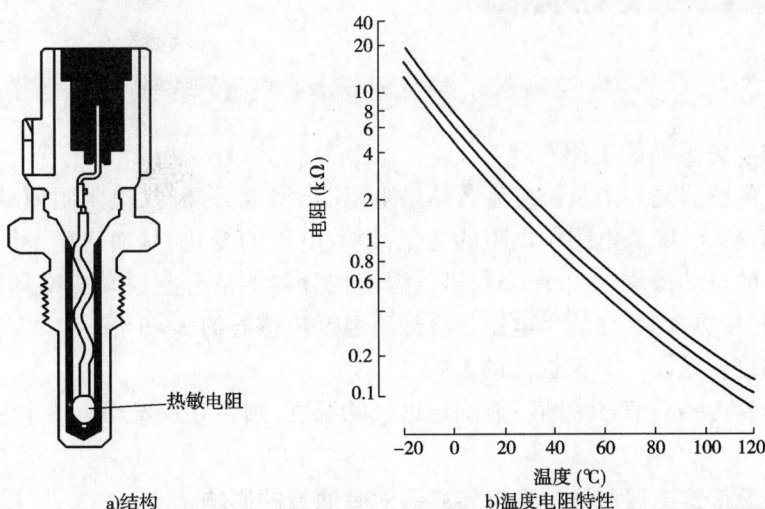

a)结构　　　　　　　b)温度电阻特性

图 12-3　冷却液温度传感器

161

3）冷却液温度传感器对车辆性能的影响

如冷却液温度传感器信号中断，发动机将起动困难、性能不佳、怠速不稳、还容易熄火。

发动机冷却液温度传感器（ECT）又称冷却液温度传感器，它用来检测发动机冷却液的温度并将温度信号转变成（光/电/磁）信号输送给发动机 ECU，作为汽油喷射、点火正时、怠速和尾气排放控制的重要修正信号。如信号中断，则导致：冷热起动困难、油耗升高、怠速自适应差、排放升高。

发动机冷却液温度传感器安装在发动机冷却液管路上，常见的安装位置有发动机缸体水套或冷却液管路等处。

3. 进气温度传感器（IAT）

1）进气温度传感器的作用

进气温度传感器的作用是测量进入进气歧管内气体的进气温度。由于进气温度可以决定气体的密度，所以不同的进气温度下发动机的进气量是不同的，发动机 ECU 需要根据进气温度对喷油量进行修正，以获得最佳的空燃比。就是说，冷空气与热空气体积相同时，冷空气质量较重。因此，吸入冷空气时，燃烧室内的氧气较多，喷射时间也较长。安装位置如图 12-4 所示。

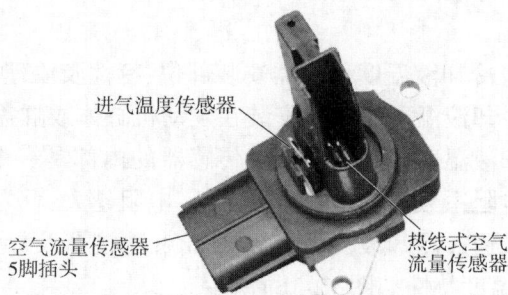

图 12-4　进气温度传感器安装位置

2）进气温度传感器的工作原理

进气温度传感器是一个负温度系数热敏电阻，当温度升高时，电阻阻值减小，当温度降低时，电阻阻值增大，随着电路中电阻的变化，导致电压的变化，从而产生不同的电压信号，完成控制系统的自动操作。在冷车时，进气温度传感器的信号与发动机冷却液温度传感器信号基本相同，在热车时，其信号电压是冷却液温度传感器的 2 ~ 3 倍。

3）进气温度传感器对车辆性能的影响

如进气温度传感器信号中断不能确定进气的温度，则会导致发动机热车起动困难、排放升高。

4. 冷却液温度传感器和进气温度传感器对喷油量的影响

电喷发动机的喷油量控制由基本喷油量和修正喷油量（g2）决定，冷却液温度传感器和进气温度传感器信号会影响修正喷油量，冷却液温度传感器和进气温度传感器信号对电喷

发动机的修正喷油量的影响如下:

冷却液温度(tw):tw↗→g2↘,tw↘→g2↗(一般 tw 以 80℃ 为界)。

进气温度(ta):ta↗→g2↘,ta↘→g2↗(一般 tw 以 40℃ 为界)。

相关链接

热敏铁氧式温度传感器,常用于控制散热器的冷却风扇,它安装在散热器冷却液的循环通路上。热敏铁氧式温度传感器的检修方法如下。

当发动机的冷却液温度高于规定值时,如果散热器冷却风扇不运转,则应检查散热器冷却风扇工作电路。首先检查线路连接情况,检查有无断路、短路,以及风扇继电器和热敏铁氧体式温度传感器的工作情况。

检查热敏铁氧体式温度传感器。将热敏铁氧体式温度传感器置于容器中,连接万用表,在加热的同时检查传感器的工作情况。正常情况下,在冷却液温度为规定温度时,传感器处于导通状态,万用表指示为 0Ω。在冷却液温度高于规定温度时,传感器应断开(传感器不导通),万用表指示电阻为 ∞,否则说明热敏铁氧体式温度传感器已损坏,应当更换。

想一想

1. 冷却液温度传感器常见的故障有哪些?

2. 如何在实际维修中,对温度传感器进行快速检测?

二、实 践 操 作

1. 实践准备

丰田卡罗拉发动机 4 台、丰田卡罗拉整车 1 辆、故障诊断仪 4 台、数字万用表 4 个、208 接线盒 4 盒、专用工具及工具车 4 套,维修手册,实训工单等。

2. 技术要求与注意事项

(1)先关闭点火开关,再拔下温度传感器连接器。

(2)连接温度传感器端子时,先关闭点火开关,再连接端子。

(3)严禁短路或试火。

(4)汽车在起动时不能断开蓄电池,以免烧坏电脑。

(5)不能用试灯去测试任何和电脑相连接的电气装置。

(6)不能带电拔插解码器插头。

(7)不得在测试过程中随意起动或加速,应严格按照测试要求进行。

3. 实践操作

1)记录待修车辆的基本情况(表 12-1)

待修车辆的基本情况记录表 　　　　　　　　　　表12-1

项　　目	内　　容
车辆型号(VIN)	
发动机型号	
车主反映	发动机故障灯点亮,起动困难、怠速不稳、还容易熄火
维修检查建议	经读取故障码,需检查冷却液温度传感器和进气温度传感器及电路

冷却液温度传感器

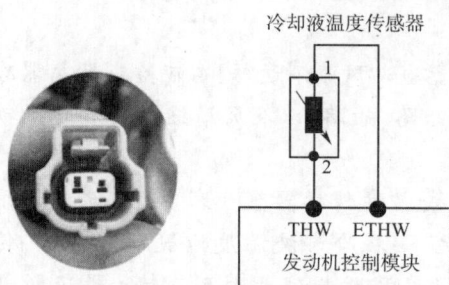

THW ETHW
发动机控制模块

图12-5　冷却液温度传感器线束连接器

2)冷却液温度传感器检测

(1)读取故障码的方法及步骤(见学习任务九)。

通过查阅维修手册得知冷却液温度传感器安装在汽缸盖内,是负热敏系数热敏电阻。该传感器的电阻会随着温度的升高而降低。而ECU则根据电阻值的变化修正喷油量。根据维修手册可以知道从左向右1号端子是冷却液温度传感器搭铁线,2号端子是传感器信号线,如图12-5所示。

(2)检测冷却液温度传感器线路。

①查阅维修手册,识读冷却液温度传感器与ECU连接线路图。

②断开蓄电池负极,拆下发动机控制模块B31线束连接器,如图12-6所示。

③检测发动机控制模块线束连接器B31-64号端子至冷却液温度传感器连接器2号端子电阻。正常电阻应小于1Ω。否则,说明冷却液温度传感器信号线路故障,如图12-7所示。

图12-6　拆下发动机控制模块B31线束连接器

图12-7　检测B31-64号端子至冷却液温度传感器连接器2号端子电阻

④检测冷却液温度传感器线束连接器2号端子与搭铁之间的电阻值,正常电阻应大于10kΩ。否则,说明进气温度传感器信号线路短路,如图12-8所示。

⑤检测冷却液温度传感器线束连接器1号端子与发动机控制模块线束连接器B31-65号端子的电阻,正常电阻应小于1Ω,否则,说明冷却液温度传感器搭铁线路故障,如图12-9所示。

图12-8　检测冷却液温度传感器线束连接器2号端子与搭铁之间的电阻值

图12-9　检测冷却液温度传感器线束连接器1号端子与线束连接器B31-65号端子的电阻

（3）检测冷却液温度传感器。

①用专业跨接线连接冷却液温度传感器连接器 1 号和 2 号端子，如图 12-10 所示。

图 12-10　跨接线连接冷却液温度传感器连接器 1 号和 2 号端子

②将故障诊断仪接入 OBD-Ⅱ诊断座中。

③连接蓄电池负极并打开点火开关。

④打开诊断仪读取数据流，如果显示温度为 140℃，则说明冷却液温度传感器损坏（图 12-11），需要更换。将冷却液温度传感器拆下放入带温度计的容器中加热（图 12-12），检测不同温度下电阻值。将数值与标准值对比（表 12-2）。若不符，则说明冷却液温度传感器故障，需要更换。

Vehicle Load	0.0	%
MAF	0.14	gm/sec
Atmosphere Pressure	95	kPa(abs)
Coolant Temp	140	C
Intake Air	23	C
Engine Run Time	0	s
Initial Engine Coolant Temp	80.0	C

图 12-11　读数据流

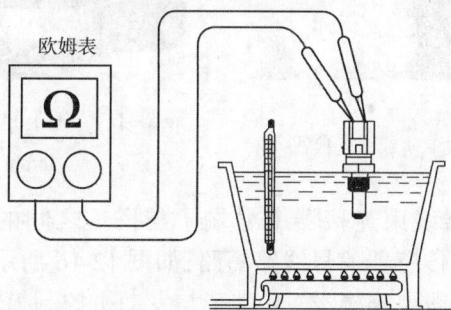

图 12-12　测不同温度下的电阻值

标　准　电　阻　　　　　　　　　　　　　　　　表 12-2

检测仪连接	条　　件	规定状态
1-2	20℃	2.32~2.59kΩ
	80℃	0.31~0.32kΩ

以上检查均正常，则说明 ECU 故障，需更换 ECU。

3）进气温度传感器的检修

（1）读取故障码的方法及步骤（见学习任务九）。

通过查阅维修手册得知进气温度传感器安装在空气流量传感器内，是负热敏系数热敏电阻。该传感器的电阻会随着温度的升高而降低。而 ECU 则根据电阻值的变化修正喷油量。根据维修手册可以知道从左向右 1 号端子是传感器信号线，2 号端子是传感器搭铁线，如图 12-13 所示。

图 12-13　进气温度传感器线束连接器

（2）进气温度传感器线路检测。

①查阅维修手册，识读进气温度传感器与 ECU 连接线路图。

②断开蓄电池负极。

③拆下发动机控制模块 B31 线束连接器，如图 12-14 所示。

④检测发动机控制模块线束连接器 B31-87 号端子至空气流量传感器线束连接器的 1 号端子电阻。正常电阻应小于 1Ω。否则，说明进气温度传感器信号线路断路，如图 12-15 所示。

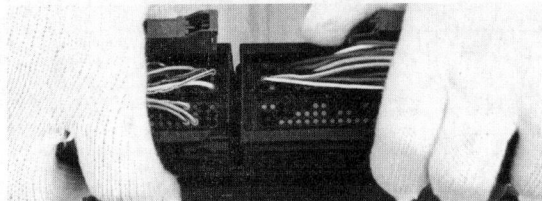

图 12-14　拆下发动机控制模块 B31 线束连接器

图 12-15　检测控制模块线束连接器 B31-87 号端子至空气流量传感器线束连接器的 1 号端子电阻

⑤检测进气温度传感器线束连接器 1 号端子与搭铁之间的电阻值，正常电阻应大于 10kΩ。否则，说明进气温度传感器信号线路短路，如图 12-16 所示。

⑥检测空气流量传感器线束连接器 2 号端子与发动机控制模块线束连接器 B31-88 号端子的电阻，正常电阻应小于 1Ω，否则，说明进气温度传感器搭铁线路故障，如图 12-17 所示。

图 12-16　检测 1 号端子与搭铁之间的电阻值

图 12-17　检测空气流量传感器线束连接器 2 号端子与控制模块线束连接器 B31-88 号端子的电阻

⑦检测空气流量传感器 2 号端子与搭铁线路电阻，正常电阻应大于 $10k\Omega$，否则，说明进气温度传感器信号线路短路。

（3）进气温度传感器检测。

①用专业跨接线连接空气流量传感器连接器 1 号和 2 号端子，如图 12-18 所示。

图 12-18　连接空气流量传感器连接器 1 号和 2 号端子

②将故障诊断仪接入 OBD-Ⅱ诊断座中。

③打开点火开关。

④打开诊断仪读取数据流，如果显示温度为 140℃，则说明进气温度传感器损坏，需要更换。

（4）进气温度传感器更换。

①拆下进气温度传感器固定螺栓。

②取出进气温度传感器。

③安装新的进气温度传感器，以 10N·m 的力矩紧固螺栓。

④安装进气温度传感器连接器，安装发动机控制单元线束连接器。

⑤安装蓄电池负极。

（5）故障排除确认（同学习任务十一）。

（6）场地 7S 工作。

想一想

如果进气温度传感器和氧传感器同时出现故障，将会发生什么现象？为什么？

三、学 习 拓 展

失效保护：当汽车出现故障还未来得及维修时，发动机的失效保护系统将有故障的部件（或 ECU）默认为处于某种固定状态，在牺牲汽车动力性、经济性的前提下，保证汽车能继续运行。

冷却液温度一般设定在 $-59 \sim 150℃$（各车会稍有不同），如果 ECU 检测到冷却液温度信号不在上述范围内，ECU 便命令控制程序停止采用冷却液温度信号，保存冷却液温度传感器故障码，并点亮发动机故障灯。

一但冷却液温度传感器出现故障、失效后，发动机 ECU 将进入失效保护状态，利用一个固定的冷却液温度信号（如 90℃）进行替代。有些发动机在冷车起动时，若冷却液温度传感器出现故障，便使用进气温度信号作为替代值，然后每运转 20s，使冷却液温度升高 1℃，直到升到设定值（如 90℃）为止。

想一想

当进气温度传感器失效后，ECU 是怎样进行失效保护的？

四、评价与反馈

1. 自我评价与反馈

（1）你能主动参与工作现场的清洁和调整工作吗？（　　　）
　　A. 主动完成　　　　　　　B. 被动完成　　　　　　　C. 未完成

（2）你能正确规范地完成进气温度传感器的检测与更换吗？（　　　）
　　A. 快速规范　　　　　　　B. 规范但不熟练　　　　　　C. 不会使用

（3）写出进气温度传感器检测思路与检查工具。

_____

_____

（4）进气温度传感器断路会导致发动机哪些故障？

_____

_____

（5）在本学习任务中你遇到的困难是什么？你是怎样解决的？

_____

_____

签名：_____　____年____月____日

2. 小组评价与反馈及反馈

（1）工作页的填写情况如何？（　　　）
　　A. 正确且书写认真　　　B. 正确但书写潦草　　　C. 有抄袭现象

（2）是否主动参与小组讨论？（　　　）
　　A. 主动　　　　　　　　B. 被动　　　　　　　　C. 未参与

（3）是否完成本学习任务的学习目标？（　　　）
　　A. 完成且效果好　　　　B. 完成但效果不好　　　C. 未完成

（4）是否积极学习，不懂的问题是否积极向别人请教，是否积极帮助他人学习？（　　　　　）
　　A. 积极学习　　　　　　B. 积极请教
　　C. 积极帮助他人　　　　D. 全部不积极

(5)零件、工具与油污有没有落地，有无保持作业现场的整洁？（　　　）

    A. 无掉地且场地整洁　　　　B. 有零件、工具掉地

    C. 有油污掉地　　　　　　　D. 未保持作业现场的清洁

(6)实施过程中是否注意维修质量和有责任心？（　　　）

    A. 注意质量，有责任心　　　B. 不注意质量，有责任心

    C. 注意质量，无责任心　　　D. 全无

(7)团队学习中的主动和合作情况如何？

    A. 好　　　　　　　　B. 较好　　　　　　　　C. 一般

       参与评价的同学签名：_____　_____年_____月_____日

3. 教师评价

_____

_____

       教师签名：_____　　　_____年_____月_____日

五、技能考核标准

技能考核标准见表12-3。

技能考核标准　　　　　　　　　　　　　　　　　　表12-3

序号	项　　目	操 作 内 容	规定分	评 分 标 准	得分
1	准备	清点工具、清理工位	5	酌情扣分	
2	读取故障码	用手持式故障诊断仪读取故障码	10	每步操作不当酌情扣分	
3	查阅维修手册	查阅维修手册	10	每步操作不当酌情扣分	
4	检测进气温度传感器线路	(1)断开蓄电池负极； (2)测量发动机控制模块线束连接器 B31-87 号端子至空气流量传感器线束连接器的 1 号端子电阻； (3)测量进气温度传感器线束连接器 1 号端子与搭铁之间的电阻值； (4)测量空气流量传感器线束连接器 2 号端子与发动机控制模块线束连接器 B31-88 号端子的电阻； (5)测量进气温度传感器连接器 2 号端子与搭铁电阻	2 3 5 5 5	每步操作不当酌情扣分	
5	检测进气温度传感器	(1)跨接进气温度传感器 1 号端子与 2 号端子； (2)读取跨接后的数据流； (3)检查进气温度传感器安装情况；	5 10 5		

续上表

序号	项　　目	操作内容	规定分	评分标准	得分
5	检测进气温度传感器线路	(4)拆卸进气温度传感器,用电吹风检查进气温度传感器; (5)安装进气温度传感器,安装发动机控制模块线束连接器	5 3	每步操作不当酌情扣分	
6	故障排除确认	(1)读取故障码、清除故障码; (2)再次读取故障码,并使用故障诊断仪读取发动机数据流,并做出判断故障是否已经排除	2 10		
7	完成时限	60min	5	(1)超时1~5min扣1~2分; (2)超时5min以上扣5分	
8	结束	场地7S管理工作	10	(1)漏一项扣1~3分,未做扣5分; (2)不清洁扣1~3分,未做扣3分	
		总分	100		

学习任务十三　曲轴位置传感器的检测与更换

任务要求

完成本学习任务后,你应能:

1. 知道曲轴位置传感器、凸轮轴位置传感器的安装位置、种类、原理和结构;

2. 能够判断曲轴位置传感器、凸轮轴位置传感器及相关线路是否正常工作;

3. 分析曲轴位置传感器、凸轮轴位置传感器损坏导致故障的现象。

建议学时:8 学时。

任务描述

一辆丰田卡罗拉轿车,行驶了 6 万 km,驶过强烈颠簸路面后熄火。再次起动,起动机运转正常却无法着车,仪表板上的发动机故障灯点亮。经维修人员提取故障码,检测出与曲轴位置传感器、凸轮轴位置传感器相关的故障码,需对曲轴位置传感器、凸轮轴位置传感器及电路进行检测,确定故障部位,并维修或更换。

一、理论知识准备

曲轴位置传感器是发动机电子控制系统中最主要的传感器之一,它提供点火时刻(点火提前角)、确认曲轴位置的信号,用于检测活塞上止点、曲轴转角及发动机转速。丰田卡罗拉发动机曲轴位置传感器安装在曲轴皮带轮附近,位置如图 13-1 所示。

1. 曲轴位置传感器的作用

曲轴位置传感器的作用就是确定曲轴的位置,也就是曲轴的转角。它通常要配合凸轮轴位置传感器一起来确定基本点火时刻和喷油时刻。

2. 曲轴位置传感器的类型

曲轴传感器主要有三种类型:磁电感应式、霍尔效应式和光电式。它通常安装在曲轴前

图 13-1　曲轴位置传感器安装位置

端、凸轮轴前端、飞轮上或分电器内。

1)磁电感应式

磁电感应式曲轴位置传感器(丰田又称 NE 传感器,如图 13-2 所示),由曲轴位置传感器齿板和感应线圈组成。传感器齿板有 34 个齿,被安装在曲轴上。磁电感应式传感器曲轴位置传感器的工作原理如图 13-3 所示。感应线圈由缠绕的铜线、铁芯和磁铁构成。传感器齿板旋转,每个齿通过感应线圈时,产生脉冲信号。发动机每转动一转,感应线圈就产生 34 个信号。根据这些信号,ECM 计算曲轴位置以及发动机的转速。利用这些计算值,燃油喷射时间和点火正时得到控制。

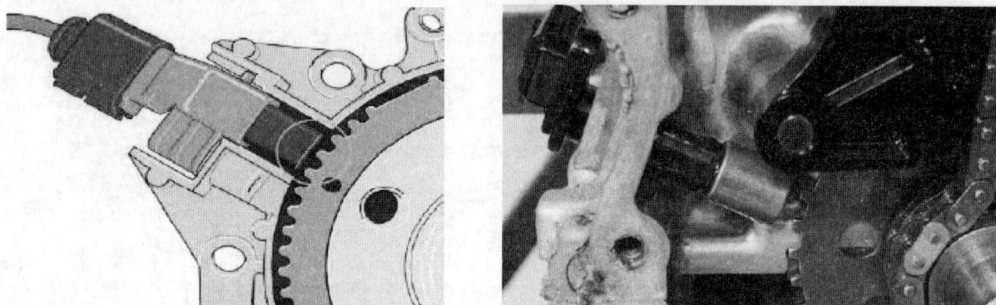

图 13-2　磁电感应式曲轴位置传感器

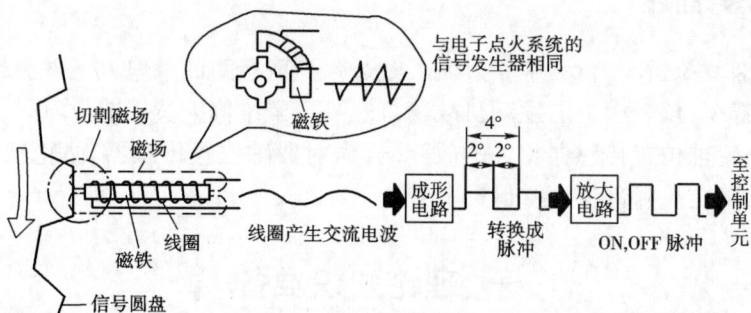

图 13-3　脉冲信号的产生

2)霍尔效应式

霍尔式曲轴位置传感器是根据霍尔效应制成。利用霍尔元件制成的传感器称为霍尔效应式传感器,简称霍尔传感器。霍尔效应的原理如图 13-4 所示。在电流通过霍尔元件的同时,如果垂直施加磁场,霍尔元件就会产生垂直于此电流和磁场的电压差,此电压差所产生的电压和磁通量密度成正比变化(即霍尔电压),这就是霍尔效应。

霍尔式曲轴位置传感器就是利用这个原理,将曲轴的变化转变成脉冲式的霍尔电压信号提供给 ECU。

3)光电式

光电式曲轴位置传感器一般装在分电器内,如图 13-5 所示。由信号发生器和带光孔的信号盘组成。其信号盘与分电器轴一起转动,信号盘外圈有 360 条光刻缝隙,产生曲轴转角

1°的信号;稍靠内有间隔60°均布的6个光孔,产生曲轴转角120°的信号,其中1个光孔较宽,用以产生相对于1缸上止点的信号。信号发生器安装在分电器壳体上,由二只发光二极管、二只光敏二极管和电路组成。发光二极管正对着光敏二极管。信号盘位于发光二极管和光敏二极管之间,由于信号盘上有光孔,则产生透光和遮光交替变化现象。当发光二极管的光束照到光敏二极管时,光敏二极管产生电压;当发光二极管光束被挡住时,光敏二极管电压为0。这些电压信号经电路部分整形放大后,即向电子控制单元输送曲轴转角为1°和120°时的信号,电子控制单元根据这些信号计算发动机转速和曲轴位置。

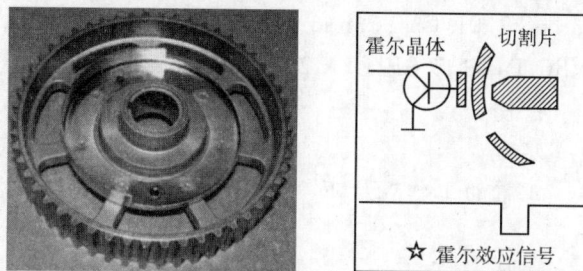

图 13-4　霍尔式传感器

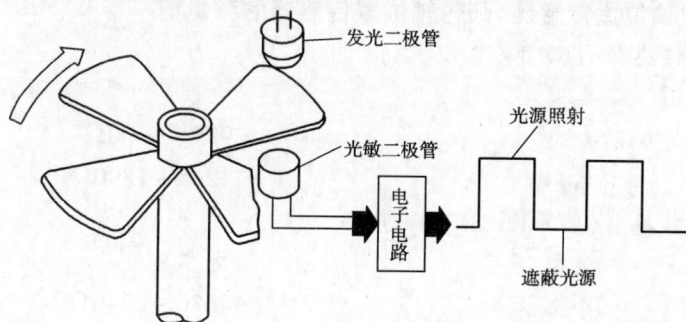

图 13-5　光电式传感器

想一想

曲轴位置传感器与凸轮轴位置传感器是否是同一个传感器?它们有何不同?

相关链接

1. 大众车系曲轴位置传感器的测量值

(1)A4 1.8L Turbo;A4 1.8L Turbo Quattro;A4 V6;A4 V6 Quattro;A6(1998—2000);A6 Quattro;Tt。

条件	电压/电阻
怠速	6~6.5V
正常的工作温度下	400~1000Ω

(2) A8；A8 Quattro。

条件	电压/电阻
怠速	6～6.5V
正常的工作温度下	500～2000Ω

(3) Beetle 1.9L TDI；Golf/GTI 1.9L TDI；Jetta 1.9L TDI。

条件	电阻
正常的工作温度下	1000～1500Ω

(4) Beetle 1.8L Turbo /2.0L Gas；Cabrio；Eurovan；Golf/GTI 2.0L；Golf/GTI 2.8L VR6；Jetta 2.0L/GLX 2.8L VR6；Passat 2.0L/GLX 2.8L VR6。

条件	电压/电阻
怠速	6～7V
正常的工作温度下	500～700Ω

(5) A6；A6 Quattro。

条件	电阻
正常的工作温度下	1000Ω

2. 丰田花冠曲轴位置传感器、凸轮轴位置传感器的测量值

(1) 曲轴位置传感器(1NZ-FZ,2NZ-FE)。

类型	电阻
冷态	985～1600Ω
热态	1265～1890Ω

(2) 曲轴位置传感器(1ZZ-FE,3ZZ-FE)。

类型	电阻
冷态	1630～2740Ω
热态	2065～3225Ω

(3) 凸轮轴位置传感器(1NZ-FZ,2NZ-FE)。

类型	电阻
冷态	1630～2740Ω
热态	2065～3225Ω

(4) 凸轮轴位置传感器(1ZZ-FE,3ZZ-FE)。

类型	电阻
冷态	835～1400Ω
热态	1060～1645Ω

二、实 践 操 作

1. 实践准备

丰田卡罗拉发动机台架 4 台、丰田卡罗拉轿车 1 辆、故障诊断仪 4 台，数字万用表 4 个，208 接线盒 4 盒，专用工具及工具车 4 套，维修手册，实训工单等。

2. 技术要求与注意事项

（1）先关闭点火开关，再拔下曲轴位置传感器连接器。

（2）连接传感器端子时，先关闭点火开关，再连接端子。

（3）严禁短路或试火。

（4）汽车在发动时不能断开蓄电池，以免烧坏电脑。

（5）不能用试灯去测试任何和电脑相连的电气装置。

（6）不能带电拔插解码器插头。

（7）不得在测试过程中随意起动或加速，应严格按照测试要求进行。

3. 实践操作

1）记录待修车辆的基本情况（表13-1）

待修车辆的基本情况记录表

表13-1

项　　目	内　　容
车辆型号（VIN）	
发动机型号	
车主反映	发动机故障灯点亮，起动机运转正常却无法着车
维修检查建议	经读取故障码，需检查曲轴位置传感器、凸轮轴位置传感器及电路

2）曲轴位置传感器的检修

（1）读取故障码的步骤和方法（见学习任务九）。

通过查阅维修手册得知曲轴位置传感器其线路如图13-6所示，1号端子是曲轴位置传感器NE+，2号端子是曲轴位置传感器NE-。

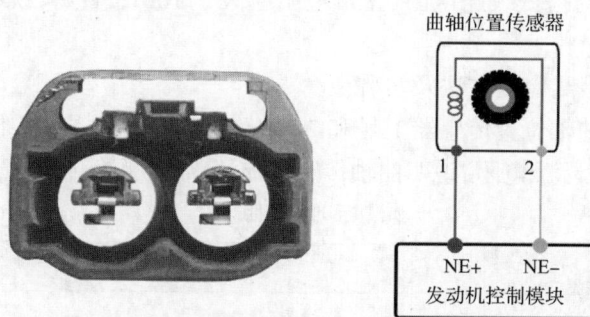

图13-6　曲轴位置传感器线束连接器

（2）曲轴位置传感器电路检测。

①查阅维修手册，识读曲轴位置传感器与ECU连接线路图。

②断开蓄电池负极。

③拆下发动机控制模块B31线束连接器，如图13-7所示。

④将检测线连接到发动机控制模块线束连接器93号端子，如图13-8所示。

⑤另一根线连接到曲轴位置传感器线束连接器1号端子。测量1号端子与B31-93号端子电阻值，正常电阻应小于1Ω。否则，说明曲轴位置传感器信号线路故障，如图13-9所示。

175

图 13-7　拆下发动机控制模块 B31 线束连接器

图 13-8　将检测线连接到线束连接器 93 号端子

⑥检测 1 号端子与搭铁线路的电阻，正常电阻应大于 $10k\Omega$，否则，说明曲轴位置传感器信号线路短路。

⑦检测发动机控制模块线束连接器 B31-117 号端子与曲轴位置传感器 2 号端子电阻。正常电阻小于 1Ω，否则，说明曲轴位置传感器搭铁线路故障，如图 13-10 所示。

图 13-9　检测 1 号端子与 B31-93 号端子电阻

图 13-10　检测线束连接器 B31-117 号端子
与曲轴位置传感器 2 号端子电阻

⑧检测 2 号端子与搭铁线路电阻，正常电阻应大于 $10k\Omega$，否则，说明曲轴位置传感器信号线路短路。

（3）曲轴位置传感器检测方法及步骤。

①将诊断线插入曲轴位置传感器 1 号和 2 号端子，检测电阻，查阅维修手册，对比标准电阻（表 13-2），如果超出标准电阻，说明曲轴传感器损坏，需要更换传感器，如图 13-11 所示。

标 准 电 阻　　　　　　　　　　　　　　　　表 13-2

检测仪连接	条　件	规 定 状 态
1-2	冷态	$1630 \sim 2740\Omega$
	热态	$2065 \sim 3225\Omega$

②检查曲轴位置传感器安装情况，有无变形，有无开裂、油污。

③检查曲轴位置信号盘，看有无变形、有无缺齿，安装是否正确。

（4）曲轴位置传感器更换方法及步骤。

①拆下曲轴位置传感器固定螺栓如图 13-12 所示。

②取出曲轴位置传感器。

③安装新的曲轴位置传感器，以 $10N \cdot m$ 的力矩紧固螺栓。注意：安装前更换 O 形圈，安装时，注意 O 形圈有无卡住、破裂。

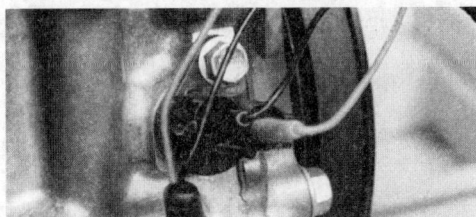

图 13-11　检测曲轴位置传感器 1 号
和 2 号端子之间的电阻

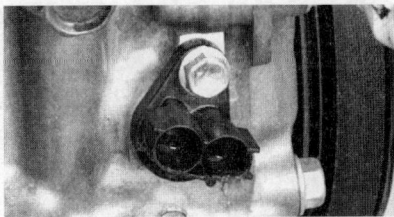

图 13-12　拆下曲轴位置传感器固定螺栓

④安装曲轴位置传感器连接器,安装发动机控制单元线束连接器。

⑤安装蓄电池负极。

(5)曲轴位置传感器故障排除确认方法及步骤(同上一个学习任务)。

想一想

如果发动机凸轮轴位置传感器信号线断路,将对发动机产生什么后果? 如何检查?

三、学习拓展

(1)一辆丰田威驰轿车,在一次事故后,当车速一上升到 90km/h 就出现动力不足、发动机有断火的现象。检查发动机的油路、进排气系统,均正常。检查点火系统,有高压火花。拆检火花塞、高压线、点火线圈,都正常。由于事故时,发动机分电器处发生过碰撞。重点检查分电器,并未发现异常。接着检查曲轴位置传感器波形,发现传感器的波形电压周期性变大变小,发动机转速越高,这种现象越明显。原来分电器轴在事故中发生了轻微的变形,导致磁感应曲轴位置传感器与轮齿之间的间隙发生了变化,使得输出信号不正确。更换分电器,故障排除。

(2)曲轴位置传感器与凸轮轴位置传感器不一定是同一个传感器。

①在许多旧款的电喷发动机上,有曲轴位置传感器就没有凸轮轴位置传感器,有凸轮轴位置传感器就没有曲轴位置传感器。这是因为这两个传感器的作用是一样的,只是安装位置不同,取名不同,因此,有人习惯地将凸轮轴位置传感器也称作曲轴位置传感器。

②在有些发动机上,既安装了曲轴位置传感器,又安装了凸轮轴位置传感器,一般曲轴位置传感器主要用来检测发动机的转速、曲轴的位置,而凸轮轴位置传感器主要用来发送上止点信号。

③随着发动机可变气门正时等新技术的出现,需要分别检查凸轮轴和曲轴的位置,这种情况曲轴位置传感器与凸轮轴位置传感器是两个作用完全不同的传感器。

四、评价与反馈

1. 自我评价与反馈

(1)你能主动参与工作现场的清洁和调整工作吗?(　　　)

　A. 主动完成　　　　　　B. 被动完成　　　　　　C. 未完成

（2）你能正确规范地完成曲轴位置传感器的检测与更换吗？（　　　）

    A.快速规范　　　　　　B.规范但不熟练　　　　　C.不会使用

（3）写出曲轴位置传感器检测思路与检查工具。

_____

_____

_____

（4）曲轴位置传感器信号线路断路会导致发动机哪些故障？

_____

_____

_____

（5）在本学习任务中你遇到的困难是什么？你是怎样解决的？

_____

_____

签名：_____　_____年_____月_____日

2. 小组评价与反馈

（1）工作页的填写情况如何？（　　　）

    A.正确且书写认真　　　B.正确但书写潦草　　　C.有抄袭现象

（2）是否主动参与小组讨论？（　　　）

    A.主动　　　　　　　　B.被动　　　　　　　　C.未参与

（3）是否完成本学习任务的学习目标？（　　　）

    A.完成且效果好　　　　B.完成但效果不好　　　C.未完成

（4）是否积极学习，不懂的是否积极向别人请教，是否积极帮助他人学习？（　　　）

    A.积极学习　　　　　　B.积极请教

    C.积极帮助他人　　　　D.全部不积极

（5）零件、工具与油污有没有落地，有无保持作业现场的整洁？（　　　）

    A.无掉地且场地整洁　　B.有零件、工具掉地

    C.有油污掉地　　　　　D.未保持作业现场的清洁

（6）实施过程中是否注意维修质量和有责任心？（　　　）

    A.注意质量，有责任心　B.不注意质量，有责任心

    C.注意质量，无责任心　D.全无

（7）团队学习中的主动和合作情况如何？

    A.好　　　　　　　　　B.较好　　　　　　　　C.一般

参与评价的同学签名：_____　_____年_____月_____日

3. 教师评价

_____

_____

_____

教师签名：_____　_____年_____月_____日

五、技能考核标准

技能考核标准见表13-3。

技能考核标准 表 13-3

序号	项 目	操 作 内 容	规定分	评分标准	得分
1	准备	清点工具、清理工位	5	酌情扣分	
2	读取故障码	用手持式故障诊断仪读取故障码	10	每步操作不当酌情扣分	
3	查阅维修手册	查阅维修手册	10	每步操作不当酌情扣分	
4	检测曲轴位置传感器线路	(1)断开蓄电池负极; (2)测量曲轴位置传感器连接器1号端子与发动机控制模块线束连接器B31-93端子电阻; (3)测量曲轴位置传感器连接器1号端子与搭铁电阻; (4)测量曲轴位置传感器连接器2号端子与发动机控制模块线束连接器B31-117端子电阻; (5)测量曲轴位置传感器连接器2号端子与搭铁电阻	3 4 4 4 4	每步操作不当酌情扣分	
5	检测曲轴位置传感器	(1)检测曲轴位置传感器1号端子与2号端子之间的电阻(冷态和热态); (2)检查曲轴位置传感器安装情况; (3)检查信号盘; (4)拆卸曲轴位置传感器; (5)检查曲轴位置传感器; (6)安装曲轴位置传感器; (7)安装发动机控制模块线束连接器; (8)安装蓄电池负极	10 4 4 4 4 3 3 3	每步操作不当酌情扣分	
6	故障排除确认	用手持式故障诊断仪确认故障是否排除	10		
7	完成时限	100min	5	(1)超时 1~5min 扣 1~2分; (2)超时 5min 以上扣5分	
8	结束	场地 7S 管理工作	10	(1)漏一项扣 1~3分,未做扣5分; (2)不清洁扣 1~3分,未做扣3分	
		总分	100		

学习任务十四　氧传感器的检测与更换

任务要求

完成本学习任务后,你应能:

1. 知道氧传感器的作用、安装位置、结构和原理;

2. 能够对氧传感器线路故障进行分析;

3. 分析氧传感器损坏导致故障的现象。

建议学时:6 学时。

任务描述

一辆丰田卡罗拉轿车,行驶了 15 万 km,发动机排放气味较浓,仪表板上的发动机故障灯点亮,且出现怠速不稳、缺火、喘振。经维修人员提取故障码,检测出与氧传感器相关的故障码,需对氧传感器及电路进行检测,确定故障部位,并维修或更换。

一、理论知识准备

发动机氧传感器是发动机控制系统中非常重要的传感器之一,发动机为降低排气中一氧化碳(CO)、碳氢化合物(HC)和氮氧化合物(NO_x)成分,必须利用三元催化转化器。但为了能有效地使用三元催化器,必须精确地控制空燃比,使它始终接近理论空燃比。氧传感器用来检测排气中氧气的浓度并反馈给 ECU,以控制空燃比。丰田汽车发动机上共有两个氧传感器,安装位置如图 14-1 所示。

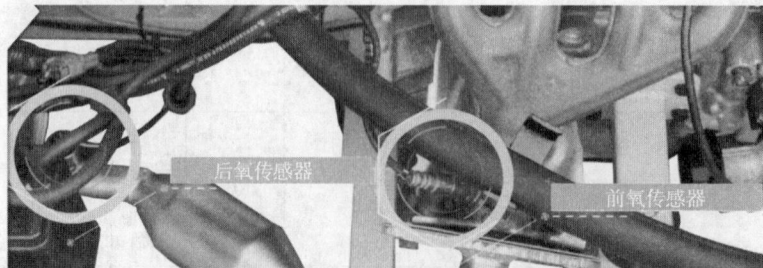

图 14-1　氧传感器安装位置

1. 氧传感器的功用

氧传感器的作用是测定发动机燃烧后的排气中氧是否过剩的信息,即氧气含量,并把氧气含量转换成电压信号传递到发动机 ECU,使发动机能够实现以过量空气因数为目标的闭环控制;确保三元催化转化器对排气中的碳氢化合物(HC)、一氧化碳(CO)和氮氧化合物(NO_x)三种污染物都有最大的转化效率,最大限度地进行排放污染物的转化和净化。进气氧传感器的作用是测量进入进气歧管内气体的氧。由于氧可以决定气体的密度,所以不同的氧密度下发动机的进气量是不同的,发动机 ECU 需要根据进气氧对喷油量进行修正,以获得最佳的空燃比。

想一想

什么叫空燃比?什么叫理论空燃比?

2. 氧传感器的种类、结构

(1)目前使用的氧传感器有氧化锆式和氧化钛式两种,其中应用最多的是氧化锆式氧传感器。

(2)氧化锆式氧传感器的基本元件是氧化锆陶瓷管(固体电解质),又称锆管(图 14-2)。锆管固定在带有安装螺纹的固定套中,内外表面均覆盖着一层多孔性的铅膜,其内表面与大气接触,外表面与废气接触。氧传感器的接线端有一个金属护套,其上开有一个用于锆管内腔与大气相通的孔;导线将锆管内表面铂极经绝缘套从此接线端引出。

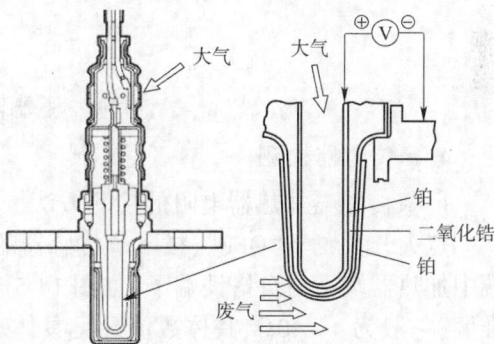

图 14-2　氧传感器结构图

氧化锆在温度超过 300℃后,才能进行正常工作。早期使用的氧传感器靠排气加热,这种传感器必须在发动机起动运转数分钟后才能开始工作,它只有一根接线与 ECU 相连,如图 14-3a)所示。现在,大部分汽车使用带加热器的氧传感器,如图 14-3b)所示,这种氧传感器内有一个电加热元件,可在发动机起动后的 20~30s 内迅速将氧传感器加热至工作温度。它有三根接线,一根接 ECU,另外两根分别接搭铁和电源。

3. 氧传感器的工作原理

氧传感器的工作是通过将传感陶瓷管内外的氧离子浓度差转化成电压信号输出来实现的,当传感陶瓷管的温度达到 350℃时,即具有固态电解质的特性。由于其材质的特殊,使得氧离子可以自由地通过陶瓷管。正是利用这一特性,将浓度差转化成电势差,如图 14-4所示,从而形成电信号输出。若混合气浓度偏浓,燃烧后的废气中的氧含量较少,则陶瓷管内外氧离子浓度差较高,电势差偏高,大量的氧离子从内侧移到外侧,输出电压较高(接近0.8~1.0V)。若混合气浓度偏稀,废气中氧含量较多,则陶瓷管内外氧离子浓度差较低,电势差较低,仅有少量的氧离子从内侧移动到外侧,输出电压较低(接近 0.1V)。当混合气处于理论空燃比 14.7:1(λ=1)附近时,氧传感器电压变化率最高,瞬间出现 0.45V 的电压。

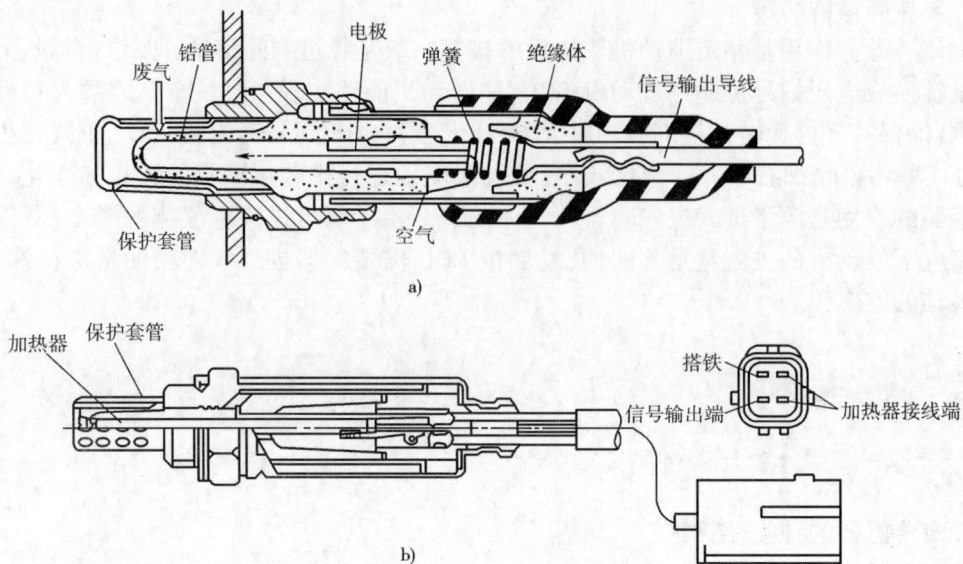

图 14-3　两种不同的氧化锆式氧传感器

4. 氧传感器检测

1) 氧传感器加热器电阻的检测方法

点火开关置于"OFF",拔下氧传感器的导线连接器,用万用表欧姆挡测量氧传感器接线端中加热器端子与自搭铁端子(如图 14-5 所示的端子 1 和 2)间的电阻,其电阻值应符合标准值(一般为 4～40Ω;具体数值参见具体车型说明书)。如不符合标准,应更换氧传感器。测量后,接好氧传感器线束连接器,以便做进一步的检测。

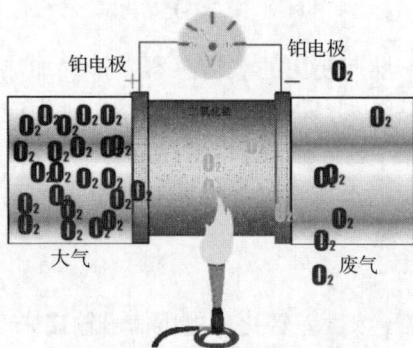

图 14-4　氧传感器工作原理

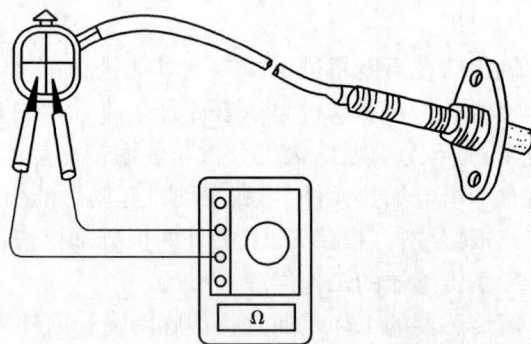

图 14-5　测量氧传感器加热电阻

2) 氧传感器反馈电压的检测

测量氧传感器反馈电压时,应先拔下氧传感器线束连接器插头,对照被测车型的电路图,从氧传感器反馈电压输出端引出一条细导线,然后插好连接器,在发动机运转时从引出线上测量反馈电压。有些车型也可以从故障诊断插座内测得氧传感器的反馈电压,如丰田汽车公司生产的小轿车,可从故障诊断插座内的 OX_1 或 OX_2 插孔内直接测得氧传感器反馈电压(丰田 V 型六缸发动机两侧排气管上各有一个氧传感器,分别和故障检测插座内的 OX_1 和 OX_2 插孔连接)。

在对氧传感器的反馈电压进行检测时,最好使用指针型电压表,以便直观地反映出反馈电压的变化情况。此外,电压表应是低量程(通常为 2V)和高阻抗(阻抗太低会损坏氧传感器)的。

丰田 V 型六缸发动机氧传感器反馈电压的检测:

(1)将发动机热车至正常工作温度(或起动后以 2500r/min 的转速连续运转 2min)。

(2)把电压表的负极测笔接故障诊断插座内的 E_1 插孔或蓄电池负极,正极测笔接故障检测插座内的 OX_1 或 OX_2 插孔或接氧传感器线束插头上的引出线(图 14-6)。

(3)让发动机以 2500r/min 左右的转速保持运转,同时检查电压表指针能否在 0~1V 之间来回摆动,记下 10s 内电压表指针摆动次数。在正常情况下,随着反馈控制的进行,氧传感器的反馈电压将在 0.4V 上下不断变化,10s 内反馈电压的变化次数应不少于 8 次。

(4)若电压表指针在 10s 内的摆动次数等于或大于 8 次,则说明氧传感器及反馈控制系统工作正常;电压表指针若在 10s 内的摆动次数小于 8 次,则说明氧传感器或反馈控制系统工作不正常,可能是氧传感器表面有积炭而使灵敏度降低,此时应让发动机以 2500r/min 的转速运转约 2min,以清除氧传感器表面的积炭;若电压表指针变化依旧缓慢,则为氧传感器损坏或 ECU 反馈控制电路有故障。

氧传感器是否损坏,可按下述方法检查。

拔下氧传感器的线束插头,使氧传感器不再与 ECU 连接,将电压表的正极测笔直接与氧传感器反馈电压输出端连接(图 14-7),然后,发动机正常运转时脱开接在进气管上的曲轴箱强制通风管或其他真空软管,人为地形成稀混合气,此时电压表读数应下降到 0.1~0.3V;接上脱开的曲轴箱通风管或真空软管,再拔下冷却液温度传感器接头,且用一个 4~8kΩ 的电阻代替冷却液温度传感器(或堵住空气滤清器的进气口),人为地形成浓混合气,此时,电压表读数应上升到 0.8~1.0V。也可以用突然踩下或松开加速踏板的方法来改变混合气浓度。在突然踩下加速踏板时,混合气变浓,反馈电压应上升;突然松开加速踏板时,混合气变稀,反馈电压应下降。

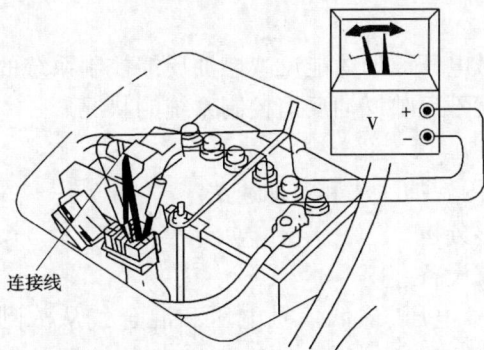

图 14-6　测量反馈电压

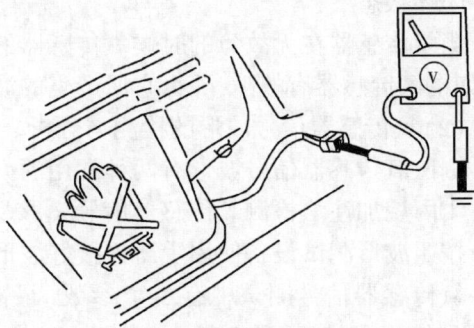

连接线

图 14-7　测量反馈电压

如果在混合气浓度变化时,氧传感器输出电压不能相应地改变,说明氧传感器有故障。此时可拆去一根大真空软管,使发动机高速运转,以清除氧传感器上的铅或积炭,然后再测试。如果氧传感器反馈电压能按上述规律变化,说明氧传感器良好。否则,须更换氧传感器。

3）氧传感器波形检测及分析

（1）基本概念。

①上流动系统（Upstream System）。上流动系统是指位于氧传感器前的，包括氧传感器、执行器和发动机 ECU 的发动机各系统（包括辅助系统），即在氧传感器之前的影响尾气的所有机械部件和电子部件，例如：进气系统、废气再循环系统和发动机电子控制系统等。

②下流动系统（Downstream System）。下流动系统是指位于氧传感器后面的排气系统部件，包括三元催化转化器、排气管和消声器等。

③闭环（Close Loop）。闭环是指发动机 ECU 根据氧传感器的反馈信号不断地调整混合气的空燃比，使其值符合规定。根据氧传感器的信号波形可以判断系统是否已经进入闭环控制状态。用波形测试设备测得的发动机起动后的氧传感器输出的信号电压波形如图 14-8 所示。

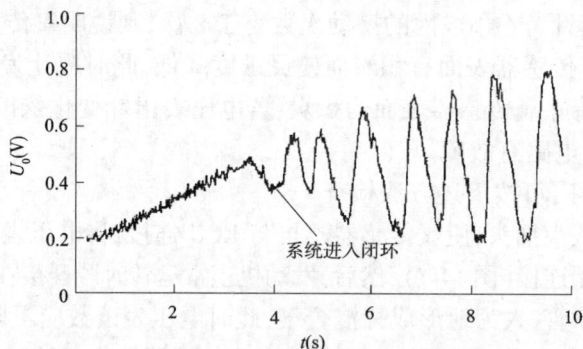

图 14-8   发动机起动后的氧传感器输出的信号电压波形

由图 14-8 可以看出发动机起动后氧传感器输出的信号电压先逐渐升高到 450 mV，然后进入升高和下降（混合气变浓和变稀）的循环（右侧图形），后者表示燃油反馈控制系统进入了闭环状态。

当氧传感器在无故障的时候氧传感器的信号电压波形才能反映燃油反馈控制系统的状况；如果氧传感器有故障，那么它所产生的波形就不反映燃油反馈控制系统的状况。

（2）氧传感器信号波形的检测与分析。

测试氧传感器信号波形有两种常用的方法：丙烷加注法和急加速法。

①丙烷加注法检测氧传感器信号波形及波形分析。

按照波形测试设备使用手册连接好波形测试设备。

氧传感器信号测试中有 3 个参数（最高信号电压、最低信号电压和混合气从浓到稀时信号的响应时间）需要检查，只要在这 3 个参数中有 1 个不符合规定，氧传感器就必须予以更换。

更换氧传感器以后还要对新氧传感器的这 3 个参数进行检查，以判断新的氧传感器是否完好。

测试步骤（氧化钛型传感器和氧化锆型传感器都适用）是：

a. 连接并安装加注丙烷的工具。

b. 把丙烷接到真空管入口处(对于有 PCV 系统或制动助力系统的汽车应在其连接完好的条件下进行测试)。

c. 接上并设置好波形测试设备。

d. 起动发动机,并让发动机在 2500r/min 下运转 2～3min。

e. 使发动机怠速运转。

f. 打开丙烷开关,缓慢加注丙烷,直到氧传感器输出的信号电压升高(混合气变浓),此时一个运行正常的燃油反馈控制系统会试图将氧传感器的信号电压向变小(混合气变稀)的方向拉回;然后继续缓慢地加注丙烷,直到该系统失去将混合气变稀的能力;接着再继续加注丙烷,直到发动机转速因混合气过浓而下降 100～200r/min。这个操作步骤必须在 20～25s 内完成。

g. 迅速把丙烷输入端移离真空管,以造成极大的瞬时真空泄漏(这时发动机失速是正常现象,并不影响测试结果),然后关闭丙烷开关。

h. 待信号电压波形移动到波形测试设备显示屏的中央位置时锁定波形,测试完成。

丙烷加注法检测到的氧传感器信号波形分析:通过分析信号电压波形可以确定氧传感器是否正常。一个好的氧传感器应输出如图 14-9 所示的信号电压波形,其 3 个参数值必须符合表 14-1 所列的值。

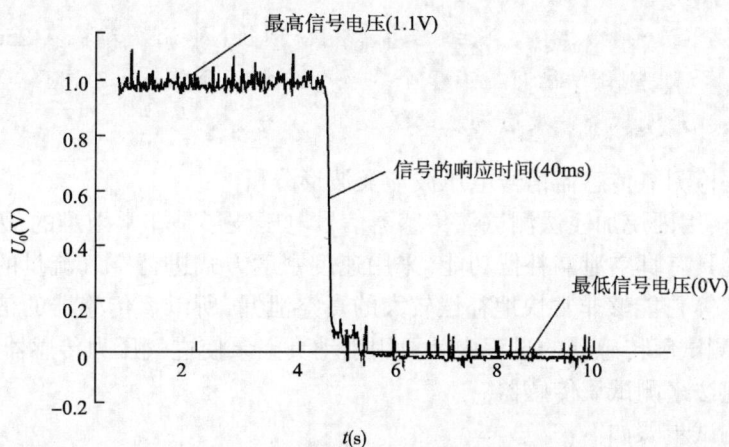

图 14-9 氧传感器标准信号电压波形

氧传感器信号波形参数标准   表 14-1

序 号	测 量 参 数	允 许 范 围
1	最高信号电压(左侧波形)	>850mV
2	最低信号电压(右侧波形)	75～175mV
3	混合气从浓到稀的最大允许响应时间(波形的中间部分)	<100ms(波形中在 300～600mV 之间的下降段应该是上下垂直的)

损坏的氧传感器可能输出如图 14-10 所示的信号电压波形,其中,最高信号电压下降至 427 mV,最低信号电压 <0 V,混合气从浓到稀时信号的响应时间延长约为 237ms,所以这 3 个参数均不符合标准。

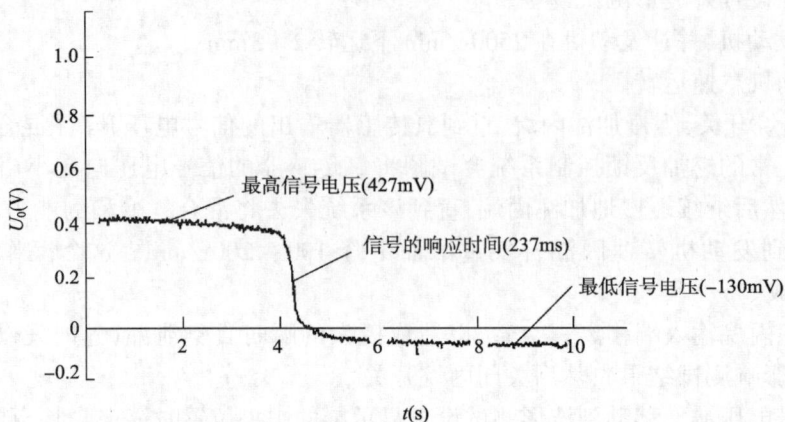

图 14-10　已损坏的氧传感器信号电压波形

小提示

在作氧传感器波形检测前,应将氧传感器充分预热(即让发动机在 2500 r/min 下运转 2 ~ 3 min)。否则,测试结果可能有 1 个或多个参数不合格,而这个不合格并不说明氧传感器是坏的,只是测试条件没有满足的缘故。

②急加速法检测氧传感器信号电压波形及波形分析。

对有些汽车,用丙烷加注法测试氧传感器信号电压波形是非常困难的,因为这些汽车的发动机控制系统具有真空泄漏补偿功能(采用速度密度方式进行空气流量的计量或安装了进气压力传感器等),能够非常快地补偿较大的真空泄漏,所以氧传感器的信号电压绝不会降低。这时,在测试氧传感器的过程中就要用手动真空泵使进气压力传感器内的压力稳定,然后再用急加速法来测试氧传感器。

急加速法测试步骤如下:

a. 以 2500r/min 的转速预热发动机和氧传感器 2 ~6min。然后再让发动机怠速运转 20s。

b. 在 2s 内将发动机节气门从全闭(怠速)至全开 1 次,共进行 5 ~6 次。

小提示

不要使发动机空转转速超过 4000 r/min,只要用节气门进行急加速和急减速就可以了。

c. 定住屏幕上的波形(图 14-11)。接着就可根据氧传感器的最高、最低信号电压值和信号的响应时间来判断氧传感器的好坏。在信号电压波形中,上升的部分是急加速造成的,下降的部分是急减速造成的。

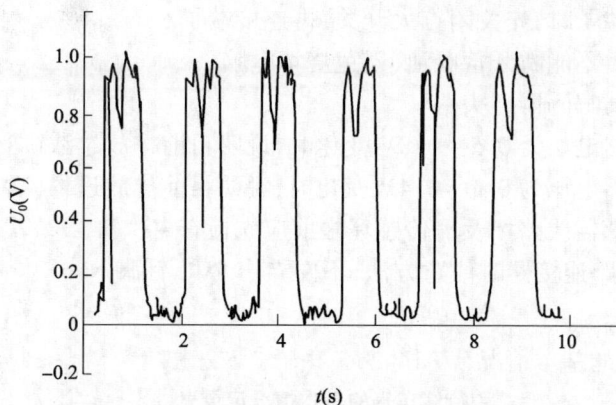

图 14-11　急加速法测试时氧传感器的信号电压波形

相关链接

开环控制是一种直链式控制,其控制模块根据传感器的信号控制执行器的工作,但不对控制结果进行检测,如图 14-12a)所示。

闭环控制又称反馈控制,与开环控制不同的是增加反馈控制环节,即有些传感器检测控制结果并把这种结果反馈给控制模块,如图 14-12b)所示。

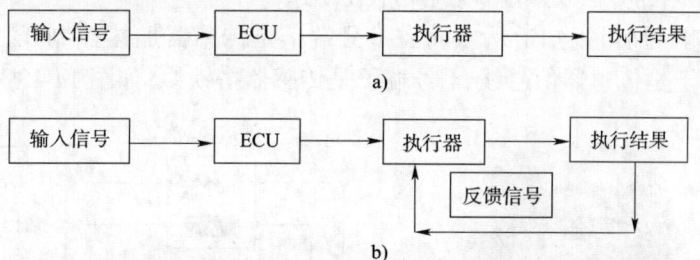

图 14-12　开环、闭环控制示意图

想一想

氧传感器在什么工况是开环控制? 在什么工况是闭环控制?

二、实践操作

1. 实践准备

丰田卡罗拉发动机台架 4 台、丰田卡罗拉轿车 1 辆、故障诊断仪 4 台、数字万用表 4 个、208 接线盒 4 盒、专用工具及工具车 4 套、维修手册、实训工单等。

2. 技术要求与注意事项

(1)先关闭点火开关,再拔下氧传感器连接器。

（2）连接传感器端子时,先关闭点火开关,再连接端子。

（3）汽车在起动时不能断开蓄电池,以免烧坏电脑。

（4）不能带电拔插解码器插头。

（5）检测氧传感器电压为 0.5~0.8V 变化时,说明目前排放过浓（含氧过低）。

（6）检测氧传感器电压为 0.1~0.4V 变化时,说明目前排放过稀（含氧过高）。

（7）在断定氧传感器线路坏及氧传感坏之前应先检查 +B 和 E1。

（8）插拔 ECU 线路连接器时注意方法,不要弄伤 ECU 针脚。

3. 实践操作

1）记录待修车辆的基本情况（表 14-2）

待修车辆的基本情况记录表 表 14-2

项　目	内　容
车辆型号（VIN）	
发动机型号	
车主反映	发动机故障灯点亮,怠速不稳、缺火、喘振
维修检查建议	经读取故障码,需检查氧传感器及电路

2）氧传感器的检测与更换

（1）读取故障码的方法及步骤（见学习任务九）。

通过查阅维修手册可以知道从左向右 1 号端子是传感器加热控制线,2 号端子是传感器电源线,3 号端子是传感器信号线,4 号端子是传感器搭铁线,如图 14-13 所示。

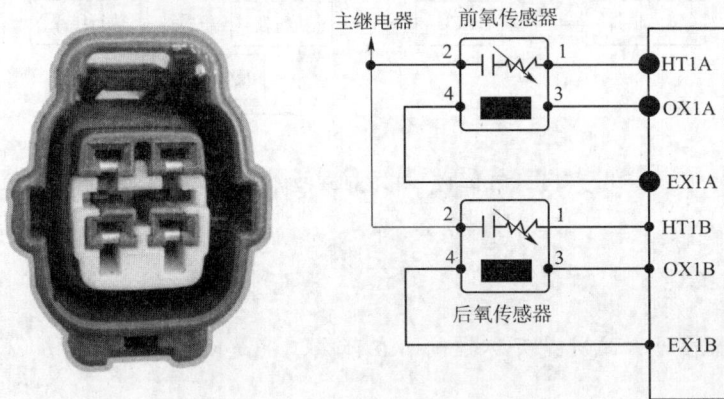

图 14-13　氧传感器线束连接器

（2）氧传感器线路检测方法及步骤。

①查阅维修手册,识读氧传感器与 ECU 连接线路图。

②断开蓄电池负极。

③拆下发动机控制模块 B31 线束连接器,如图 14-14 所示。

④检测发动机控制模块线束连接器 B31-104 号端子至氧传感器线束连接器的 1 号端子

电阻。正常电阻应小于1Ω。否则,说明氧传感器加热控制线路故障,如图14-15所示。

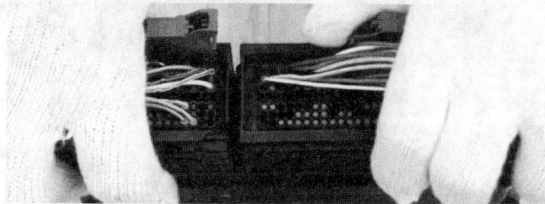

图14-14　拆下发动机控制模块B31线束连接器

图14-15　检测连接器B31-104号端子至氧传感器
线束连接器的1号端子电阻

⑤检测氧传感器线束连接器1号端子与搭铁之间的电阻值,正常电阻应大于10kΩ。否则,说明氧传感器加热控制线路短路,如图14-16所示。

⑥检测发动机控制模块线束连接器B31-103号端子与氧传感器线束连接器3号端子的电阻,正常电阻应小于1Ω,否则,说明氧传感器加热控制线路短路,如图14-17所示。

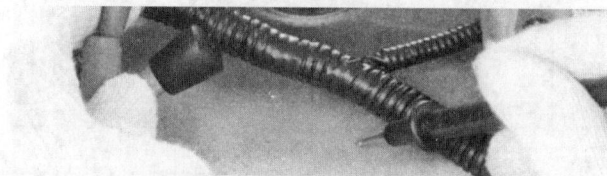

图14-16　检测氧传感器线束连接器1号端子
与搭铁之间的电阻

图14-17　检测连接器B31-103号端子与氧传
感器线束连接器3号端子的电阻

⑦检测氧传感器连接线束3号端子与搭铁线路电阻,正常电阻应大于10kΩ,否则,说明氧传感器加热控制线路短路,如图14-18所示。

⑧检测发动机控制模块线束连接器B31-126号端子与氧传感器线束连接器4号端子的电阻,正常电阻应小于1Ω,否则,说明氧传感器搭铁线路故障,如图14-19所示。

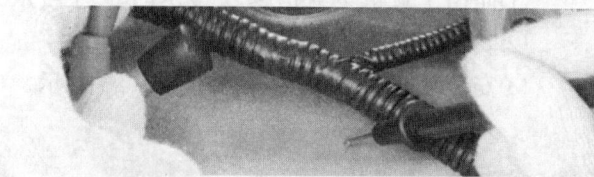

图14-18　检测氧传感器连接线束3号端子
与搭铁线路电阻

图14-19　检测连接器B31-126号端子与氧传
感器线束连接器4号端子的电阻

⑨检测氧传感器连接线束4号端子与搭铁线路电阻,正常电阻应大于10kΩ,否则,说明氧传感器加热控制线路短路,如图14-20所示。

(3)氧传感器检测。

①用专用检测线连接氧传感器1号和2号端子,如图14-21所示。

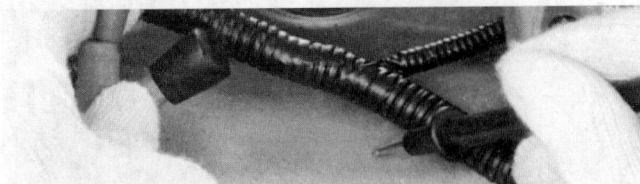

图 14-20 检测氧传感器连接线束 4 号端子
与搭铁线路电阻

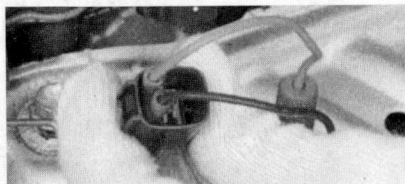

图 14-21 专用检测线连接氧传感器 1 号
和 2 号端子

②测量 1、2 号端子间的加热元件电阻,正常电阻应为 5 ~ 10Ω,否则,说明氧传感器加热元件故障,需要更换氧传感器,如图 14-22 所示。

③用专用检测线连接氧传感器 1 号和 4 号端子。用万用表电阻挡检测氧传感器 1 号和 4 号端子的电阻,正常应大于 10kΩ,否则,说明氧传感器内部短路故障,需要更换氧传感器,如图 14-23 所示。

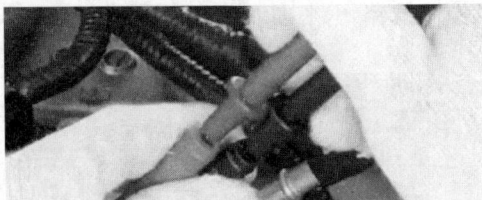

图 14-22 测量 1、2 号端子间的加热元件电阻

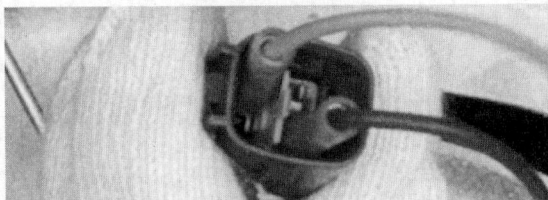

图 14-23 专用检测线连接氧传感器 1 号和 4 号端子

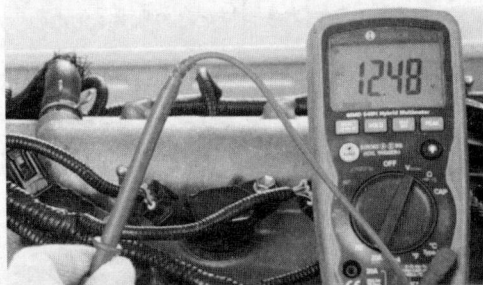

图 14-24 检测氧传感器 2 号端子的电压

④用专用检测线连接氧传感器 2 号端子。打开发动机用万用表电压挡检测氧传感器 2 号端子的电压(黑表笔搭铁),正常电压应为 11 ~ 14V,否则,说明氧传感器电源故障,需要更换氧传感器,如图 14-24 所示。

(4)氧传感器更换方法及步骤。

①使用工具拆下氧传感器,如图 14-25 所示。

②安装新的氧传感器,拧紧力矩为 40N·m。

③安装氧传感器连接器,如图 14-26 所示。

图 14-25 拆下氧传感器

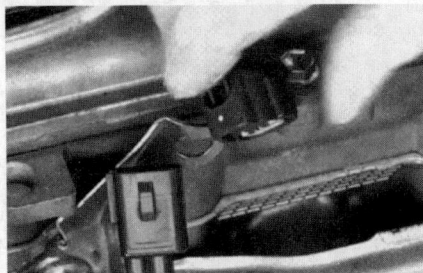

图 14-26 安装氧传感器连接器

④安装发动机控制单元线束连接器。

⑤安装蓄电池负极。

（5）故障排除确认方法及步骤（同上一个学习任务）。

想一想

如果单独断前氧传感器或者单独断后氧传感器负极线,将会发生什么现象? 为什么?

三、学 习 拓 展

（1）大多数氧传感器没有确定更换周期,但当反应迟缓后应该进行更换。一般非加热型的 5 万~8 万 km 更换一次,加热型的约 10 万 km 更换一次。

（2）氧传感器的常见故障如下。

①氧传感器中毒。氧传感器中毒是经常出现的且较难防治的一种故障,尤其是经常使用含铅汽油的汽车,即使是新的氧传感器,也只能工作几千千米。如果只是轻微的铅中毒,接着使用一箱不含铅的汽油,就能消除氧传感器表面的铅,使其恢复正常工作。但往往由于过高的排气温度,而使铅侵入其内部,阻碍了氧离子的扩散,使氧传感器失效,这时就只能更换了。

另外,氧传感器发生硅中毒也是常有的事。一般来说,汽油和润滑油中含有的硅化合物燃烧后生成的二氧化硅,硅橡胶密封垫圈使用不当散发出的有机硅气体,都会使氧传感器失效,因而要使用质量好的燃油和润滑油。修理时要正确选用和安装橡胶垫圈,不要在传感器上涂敷制造厂规定使用以外的溶剂和防粘剂等。

②积炭。由于发动机燃烧不好,在氧传感器表面形成积炭,或氧传感器内部进入了油污或尘埃等沉积物,会阻碍或阻塞外部空气进入氧传感器内部,使氧传感器输出的信号失准,ECU 不能及时地修正空燃比。产生积炭,主要表现为油耗上升,排放浓度明显增加。此时,若将沉积物清除,就会恢复正常工作。

③氧传感器陶瓷碎裂。氧传感器的陶瓷硬而脆,用硬物敲击或用强烈气流吹洗,都可能使其碎裂而失效。因此,处理时要特别小心,发现问题及时更换。

④加热器电阻丝烧断。对于加热型氧传感器,如果加热器电阻丝烧蚀,就很难使传感器达到正常的工作温度而失去作用。

⑤氧传感器内部线路断脱。

（3）氧传感器外观颜色的检查。从排气管上拆下氧传感器,检查传感器外壳上的通气孔有无堵塞,陶瓷芯有无破损。如有破损,则应更换氧传感器。

通过观察氧传感器顶尖部位的颜色也可以判断故障:

①淡灰色顶尖:这是氧传感器的正常颜色。

②白色顶尖:由硅污染造成的,此时必须更换氧传感器。

③棕色顶尖:由铅污染造成的,如果严重,也必须更换氧传感器。

④黑色顶尖:由积炭造成的,在排除发动机积炭故障后,一般可以自动清除氧传感器上的积炭。

(4)现代新型国产轿车上,在三元催化转化器前装有一个空燃比传感器,而在三元催化转化器后装一个氧传感器。氧传感器与空燃比传感器的区别在于:

①空燃比传感器的工作电压约0.4V,它的输出电流根据排放物中氧的浓度改变而改变。发动机的ECU把输出电流的变化转化成电压信号,线性地检测当前的空燃比。

②氧传感器的输出电压根据排放物中氧的浓度改变而改变,发动机ECU根据输出电压来决定当前空燃比是否比理想的空燃比浓或稀。

想一想

当氧传感器失效后,发动机如何控制混合气的浓度?

四、评价与反馈

1.自我评价与反馈

(1)你能主动参与工作现场的清洁和调整工作吗?(   )

    A.主动完成　　　　　　B.被动完成　　　　　　C.未完成

(2)你能正确规范地完成氧传感器的检测与更换吗?(   )

    A.快速规范　　　　　　B.规范但不熟练　　　　C.不会使用

(3)写出氧传感器检测步骤与检查工具。

_____

_____

_____

(4)氧传感器断路会导致发动机哪些故障?

_____

_____

(5)在本学习任务中你遇到的困难是什么?你是怎样解决的?

_____

_____

签名:_____　_____年_____月_____日

2.小组评价与反馈及反馈

(1)工作页的填写情况如何?(   )

    A.正确且书写认真　　　B.正确但书写潦草　　　C.有抄袭现象

(2)是否主动参与小组讨论?(   )

    A.主动　　　　　　　　B.被动　　　　　　　　C.未参与

(3)是否完成本学习任务的学习目标?(　　　)

    A.完成且效果好　　　　　B.完成但效果不好　　　　　C.未完成

(4)是否积极学习,不懂的问题是否积极向别人请教,是否积极帮助他人学习?(　　　)

    A.积极学习　　　　　　　B.积极请教

    C.积极帮助他人　　　　　D.全部不积极

(5)零件、工具与油污有没有落地,有无保持作业现场的整洁?(　　　)

    A.无掉地且场地整洁　　　B.有零件、工具掉地

    C.有油污掉地　　　　　　D.未保持作业现场的清洁

(6)实施过程中是否注意维修质量和有责任心?(　　　)

    A.注意质量,有责任心　　B.不注意质量,有责任心

    C.注意质量,无责任心　　D.全无

(7)团队学习中的主动和合作情况如何?

    A.好　　　　　　　　　　B.较好　　　　　　　　　C.一般

       参与评价的同学签名:＿＿＿＿　＿＿＿年＿＿＿月＿＿＿日

3.教师评价

＿＿

＿＿

       教师签名:＿＿＿＿＿＿　＿＿＿＿年＿＿＿月＿＿＿日

五、技能考核标准

技能考核标准见表14-3。

技能考核标准　　　　　　　　　　　　　　　　　　　　　　　表14-3

序号	项　目	操作内容	规定分	评分标准	得分
1	准备	清点工具、清理工位	5	酌情扣分	
2	读取故障码	用手持式电脑诊断仪读取故障码	10	每步操作不当酌情扣分	
3	查阅维修手册	查阅维修手册	10	每步操作不当酌情扣分	
4	检测氧传感器线路	(1)断开蓄电池负极; (2)检测发动机控制模块线束连接器 B31-104 号端子至氧传感器线束连接器的 1 号端子电阻; (3)测量氧传感器线束连接器 1 号端子与搭铁之间的电阻值; (4)检测发动机控制模块线束连接器 B31-103 号端子与氧传感器线束连接器 3 号端子的电阻;	3 4 4 4	每步操作不当酌情扣分	

序号	项目	操作内容	规定分	评分标准	得分
4	检测氧传感器线路	（5）检测氧传感器连接线束 3 号端子与搭铁线路电阻； （6）检测发动机控制模块线束连接器 B31-126 号端子与氧传感器线束连接器 4 号端子的电阻； （7）检测氧传感器连接线束 4 号端子与搭铁线路电阻	4 3 3	每步操作不当酌情扣分	
5	检测氧传感器	（1）测量 1、2 号端子间的加热元件电阻； （2）测氧传感器 1 号和 4 号端子的电阻； （3）测量氧传感器 2 号端子电压； （4）检查氧传感器安装情况； （5）拆卸氧传感器； （6）安装氧传感器； （7）安装发动机控制模块线束连接器	4 3 4 3 3 4 3	每步操作不当酌情扣分	
6	故障排除确认	用手持式故障诊断仪进行故障排除确认	10		
7	完成时限	60min	5	（1）超时 1～5min 扣 1～2 分； （2）超时 5min 以上扣 5 分	
8	结束	场地 7S 管理工作	10	（1）漏一项扣 1～3 分，未做扣 5 分； （2）不清洁扣 1～3 分，未做扣 3 分	
	总分		100		

学习任务十五　燃油供给系统的检修

任务要求

完成本学习任务后,你应能:

1. 知道燃油供给系统各组成部件的作用、组成及工作原理;
2. 知道电动燃油泵、喷油器的控制电路及检修方法;
3. 会分析燃油供给系统的简单故障。

建议学时:12 学时。

任务描述

一辆 2013 款手动丰田卡罗拉 1.6L 轿车,行驶了 6 万 km,车主反映车辆起动困难,即使起动了怠速时也抖动得非常厉害,加速无力,并且仪表板上的发动机故障灯点亮。于是将车开到修理厂检查。维修人员发现,该车刚做维护不久,空气格机油格都没有到达更换周期,经初步检查,需对燃油供给系统进行进一步检查,以确定故障部位,便于维修或更换。

一、理论知识准备

燃料供给系统的任务是根据发动机各种不同工况的要求,配制出一定数量和浓度的可燃混合气,供入汽缸,使之在临近压缩终了时点火燃烧而膨胀做功。燃油供给系统示意图如图 15-1 所示。

燃油供给系统的主要功用是把燃油从燃油箱中吸入并通过电动燃油泵送出去,汽油经过燃油滤清器过滤到达燃油分配管,送到各汽缸内,多余的燃油通过油压调节器、回油管回到油箱,如图 15-2 所示。

1. 燃油箱

汽车的燃油箱通常需要具备燃油加注、燃油储存、燃油供应、安全、安装稳固、噪声控制、通气性等特点。

(1)燃油箱安装位置。一般的轿车燃油箱安装在后排座椅下方车身底部位置,如图 15-3 所示。

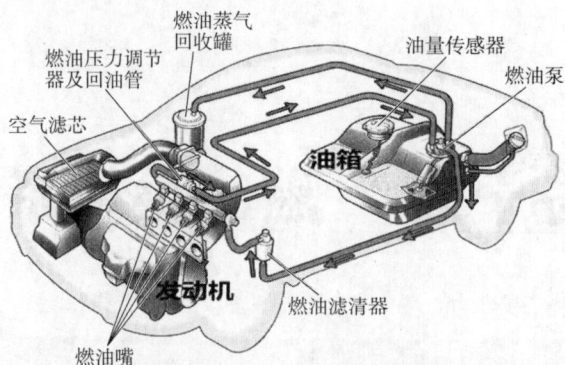

图 15-1　燃油供给系统

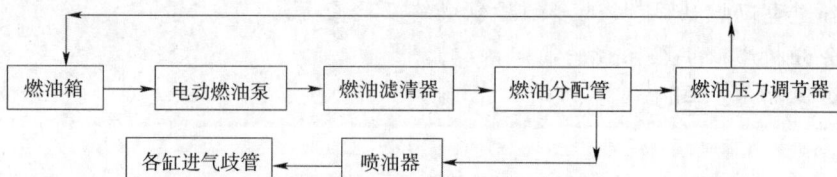

图 15-2　燃油供给系统流程图

图 15-3　燃油箱安装位置

　　（2）燃油箱的结构特征。汽车燃油箱主要由加油管、油箱体、油箱盖、油表、油泵等组成，如图 15-4 所示。

　　（3）燃油箱的检修。燃油箱一般不易损坏，如损坏也可及时发现，其特征为漏油或者油耗急剧升高。

　　（4）燃油箱拆卸方法及步骤。

　　①关闭发动机点火开关，断开蓄电池负极。

　　②用手动泵排除燃油。

　　③从车辆的下面拆开供油管和回油管以及从燃油箱口拆开排气软管，然后用干净的抹布堵住软管管口和出油口。

液体　气体

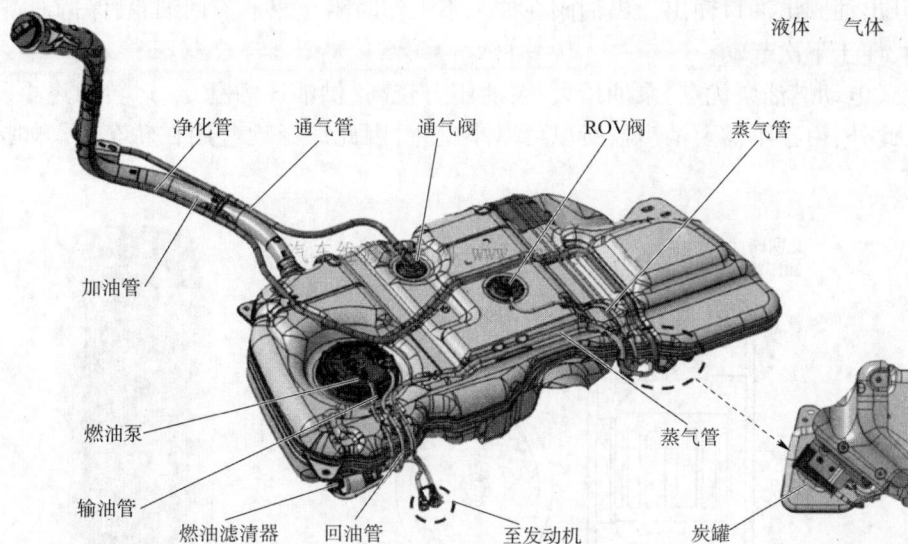

图 15-4　燃油箱结构

④从燃油箱出口上拆下大胶垫。取出行李舱中的地毯,再拆开燃油箱衬垫固定器,然后拆出衬垫。

⑤拆开燃油箱油位传感器电气导线连接器,并从线头上拨离导线。

⑥拧下燃油箱固定螺母,缓慢地提起燃油箱并拔出放油软管,向上提起燃油箱,并使之有一定间隙,然后向后把它从行李舱中取出。

⑦在随燃油箱拆出的同时,松开燃油箱供油软管出口处的燃油滤清器。

⑧如果燃油箱有锈蚀或存有泄漏现象,则应进行修理或予以更换。

⑨换上新燃油箱后作打压测试。

(5)场地 7S 工作。

2. 燃油泵

电动燃油泵的作用是向燃油系统提供一定压力的燃油。

1)燃油泵的分类

按照安装位置不同分为内置式和外置式。内置式安装在燃油箱中,具有噪声小、不易产生气阻、不易泄漏、管路安装简单、易冷却等优点。外置式则串接在燃油箱外部的输油管路中,其优点是易布置、安装自由空间大。缺点是噪声大,易产生气阻。

按电动燃油泵的结构不同分为:涡轮式、滚柱式、齿轮式和侧槽式。

2)燃油泵的工作原理

(1)涡轮式电动燃油泵。

结构:主要由燃油泵电动机、涡轮泵、出油阀、卸压阀组成,如图 15-5 所示。

工作原理:油泵电动机通电时,电动机驱动涡轮泵叶片旋转,由于离心力的作用,使叶轮周围小槽内的叶片贴紧泵壳,将燃油从进油室带往出油室。由于进油室的燃油不断减小,形成一定的真空度,将燃油从进油口吸入;而出油室燃油不断增多,燃油压力升高,当达到一定值时,顶开出油阀出油口输出。出油阀在油泵不工作时阻止燃油流回油箱,保持油路中有一定的压力,便于下次起动。

涡轮式电动燃油泵优点:泵油量大、泵油压力较高、供油压力稳定、运转噪声小、使用寿命长等。此外,由于不需要消声器所以可以小型化,因此广泛地应用在轿车上。如捷达、本田雅阁等。

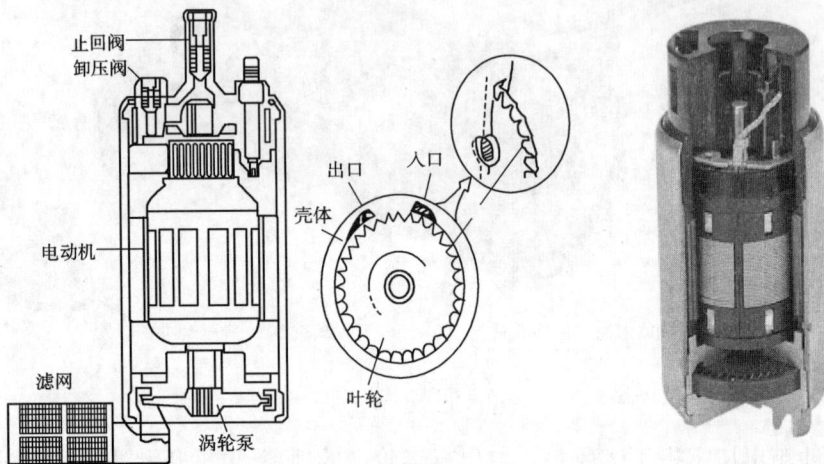

图15-5 涡轮式电动燃油泵结构

(2)滚柱式电动燃油泵。

滚柱式电动燃油泵的结构:主要由燃油泵电动机、滚柱式燃油泵、出油阀、卸压阀等组成,如图15-6所示。

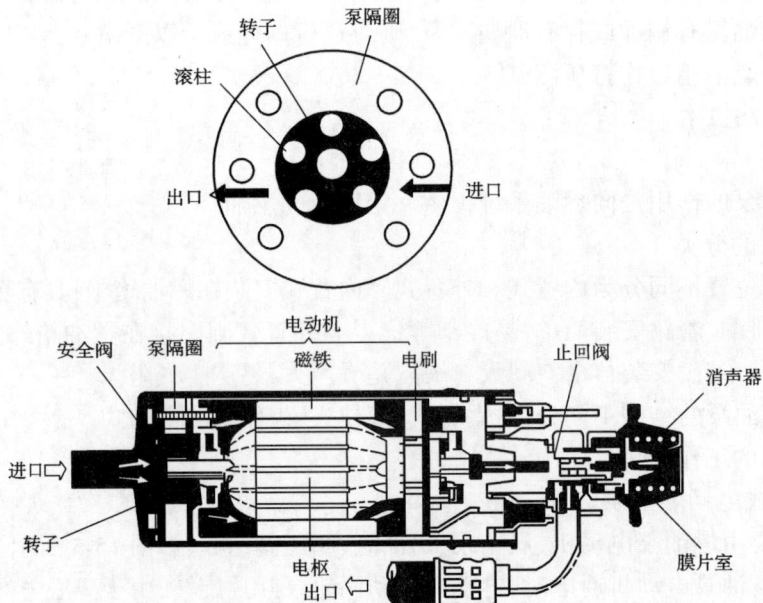

图15-6 滚柱式电动燃油泵的结构

工作原理:当转子旋转时,位于转子槽内的滚柱在离心力的作用下,紧压在泵体内表面上(图15-7),对周围起密封作用,在相邻两个滚柱之间形成工作腔。在燃油泵运转过程中,工作腔转过出油口后,其容积不断增大,形成一定的真空度,当转到与进油口连通时,将燃油吸入;而吸满燃 油的工作腔转过进油口后,容积不断减小,使燃油压力提高,受压燃油流过电动机,从出油口输出。

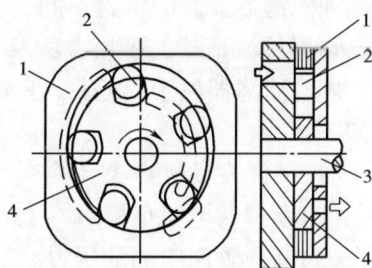

图15-7　滚柱式电动燃油泵工作原理
1-泵壳体;2-滚柱;3-转子轴;4-转子

滚柱式电动燃油泵缺点:输油压力波动较大,在出油端必须安装阻尼减振器,这使得燃油泵体积增大,故一般都安装在燃油箱外面,属外置式。

3. 燃油滤清器

1)燃油滤清器的功用

汽油对于汽车的重要性就如同食物对于人体的重要性一样,没有汽油的供应,车辆寸步难行。另外,在汽油油品方面,如果油品不是很好、汽油内所含的杂质比较多,这会对发动机内的喷油嘴、燃油泵、燃油管路等部件造成损害,从而影响燃油系统的正常工作。因此,在这个时候,汽油滤清器的作用就完全体现出来了。简单地说,汽油滤清器的作用就是把含在汽油中的氧化铁、粉尘等固体杂质或是水过滤掉,一方面可以减少喷油嘴被杂质堵住的概率,另一方面也可以保证流入燃油系统的汽油油质。

2)燃油滤清器的结构和原理

燃油从燃油滤清器的入口一端进入燃油滤清器,经过滤芯的过滤,将杂质留下,清洁的燃油从出口流出,燃油滤清器的结构如图15-8 所示。

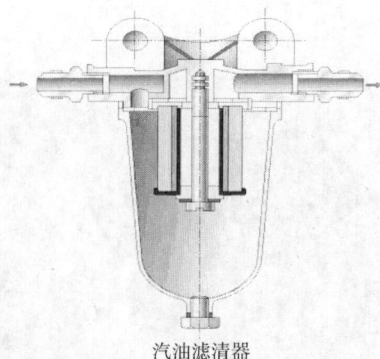

汽油滤清器

图15-8　燃油滤清器的结构和原理

3)燃油滤清器的安装位置

燃油滤清器由两部分组成,一部分安装在燃油箱内部,燃油泵的前端,另一个安装在燃油泵的出口处连接油管,现在也有的汽车将燃油滤清器和油泵安装在燃油箱里,不同的车型其燃油滤清器安装的位置不同。

4)燃油滤清器的更换方法及步骤

燃油滤清器属于消耗品,在作维护时一般每2年或4万km就需要直接更换,方法及步骤如下:

(1)关闭发动机点火开关。

(2)断掉蓄电池负极10~15min。

(3)卸掉管路中燃油压力。

(4)更换燃油滤清器(注意安装方向)。

(5)安装蓄电池负极。

(6)起动发动机检查。

(7)场地7S工作。

4. 燃油压力调节器

1)燃油压力调节器的作用

燃油压力调节器根据进气歧管压力的变化,调节进入燃油分配管中的燃油压力,并使它们两者之间的压力差保持恒定。

2)燃油压力调节器的结构和原理

燃油压力调节器由膜片分成上下两个腔,上腔通过真空软管与节气门后的进气歧管相连,下腔接供油管,当系统压力超过设定压力定后,膜片回落,关闭回流孔,使油压保持一固定值,发动机工作时,燃油压力调节器膜片上方承受的压力为弹簧压力和进气管内气体的压力之和,膜片下方承受的压力为燃油压力,当压力相等时,膜片处于平衡位置不动。当进气管内气体压力下降时,膜片向上移动,回油阀开度增大,回油量增多,使输油管内燃油压力也下降;反之,进气管内气体压力升高时,燃油的压力也升高,如图15-9所示。

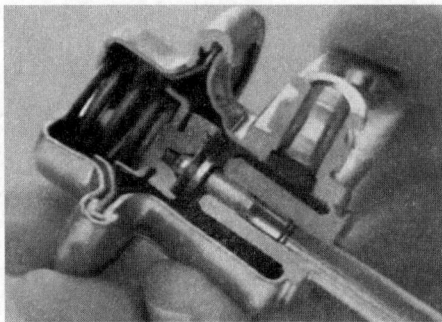

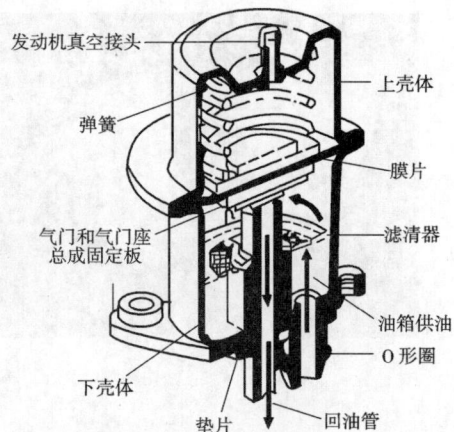

图15-9 燃油压力调节器结构原理图

3)燃油压力调节器的安装位置

燃油压力调节器安装在燃油分配器一端,如图15-10所示。

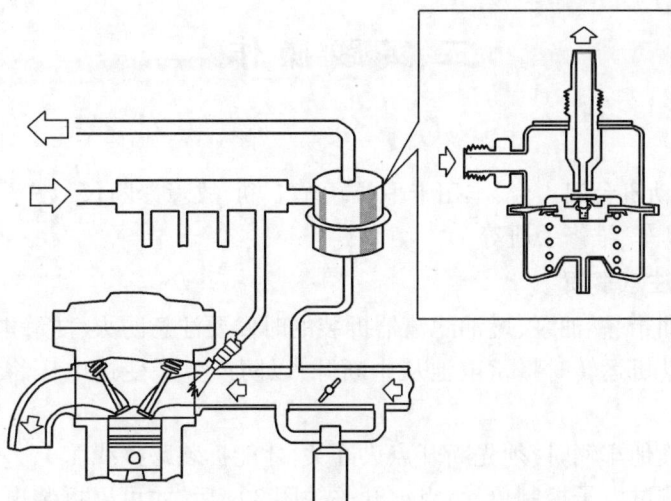

图 15-10　燃油压力调节器安装图

5. 喷油器

喷油器是一种加工精度非常高的精密器件,要求其动态流量范围大,抗堵塞和抗污染能力强以及雾化性能好。喷油器接受 ECU 送来的喷油脉冲信号,精确地控制燃油喷射量,如图 15-11 所示。

1)喷油器的分类

按喷油口结构可分为轴针式、孔式;按线圈电阻值可分为高阻($13 \sim 16\Omega$)、低阻($2 \sim 3\Omega$);按用途分为 MPI 用、SPI 用;按燃料供应位置:上端供油式、侧面供油式。

2)喷油器的工作原理

喷油器相当于电磁阀,通电时电磁线圈产生电磁力,衔铁及针阀吸起,喷油器开启,汽油经喷孔喷入进气道或进气管。断电时电磁力消失,衔铁及针阀在复位弹簧的作用下将喷孔封闭,喷油器停止喷油。喷油器的通电、断电由电控单元以电脉冲控制。喷油量由电脉冲宽度决定。脉冲宽度=喷油持续时间=喷油量。一般针阀升程约为 0.1mm,而喷油持续时间在 $2 \sim 10$ms 范围内,如图 15-12 所示。

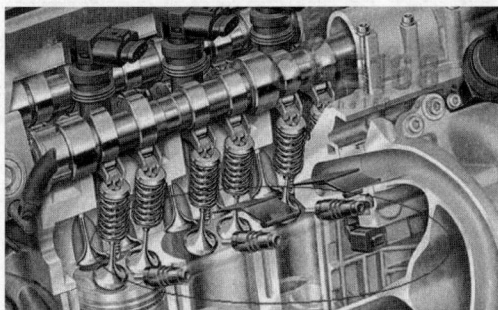

图 15-11　喷油器的安装位置

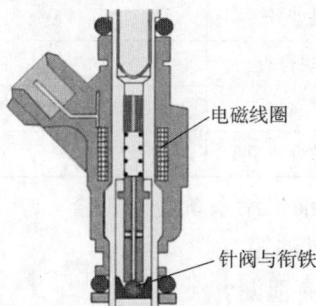

电磁线圈

针阀与衔铁

图 15-12　喷油器的工作原理

二、实践操作

1. 实践准备

丰田卡罗拉发动机台架 4 台、丰田卡罗拉轿车 1 辆、故障诊断仪、数字万用表、208 接线盒、专用工具及工具车、维修手册等。

2. 技术要求与注意事项

(1)在进行燃油箱、燃油泵、燃油滤清器拆装的时候要注意防火,防静电。

(2)严禁在发动机运转时将蓄电池从中断开,以防产生瞬变过电压将传感器和电子控制单元损坏。

(3)跨接起动其他车辆时,须先断开点火开关,才能拆装跨接线。

(4)不能直接测试电子控制单元;点火开关关闭 30s 后,才可以拆装电子控制单元接线插头。

(5)电子控制单元、传感器必须防止受潮,不允许将电子控制单元或传感器的密封装置损坏,更不允许用水冲洗电子控制单元和传感器。

(6)燃油系统管路具有一定的压力,打开之前应将抹布放到连接处,然后小心地松开连接以卸压。

(7)喷油和点火系统以及测试仪器的导线仅在关闭点火状态下才可拔下或插上。

(8)对燃油供给系统、喷射系统检修时遵守下述清洁规定:松开接头前彻底清洗接头及周围区域;拆下的零件放在清洁的表面上且覆盖好,不能用有绒毛的布;只能安装清洁的部件,安装前才打开包装;燃油系统打开后,尽量不要用压缩空气吹洗,尽量不移动车辆。

3. 实践操作

1)记录车辆基本信息及客户反映的情况(表 15-1)

车辆基本信息及客户反映的情况记录表   表 15-1

项　　　目	内　　　容
车辆型号(VIN)	
发动机型号	
车辆外观检查	□正常　　　　　□不正常
客户反映	故障灯点亮,发动机怠速不稳定,加速不良、回火,车辆行驶无力、排气冒黑烟,发动机难起动
维修接待的维修意见	需检查燃油供给系统,以确定故障

2)燃油供给系统外观检查

(1)燃油箱。

是否有泄漏?　　　　　　　　　　　　　　　　　　□ 是　　　□ 否

有无腐蚀和油箱内是否生锈?　　　　　　　　　　　□ 是　　　□ 否

燃油箱是否损坏或接缝是否有缺陷?　　　　　　　　□ 是　　　□ 否

是否有松动的装配螺钉和损坏的装配皮带？　　　　□ 是　　　□ 否

（2）燃油管。

是否存在破裂、割伤、扭结、凹痕？　　　　　　　□ 是　　　□ 否

是否有轻度污迹、老化、漏油？　　　　　　　　　□ 是　　　□ 否

连接是否松动？　　　　　　　　　　　　　　　　□ 是　　　□ 否

是否稳固地安装在车辆底盘上？　　　　　　　　　□ 是　　　□ 否

各接头处是否泄漏？　　　　　　　　　　　　　　□ 是　　　□ 否

（3）汽油滤清器。

安装方向是否正确？　　　　　　　　　　　　　　□ 是　　　□ 否

接头处是否有泄漏？　　　　　　　　　　　　　　□ 是　　　□ 否

是否存在破裂、割伤、凹痕？　　　　　　　　　　□ 是　　　□ 否

（4）燃油分配管。

各接头是否漏油？　　　　　　　　　　　　　　　□ 是　　　□ 否

燃油分配管是否漏油？　　　　　　　　　　　　　□ 是　　　□ 否

（5）喷油器。

喷油器插头是否连接良好？　　　　　　　　　　　□ 是　　　□ 否

喷油器外壳是否损坏？　　　　　　　　　　　　　□ 是　　　□ 否

（6）燃油压力调节器。

真空软管连接是否正常？　　　　　　　　　　　　□ 是　　　□ 否

燃油压力调节器是否破裂、凹痕？　　　　　　　　□ 是　　　□ 否

3）燃油泵检测

（1）燃油泵的电路检测。

①将点火开关置于"ON"挡，此时应听见"咔哒"继电器响一声，然后是油泵运转的"嗡嗡"声。如果没有任何声音可以判断为继电器到电源线端的线路故障，有"咔哒"声无"嗡嗡"声则说明继电器后到油泵端故障。

②查阅丰田卡罗拉维修手册。燃油泵电路图如图15-13所示。

③找到熔断丝的位置，检查熔断丝是否完好。

④点火钥匙打到ON挡，测量油泵保险是否有电压。如果无电压说明燃油泵保险到电源端故障或者ECU模块故障。

⑤关闭点火开关，断掉蓄电池负极。测量油泵继电器至油泵熔断丝电阻，如果大于1Ω，则说明熔断丝至继电器端线路故障。

⑥检测继电器是否正常工作。检测线圈端，电阻值应符合标准值。检测开关端电阻，在线圈端不导电时应无穷大。在线圈端导电时应小于1Ω。

⑦拆卸后座椅，找到燃油泵线束，检测继电器开关端的输出端至燃油泵的电源端电阻，正常应小于1Ω，如图15-14所示。

⑧拔出燃油泵进行带电检测，将燃油泵直接连接蓄电池正负极，如不工作，则说明燃油泵已坏，需更换。

⑨安装燃新油泵，确认能否正常使用。

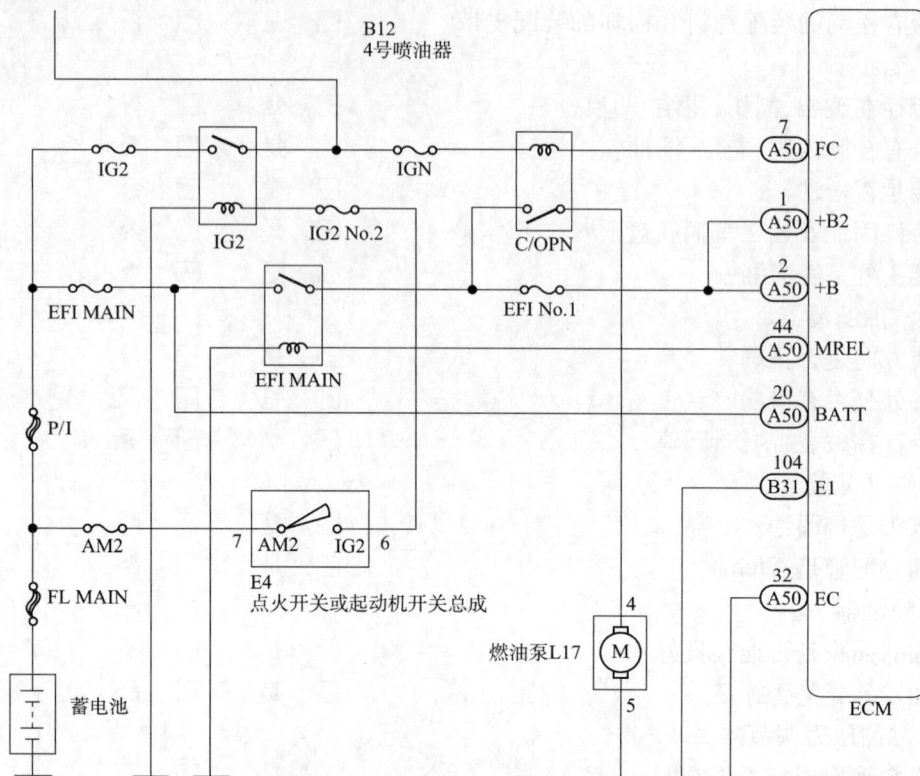

图15-13　丰田卡罗拉燃油泵电路图

图15-14　检测继电器开关端的输出端至燃油泵的电源端电阻

⑩场地7S工作。

（2）燃油压力测试。

①燃油系统卸压。

②根据表15-2中的值用电压表测量蓄电池电压。

标 准 电 压　　　　　　　　　　　　　表15-2

检测仪连接	条　件	规 定 状 态
正极端子-负极端子	点火开关置于OFF位置	11~14V

③从蓄电池负极(－)端子上断开电缆。

④从主燃油管上断开燃油软管。

⑤如图15-15所示,用其他SST安装SST(压力表)。

SST 09268-31012(09268-41500,90467-13001,95336-08070),

SST 09268-45014(09268-41200,09268-41220,09268-41250)。

⑥擦掉任何汽油。

⑦将电缆连接到蓄电池负极(－)端子上。

⑧将智能检测仪连接到DLC3上。

⑨选择以下菜单:Powertain/Engine/Active Test/Control the Fuel Pump/Speed.

⑩测量燃油压力。

燃油压力:304～343kPa。

a. 如果燃油压力大于标准值,更换燃油压力调节器。

b. 如果燃油压力大于标准值,检查燃油软管和连接情况,燃油泵、燃油滤清器和燃油压力调节器。

⑪从DLC3上断开智能检测仪。

⑫起动发动机。

⑬测量怠速时的燃油压力。

燃油压力:304～343kPa。

⑭关闭发动机。

⑮检查并确认燃油压力在发动机停止后能按规定持续5min。

燃油压力:147kPa或更高。

如果燃油压力不符合规定,则检查燃油泵或喷油器。

⑯检查燃油压力后,从蓄电池上负极(－)端子上断开电缆,然后小心地拆下SST,以防汽油溅出。

⑰将燃油管重新连接到主燃油管上,(燃油管连接器)。

⑱将1号燃油管卡夹安装到燃油管连接器上。

⑲检查燃油是否泄漏。

4)喷油器检测

(1)喷油器电路检测。

①查阅维修手册,识读喷油器与ECU连接线路图,如图15-16所示。

②断开蓄电池负极。

③拆下发动机控制模块B31线束连接器,如图15-17所示。

④检测发动机控制模块线束连接器B31-108号端子至1缸喷油器的2号端子电阻。正常电阻应小于1Ω。否则说明喷油器控制线路断路。

⑤测量喷油器线束连接器2号端子与搭铁之间的电阻值,正常电阻应大于10kΩ。否则说明喷油器控制路短路,如图15-18所示。

⑥2、3、4缸喷油器的检测方法与1缸喷油器的检测方法相同。

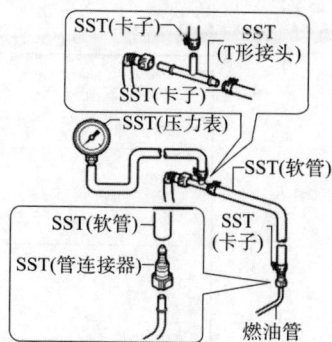

图15-15　燃油压力表连接

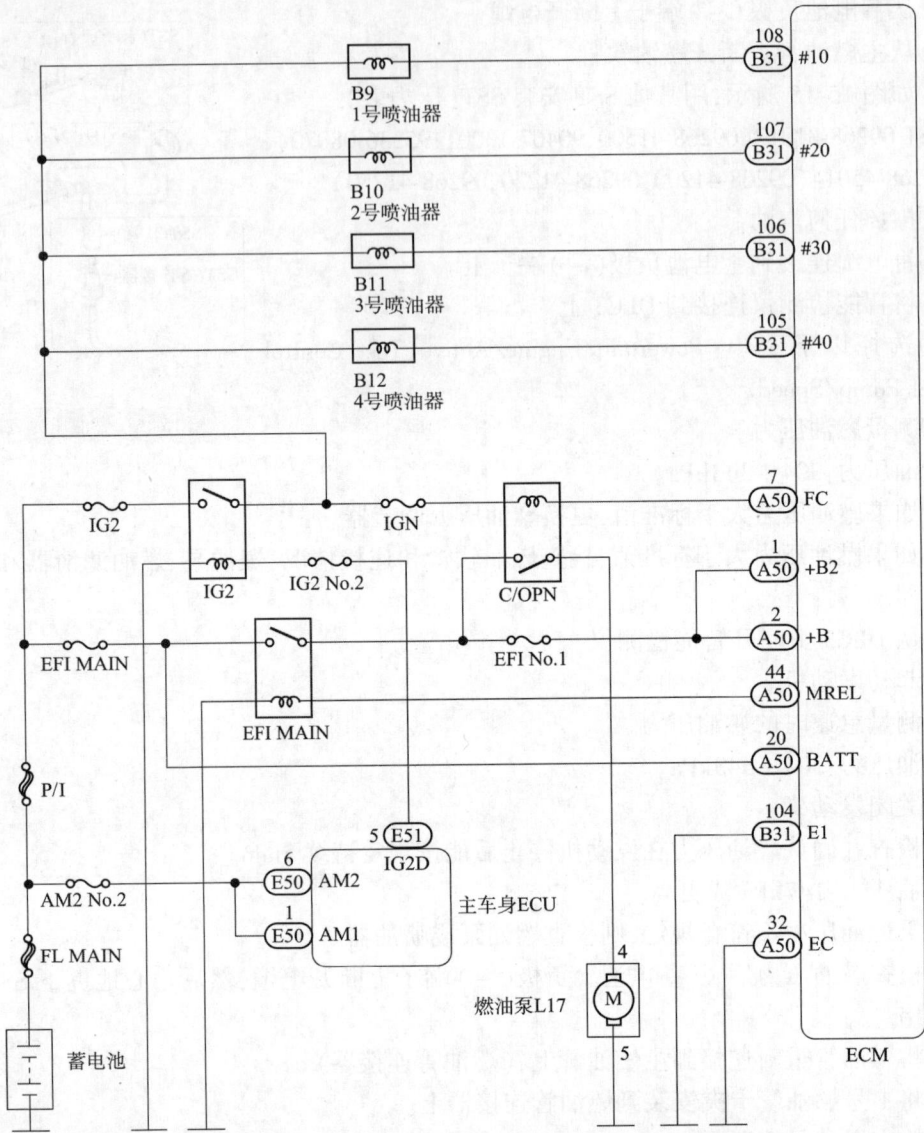

图 15-16　喷油器与 ECU 连接线路图

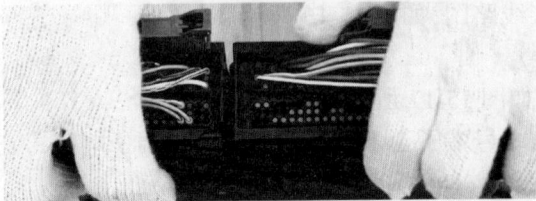

图 15-17　拆下发动机控制模块 B31 线束连接器

图 15-18　测量喷油器线束连接器 2 号端子
与搭铁之间的电阻

（2）喷油器检测。

①安装蓄电池负极。

②起动发动机。

③用万用表红表笔连接喷油器 1 号端子,黑表笔搭铁,测量 1 号端子信号电压。正常电压应为 11 ~ 14V,否则说明喷油器电源故障,如图 15-19 所示。

④将检测线分别接入喷油器 1、2 号端子,用万用表电阻挡测量喷油器之间的电阻。正常电阻值应为 11.6 ~ 12.5Ω,否则说明喷油器故障需要更换,如图 15-20 所示。

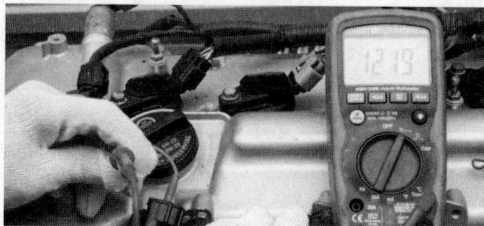

图 15-19　检测喷油器工作电压

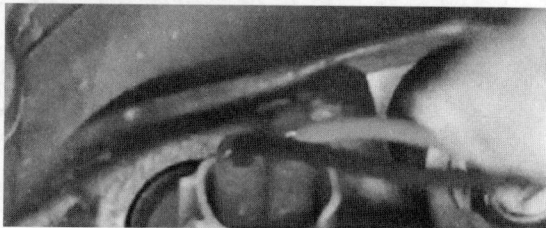

图 15-20　检测喷油器 1、2 号端子之间的电阻

（3）故障排除确认(同上一个学习任务)。

想一想

1. 如果油压调节器真空管出现泄漏,会出现哪些故障现象?

2. 如果喷油器不喷油该如何诊断,说说你的思路。

三、学习拓展

（1）新型轿车采用了无回油燃油系统。也就是说燃油滤清器和喷油器之间只有一条燃油管,没有回油管将燃油分配管中多余燃油送回到油箱中。这样,可以降低发动机对燃油的加热效应,从而降低蒸发排放。

（2）燃油压力表可以测量到的燃油压力,及其各种压力的作用如下。

①供油压力:打开点火开关但不起动发动机,ECU 将控制油泵工作 2 ~ 3s,此时测得的油压为油泵的供油压力,其作用是用来判定发动机供油油压是否正常。

②系统残压:指点火开关关闭后供油系统中的燃油压力,它一般应为工作油压的 51% 左右。过低说明油泵止回阀、喷嘴、输管漏油或油压调节器漏油。其作用是检测燃油泵、油压调节器和喷油器是否有泄漏。

③系统最高油压:将回油管夹住,使回油管停止回油,此时测得的燃油压力为系统最高油压,一般应为工作油压的 2 ~ 2.5 倍,其作用是检测油泵的最大供油能力。最高油压过低说明燃油滤清器或进油管路堵塞或汽油泵堵塞或损坏。

④调节油压:指油压调节器在真空的作用下对油压的调节压力,它以拔出或插上真空管来判断。排出或插上油压调节器上的真空管时油压应变化 41.4kPa ,其作用是判断油压调

节器工作是否正常。

⑤供油量：在发动机怠速运转中读取燃油系统的供油压力，然后急加速到3000r/min以上，立刻读取的油压值。其作用是检测车辆的加速性能。

四、评价与反馈

1. 自我评价与反馈

（1）你能主动参与工作现场的清洁和调整工作吗？（　　）

    A. 主动完成　　　　　B. 被动完成　　　　　C. 未完成

（2）你能正确规范地完成进燃油供给系统中零部件的检测与更换吗？（　　）

    A. 快速规范　　　　　B. 规范但不熟练　　　　　C. 不会使用

（3）写出燃油供给系统的检测思路与检查工具。

_____

_____

_____

（4）哪些原因导致油泵不工作？

_____

_____

（5）在本学习任务中你遇到的困难是什么？你是怎样解决的？

_____

_____

                签名：_____　____年____月____日

2. 小组评价与反馈

（1）工作页的填写情况如何？（　　）

    A. 正确且书写认真　　　B. 正确但书写潦草　　　C. 有抄袭现象

（2）是否主动参与小组讨论？（　　）

    A. 主动　　　　　B. 被动　　　　　C. 未参与

（3）是否完成本学习任务的学习目标？（　　）

    A. 完成且效果好　　　B. 完成但效果不好　　　C. 未完成

（4）是否积极学习，不懂的问题是否积极向别人请教，是否积极帮助他人学习？（　　）

    A. 积极学习　　　　　B. 积极请教

    C. 积极帮助他人　　　D. 全部不积极

（5）零件、工具与油污有没有落地，有无保持作业现场的整洁？（　　）

    A. 无掉地且场地整洁　　　B. 有零件、工具掉地

    C. 有油污掉地　　　D. 未保持作业现场的清洁

（6）实施过程中是否注意维修质量和有责任心？（　　）

    A. 注意质量，有责任心　　　B. 不注意质量，有责任心

    C. 注意质量，无责任心　　　D. 全无

（7）团队学习中的主动和合作情况如何？

　　A. 好　　　　　　　　　B. 较好　　　　　　　　C. 一般

　　参与评价的同学签名：＿＿＿＿＿　＿＿＿＿年＿＿＿月＿＿＿日

3. 教师评价

＿＿＿＿＿＿＿＿＿＿＿＿＿＿＿＿＿＿＿＿＿＿＿＿＿＿＿＿＿＿＿＿＿＿

＿＿＿＿＿＿＿＿＿＿＿＿＿＿＿＿＿＿＿＿＿＿＿＿＿＿＿＿＿＿＿＿＿＿

＿＿＿＿＿＿＿＿＿＿＿＿＿＿＿＿＿＿＿＿＿＿＿＿＿＿＿＿＿＿＿＿＿＿

　　　　　　　　　　　教师签名：＿＿＿＿＿　＿＿＿＿年＿＿＿月＿＿＿日

五、技能考核标准

技能考核标准见表15-3。

技 能 考 核 标 准　　　　　　　　　　　　表15-3

序号	项　目	操 作 内 容	规定分	评 分 标 准	得分
1	准备	清点工具、清理工位	5	酌情扣分	
2	燃油泵的检测	（1）点火位置打到 ON 挡，此时应听见"咔哒"继电器响一声，然后是油泵运转的"嗡嗡"声。如果没有任何声音，可以判断为继电器到电源线端的线路故障，有"咔哒"声无"嗡嗡"声则说明继电器后到油泵端故障； （2）查阅维修手册，找到熔断丝的位置，检查熔断丝是否完好； （3）点火钥匙打到 ON，测量油泵熔断丝是否有电压； （4）测量油泵继电器至油泵熔断丝电阻； （5）检测继电器是否正常工作； （6）检测继电器开关端的输出端至燃油泵的电源端电阻； （7）燃油泵检测； （8）安装新油泵，确认能否正常使用	3 3 3 3 3 3 3 3	每步操作不当酌情扣分	
3	燃油滤清器的更换	（1）关闭发动机点火开关，断掉蓄电池负极 10～15min，卸掉管路中燃油压力； （2）更换燃油滤清器（注意安装方向），安装蓄电池负极、起动发动机检查	7 8	每步操作不当酌情扣分	

序号	项 目	操 作 内 容	规定分	评 分 标 准	得分
4	喷油器的检测与维修	（1）关闭发动机点火开关——将故障诊断仪接入 OBD-II 诊断座中，读取故障码；	3	每步操作不当酌情扣分	
		（2）退出诊断程序，关闭点火开关，拔下诊断接头；	3		
		（3）通过断缸法找到不工作的喷油器；	3		
		（4）查阅维修手册，识读喷油器与 ECU 连接线路图；	3		
		（5）断开蓄电池负极，拆下发动机控制模块 B31 线束连接器；	3		
		（6）检测发动机控制模块线束连接器 B31-108 号端子至 1 缸喷油器的 2 号端子电阻；	2		
		（7）测量喷油器线束连接器 2 号端子与搭铁之间的电阻值；	2		
		（8）安装蓄电池负极，起动发动机；	2		
		（9）用万用表红表笔连接喷油器 1 号端子，黑表笔搭铁，测量 1 号端子信号电压；	2		
		（10）将检测线分别接入喷油器 1、2 号端子，用万用表电阻挡测量喷油器之间的电阻；	3		
		（11）拆下喷油器固定螺栓，取出喷油器，安装新的喷油器，以 10N·m 的力矩紧固螺栓；	3		
		（12）安装喷油器连接器，安装发动机控制单元线束连接器，安装蓄电池负极；	3		
		（13）关闭发动机点火开关，将故障诊断仪接入 OBD-II 诊断座中，打开点火开关，起动发动机；	3		
		（14）选择对应的车型和发动机，清除故障码，使用故障诊断仪读取发动机故障码和数据流。发动机工作正常，发动机故障指示灯熄灭，数据流正常，发动机运转平稳说明故障排除；	3		
		（15）退出诊断程序，关闭点火开关，拔下诊断接头	3		
5	故障排除确认	用手持式故障诊断仪进行故障排除确认，场地 7S 工作	10		
6	完成时限	80min	5	超时酌情扣分	
	总分		100		

学习任务十六 电控点火系统的检修

任务要求

完成本学习任务后,你应能:

1. 知道电控点火系统由哪些零部件组成;
2. 知道电控点火系统工作原理;
3. 知道电控点火系统的故障分析思路;
4. 会对点火系统进行检测与维修。

建议学时:8 学时。

任务描述

李先生的大众迈腾轿车使用了 3 年了,早上起动的时候发现发动机抖动厉害,加速无力,故障灯点亮,现在开到 4s 店来维修,经维修人员检查,发现是电控点系统的故障,需进一步对电控点火系统的部件和电路进行检测,以确定故障部位,便于维修或更换。

一、理论知识准备

目前汽车上所采用的点火系统大多数为电感储能的点火系统,早期汽车上使用的传统蓄电池点火系统即为典型的电感储能点火系统,由于电子技术的不断发展,现在汽车上的点火系统已为电子点火系统或微机控制点火系统所取代,但不管是传统点火系统还是电子点火系统,其点火的基本原理是相同的。

(一)电控点火系统

1. 电控点火系统结构

电控点火系统安装位置如图 16-1 所示,它主要由蓄电池、点火开关、点火模块和火花塞等组成。

2. 电控点火系统的工作原理

发动机工作时,ECU 根据接收到的各传感器信号,按存储器中存储的有关程序和数据,确定出最佳点火提前角和通电时间,并以此向点火器发出指令。点火器根据指令,控制点火线圈初级电路的导通和截止。当电路导通时,有电流从点火线圈中的初级电路通过,点火线圈将点火能量以磁场的形式储存起来。当初级电路被切断时,次级线圈中产生很高的感应电动势(15~30 kV),经分电器或直接送至工作汽缸的火花塞。火花塞将点火高压引入汽缸燃烧室,并在电极间产生电火花,点燃混合气。

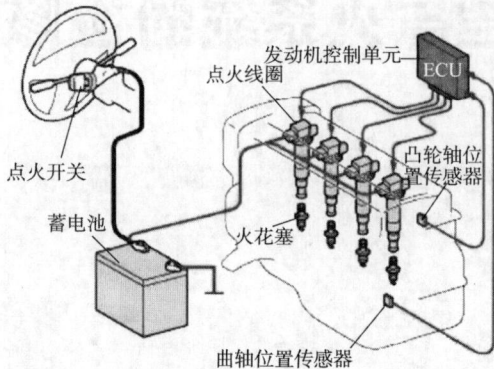

图 16-1　点火系统结构和安装位置

在电控点火系统中,用凸轮轴位置传感器产生 G 信号和曲轴位置传感器产生的 Ne 信号作为主控制信号,以 G 信号为基准,按1°曲轴转角分频,用既定的曲轴角度产生点火控制信号(IGt 信号),如图 16-2 所示。

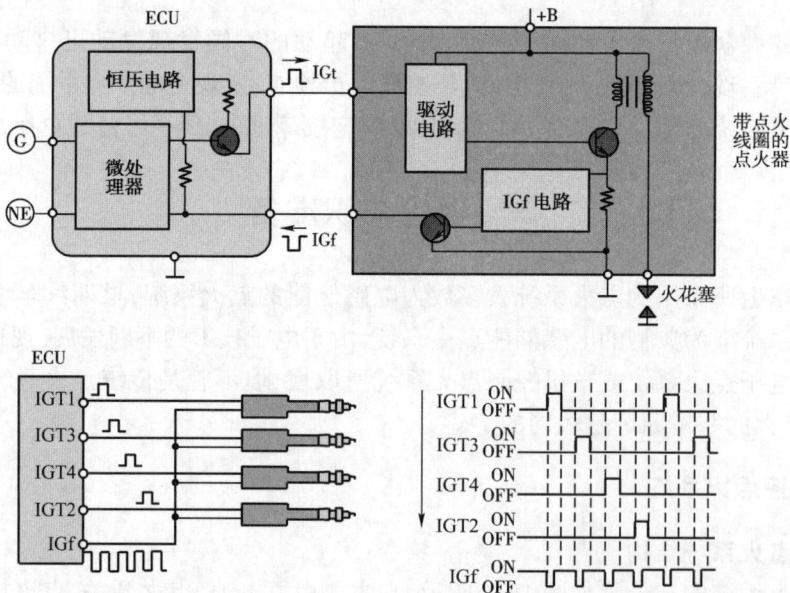

图 16-2　基本点火电路

(1)G 信号指活塞运行到上止点位置的判别信号,它是根据凸轮轴位置传感器产生的信号经过整形和转换而获得的脉冲信号。发动机工作时,ECU 根据 G 信号可准确地计算出曲轴每转 1°所用的时间,并根据其他传感器输入信号,ECU 按其内存的控制模型确定点火提前角和点火线圈的通电时间。

（2）Ne 信号指发动机的曲轴转角信号,它是根据曲轴位置传感器产生的信号经过整形和转换而获得的脉冲信号。在电控点火系统中,Ne 信号主要是用来计量点火提前角和通电时间。

（3）IGt 信号是 ECU 向点火器中功率晶体管发出的通断控制信号,如图 16-3a)所示。

（4）IGf 信号是完成点火后,点火器向 ECU 输送的点火确认信号,如图 16-3b)所示。

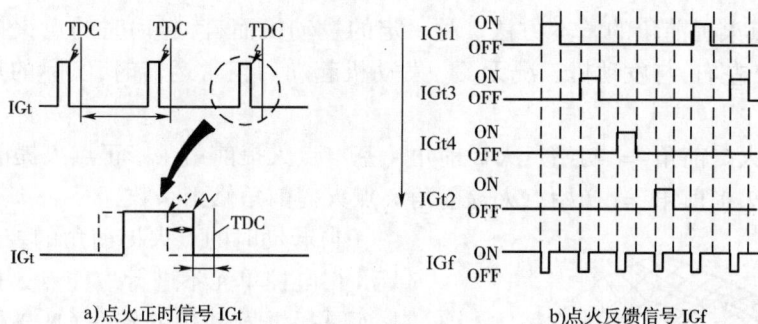

a)点火正时信号 IGt

b)点火反馈信号 IGf

图 16-3　IGt 信号和 IGf 信号

3. 电控点火系统的控制功能

电控点火系统的控制功能主要包括点火提前角的控制、通电时间的控制及爆燃的控制三方面。

1）点火提前角的控制

（1）点火提前角对发动机性能的影响。点火提前角过大,大部分混合气在压缩过程中燃烧,活塞所消耗的压缩功增加,缸内最高压力升高,末端混合气自燃所需的时间缩短,爆燃倾向增大;点火提前角过小,燃烧延长到膨胀过程,燃烧最高压力和温度降低,传热损失增多,排气温度升高,功率、热效率降低,但爆燃倾向减小,NO_x 排放降低。实验证明,最佳的点火提前角,应使发动机汽缸内的最高压力出现在上止点后 $10° \sim 15°$,如图 16-4所示。

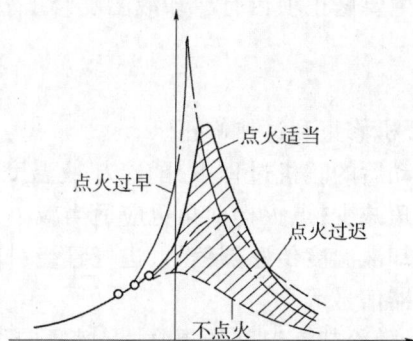

图 16-4　点火提前角对发动机性能的影响

（2）最佳点火提前角确定依据。

①发动机转速：点火提前角应随着发动机转速的升高而增大。

②发动机负荷：随负荷的减小，应增大点火提前角，反之，应减小点火提前角。与传统点火系统相比，采用电控点火系统时，可以使发动机的实际点火提前角接近理想的点火提前角。

③燃油辛烷值：辛烷值越高，抗爆性越好，点火提前角可适当增大，反之应减小。

④其他因素：还应考虑燃烧室形状、燃烧室内温度、空燃比、大气压力、冷却液温度等。

（3）控制点火提前角的基本方法。对一定的发动机而言，起动时的点火提前角是固定的，一般为 10°左右，与发动机工况无关。发动机起动后正常运转时，实际的点火提前角的控制方法有：

①实际点火提前角 ＝ 初始点火提前角＋基本点火提前角＋修正点火提前角

②实际点火提前角 ＝ 初始点火提前角×点火提前角修正系数

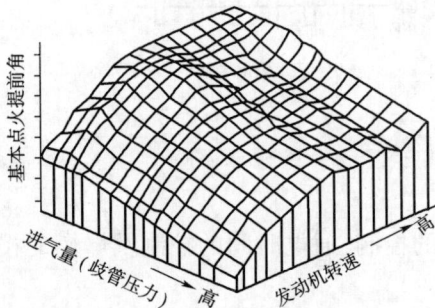

图 16-5　电控点火数据图

（4）起动时的点火提前角的控制。发动机冷起动时，电控单元不进行最佳点火提前角调整控制，而是根据发动机的转速（Ne）和起动开关信号（Sta）以固定不变的点火提前角点火。当发动机的转速超过一定值时，自动转入由 ECU 控制的最佳点火提前角计算及控制程序，如图 16-5 所示。

（5）起动后的基本点火提前角的确定。发动机起动后怠速运转时，ECU 根据 IDL 信号（怠速触点）、Ne 信号和 A/C 信号确定基本点火提前角。

发动机起动后在正常工况下运转时，控制点火提前角的信号主要有：PIM 信号或 Vs 信号（进气管压力传感器或空气流量传感器信号）、Ne 信号、IDL 信号、KNK 信号（爆燃信号）等。

（6）点火提前角的修正。主要修正项目有冷却液温度修正、怠速稳定修正和空燃比反馈修正等。

①冷却液温度修正。

冷却液温度修正可分为暖机修正和过热修正。

暖机修正：发动机冷车起动后的暖机过程中，随冷却液温度的提高，混合气的燃烧速度加快，燃烧过程所占的曲轴转角减少，点火提前角也应适当减小，如图 16-6 所示。

暖机修正控制信号有：冷却液温度传感器信号、进气管绝对压力传感器信号或空气流量传感器信号、节气门位置传感器信号等。

过热修正：发动机工作时，随冷却液温度的提高，爆燃倾向逐渐增大。冷却液温度过高时，为避免产生爆燃，必须修正点火提前角，如图 16-7 所示。

过热修正控制信号有：冷却液温度度传感器信号、节气门位置传感器信号。

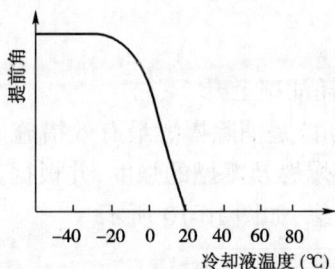

图 16-6　点火提前角的暖机修正曲线

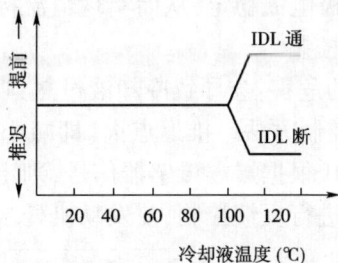

图 16-7　点火提前角的过热修正曲线

②怠速稳定修正。

ECU 根据实际转速与目标转速的差值来修正点火提前角,以便保持发动机在规定的怠速转速下稳定运转。若低于目标转速,应增大点火提前角,反之,推迟点火提前角,如图 16-8 所示。

怠速稳定修正控制信号有:发动机转速信号、节气门位置传感器信号、车速传感器信号、空调开关信号等。

③空燃比反馈修正。

空燃比反馈控制系统是根据氧传感器的反馈信号调整喷油量的多少来达到最佳空燃比控制的。为了稳定发动机转速,点火提前角需根据喷油量的变化进行修正,如图 16-9 所示。

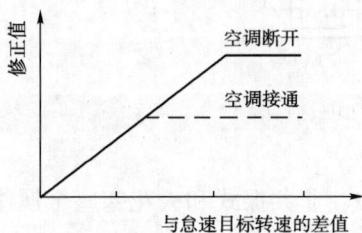

图 16-8　点火提前角的怠速稳定性修正曲线

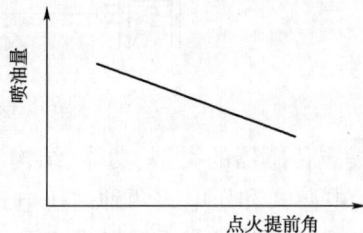

图 16-9　点火提前角的空燃比反馈修正曲线

2)通电时间的控制

(1)通电时间对发动机性能的影响。初级电路被断开的瞬间,初始电流能达到的值与初级电路接通的时间长短有关,只有通电时间一定值时,初级电流才可能达到饱和。由于断开电流影响次级电压的最大值,次级电压的高低又直接影响点火系统工作的可靠性。所以,发动机工作时,必须保证点火线圈的初级电路有足够的通电时间。

(2)通电时间的控制方法。传统汽油机点火系统的点火线圈初级电路的通电时间取决于断电器触点的闭合角和发动机转速,对一定的发动机而言,断电器触点的闭合角是一定的,通电时间随发动机的转速提高而缩短;而现代电控点火系统的点火线圈初级电路的通电时间由 ECU 控制,ECU 根据发动机的转速信号和电源电压信号确定最佳的闭合角(通电时间),并向点火器输出指令信号(IGt 信号),以控制点火器中晶体管的导通时间。

(3)点火线圈的恒流控制。由于现代的汽车采用了高能点火线圈,改善点火性能。为了防止初级电流过大烧坏点火线圈,在部分电控点火系统的点火控制电路中增加了恒流控制电路。

恒流控制的基本方法是:在点火器功率晶体管的输出回路中增设一个电流检测电阻,用电流在该电阻上形成的电压降反馈控制晶体管的基极电流,只要这种反馈为负反馈,就可使晶体管的集电极电流稳定,从而实现恒流控制。

3)爆燃的控制

(1)爆燃的危害:会导致冷却液过热,功率下降,耗油率上升。

(2)爆燃控制方法。推迟点火(即减小点火提前角)是消除爆燃最有效措施。在电控点火系统中,ECU 根据爆震传感器信号,判定有无发生爆燃及爆燃的强度,并根据其判定结果对点火提前角进行反馈控制,使发动机处于爆燃的边缘,如图 16-10 所示。

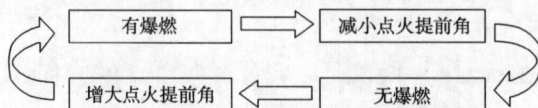

图 16-10　爆燃的控制

(3)爆燃控制系统。爆燃控制系统由爆震传感器、ECU 、其他传感器 、点火器、点火线圈 、分电器 、火花塞等组成,如图 16-11 所示。

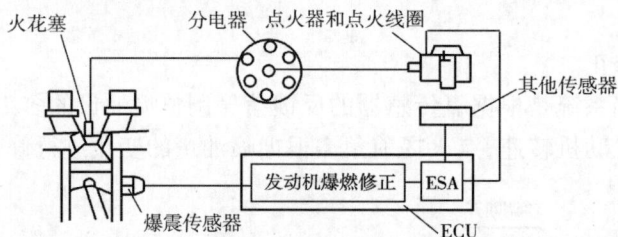

图 16-11　爆燃控制系统的组成

(4)爆震传感器的类型、功能、结构和原理。

类型:电感式和压电式两种。压电式又分为共振式、非共振式和火花塞座金属垫型。

功能:检测发动机有无爆燃发生及爆燃强度。

①电感式爆震传感器

构造:主要由铁芯、永久磁铁、线圈及外壳等组成,如图 16-12 所示。

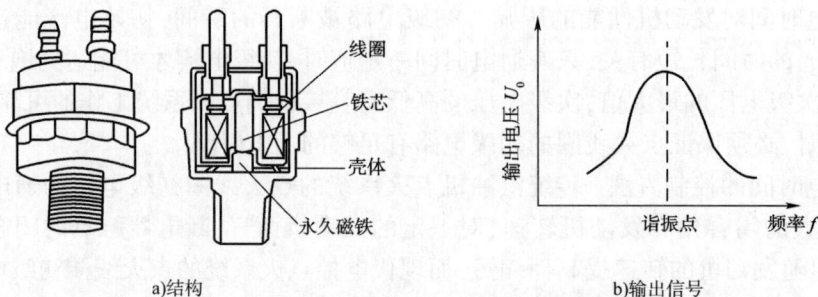

a)结构　　b)输出信号

图 16-12　电感式爆震传感器

原理:利用电磁感应原理检测发动机爆燃。当发动机爆燃时,铁芯受震动而使线圈磁通发生变化,从而产生感应电动势。

②压电式爆燃传感器。

原理:利用压电效应原理检测发动机爆燃。

压电式共振型爆震传感器由压电元件、振子、基座、外壳等组成。当发生爆燃时,振子与发动机共振,压电元件输出的信号电压也有明显增大,易于测量,如图 16-13 所示。

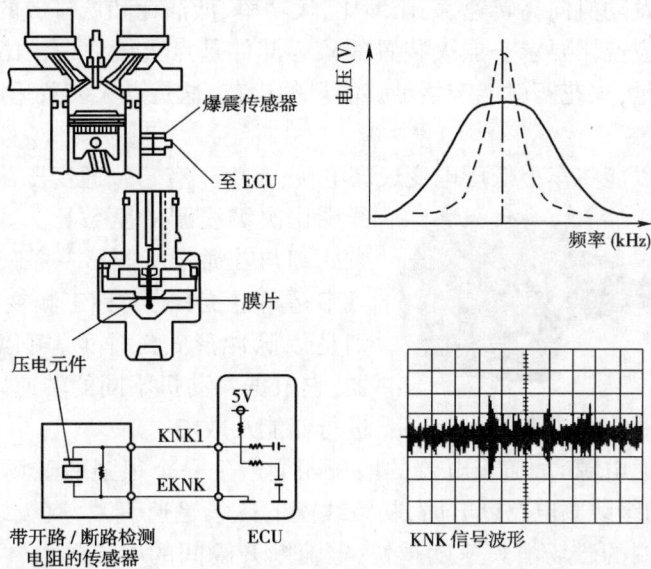

图 16-13　压电式共振型爆震传感器

压电式非共振型爆震传感器:与共振式相比,非共振式内部无振荡片,但设一个配重块,配重块以一定的预紧压力压紧在压电元件上。当发动机发生爆燃时,配重块以正比于振动加速度的交变力施加在压电元件上,压电元件则将此压力信号转变成电信号输送给 ECU 。信号电压在爆燃与无爆燃时没有明显增加,爆燃是否发生是靠滤波器检测出传感器输出信号中有无爆燃频率来判别,如图 16-14 所示。

压电式火花塞座金属垫型爆震传感器:安装在火花塞的垫圈处,每缸一个,根据各缸的燃烧压力直接检测各缸的爆燃信息,并转换成电信号输送给 ECU ,如图 16-15 所示。

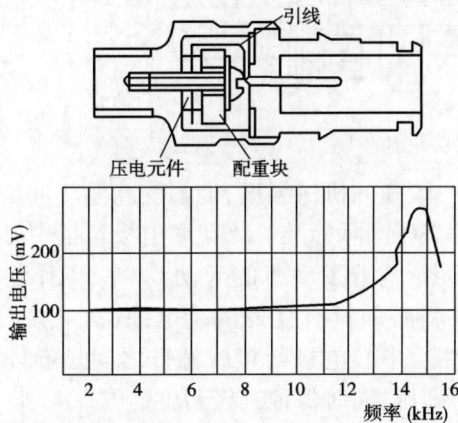

图 16-14　压电式非共振型爆震传感器

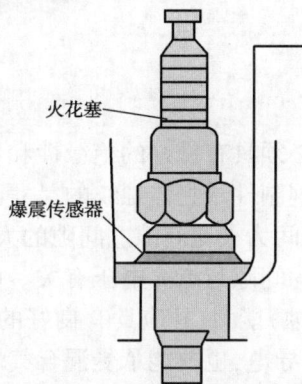

图 16-15　压电式火花塞座金属垫型爆震传感器

（二）点火模块

随着汽车汽油发动机向高转速、高压缩比、大功率、低油耗和低排放的方向发展，传统的点火装置已经不适应使用要求。点火装置的核心部件是点火模块（图16-16）和开关装置，提高点火模块的能量，火花塞就能产生足够能量的火花，这是点火装置适应现代发动机运行的基本条件。

点火模块之所以能将车上低压电变成高电压，是由于有与普通变压器相同的形式，初级线圈比次级线圈的匝数比大。但点火模块工作方式却与普通变压器不一样，普通变压器的工作频率是固定50Hz，又称工频变压器，而点火模块则是以脉冲形式工作的，可以看成是脉冲变压器，它根据发动机不同的转速以不同的频率反复进行储能及放能。

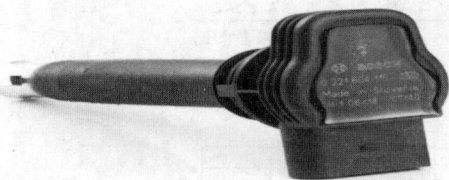

图16-16　发动机点火模块

当初级线圈接通电源时，随着电流的增长四周产生一个很强的磁场，铁芯储存了磁场能；当开关装置使初级线圈电路断开时，初级线圈的磁场迅速衰减，次级线圈就会感应出很高的电压。初级线圈的磁场消失速度越快，电流断开瞬间的电流越大，两个线圈的匝比越大，则次级线圈感应出来的电压越高。

（三）火花塞结构原理

火花塞汽油机点火系统中将高压电流引入汽缸产生电火花，以点燃可燃混合气体的部件。火花塞（图16-17）主要由接线螺母、绝缘体、接线螺杆、中心电极、侧电极以及外壳组成，侧电极焊接在外壳上。

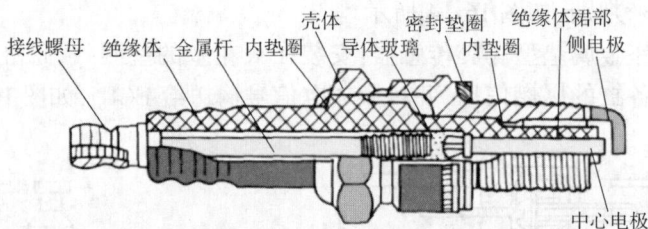

图16-17　火花塞的结构

绝缘体必须具有良好的绝缘性和导热性、较高的机械强度，能耐受高温热冲击和化学腐蚀。壳体是钢制件。壳体螺纹的尺寸已纳入ISO国际标准。火花塞电极包括中心电极和侧电极，两者之间为火花间隙。间隙的大小直接影响着发动机的起动、功率、工作稳定性和经济性。合理的间隙与点火电压有关。电极材料必须具有良好的抗电蚀（火花烧蚀）和腐蚀（化学-热腐蚀）能力，并应具有良好的导热性。中心电极与接线螺杆之间是导体玻璃密封剂，既要能够导电，也要能承受混合气燃烧的高压，同时保证其密封性。

火花塞工作原理：当活塞到达压缩行程上止点时，点火模块的低压线圈内就会有一个脉冲电流通过，低压线圈的脉冲电流通过时，就会在点火模块的高压线圈内产生一个很高的脉冲电压，这个很高的电压如有一个适当的端口进行释放，这个端口就会产生一个很强的高压火花,火花塞就是这个我们所要的端口。

想一想

电控点火系统有几种? 有哪些主要元件?

二、实 践 操 作

1. 实践准备

大众迈腾 1.4T 发动机台架 4 台、大众迈腾 1.4T 整车 1 辆、故障诊断仪,数字万用表,208 接线盒,专用工具及工具车、维修手册等。

2. 技术要求与注意事项

(1)在进行线路测试的时候要断开蓄电池负极。

(2)拆卸火花塞时要使用专用工具;安装时注意拧紧力矩符合规定。

(3)在发动机起动和工作时,不要用手触摸点火线圈、高压线和分电器等,以免手被电击。

(4)在检查点火系统电路故障时,不要用刮火的方式来检查电路的通、断,否则容易损坏电子元器件。应该用万用表电阻挡来检查电路的通、断。

(5)进行高压试火时,要注意避免被电击。

(6)点火系统以及测试仪器的导线仅在关闭点火状态下才可拔下或插上。

3. 实践操作

1)记录车辆基本信息及客户反映的情况(表 16-1)

车辆基本信息及客户反映的情况记录表　　　　　　　　　　　　　　表 16-1

项　　目	内　　容
车辆型号(VIN)	
发动机型号	
车辆外观检查	□正常　□不正常
客户反映	故障灯点亮、发动机抖动厉害,加速无力
维修接待的维修意见	需检查电控点火系统,以进一步确定故障

2)火花塞的拆装与检查

(1)火花塞的拆装。

①关闭发动机点火开关,断开蓄电池负极。

②拧松点火模块固定螺栓,拆下点火模块,如图 16-18 所示。

③拔出点火线及点火模块,如图 16-19 所示。

④用专用火花塞套筒拆下火花塞,如图 16-20 所示。

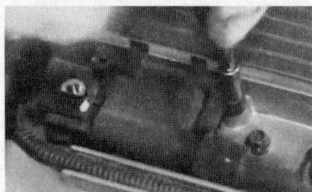

图 16-18 拧松点火模块固定螺栓

图 16-19 拔出点火线及点火模块

图 16-20 用专用火花塞套筒拆下火花塞

⑤安装新的火花塞（注意不要用手直接接触陶瓷部分），如图 16-21 所示。

⑥将新的火花塞套在火花塞专用安装工具或者点火模块内。安装到发动机上，用手拧紧火花塞，如图 16-22 所示。

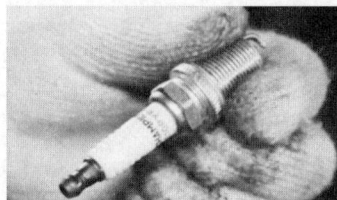

图 16-21 安装新的火花塞

图 16-22 用手拧紧火花塞

⑦用专用扭力扳手按维修手册要求力矩拧紧，如图 16-23 所示。

⑧安装点火线及点火模块，如图 16-24 所示。

图 16-23 专用扭力扳手按维修手册要求力矩拧紧

图 16-24 安装点火线及点火模块

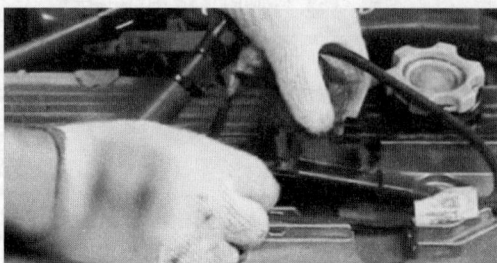

图 16-25 固定点火模块

⑨连接好线束连接头并固定点火模块，如图 16-25 所示。

⑩连接蓄电池负极，起动车辆检查。

（2）火花塞的检查。

①直观检查火花塞电极部分的颜色，使用无铅汽油电极端应是灰白色，如图 16-26 所示。

点火电极异常时需要注意发动机是否过

热,或使用规格错误。

火花塞绝缘体是否有裂纹。　　　　　☐　是　　☐　否

火花塞螺纹是否损坏。　　　　　　　☐　是　　☐　否

火花塞铜密封垫片是否完好。　　　　☐　是　　☐　否

观察火花塞绝缘体裙部及中心电极侧电极的颜色:

☐　绝缘体裙部成灰白色或淡黄色,在绝缘体裙部及电极上有少量易刮去的粉状堆积物。

☐　绝缘体裙部、电极成黑色,被干燥毛状的炭垢覆盖,即有积炭。

☐　绝缘体裙部、电极成黑色且发亮,上有油垢。

☐　绝缘体裙部有脱色,电极被烧成白色或紫色,甚至电极被烧熔。

②电极处积炭过重或有油渍要注意发动机有无烧机油现象,若有黑色污渍和积炭则说明进气、燃油或点火系统已有问题。

③检查点火电极有无污物、积炭,如有,应及时清理。

④用万用表检查接线螺母和中心电极是否导通,正常情况应导通。

⑤用万用表检查接线螺母和侧电极是否导通,正常情况应不导通。

⑥用厚薄规检测火花塞电极间隙,如图 16-27 所示。

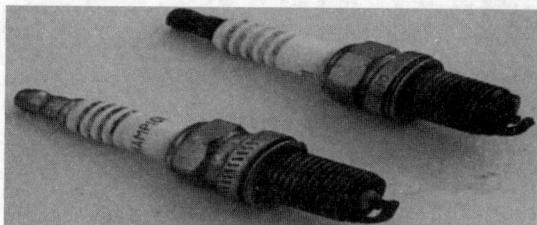

图 16-26　直观检查火花塞电极部分的颜色

图 16-27　检测火花塞电极间隙

⑦查阅维修手册,按照标准调整火花塞电极间隙。注意操作过程中不能接触中心电极。

3)点火模块的检修

(1)读取故障码方法及步骤(见学习任务九)。

(2)检测点火模块。

①查阅维修手册,识读点火模块与 ECU 连接线路图,1 号端子是点火模块搭铁线,2 号端子是点火模块信号线,3 号端子是点火模块搭铁线,4 号端子是点火模块电源线,如图 16-28 所示。

②起动发动机,用万用表测量 4 号端子的电压。从 4 号端子引线出来,红表笔接引线,黑表笔搭铁,如图 16-29 所示。正常电压为 12 ~ 14V,否则说明点火模块电源线故障。

③用万用表检测 2 号端子至搭铁电压。将检测电压与标准数据对比。如果与标准电压相差太远,则说明点火模块故障。

④关闭点火开关,用万用表检测 1 号端子至搭铁电阻,如图 16-30 所示。正常电阻值应小于 1Ω。否则说明 1 号端子至搭铁线路故障。

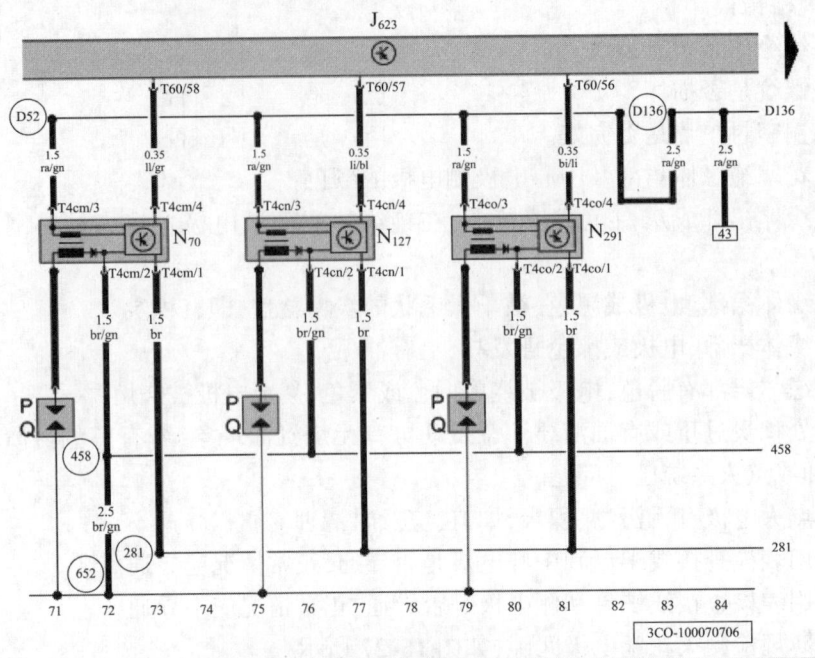

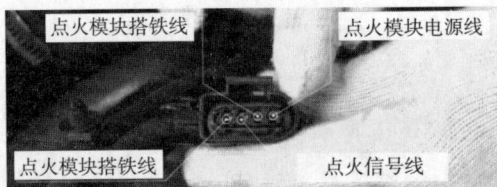

图 16-28　点火模块电路及端子号

图 16-29　测量 4 号端子的电压

图 16-30　检测 1 号端子至搭铁端子之间电阻

⑤用万用表检测 3 号端子至搭铁电阻,正常电阻值应小于 1Ω。否则说明 1 号端子至搭铁线路故障。

(3)点火模块的电路检测。

①断开蓄电池负极。

②拆下发动机 ECU 连接器,如图 16-31 所示。

③将诊断线插入发动机 ECU 连接器相对应的端子 A52,另一根线连接点火模块 2 号端

子,用万用表电阻挡测量 A52 至 2 号端子的电阻,如图 16-32 所示。正常电阻应小于 1Ω。

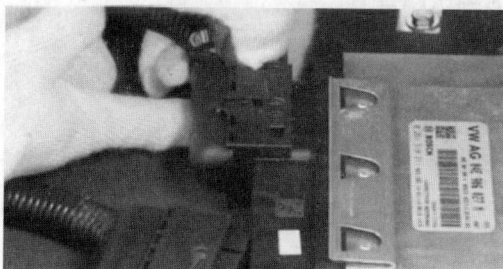

图 16-31　拆下发动机 ECU 连接器

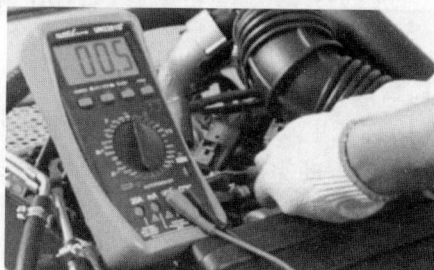

图 16-32　测量 A52 至 2 号端子的电阻

④其他三缸点火模块检测按照以上方法进行测量。

(4)故障排除确认(同上一个学习任务)。

(5)场地 7S 工作。

想一想

如果发动机火花塞上有脏污,将对发动机工作产生什么影响?

三、学 习 拓 展

火花塞热值是指火花塞的热特性,即火花塞将热量传给发动机汽缸盖的速度快慢程度(图 16-33)。火花塞工作时,其绝缘体裙部的温度应保持在自洁温度以上、早燃温度以下。这样既不会形成积炭,又不会引起发动机早燃。而要使火花塞裙部经常保持在自洁温度以上、早燃温度以下,就必须使火花塞吸收的热量和散发的热量达到一定的平衡状态。而影响火花塞裙部温度的主要因素是火花塞裙部的长度。绝缘体裙部短的火花塞,其工作温度低,这种火花塞称为冷型火花塞。反之,绝缘体裙部长的火花塞,其工作温度高,这种火花塞称为热型火花塞。绝缘体裙部介于二者之间的火花塞,称为中型火花塞。

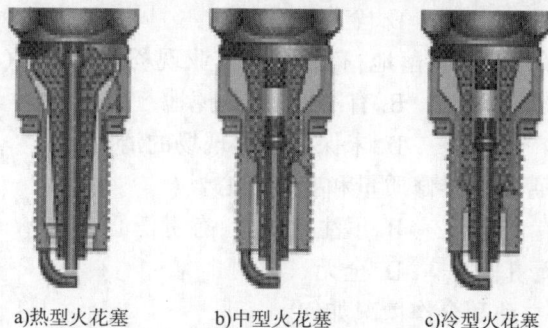

a)热型火花塞　　　b)中型火花塞　　　c)冷型火花塞

图 16-33　火花塞裙部长度与热传递关系

223

四、评价与反馈

1. 自我评价与反馈

(1)你能主动参与工作现场的清洁和调整工作吗?(　　)

　　A.主动完成　　　　　　B.被动完成　　　　　　C.未完成

(2)你能正确规范地完成点火模块和和活塞的检测与更换吗?(　　)

　　A.快速规范　　　　　　B.规范但不熟练　　　　　C.不会使用

(3)写出点火模块检测步骤与检查工具。

_____

_____

(4)点火模块短路会导致发动机哪些故障?

_____

_____

(5)在本学习任务中你遇到的困难是什么? 你是怎样解决的?

_____

_____

　　　　　　　　　　　签名:_____　____年____月____日

2. 小组评价与反馈

(1)工作页的填写情况如何?(　　)

　　A.正确且书写认真　　　B.正确但书写潦草　　　C.有抄袭现象

(2)是否主动参与小组讨论?(　　)

　　A.主动　　　　　　　　B.被动　　　　　　　　C.未参与

(3)是否完成本学习任务的学习目标?(　　)

　　A.完成且效果好　　　　B.完成但效果不好　　　C.未完成

(4)是否积极学习,不懂的问题是否积极向别人请教,是否积极帮助他人学习?(　　)

　　A.积极学习　　　　　　B.积极请教

　　C.积极帮助他人　　　　D.全部不积极

(5)零件、工具与油污有没有落地,有无保持作业现场的整洁?(　　)

　　A.无掉地且场地整洁　　B.有零件、工具掉地

　　C.有油污掉地　　　　　D.未保持作业现场的清洁

(6)实施过程中是否注意维修质量和有责任心?(　　)

　　A.注意质量,有责任心　　B.不注意质量,有责任心

　　C.注意质量,无责任心　　D.全无

(7)团队学习中的主动和合作情况如何?(　　)

　　A.好　　　　　　　　　B.较好　　　　　　　　C.一般

　　　　　　　　参与评价的同学签名:_____　____年____月____日

3.教师评价

_____

_____

教师签名:_____　_____年_____月_____日

五、技能考核标准

技能考核标准见表16-2。

技 能 考 核 标 准　　　　　　　　　　表16-2

序号	项　　目	操 作 内 容	规定分	评 分 标 准	得分
1	准备	清点工具、清理工位	4	酌情扣分	
2	读取故障码	用手持式故障诊断仪读取故障码	10	每步操作不当酌情扣分	
3	查阅维修手册	查阅维修手册	5	每步操作不当酌情扣分	
4	火花塞的拆装	(1)关闭发动机点火开关、断开蓄电池负极;	2	每步操作不当酌情扣分	
		(2)拧松点火模块固定螺栓,拆下点火模块;	1		
		(3)拔出点火线及点火模块;	1		
		(4)用专用火花塞套筒拆下火花塞	2		
5	火花塞的检测	(1)直观检查火花塞电极部分的颜色,并做出判断;	2	每步操作不当酌情扣分	
		(2)检查点火电极有无污物、积炭,并清理污物和积炭;	2		
		(3)检测接线螺母和中心电极;	2		
		(4)检测接线螺母和侧电极;	2		
		(5)检测火花塞电极间隙	2		
6	安装火花塞	(1)安装新的火花塞(注意不要用手直接接触陶瓷部分),将新的火花塞套在火花塞专用安装工具或者点火模块内;	2	每步操作不当酌情扣分	
		(2)安装到发动机上,用手拧紧火花塞;	2		
		(3)用专用扭力扳手按维修手册要求力矩拧紧	2		

序号	项　目	操作内容	规定分	评分标准	得分
7	点火模块的检测(测其中一个)	（1）根据读取的故障码，查阅维修手册； （2）起动发动机：测量4号端子的电压，检测2号端子至搭铁电压； （3）关闭点火开关：检测1号端子至搭铁电阻，检测3号端子至搭铁电阻； （4）断开蓄电池负极：拆下发动机ECU连接器，测量A52到2号端子的电阻	2 3 3 3	每步操作不当酌情扣分	
8	点火模块安装	（1）安装点火模块； （2）按规定力矩拧紧； （3）安装点火模块连接器； （4）安装发动机控制单元线束连接器，安装蓄电池负极	2 2 2 2	每步操作不当酌情扣分	
9	故障确认	用手持式故障诊断仪确认故障是否排除	5	每步操作不当酌情扣分	
10	完成时限	60min	5	（1）超时1～5min扣1～2分； （2）超时5min以上扣5分	
11	结束	场地7S管理工作	10	（1）漏一项扣1～3分，未做扣5分； （2）不清洁扣1～3分，未做扣3分	
	总分		100		

学习任务十七 怠速控制系统的检修

任务描述

吕先生一辆2016款别克威朗L3G发动机轿车,买了已有4年,行驶里程58000km,最近驾驶该车时发现,冷机起动需要多次踩加速踏板,并且起动后怠速不稳定,经维修人员检查,显示故障码为P2101,需对怠速控制系统进行检修。

一、理论知识准备

怠速控制系统(ISC)是发动机控制系统中的辅助控制系统。当发动机处于怠速工况时,发动机ECU根据发动机冷却液温度、空调开关是否打开、变速器是否挂入挡位等,通过怠速控制阀对发动机的进气量进行控制,使发动机怠速工况时的转速始终在规定范围。一旦怠速控制系统出现故障,发动机怠速将不正常,如无怠速、怠速过高、怠速过低、怠速不稳等。此外还会造成发动机燃油消耗量增大、排放升高,甚至不能工作。

1. 怠速控制系统的功用

发动机在汽车运转、空调工作、变速器挂入挡位、发电机负荷加大等不同怠速运转工况下,由ECU控制怠速阀工作,使发动机随工况的变化自动处于最佳的怠速下稳定运转。

2. 怠速控制系统的组成

怠速控制系统的由传感器、执行器和控制器(ECU)三部分组成。

传感器主要有:转速传感器(Ne信号)、节气门位置传感器、冷却液温度传感器、起动开关信号、空调开关信号(A/C)、空挡起动开关信号(P/N)、动力转向开关信号、液力变矩器负

227

荷信号、车速传感器等。转速传感器:检测发动机转速;节气门位置传感器:检测发动机处于怠速状态;冷却液温度传感器:检测冷却液的温度;起动开关信号:判别发动机处于起动中;空调开关信号:检测空调的状态是开还是关(ON、OFF);空挡起动开关信号:检测换挡手柄的位置;动力转向开关信号:检测动力转向的工作状态;液力变矩器负荷信号:检测液力变矩器的负荷的变化;车速传感器:检测车速。

执行器——怠速控制阀(ISCV):控制怠速旁通气道气体流通通道截面积的大小,从而控制进气量。

控制器(ECU):根据各传感器输入的信号,把发动机的实际转速与各传感器输入信号所决定的目标转速进行比较,再根据比较得出的差值,确定相当于目标转速的控制量,去驱动控制进气量的执行机构,使怠速保持在目标转速。

3. 怠速控制原理

如图17-1所示,ECU根据各传感器的输入信号所决定的目标转速与发动机的实际转速进行比较,由比较得出的转速差,确定相当于目标转速的控制量,去驱动控制进气量的执行机构,使怠速保持在目标转速。一般采用发动机转速反馈控制形式。ECU根据节气门位置传感器信号(节气门全闭)、空挡起动开关信号等判明怠速状态,只有在怠速状态时才实施反馈控制。

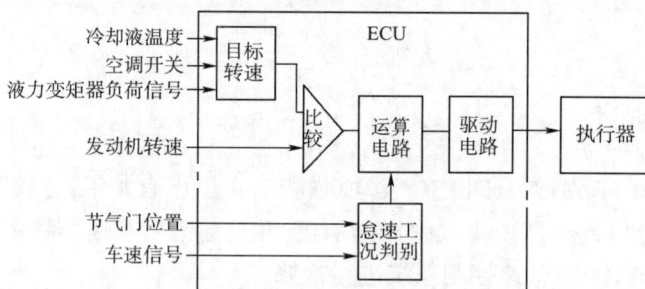

图17-1 怠速控制原理

4. 怠速控制执行机构

控制怠速空气量的执行机构可分为两大类:一是控制节气门最小开度的节气门直动式;另一种是控制怠速旁通气道气体流通通道截面积的大小的旁通空气式,如图17-2所示。

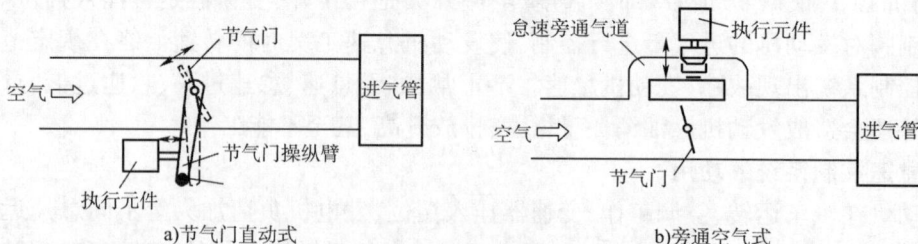

a)节气门直动式　　　　b)旁通空气式

图17-2 怠速控制执行机构的类型

1)节气门直动式

如图17-3所示,执行机构由直流电动机、减速齿轮、进给丝杆、传动轴等组成。执行机构与节气门操纵臂的最小开度限止器接触,通过旋入旋出传动轴调节节气门的最小开度限止器位置,来控制节气门的开度。该机构的特点是:工作能力强,控制位置稳定,但由于使用了齿轮减速机构,控制速度降低,响应性差。

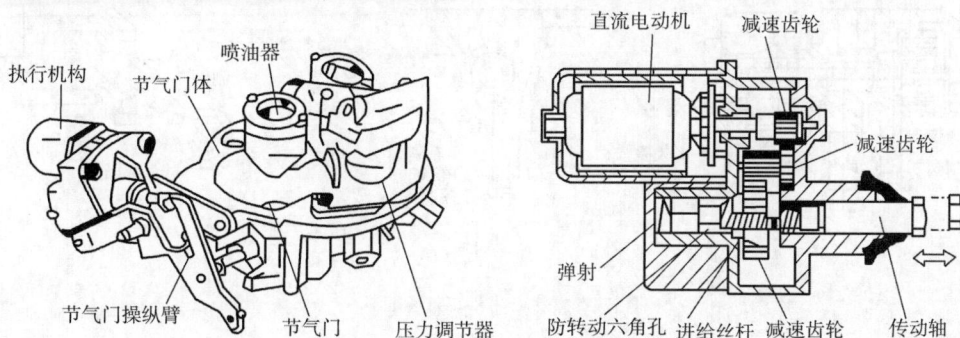

图 17-3　节气门直动式执行机构

2)旁通空气式

旁通空气式怠速控制执行机构主要有步进电动机式、电磁偏转式、占空比控制型和开关控制型等。下面主要介绍步进电动机式和电磁偏转式执行机构。

(1)步进电动机式。步进电动机型怠速控制阀结构如图 17-4 所示。步进电动机主要由转子和定子组成,丝杆机构将步进电动机的旋转运动转变为阀杆的直线运动,使阀芯做轴向移动,改变阀芯与阀座之间的间隙,从而改变怠速空气道的流通截面,控制发动机怠速工况下的进气量。怠速控制阀安装在节气门上。

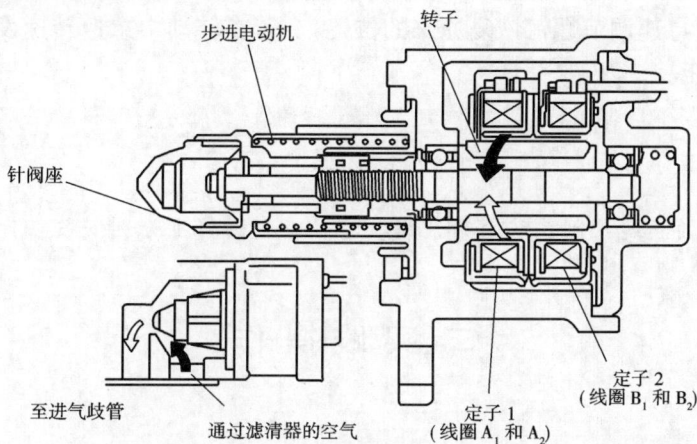

图 17-4　步进电动机式怠速控制阀

(2)电磁偏转式。如图 17-5 所示,ECU 控制两个线圈的通电或断开,改变两个线圈产生的磁场强度,两线圈产生的磁场与永久磁铁形成的磁场相互作用,改变控制阀的位置,从而调节怠速空气口的开度,以实现怠速空气量的控制。双金属片制成的卷簧,主要起保护作用。当流过阀体冷却液腔的冷却液温度变化时,双金属片变形,带动挡块转动,从而改变阀轴转动的两个极限位置,以控制怠速控制阀的最大开度和最小开度。ECU 控制旋转电磁阀型怠速控制阀工作时,控制阀的开度是通过控制两个线圈的平均通电时间(占空比)来实现的。

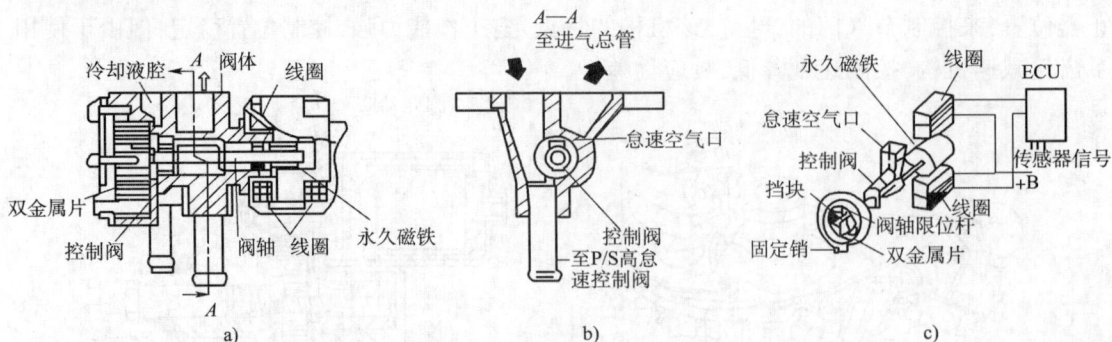

图 17-5　电磁偏转式怠速控制阀

5. 怠速控制系统的就车检测

怠速控制系统的就车检测方法有三种,可视情选用。

发动机怠速运转状况检测:

(1)在冷车状态下起动发动机后,暖机过程开始时,发动机的怠速转速应能达到规定的快怠速转速(通常为 1200~1500r/min);在发动机达到正常工作温度后,怠速转速应能恢复正常(通常为 750r/min)。如果冷车起动后怠速不能按上述规律变化,则怠速控制系统有故障。

(2)发动机达到正常工作温度后,在打开空调开关时,发动机怠速转速应能上升到 900r/min 左右。若打开空调开关后发动机转速下降,则怠速控制系统有故障。

(3)在发动机怠速运转中,若对怠速调节螺钉作微量转动,发动机怠速转速应不会发生变化(转动后应使怠速调节螺钉恢复原来的位置)。若在转动中怠速转速发生变化,说明怠速控制系统不工作。

想一想

目前常见的怠速控制系统有哪几种? 它们在发动机上分别安装在什么位置?

二、实 践 操 作

1. 实践准备

别克威朗 L3G 发动机台架 4 台、别克威朗 L3G 整车 1 辆、干净的抹布、常用工具、汽车专用万用电表、208 接线盒、相关维修手册等。

2. 技术要求及注意事项

(1)先关闭点火开关,再拔下节气门执行器控制电动机端子。

(2)不能带电拔插解码器插头。

(3)不要用手推拉控制阀,以免损坏丝杠机构的螺纹。

(4)不要将控制阀浸泡在任何清洗液中,以免步进电动机损坏。

(5)安装时,检查密封圈好坏,并在密封圈上涂少量润滑油。

(6)不能带电拔插解码器插头。

3. 实践操作

1）记录车辆基本信息及客户反映的情况（表17-1）。

车辆基本信息及客户反映的情况记录表　　　　　　　　表17-1

项　目	内　容
车辆型号（VIN）	
发动机型号	
车辆外观检查	□正常　□不正常
客户反映	故障灯点亮、冷机起动需要多次踩加速踏板，起动后怠速不稳定
维修接待的维修意见	需检查怠速控制系统，以进一步确定故障

2）怠速控制系统的检测

（1）读取故障码操作步骤及方法（同学习任务九）。

通过查阅维修手册得知2016款别克威朗L3G发动机怠速控制系统执行器（节气门电动机）线路如图17-6所示，（从左往右）2号端子是节气门执行器控制电动机控制关闭电路端子，1号端子是节气门执行器控制电动机控制打开电路端子，端子号见表17-2。

节气门端子号　　　　　　　　表17-2

针脚	尺寸	颜　色	电路	功　能	端子类型标识符	选装件
1	0.5	YE（黄色）	581	节气门执行器控制开启	I	—
2	0.5	BN/WH（棕色/白色）	582	节气门执行器控制关闭	I	—
3	0.5	BU/WH（蓝色/白色）	3630	节气门位置传感器（SENTL）信号	I	—
4	0.5	BK/BN（黑色/棕色）	2752	节气门位置传感器低电平参考电压	I	—
5	0.5	BN/RD（棕色/红色）	2701	节气门位置传感器5V参考电压	I	—
6	—			未使用		

电路说明：节气门体总成包含一个非接触感应式节气门位置传感元件，该元件由一个定制集成电路管理。节气门位置传感器安装在节气门体总成上，且不可维修。发动机控制模块（ECM）向节气门体提供一个5V参考电压电路、一个低电平参考电压电路、一个H桥电动机方向控制电路和一个异步信号/串行数据电路。异步信号意味着通信只能从节气门体传送到发动机控制模块。节气门体不能通过信号/串行数据电路接收来自发动机控制模块的数据。节气门位置传感器提供随节气门叶片角度变化的信号电压。定制集成电路使用美国汽车工程师协会（SAE）J2716单缘半字节传输（SENT）协议，将基于位置信息的电压转化为串行数据。节气门位置传感器信息通过信号/串行数据电路在节气门体和发动机控制模块之间传送。发动机控制模块将串行数据解码为节气门体正在发生的电压信号表现形式。然后该信息作为从节气门位置传感器1和2获得的电压输入信号在故障诊断仪上显示。发动机控制模块向节气门执行器控制（TAC）电动机的控制电路施加可变的电压，以控制节气门。发动机控制模块监测激活节气门所需的占空比。ECM监测节气门位置传感器信号/串行数据电路，以确定节气门的实际位置。

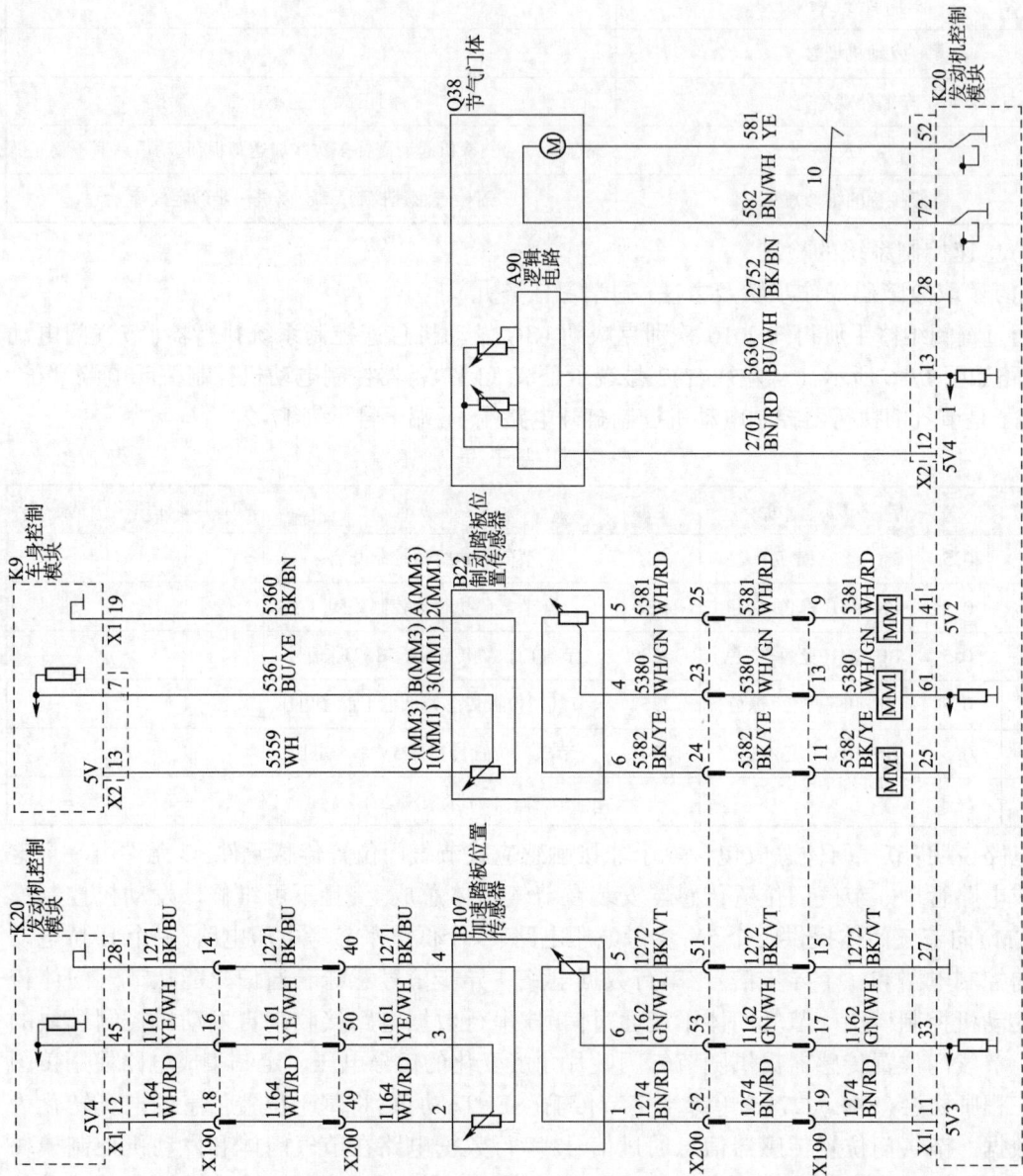

图17-6 节气门执行器控制电动机线路连接

（2）怠速控制系统（节气门执行器控制电动机）电路检测。

①将点火开关置于"OFF（关闭）"位置。

警告：将手指插入节气孔前，将点火开关置于"OFF（关闭）"位置。节气门意外移动会导致人身伤害。

②确认 Q38 节气门体不存在以下情况，并将结果填入（表 17-3）中。

检查 Q38 节气门体情况　　　　　　　　　表 17-3

节气门情况	静止位置被规定为当点火开关关闭时或在点火开关置于打开位置超过30s时节气门实际位置的开度	当点火开关关闭时，弹簧张力应使节气门保持在静止位置。应能够将节气门打开至全开位置或将节气门推到完全关闭位置。在每种情况下节气门均能在无任何助力帮助下返回到静止位置	节气门不在静止位置	节气门卡滞在打开或关闭的位置	节气门在没有弹簧压力时，可自由打开或关闭
结果					

注：如果发现上述情况，更换 Q38 节气门体。

③断开 Q38 节气门体的线束连接器，将点火开关置于"ON（打开）"位置。确认下列各个电动机控制电路和搭铁之间的测试灯未持续点亮，并将结果填入表 17-4 中。

注意：当点火开关接通时，测试灯可能短暂点亮，但不应常亮。

电动机控制电路和搭铁之间的测试灯情况　　　　　表 17-4

检测项目	测试点亮情况	标准值
Q38/1 – 搭铁		短暂点亮
Q38/2 – 搭铁		短暂点亮

④如果③中测试灯始终点亮，则将点火开关置于 OFF（关闭）位置，拆下测试灯。断开 K20 发动机控制模块处的 X2 线束连接器（图 17-6），然后将点火开关置于 ON（打开）位置。测试电动机控制电路和搭铁之间的电压是否低于 1 伏。并将结果填入表 17-5 中。

测试电动机控制电路和搭铁之间的电压　　　　　表 17-5

检测项目	电压值	标准值
Q38/1 – 搭铁		<1V
Q38/2 – 搭铁		<1V

如果等于或大于1V，则修理电路上的对电压短路。如果小于1V，则更换 K20 发动机控制模块。

⑤如果③中测试灯始终熄灭，则确认下列各个电动机控制电路和 B + 之间的测试灯未点亮。并将结果填入表 17-6 中。

电动机控制电路和 B + 之间的测试灯情况　　　　　表 17-6

检测项目	测试点亮情况	标准值
Q38/1 – B +		未点亮
Q38/2 – B +		未点亮

⑥如果⑤中测试灯点亮，则将点火开关置于 OFF（关闭）位置，拆下测试灯。断开 K20 发动机控制模块处的 X2 线束连接器。测试控制电路和搭铁之间的电阻是否为无穷大。并将结果填入表 17-7 中。

测试控制电路和搭铁之间的电阻　　　　表 17-7

检 测 项 目	电 阻 值	标 准 值
Q38/1 – 搭铁		∞
Q38/2 – 搭铁		∞

如果电阻不为无穷大，则修理电路中对搭铁短路故障。如果电阻为无穷大，则更换 K20 发动机控制模块。

⑦如果⑤中测试灯点亮，则将点火开关置于 OFF（关闭）位置，拆下测试灯。将数字式万用表设置在 40V 的范围，选择最小/最大记录模式，并且设置最小/最大峰值响应时间至 1ms。再将点火开关置于 ON（打开）位置时，在下列各控制电路上使用数字式万用表最小/最大记录模式功能，确认最大电压与 B + 之差在 3V 以内。并将结果填入表 17-8 中。

确认最大电压与 B + 之差　　　　表 17-8

检 测 项 目	电压值	与 B + 之差	之差标准值
Q38/1 – B +			<3V
Q38/2 – B +			<3V

注意：

a. 打开点火开关前必须将测试灯连接至电路，否则可能出现错误诊断。

b. 在每次电路测试前点火开关必须位于"OFF（关闭）"位置，且发动机控制模块必须完全断电，否则会记录一个较低的电压值。所有车辆系统断电可能需要 2 分钟时间。

c. 数字式万用表最小/最大记录模式和 1ms 的响应时间必须在每个电路测试后重新设置，否则会记录一个较低的电压值。

如果与 B + 之差在 3V 之内，则更换 Q38 节气门体。

⑧如果⑦中测试结果与 B + 之差不在 3V 之内，则点火开关置于 OFF（关闭）位置，断开 K20 发动机控制模块处的线束连接器 X2。测试控制电路端对端电阻是否小于 2Ω，并将结果填入表 17-9 中。

测试控制电路对端电阻　　　　表 17-9

检 测 项 目	电阻值（Ω）	标准值（Ω）
Q38/1 – K20/X2/52		<2
Q38/2 – K20/X2/72		<2

如果等于或大于 2Ω，则修理电路中的开路/电阻过大故障。如果小于 2Ω，则更换 K20 发动机控制模块。

三、学习拓展

(1)许多轿车，在对发动机进行断开蓄电池、清洁节气门等操作后，会出现发动机怠速不稳或发动机怠速过高的现象，你知道是什么原因造成的吗？

（2）旋转滑阀式的怠速控制阀有新旧两种类型,它们都是根据发动机 ECU 输出的占空比来控制阀的打开程度,但怠速控制阀的内部结构和工作原理不同,新型旋转滑阀式的怠速控制阀内有一个集成电路(IC),因此新旋转滑阀式的怠速控制阀的怠速阀线圈的电阻不能直接测量。

相关链接

奥迪 A4 怠速控制阀及怠速开关的检测。

1. 怠速控制阀的检测与调整

特别提醒:如果怠速控制阀曾被拆卸过,则需用读码器进行调整。在点火开关关闭后,发动机控制单元可向怠速控制阀提供120s的电压。如果此段时间内进行控制阀的调整,则应在调整后调出故障码,而且在必要时应予以排除。怠速控制阀只能在机上进行调整。其调整过程如下:

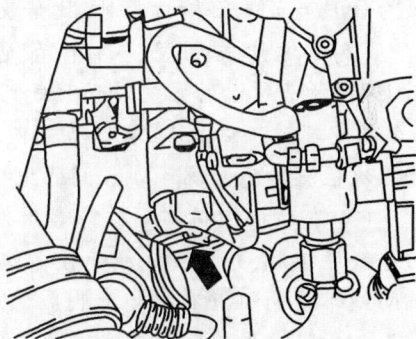

（1）按图 17-7 所示拆卸怠速控制阀,从进气管拆下前面所指的怠速控制阀。接通点火开关,阀杆应向内运动;关闭点火开关,阀杆应向外运动。

（2）如果点火开关关闭时阀杆向内运动,则应重新调整和安装怠速控制阀。

（3）如果关闭点火开关时阀杆不运动,则应拔下控制阀的导线连接器,并用万用表检测图 17-8 所示的端子 1、4 和 2、3 之间的电阻值,其值在 25℃±5℃ 的室温下应为 45Ω,在热机时应接近 60Ω。

图 17-7　怠速控制阀

（4）若电阻值不符合规定,则应更换怠速控制阀,并用读码器进行调整。

（5）如果电阻值符合要求,则拆下图 17-9 所示的怠速稳定阀的导线连接器及发动机控制单元的线束连接器 D,并检查连接器相对应端子间的线路有无断路或短路。两连接器端子的对应关系见表 17-10。

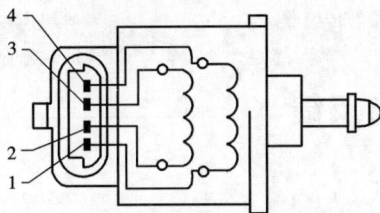

图 17-8　怠速控制阀端子图
1~4-端子

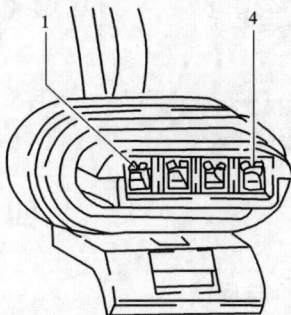

图 17-9　怠速稳定阀的导线连接器
1、4-端子

（6）如果线路正常,而且怠速稳定阀也工作正常,则应更换控制单元并再次进行检测与检查。

怠速稳定阀导线连接器与发动机控制单元线束连接器对应关系 表 17-10

怠速稳定阀导线连接器端子	控制单元线束连接器 D 端子号
1	2
2	10
3	11
4	3

2. 怠速开关的检查与调整

怠速开关在节气门位置传感器中，当点火开关关闭后，发动机控制单元仍然供给节气门位置传感器电压150s。如果在这段时间内检查传感器，应调出故障码并清除。在检查怠速开关时，节气门拉索必须调整正确。

（1）怠速开关检查。拆下进气消声器，并拔下节气门位置传感器的导线连接器。在图 17-10所示的节气门位置传感器端子 4、6 间接上欧姆表。当节气门关闭时，欧姆表的读数应为 0Ω；当节气门稍打开时，欧姆表的读数应为无穷大。否则，应调整怠速开关。

（2）怠速开关调整。拆下节气门体松开节气门位置传感器的两个固定螺钉。按图 17-11箭头所示的方向转动节气门位置传感器，并直到碰到挡销为止，然后旋紧传感器的 2 个固定螺钉。注意：在转动节气门位置传感器时决不允许转动节气门。安装上节气门体，并再次检测传感器端子 4、6 间的电阻值。若电阻值仍不符合要求，则应更换怠速开关。

（3）发动机控制单元与怠速开关间线路检查。拔下图 17-12 所示的节气门位置传感器的导线连接器，并检查导线连接器端子 4 与进气管右侧搭铁点的线路有无短路或断路。两点间线路的电阻值不应大于 1Ω。若电阻不符合规定，则检查控制单元线束连接器 B 的端子 4 与气门位置传感器导线连接器的端子 6 间的线路有无短路或断路。

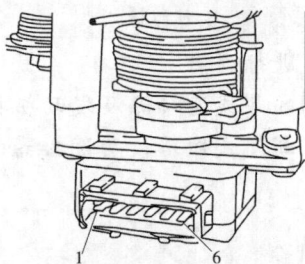

图 17-10　节气门位置传感器
导线连接器位置

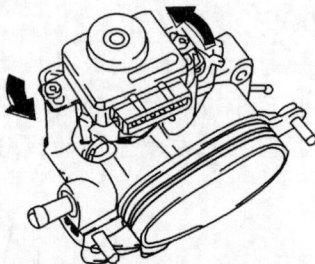

图 17-11　节气门位置传感器

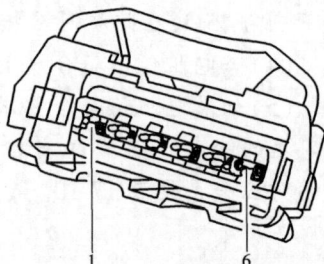

图 17-12　节气门位置传感器
导线连接器
1、6-端子

四、评价与反馈

1. 自我评价与反馈

（1）你能主动参与工作现场的清洁和调整工作吗？（　　）

　　A. 主动完成　　　　　　B. 被动完成　　　　　　C. 未完成

（2）你能正确规范地完成步进电动机式怠速空气阀和电磁偏转式怠速控制阀的检查吗？（　　）

　　A. 快速规范　　　　　　B. 规范但不熟练　　　　　　C. 不会使用

（3）写出检测步进电动机式怠速空气阀的步骤。

_____

_____

（4）完成本任务的学习，你理解怠速控制系统的工作原理吗？

_____

_____

（5）你在本学习任务的学习过程中遇到的困难是什么？你是怎样解决的？

_____

_____

签名：_____　_____年____月____日

2. 小组评价与反馈

（1）工作页的填写情况如何？（　　）

　　A. 正确且书写认真　　　B. 正确但书写潦草　　　C. 有抄袭现象

（2）是否主动参与小组讨论？（　　）

　　A. 主动　　　　　　　　B. 被动　　　　　　　　C. 未参与

（3）是否完成本学习任务的学习目标？（　　）

　　A. 完成且效果好　　　　B. 完成但效果不好　　　C. 未完成

（4）是否积极学习，不懂的问题是否积极向别人请教，是否积极帮助他人学习？（　　）

　　A. 积极学习　　　　　　B. 积极请教

　　C. 积极帮助他人　　　　D. 全部不积极

（5）零件、工具与油污有没有落地，有无保持作业现场的整洁？（　　）

　　A. 无掉地且场地整洁　　B. 有零件、工具掉地

　　C. 有油污掉地　　　　　D. 未保持作业现场的清洁

（6）实施过程中是否注意维修质量和有责任心？（　　）

　　A. 注意质量，有责任心　B. 不注意质量，有责任心

　　C. 注意质量，无责任心　D. 全无

（7）团队学习中主动与合作的情况如何？

　　A. 好　　　　　　　　　B. 较好　　　　　　　　C. 一般

参与评价的同学签名：_____　_____年____月____日

3. 教师评价

_____

_____

_____

教师签名：_____　_____年____月____日

五、技能考核标准

技能考核标准见表17-11。

技 能 考 核 标 准 表 17-11

序号	项目	操作内容	规定分	评分标准	得分
1	准备	(1)清点工具、清理工位； (2)打开并支撑发动机罩； (3)安装汽车保护罩	2 1 2	酌情扣分	
2	检查	(1)怠速控制系统外观检查； (2)读取故障码和怠速转速数据流； (3)用测试灯测量 Q38/1 端子与搭铁之间； (4)用测试灯测量 Q38/2 端子与搭铁之间； (5)用万用表检测 Q38/1 端子与搭铁之间的电压； (6)用万用表检测 Q38/2 端子与搭铁之间的电压； (7)用测试灯测量 Q38/1 端子与 B+ 之间； (8)用测试灯测量 Q38/2 端子与 B+ 之间； (9)用万用表检测 Q38/1 端子与搭铁之间的电阻； (10)用万用表检测 Q38/2 端子与搭铁之间的电阻； (11)用万用表检测 Q38/1 端子与 B+ 之间的电压值； (12)用万用表检测 Q38/2 端子与 B+ 之间的电压值； (13)用万用表检测 Q38/1 与 K20/X2/52 的电阻； (14)用万用表检测 Q38/2 与 K20/X2/52 的电阻	5 5 5 5 5 5 5 5 5 5 5 5 5 5	操作不当,酌情扣分	
3	拆卸	拆卸节气门电动机线束连接器	5	操作不当扣1~5分	
4	安装	安装节气门电动机线束连接器	5	操作不当扣1~5分	
5	完成时限	60min	5	(1)超时1~5min 扣1~5分； (2)超时5min 以上扣10分	
6	安全文明	无安全隐患,无不文明操作	5	未达标扣1~5分	
7	结束	(1)工具、量具清洁归位； (2)工作场地清洁	3 2	(1)漏一项扣1~3分,未做扣5分； (2)不彻底扣1~3分,未做扣5分	
		总分	100		

学习任务十八 电子控制单元电源电路的检修

任务要求

完成本学习任务后,你应能:

1. 明白电控单元的组成及其工作原理;

2. 明白数字信号与模拟信号间的区别及应用;

3. 准确识别电子控制单元各端子;

4. 会看电子控制单元电路图;

5. 规范地进行电子控制单元电源电路检测;

6. 正确检测断路、短路、电压过低和搭铁不良等故障并进行分析。

建议学时:8 学时。

任务描述

一辆 2016 款别克威朗轿车(装备 L3G 发动机)行驶中突然熄火后便再也不能起动,经维修人员读取故障检查发现,发动机控制单元无法进入,检测其他控制单元时,显示发动机控制单元通信有问题。经进一步检查,发现电子控制单元电源电路搭铁不正常,需进行维修或更换。

一、理论知识准备

在电控汽车发动机中,电子控制系统主要由电子控制单元、传感器和执行器 3 部分组成。电子控制单元,又称 ECU,它的电源电路是否正常,直接影响到 ECU 能否正常工作,发动机能否正常运转。

1. 电子控制单元的组成

电子控制单元由输入回路、A/D 转换器(模拟/数字转换器)、输出回路和微型计算机 4 部分组成(图 18-1)。微型计算机又由 I/O 接口(输入/输出接口)、中央处理器(CPU)、存储器(由只读存储器 ROM 和随机存储器 RAM)组成。

(1)输入回路。微处理器(微型计算机)只能识别 0~5V 的数字信号,但传感器送给发动机 ECU 的信号有两种,一种是数字信号,一种是模拟信号。对应不同的输入信号,输入回路的作用也不相同;对于模拟信号,输入回路的作用是将信号波形的杂波滤去,而对于数字信号,其作用是削峰后转换成 0~5V 的方波状信号。

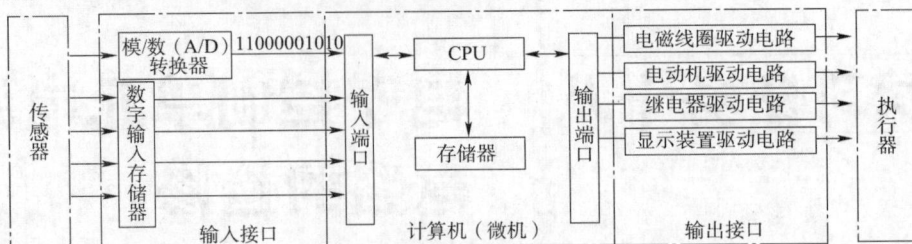

图 18-1　ECU 的组成

相关链接

模拟信号:指用连续变化的物理量所表达的信息,如温度、湿度、压力、长度、电流、电压等,我们通常又把模拟信号称为连续信号,它在一定的时间范围内可以有无限多个不同的取值。

数字信号:指自变量是离散的、因变量也是离散的信号,这种信号的自变量用整数表示,因变量用有限数字中的一个数字来表示。

(2)A/D(模拟/数字)转换器。A/D 转换器的功用是将模拟信号转变为数字信号,如空气流量传感器、冷却液温度传感器、进气温度传感器、线性输出式常气门位置传感器等向汽车电子控制单元输出的是模拟信号(即连续变化的信号)。它们经输入电路处理后,都已变成具有一定幅值的模拟电压信号,但微型计算机不能直接处理它,还须用 A/D 转换器转换成数字信号。

(3)微处理器。微处理器主要由中央处理器(CPU)、数据存储器(RAM、ROM)、输入输出接口 3 部分组成。

①中央处理器(CPU)。它是整个控制系统的核心,所有的数据都要在 CPU 内进行运算。它主要由进行算术、逻辑运算的运算器,暂时存储数据的寄存器,按照程序执行各装置之间信号传送及控制任务的控制器组成。

②存储器(RAM、ROM)。它主要用来存储信息资料。存储器一般分为两种,一种是既能读取又能写入的存储器,称为随机存储器(RAM),主要用来存储计算机操作时的可变数据,如发动机的各种参数、故障码等,起暂时存储作用,当电源断电时,所有的 RAM 的数据会完全丢失。在发动机运行过程中,为了长期保存存入 RAM 的某些数据,如故障码等,防止因点火开关关闭时这些数据的丢失,RAM 一般通过专用的后备电源电路与蓄电池直接连接,使它不受点火开关的控制。但当后备电源电路断开时,存入的数据也会丢失。另一种存储器,称为只读存储器,用来存储一系列控制程序,如喷油特性脉谱图、点火正时脉谱图等。存储器的内容由厂家写入不可更改。

③输入输出接口。它是 CPU 与传感器、执行器进行正常通信的控制电路,是微机中不可缺少的部分。

(4)输出回路。其作用是将低电压的数字信号转换成可以驱动执行器工作的控制信号。一般由 CPU 输出的信号控制大功率电子元件(如三极管)的导通和截止,控制执行器的供电或搭铁,从而控制执行器的动作。

2. 电子控制单元的功用

汽车电子控制单元是电子控制系统的核心部件,主要有以下功能。

(1)接收传感器或其他装置的输入信号,并将输入信号处理成电脑能够接收的信号,如将模拟信号转换成数字信号。

(2)为传感器提供参考电压:如2V、5V、9V或12V。

(3)存储、计算、分析处理信息,存储运行信息和故障信息,分析输入信息并进行相应的计算处理。

(4)输出执行命令,把信号变为强信号的执行命令。

(5)输出故障信息。

(6)完成多种控制功能。如在发动机控制中,电脑可完成点火控制、燃油喷射控制、怠速控制、排放控制、进气控制、增压控制等多种功能。

3. 电控单元各端子的识别

2016 款别克威朗(L3G 发动机)电控单元在维修手册在的名称为 K20,共有 3 个插座连接器分别为 X1、X2、X3,各端子如图 18-2 所示。

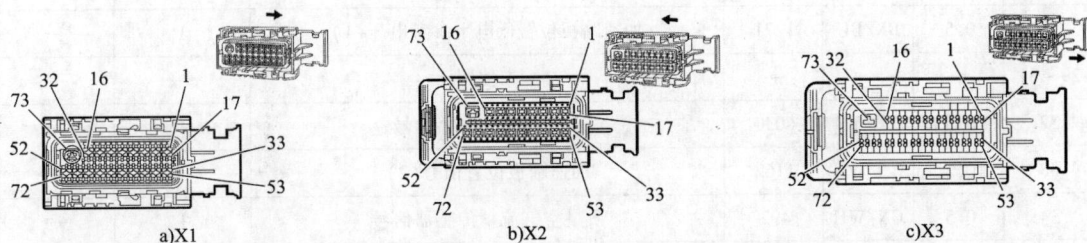

图 18-2　2016 款别克威朗(L3G 发动机)电控单元各端子图

通过查阅 2016 款别克威朗(L3G 发动机)维修手册结合电路图,找出 K20 的电源相关端子号。

相关链接

2016 款别克威朗(L3G 发动机)电控单元(K20)共有 3 个插接器,分别为 X1、X2、X3,其端子的识别见表 18-1 ~ 表 18-3。

K20 发动机控制模块 X1　　　　表 18-1

针脚	尺寸	颜色	电路	功　能	端子类型	选装件
1~6	—	—	—	未使用	—	—
7	0.5	WH	7494	高速 GMLAN 串行数据(−)(3)	I	—
8	0.5	BU/BK	7493	高速 GMLAN 串行数据(+)(3)	I	—
9	0.5	BU	2500	高速 GMLAN 串行数据(+)(1)	I	—
10	0.5	WH	2501	高速 GMLAN 串行数据(−)(1)	I	—
11	0.5	BN/RD	1274	加速踏板位置 5 V 参考电压(2)	I	—
12	0.5	WH/RD	1164	加速踏板位置 5 V 参考电压(1)	I	—

续上表

针脚	尺寸	颜色	电路	功　能	端子类型	选装件
13	0.5	VT/YE	5985	附件唤醒串行数据	I	—
14	0.5	VT/GY	139	运行/起动点火1电压	I	—
15	0.5	RD/WH	140	蓄电池正极电压	I	—
16	0.75	VT/BU	5292	动力总成主继电器熔断丝电源(3)	I	—
17	0.5	YE	5530	发动机罩打开开关信号	I	—
18	0.5	GY/RD	3053	涡轮进气压力传感器高电平参考电压(缸组1)	I	LFV
19	0.5	BK/GN	3531	空挡传感器回路	I	M4S
20~24	—	—		未使用	—	—
25	0.5	BK/YE	5382	制动器位置传感器低电平参考电压	I	M2A/MO5
26	0.5	BK/GY	6110	离合器接合传感器低电平参考电压	I	M4S
27	0.5	BK/VT	1272	加速踏板位置低电平参考电压(2)	I	—
28	0.5	BK/BU	1271	加速踏板位置低电平参考电压(1)	I	—
29~31	—	—		未使用	—	—
32	0.5	YE/VT	6030	制动真空传感器信号	I	—
33	0.5	GN/WH	1162	加速踏板位置信号(2)	I	—
34	0.5	GN/WH	492	质量空气流量传感器信号	I	—
35	0.5	GN/RD	3532	空挡传感器供电	I	M4S
36	—	—	—	未使用	—	—
37	0.5	BN/RD	2700	空调压力传感器5V参考电压	I	—
38~40	—	—		未使用	—	—
41	0.5	WH/RD	5381	制动器位置传感器5V参考电压	I	—
42	0.5	GY/RD	6109	离合器接合传感器参考电压	I	M4S
43	—	—		未使用	—	—
44	0.5	YE/BK	625	起动机启用继电器控制	I	M4S
	0.5	YE/VT	4325	12V起动机停止起动控制		M2A/MO5
45	0.5	YE/WH	1161	加速踏板位置信号(1)	I	—
46	0.5	YE/BK	3000	冷却液温度传感器2号信号	I	—
47	0.5	BU/GY	636	车外环境空气温度传感器信号	I	—
48	0.5	WH/BU	6289	进气温度传感器信号	I	—
49	0.5	WH/GY	1786	变速器驻车挡/空挡信号(1)	I	M2A/MO5
50	0.5	WH/BU	6311	巡航/ETC/TCC制动信号	I	—
51	0.5	VT/BU	5291	动力总成主继电器熔断丝电源(2)	I	—

针脚	尺寸	颜色	电路	功　　能	端子类型	选装件
52	0.5	WH/BK	2366	冷却风扇控制继电器速度信号	I	—
53	—	—	—	未使用	—	—
54	0.5	WH/GY	459	空调压缩机离合器继电器控制	I	—
55	0.5	GN	3534	空挡传感器信号(1)	I	M4S
56	—	—	—	未使用	—	—
57	0.5	GN	380	空调制冷剂压力传感器信号	I	—
58～59	—	—	—	未使用	—	—
60	0.5	BN/GY	4008	湿度传感器信号	I	—
61	0.5	WH/GN	5380	制动器位置传感器信号	I	M2A/MO5
62	0.5	YE	6111	离合器接合传感器信号	I	M4S
63	—	—	—	未使用	—	—
64	0.5	GN/GY	465	燃油泵主继电器控制	I	—
65～66	—	—	—	未使用	—	—
67	0.5	YE	5991	动力系统继电器线圈控制	I	—
68	—	—	—	未使用	—	—
69	0.5	BU	6814	发动机冷却系统节温器控制	I	—
70	0.5	YE/BK	625	起动机启用继电器控制	I	M2A/MO5
71～72	—	—	—	未使用	—	—
73	2.5	VT/BU	5290	动力总成主继电器熔断丝电源(1)	II	—

K20 发动机控制模块 X2　　　　　　　　　　　　　　　　　　　表 18-2

针脚	尺寸	颜色	电路	功　　能	端子类型	选装件
1	—	—	—	未使用	—	—
2	0.5	BU	410	发动机冷却液温度传感器信号	I	—
3	—	—	—	未使用	—	—
4	0.5	BN/RD	7445	燃油管路压力传感器 5 V 参考电压	I	—
5	0.5 0.5	GY/RD GY/RD	2704 7331	歧管绝对压力传感器 5 V 参考电压 节气门前空气温度和压力(TMAP)5V 参考电压	I	L3G LFV
6	0.5 0.5	GY/YE GY/GN	5297 5297	排气凸轮轴位置传感器电源电压(1) 排气凸轮轴位置传感器电源电压(1)	I	L3G LFV
7	0.5	GY/BU	5300	进气凸轮轴位置传感器电源电压(1)	I	—
8	—	—	—	未使用	—	—
9	0.5	BN/RD	2917	燃油导轨压力传感器 5V 参考电压	I	L3G

续上表

针脚	尺寸	颜色	电路	功　能	端子类型	选装件
10～11	—	—	—	未使用	—	—
12	0.5	BN/RD	2701	节气门位置传感器5V参考电压	I	—
13	0.5	BU/WH	3630	节气门位置传感器(SENT1)信号	I	—
14	0.5	WH/RD	2705	机油压力传感器5V参考电压	I	—
15	0.5	VT/BU	6270	曲轴60X传感器电压	I	—
16～19	—	—	—	未使用	—	—
20	0.5	BU/WH	7446	燃油管路压力传感器信号	I	—
21	0.5	BK/GN	469	歧管绝对压力传感器低电平参考电压		L3G
	0.5	BK/VT	7332	节气门前空气温度和压力(TMAP)低电平参考电压		LFV
22	0.5	BK/GY	5296	排气凸轮轴位置传感器低电平参考电压(1)	I	—
23	0.5	BK/GN	5301	进气凸轮轴位置传感器低电平参考电压(1)	I	—
24	—	—	—	未使用	—	—
25	0.5	BK/GN	2919	燃油导轨压力传感器低电平参考电压	I	L3G
26	0.5	BU/WH	2918	燃油导轨压力传感器信号	I	L3G
27	—	—	—	未使用	—	—
28	0.5	BK/BN	2752	节气门位置传感器低电平参考电压	I	—
29	0.5	YE/BN	331	机油压力传感器信号	I	—
30	0.5	BK/VT	2755	机油压力传感器低电平参考电压	I	—
31	0.5	BK/VT	6272	曲轴60X传感器低电平参考电压	I	—
32	0.5	GN	3060	涡轮旁通电磁阀控制,汽缸列(1)	I	LFV
33	0.5	WH/BK	3111	加热型氧气传感器低电平信号,缸组1传感器(1)	I	—
34	0.5	WH/YE	3121	加热型氧气传感器低电平信号,缸组1传感器(2)	I	—
35	—	—	—	未使用	—	—
36	0.5	BK/VT	6754	凸轮相位器X回路低电平参考电压	I	—
37	0.5	BK/BN	6753	凸轮相位器W回路低电平参考电压	I	—
38	0.5	VT/BK	5237	排气凸轮轴位置传感器(1)	I	—
39	0.5	YE/VT	5275	进气凸轮轴位置传感器(1)	I	—
40	0.5	GN	6271	曲轴60X传感器信号	I	—
41	—	—	—	未使用	—	—
42	0.5	VT/BU	6091	曲轴位置传感器复制信号	I	LFV
43	0.5	BK/WH	2051	信号搭铁	I	—
44	0.5	BK/BU	2129	点火控制低电平参考电压,缸组1	I	—
45	0.5	GN/BU	2123	点火控制(3)	I	—

续上表

针脚	尺寸	颜色	电路	功　能	端子类型	选装件
46	0.5	BU/VT	2121	点火控制(1)	I	L3G
	0.5	BU/RD	2121	点火控制(1)		LFV
47	—	—	—	未使用	—	—
48	0.75	BU	4802	直接喷油器(DFI)高电压控制—汽缸2	I	—
49	0.75	GY/BU	4804	直接喷油器(DFI)高电压控制—汽缸4	I	—
50	0.75	GN	4803	直接喷油器(DFI)高电压控制—汽缸3	I	—
51	0.75	BN	4801	直接喷油器(DFI)高电压控制—汽缸1	I	—
52	0.5	YE	581	节气门执行器控制开启	I	—
53	0.5	VT/GY	3110	加热型氧气传感器高电平信号,缸组1传感器(1)	I	—
54	0.5	VT/BU	3120	加热型氧气传感器高电平信号,缸组1传感器(2)	I	—
55	—	—	—	未使用	—	—
56	0.5	GY/BU	5282	排气凸轮轴同步器电磁阀(1)	I	—
57	0.5	VT/BN	5284	进气凸轮轴同步器电磁阀(1)	I	—
58~59	—	—	—	未使用	—	—
60	0.5	GY/WH	3122	加热型氧气传感器加热器低电平控制,缸组1传感器(2)	I	—
61	0.5	GY/WH	3113	加热型氧气传感器加热器低电平控制,缸组1传感器(1)	I	—
62	—	—	—	未使用	—	—
63	0.5	BN/YE	258	废气门电磁阀控制	I	LFV
64	0.5	BU	179	机油泵指令信号	I	—
65	0.5	BU/WH	2122	点火控制(2)	I	—
66	0.5	YE/BU	2124	点火控制(4)	I	—
67	—	—	—	未使用	—	—
68	0.75	BU/GY	4902	直接喷油器(DFI)高压电源—汽缸2	I	—
69	0.75	BU/WH	4904	直接喷油器(DFI)高压电源—汽缸4	I	—
70	0.75	GN/GY	4903	直接喷油器(DFI)高压电源—汽缸3	I	—
71	0.75	BN/WH	4901	直接喷油器(DFI)高压电源—汽缸1	I	—
72	0.5	BN/WH	582	节气门执行器控制关闭	I	—
73	2.5	BK	151	信号搭铁	II	L3G
	2.5	BK/WH	151	信号搭铁		LFV

K20 发动机控制模块 X3　　　　　　　　　　　　　　　　　　　表 18-3

针脚	尺寸	颜色	电路	功　　能	端子类型	选装件
1	—	—	—	未使用	—	—
2	0.5	BU/WH	3608	高速质量空气流量传感器启用	I	—
3	0.5	BU	7302	进气歧管调节阀(IMTV)控制—信号	I	L3G
4	0.5	GN/BU	428	蒸发排放炭罐吹洗电磁阀控制	I	—
5	—	—	—	未使用	—	—
6	0.5	BN/RD	2917	燃油导轨压力传感器5V参考电压	I	LFV
7 ~ 13	—	—	—	未使用	—	—
14	0.5	WH/RD	3201	节气门进口绝对压力传感器5V参考电压	I	—
15	0.5	YE/RD	6031	制动真空传感器5V参考电压	I	—
16	0.5	VT/BU	5293	动力总成主继电器熔断丝电源(4)	I	—
17	0.5	WH/GY	4578		I	M2A
18	0.5	棕色	25	充电指示灯控制	I	—
19	0.5	GY	23	发电机磁场占空比信号	I	—
20	0.5	BK/WH	2151	信号搭铁	I	—
21	0.5	BU/WH	2918	燃油导轨压力传感器信号	I	LFV
22	0.5	BK/GN	2919	燃油导轨压力传感器低电平参考电压	I	LFV
23 ~ 29	—	—	—	未使用	—	—
30	0.5	WH/YE	3202	节气门进口绝对压力传感器5V电压回路	I	LFV
31 ~ 39	—	—	—	未使用	—	—
40	0.5	GN/WH	432	歧管绝对压力传感器信号	I	L3G
	0.5	VT/BU	7330	节气门前空气温度和压力(TMAP)空气压力信号		LFV
41 ~ 42	—	—	—	未使用	—	—
43	0.5	BU/VT	1589	主燃油油位传感器信号	I	—
44 ~ 45	—	—	—	未使用	—	—
46	0.5	YE/WH	3200	节气门进气绝对压力传感器信号	I	—
47	0.5	WH/BU	7329	节气门前空气温度和压力(TMAP)温度信号	I	LFV
48	0.5	YE	3054	涡轮增压器进气压力传感器信号,缸组1	I	LFV
49 ~ 51	—	—	—	未使用	—	—
52	0.5	VT/BK	7300	高压燃油泵执行器低电平控制	I	—
53 ~ 54	—	—	—	未使用	—	—
55	0.5	GN/VT	4621		I	—
56 ~ 60	—	—	—	未使用	—	—

续上表

针脚	尺寸	颜色	电路	功　　能	端子类型	选装件
61	0.5	BK/YE	1716	爆震传感器低电平参考电压(1)	I	—
62	0.5	VT/GY	496	爆震传感器信号(1)	I	—
63~71	—	—	—	未使用	—	—
72	0.5	YE	7301	高压燃油泵执行器高电平控制	I	—
73	2.5	BK	151	信号搭铁	II	L3G
	2.5	BK/WH	151	信号搭铁		LFV

4. 电子控制单元电源电路

以 2016 款别克威朗发动机电控单元电源为例,说明电控单元电源电路的工作过程(图 18-3)。

当点火开关断开时,其电流路径为:B + →X55AF/2 →K20/X1/15 →K20/X2/73(K20/X3/73)→G104。保证 K20 在点火开关断开的状态下的正常供电。

当点火开关置于 ON 位置时,电流的路径为:B + →KR75 →X50A/X3/18 →K20/X1/67 →K20 内部搭铁,KR75 继电器线圈产生电磁吸力,使 KR75 继电器触点吸合,电流经 B + →KR75/30 →KR75 →F12(或 F13、F20)→X50A/X 3/51(X50A/X 3/52、X50A/X 3/31)→K20/X1/16(K20/X1/51、K20/X1/73)向 K20 供电,使发动机的 ECM 正常工作。

相关链接

ECU 是英文 Electronics Control Unit 的缩写,中文的意思是"电子控制装置"或"电子控制单元",有些国家则用 ECM(Electronics Control Module)来表示。

5. 电子控制单元电路的故障诊断流程

利用检测设备检测时,发动机控制单元无法进入,检测其他控制单元时,显示发动机控制单元通信有问题,显示的故障码为 U0100,故障码的诊断流程如图 18-4 所示。

二、实　践　操　作

1. 实践准备

干净的抹布,常用工具 1 套、测试灯 1 个、数字万用表 1 个、装用 L3G 发动机的 2016 款别克威朗轿车一辆、208 接线盒、相关的维修手册等。

2. 技术要求及注意事项

(1)注意对车辆的保护。

(2)实践作业前,熟悉检测步骤和各熔断丝、继电器的位置。

(3)实践操作前参看维修手册,弄清各测量点的具体位置。

(4)严禁在发动机运转时将蓄电池从中断开,以防产生瞬变过电压将传感器和电子控制单元损坏。

(5)不能直接测试电子控制单元;点火开关关闭 30s 后,才可以拆装电子控制单元接线插头。

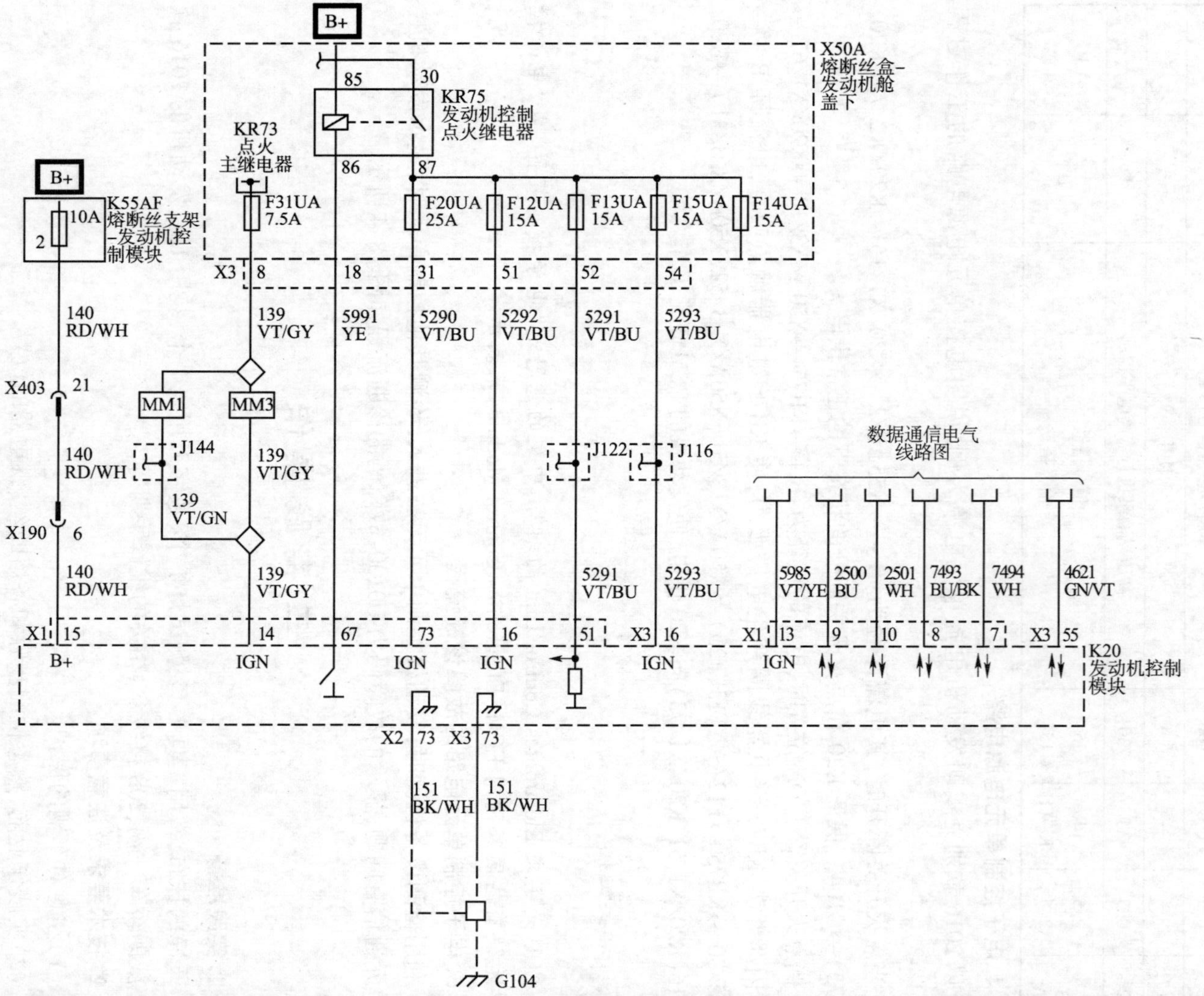

X50A
熔断丝盒-发动机舱盖下

K20 发动机控制模块

4621 GN/VT 55 X3
7494 WH 71
7493 BU/BK 8
2501 WH 10
2500 BU 9
5985 VT/YE 13 X1 IGN

数据通信电气线路图

F14UA 15A
F15UA 15A 54 5293 VT/BU J116 5293 VT/BU 16 X3 IGN
F13UA 15A 52 5291 VT/BU J122 5291 VT/BU 51 IGN
F12UA 15A 51 5292 VT/BU 16 IGN
F20UA 25A 31 5290 VT/BU 73 IGN X2 73 X3 73 151 BK/WH 151 BK/WH

KR75 发动机控制点火继电器
30 85 87 86 18 5991 YE 67 IGN

151 BK/WH G104

F31UA 7.5A 8 X3 139 VT/GY MM3 139 VT/GY 14 IGN
KR73 点火继电器主继电器

MM1 J144 139 VT/GN 139 VT/GY

K55AF 支架-发动机控制模块
10A 2 140 RD/WH 21 X403 140 RD/WH 6 X190 140 RD/WH 15 X1 B+

B+

图18-3 2016款别克威朗发动机控制示意图

将点火开关置于"OFF"位置，断开未通信装置的所有线束连接器

测试搭铁端子和搭铁之间的电阻

≥10Ω

将点火开关置于"OFF"位置

<10Ω

将点火开关置于"ON"位置

测试搭铁端对端电阻

≥2Ω

修理电路中的开路/电阻过大故障

<2Ω

修理搭铁连接中的开路/电阻过大故障

测试灯点亮

确认B+端子和搭铁之间的测试灯点亮

测试灯未点亮且电路熔断器熔断

测试灯未点亮且电路熔断器完好

点火开关置于"OFF"位置，拆下测试灯

点火开关置于"OFF"位置，拆下测试灯

测试灯未点亮且电路熔断器完好

确认点火端子和搭铁之间的测试灯点亮

测试灯点亮

测试B+端对端电阻

≥2Ω

<2Ω

测试B+和搭铁之间的电阻

<∞

∞

点火开关置于"OFF"位置，拆下测试灯

点火开关置于"OFF"位置，拆下测试灯

修理电路中的开路/电阻过大故障

确认熔断器未熔断且有电压

修理电路中对搭铁短路故障

更换断开的设备

测试点火端对端电阻

≥2Ω

<2Ω

测试点火电路和搭铁电阻

<∞

∞

修理电路中开路/电阻过大故障

确认熔断器完好且有电压

修理电对搭铁短路故障

更换断开的设备

测试灯点亮

确认由各点火电路端子和搭铁之间的测试灯已点亮

测试灯不点亮

将点火开关置于"OFF"位置，拆下测试灯，断开控制点火控制模块处的线束连接器

参见故障诊断仪不与低速GMLAN设备进行通信，测试是否对电路短路

参见故障诊断仪不与高速GMLAN设备进行通信，测试是否对电压短路

≥4.5V

测试串行数据电路和搭铁之间电压

<∞

测试点火电路和搭铁电阻

修理电路中对搭铁短路故障

∞

<4.5V

将点火开关置于"OFF"位置，关闭所有车辆系统

参见故障诊断仪不与低速GMLAN设备进行通信，测试是否对搭铁短路

参见故障诊断仪不与高速GMLAN设备进行通信，测试是否对搭铁短路

≤100Ω

测试各串行数据电路端子和搭铁电阻

测试点火端对端电阻

≥2Ω

<2Ω

修理电路中的开路/电阻过大故障

更换控制点火电路的控制模块

>100Ω

修理未通信装置与设置DTC装置之间的串行数据电路中的开路/电阻过大故障

≥2Ω

测试设备线束连接器和相应端子之间的各串行数据电路端对端的电阻

<2Ω

<110Ω

测试每对高速串行数据电路电阻是否为110~130Ω

≥110Ω,≤130Ω

>130Ω

参见故障诊断仪不与高速设备进行通信，测试是否对搭铁短路或串行数据电路之间存在短路

参见故障诊断仪不与高速设备进行通信，测试串行数据电路中是否开路/电阻过大

更换未通信的装置

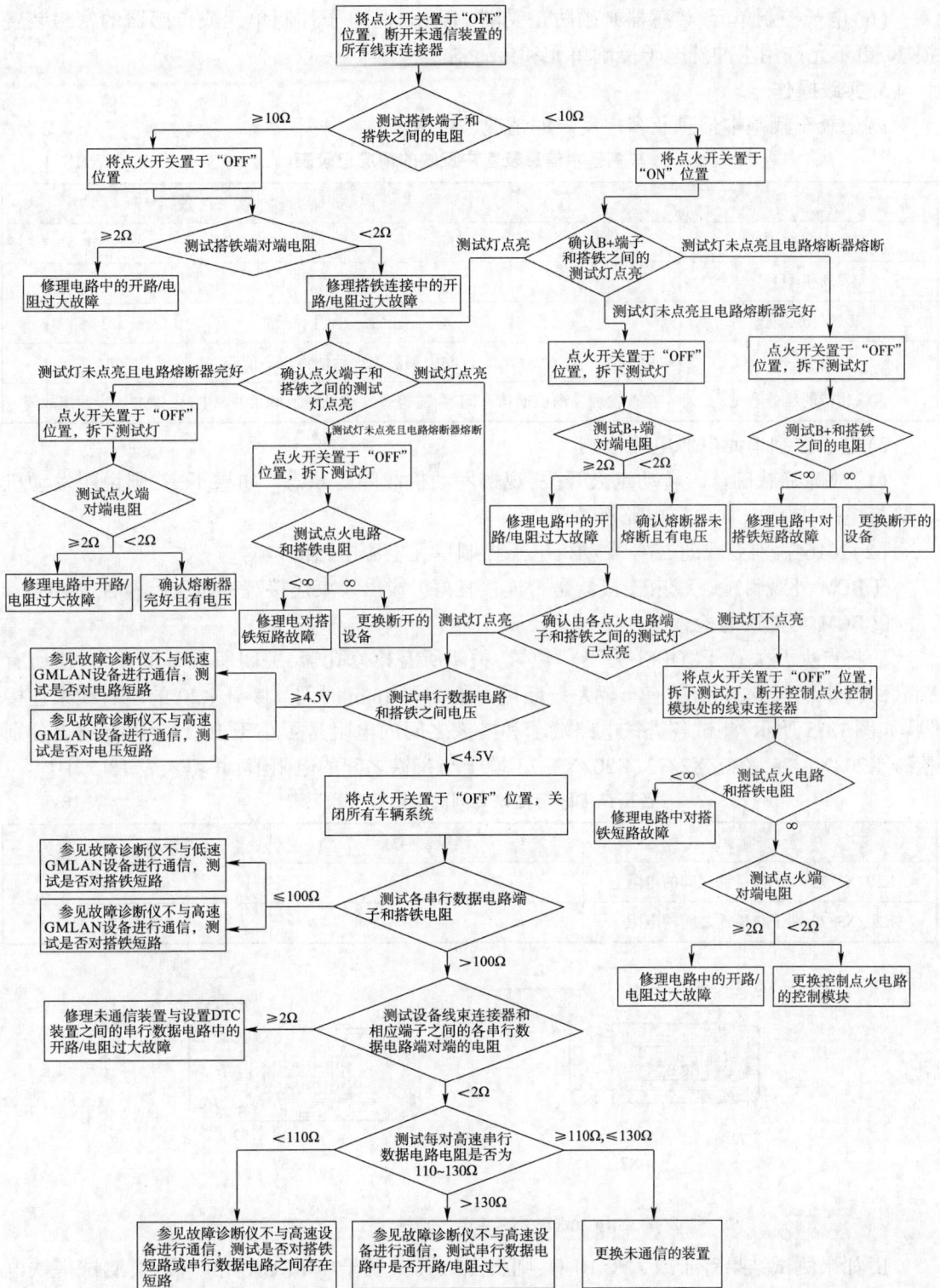

图 18-4　2016 款别克威朗 DTC U0100 诊断流程树状图

（6）电子控制单元、传感器必须防止受潮，不允许将电子控制单元或传感器的密封装置损坏，更不允许用水冲洗电子控制单元和传感器。

3. 实践操作

1）记录车辆基本信息及客户反映的情况（表18-4）

车辆基本信息及客户反映的情况记录表　　　　　　　　表18-4

项　　　目	内　　　容
车辆型号（VIN）	
发动机型号	
车辆外观检查	□正常　　　□不正常
客户反映	行驶中突然熄火后便再也不能起动
维修接待的维修意见	经查发现发动机通信有问题，需检查发动机控制单元电源电路，以进一步确定故障

2）电子控制单元电源电路检测

（1）故障症状确认。转动点火开关，观察发动机故障灯状态。如果不亮，则说明发动机故障灯电路或者 ECU 电源电路有故障。

（2）2016 款别克威朗 L3G 发动机电子控制单元电源电路的检测。

①BCM 外观目检。线束连接器是否连接良好？拔出线束连接观察是否有锈蚀、松动。

②BCM 与搭铁的检查。

a. 将点火开关置于"OFF（关闭）"位置，关闭所有检修孔盖，关闭所有车辆系统，使所有钥匙距离车辆至少 3m。所有车辆系统断电可能需要 2min 时间。断开 K20 的所有线束连接器，如图 18-5 所示，测试各搭铁电路端子和搭铁之间的电阻是否小于 10 Ω。用万用表分别检查 K20/X1/73、K20/X2/73、K20/X3/73 端子与搭铁之间的电阻值，并填入表 18-5 中。

各搭铁电路与搭铁之间的电阻检查登记表　　　　　　　　表18-5

检 测 电 阻	测量值（Ω）	标准值（Ω）
K20/X2/73 端子与搭铁之间的电阻		小于 10
K20/X3/73 端子与搭铁之间的电阻		小于 10

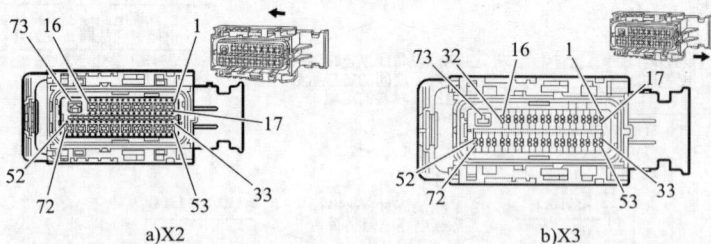

a)X2　　　　　　　　　　　　　　　b)X3

图 18-5　2016 款别克威朗（L3G 发动机）电控单元各端子图

b. 如果测试结果等于或大于 10 Ω，则将点火开关置于"OFF（关闭）"位置，测试搭铁电路端对端，即 K20/X2/73 端子与 G104 之间和 K20/X3/73 端子与 G104 之间，电阻是否小于 2 Ω，并将测量结果填入表 18-6 中。

搭铁电路端对端电阻测量登记表　　　　　　　　　　　　表 18-6

检　测　电　阻	测量值（Ω）	标准值（Ω）
K20/X2/73—G104		小于 2
K20/X3/73—G104		小于 2

c. 如果测试结果小于 10 Ω，则将点火开关置于"ON（打开）"位置，分别在 K20/X1/15 端子与搭铁之间、K20/X1/67 端子与搭铁之间跨接测试灯，确认每个 B + 电路端子和搭铁之间的测试灯点亮，并对电路中的熔断丝进行检测，将测量结果填入表 18-7 中。

B + 电路端子和搭铁之间的测试灯点亮情况及线路熔断丝情况登记表　　　　表 18-7

检测熔断丝	测试灯点亮情况	标　准	线路中熔断丝情况	标　准
K20/X1/15 端子与搭铁之间		点亮		完好
K20/X1/67 端子与搭铁之间		点亮		完好

d. 如果测试结果为测试灯未点亮且电路熔断丝完好，将点火开关置于"OFF（关闭）"位置，拆下测试灯，测试 B + 电路端对端电阻是否小于 2 Ω。将测量结果填入表 18-8 中。

测试 B + 电路端对端电阻测量登记表　　　　　　　　　　表 18-8

检　测　电　阻	测量值（Ω）	标准值（Ω）
K20/X1/15 —B⁺		小于 2
K20/X1/67 — B⁺		小于 2

e. 如果测试结果为测试灯未点亮且电路熔断丝熔断，将点火开关置于"OFF（关闭）"位置，拆下测试灯，测试 B + 电路和搭铁之间的电阻是否为无穷大。将测量结果填入表 18-9 中。

测试 B + 电路与搭铁之间电阻测量登记表　　　　　　　　表 18-9

检　测　电　阻	测量值（Ω）	标准值（Ω）
K20/X1/15 —搭铁		无穷大
K20/X1/67 —搭铁		无穷大

f. 如果测试结果为测试灯点亮，确认每个点火电路端子和搭铁之间的测试灯点亮。将测量结果填入表 18-10 中。

点火电路端子和搭铁之间的测试灯点亮情况及线路熔断丝情况登记表　　　表 18-10

检测熔断丝	测试灯点亮情况	标　准	线路中熔断丝情况	标　准
K20/X1/14 端子与搭铁之间		点亮		完好
K20/X1/16 端子与搭铁之间		点亮		完好
K20/X1/51 端子与搭铁之间		点亮		完好
K20/X1/73 端子与搭铁之间		点亮		完好
K20/X3/16 端子与搭铁之间		点亮		完好

g. 如果测试结果为测试灯未点亮且电路熔断丝完好，将点火开关置于"OFF（关闭）"位置，拆下测试灯，测试点火电路和搭铁之间的电阻是否为无穷大。将测量结果填入表 18-11 中。

B + 电路端对端电阻测量登记表　　　　　　　　表 18-11

检测电阻	测量值（Ω）	标准值（Ω）
K20/X1/14—X50A/X3/8		小于 2
K20/X1/16—X50A/X3/51		小于 2
K20/X1/51—X50A/X3/52		小于 2
K20/X1/73—X50A/X3/31		小于 2
K20/X3/16—X50A/X3/54		小于 2

h. 如果测试结果为测试灯未点亮且电路熔断丝熔断,将点火开关置于"OFF(关闭)"位置,拆下测试灯,测试点火电路和搭铁之间的电阻是否为无穷大。将测量结果填入表 18-12 中。

B + 电路与搭铁之间电阻测量登记表　　　　　　　　表 18-12

检测电阻	测量值（Ω）	标准值（Ω）
K20/X1/14—搭铁		无穷大
K20/X1/16—搭铁		无穷大
K20/X1/51—搭铁		无穷大
K20/X1/73—搭铁		无穷大
K20/X3/16—搭铁		无穷大

i. 如果测试结果为测试灯点亮,测试各个 GMLAN 串行数据电路和搭铁之间的电压是否小于 4.5 V。将测量结果填入表 18-13 中。

各个 GMLAN 串行数据电路和搭铁之间的电压测量登记表　　　　　　　　表 18-13

检测电压	测量值（V）	标准值（V）
K20/X1/7—搭铁		4.5
K20/X1/8—搭铁		4.5
K20/X1/9—搭铁		4.5
K20/X1/10—搭铁		4.5

j. 将点火开关置于"OFF(关闭)"位置,关闭所有检修孔盖,关闭所有车辆系统,使所有钥匙距离车辆至少 3m。所有车辆系统断电可能需要 2min 时间。测试各个 GMLAN 串行数据电路端子和搭铁之间的电阻是否大于 100 Ω。将测量结果填入表 18-14 中。

各个 GMLAN 串行数据电路和搭铁之间的电阻测量登记表　　　　　　　　表 18-14

检测电阻	测量值（Ω）	标准值（Ω）
K20/X1/7—搭铁		100
K20/X1/8—搭铁		100
K20/X1/9—搭铁		100
K20/X1/10—搭铁		100

k. 将点火开关置于"OFF(关闭)"位置,测试设备线束连接器和下列相应的 X84 数据链

路连接器端子之间的各 GMLAN 串行数据电路端对端(注:高速 GMLAN 串行数据电路端子 6 或 14)的电阻是否小于 2 Ω。将测量结果填入表 18-15 中。

各 GMLAN 串行数据电路端对端的电阻测量登记表 表 18-15

检测电阻	测量值(Ω)	标准值(Ω)
K20/X1/7 ~ K111/5		2
K20/X1/8 ~ K111/4		2
K20/X1/9 ~ X84/6		2
K20/X1/10 ~ X84/14		2

1. 将点火开关置于"OFF(关闭)"位置,测试每对高速 GMALN 串行数据电路之间的电阻是否为 110 ~ 130 Ω。将测量结果填入表 18-16 中。

各 GMLAN 串行数据电路端对端的电阻测量登记表 表 18-16

检测电阻	测量值(Ω)	标准值(Ω)
K20/X1/7 与其他		110 ~ 130
K20/X1/8 与其他		110 ~ 130
K20/X1/9 与其他		110 ~ 130
K20/X1/10 与其他		110 ~ 130

想一想

以上各项如不符合规定,是什么原因? 应该怎么办?

三、学习拓展

(1)当你考虑更换发动机 ECU 之前,需要检查所有的传感器工作是否正常,蓄电池的电压是否正常,搭铁是否良好。

更换发动机 ECU 时,需要准确识别车辆的年款、厂家、型号和发动机排量,还要知道发动机 ECU 上写的 OEM 零件号。更换发动机 ECU 后,许多车型必须将 ECU 与发动机进行匹配。

拆卸旧的发动机 ECU 和安装新的发动机 ECU 之前都应当断开蓄电池。装好发动机 ECU 并重新连接好线束后,再重新接上蓄电池。许多发动机 ECU 在安装后,或断开电源后必须要经过"再学习"过程。比如,对于某些车型,蓄电池断电后,可能要经过特定程序才能建立基本怠速,而有些车型只不过需要经过短时期的驾驶让电脑自我调节。

特别提醒:不要轻易断开蓄电池负极,否则,将丢失存储器中的故障码,冻结帧数据,设定的参数、时钟信息也会丢失,有些车型甚至锁死音响系统。

(2)当 ECU 内部电源电路(+5 V 恒定电压电路)断路或短路时,由 ECU 提供 5 V 电源电压的传感器都不能再工作;当 ECU 内部电源电路(+5 V 恒定电压电路)短路时微处理器不再工作,所以 ECU 也不再工作。

(3)如用手持式汽车诊断电脑进行发动机故障诊断时发现手持式诊断电脑显示"无法通信"则只存在三种情况:①手持式汽车诊断电脑或测试电缆故障导致无法通信;②ECU 损坏而导致无法通信;③ECU 电源电路故障。

四、评价与反馈

1. 自我评价与反馈

(1)你能主动参与工作现场的清洁和调整工作吗?(　　)

    A. 主动完成　　　　　　B. 被动完成　　　　　　C. 未完成

(2)你能正确规范地完成丰田 1ZR—FE 发动机电控单元电源电路的检查吗?(　　)

    A. 快速规范　　　　　　B. 规范但不熟练　　　　C. 不会检查

(3)叙述进行 ECU 诊断的注意事项。

_____

_____

(4)在本学习任务的学习中遇到的困难是什么?你是怎样解决的?

_____

签名:_____　____年____月____日

2. 小组评价与反馈

(1)工作页的填写情况如何?(　　)

    A. 正确且书写认真　　　B. 正确但书写潦草　　　C. 有抄袭现象

(2)是否主动参与小组讨论?(　　)

    A. 主动　　　　　　　　B. 被动　　　　　　　　C. 未参与

(3)是否完成本学习任务的学习目标?(　　)

    A. 完成且效果好　　　　B. 完成但效果不好　　　C. 未完成

(4)是否积极学习,不懂的问题是否积极向别人请教,是否积极帮助他人学习?(　　)

    A. 积极学习　　　　　　B. 积极请教

    C. 积极帮助他人　　　　D. 全部不积极

(5)零件、工具与油污有没有落地,有无保持作业现场的整洁?(　　)

    A. 无掉地且场地整洁　　B. 有零件、工具掉地

    C. 有油污掉地　　　　　D. 未保持作业现场的清洁

(6)实施过程中是否注意维修质量和有责任心?(　　)

    A. 注意质量,有责任心　B. 不注意质量,有责任心

    C. 注意质量,无责任心　D. 全无

(7)团队学习中主动和合作的情况如何?

    A. 好　　　　　　　　　B. 较好　　　　　　　　C. 一般

参与评价的同学签名:_____　____年____月____日

3.教师评价

_____

教师签名：_____　_____年_____月_____日

五、技能考核标准

技能考核标准见表18-17。

技能考核标准　　　　　　　　　　　　　　　　　　表18-17

序号	项目	操作内容	规定分	评分标准	得分
1	准备	(1)清点工具、清理工位； (2)打开并支撑发动机罩； (3)安装汽车保护罩	5 5 5	(1)酌情扣分； (2)酌情扣分； (3)酌情扣分	
2	检查	(1)BCM外观目检； (2)BCM与搭铁的检查； (3)BCM电源电路中的熔断丝及连接线束的检查	5 30 10	(1)不检查扣3分,操作不当扣1分； (2)操作不当,酌情扣分； (3)操作不当,酌情扣分	
3	拆卸	(1)拆下电控单元线束及电控单元； (2)拔下电控单元系统电源电路的熔断丝及继电器	5 5	(1)操作不当扣1~5分； (2)操作不当扣1~5分	
4	安装	(1)安装电控单元系统电源电路的熔断丝及继电器； (2)安装电控单元及电控单元线束	5 5	(1)操作不当扣1~5分 (2)操作不当扣1~5分	
5	完成时限	60min	10	(1)超时1~5min扣1~5分； (2)超时5min以上扣10分	
6	安全文明	无安全隐患,无不文明操作	5	未达标扣1~5分	
7	结束	(1)工具、量具清洁归位； (2)工作场地清洁	2 3	(1)漏一项扣1~3分,未做扣5分； (2)不彻底扣1~3分,未做扣5分	
	总分		100		

学习任务十九 尾气排放检测与废气分析

任务要求

完成本学习任务后,你应能:

1. 知道汽车尾气的成分及废气产生的原理;
2. 知道三元催化转换器的作用及工作原理;
3. 明白我国汽车尾气的排放标准;
4. 正确使用废气分析仪;
5. 正确检测发动机尾气成分,并判断发动机排放是否合格,如排放成分异常可根据检测结果分析发动机引起该故障的原因。

建议学时:8 学时。

任务描述

一辆 2013 款科鲁兹轿车怠速不稳,发动机经常熄火,用手持式汽车诊断仪调取故障码,无故障码;经维修人员初步判断,需对发动机排放系统进行检测,进一步确定故障原因,以便进行维修和更换。

一、理论知识准备

目前,大气污染已发展成为世界性的问题,尤其是在一些大中城市,随着汽车保有量的增加,汽车排气污染物造成的环境污染情况日趋严重。所以,对汽车排气污染物的监控与防治,已处于刻不容缓的地步。

1. 汽车尾气的主要成分与危害

汽车尾气的主要污染物主要有:一氧化碳(CO)、二氧化碳(CO_2)、碳氢化合物(HC)、氮氧化物(NO_x)、炭烟(PM)等。

(1)CO 吸入人体后,非常容易和血液中的血红蛋白结合,它的亲和力是氧与血液亲和力的 300 倍。因此,肺里的血红蛋白不与氧结合而与 CO 结合,致使人体缺氧,引起头痛、头晕、呕吐等中毒症状,并危害中枢神经系统,造成感觉、反应、理解、记忆等机能障碍,严重时造成死亡。

(2)CO_2为无色无毒气体,对人体无直接危害,但大气中的CO_2大幅度增加后,因其对红外热辐射的吸收而形成的温室效应,会使全球气温上升、南北极冰层融化;海平面上升;大陆腹地沙漠趋势加剧,是人类和动植物赖以生存的生态环境遭到破坏。据统计大气中的CO_2约有30%来自汽车排气,因此近年来对CO_2的控制也已上升为汽车排放研究的重要课题,低碳生活已成为当今的时尚。

(3)单独的HC只有在浓度相当高的情况下才会对人体产生影响,一般情况下作用不大,但它却是产生光化学烟雾的重要成分。

(4)NO_x是一种褐色的有臭味的废气,发动机废气刚排出时,气体内存在的NO毒性较小,但NO很快氧化成毒性较大的NO_2等其他氮氧化合物。这些氮氧化合物,我们统称为NO_x。NO毒性小,但高浓度的NO会引起人的神经中枢的障碍,NO_2具有很强的臭味,进入肺泡后能形成亚硝酸和硝酸,对肺组织产生剧烈的刺激作用。亚硝酸盐则能与人体内的血红蛋白结合,形成变性血红蛋白,可在一定程度上导致组织缺氧。对人的呼吸系统和免疫功能有很大的危害,还可能收起哮喘、支气管炎及肺气肿等疾病。此外,NO_x还是光化学雾的重要组成成分。

(5)炭烟(PM)主要是硫化物和微粒物(主要是铅等重金属的氧化物和烟灰等),因其内含有黑色颗粒,会影响道路上的能见度,并含有少量的乙醛、铅化物、硫化物等,往往会引起人们恶心和头晕,并对人类的呼吸系统有害,而且有的物质还能致癌。

(6)光化学烟雾是NO_x与HC受阳光中紫外线照射后发生光化学反应,形成的黄色烟雾,其主要成分——O_3是一种强氧化剂。当光化学烟雾达到一定浓度时,具有明显的刺激性。它能刺激眼结膜,引起流泪并导致红眼症,同时对鼻、咽、喉、气管及肺部均有刺激作用,能引起急性喘息症。光化学烟雾还具有损害植物、降低大气能见度、损坏橡胶制品等危害。

2. 汽车尾气产生的原理

(1)CO。CO是燃料在空气不足或其他原因造成不完全燃烧时,所产生的气体。

(2)HC。HC是发动机废气中的燃料未燃部分,还包括供油系统中燃料的蒸发和泄漏的产物,以及汽油中的大分子成分在高温下分解产生的。

(3)CO_2。CO_2是汽油燃烧后的必然产物,就像人呼吸过程中要产生CO_2一样,是不可避免的。

(4)NO_x。NO_x是进入汽缸内的N_2的O_2在高温高压的火焰下化合生成的。

(5)行车工况与尾气的产生。行车工况与尾气产生的关系如图19-1所示。

①暖机工况:产生CO、HC。

②怠速运行工况:产生CO、HC。

③匀速行驶:

中、低速度:产生NO_x。

高速:产生CO、HC和NO_x。

④加速:产生CO、HC和NO_x。

⑤减速:产生CO、HC。

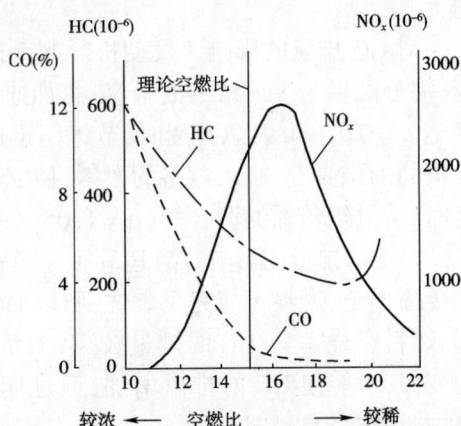

图 19-1　汽油机尾气排放物与进气空燃比之间的关系

⑥大负荷：产生 CO、HC 和 NO_x。

3. 影响尾气产生的因素

（1）混合气浓度影响。混合气浓度的评价指标有两个：空燃比（A/F）和过量空气系数（α）。空燃比为 14.7 或 $\alpha=1$ 的混合气称为理论混合气；$A/F>14.7$ 或 $\alpha>1$ 的混合气称为稀混合气；$A/F<14.7$ 或 $\alpha<1$ 的混合气称为浓混合气。

①对 CO 排量的影响。供给发动机的混合气的空燃比比 14.7（或过量空气系数比 1）小得越多，混合气越浓，燃料越燃烧不完全，CO 的排放量越高。

②对 HC 排量的影响。HC 是在燃气汽缸壁温度较低区，达不到燃烧温度，火焰熄灭；电火花过弱未能引燃混合气等情况下产生的。实验证明，当 $A/F=16.2$ 时，HC 的排量最少；A/F 在 16.2 以内时，A/F 越小，即混合气越浓，HC 排量越高；当 A/F 大于 16.2 时，由于燃料过少，通常的点火方式已不能将混合气引燃，产生失火现象，造成 HC 大量排出。

③对 NO_x 排量的影响。NO_x 在混合气的 $A/F\approx15.5$ 时，燃料燃烧效率最高，燃烧越完全，汽缸内的温度高，HC 的排量最多，A/F 高于或低于此值时，NO_x 的排量都会减少。

（2）点火时刻和点火效果的影响。

①对 CO 排量的影响。点火提前角不正确也会影响的排放。点火时刻过晚，造成燃料在汽缸内来不及燃烧；点火时刻过早，混合气形成时间缩短，混合气的品质差。都会造成 CO 的排量增加。

②对 HC 排量的影响。点火时刻推迟时，由于发动机排气温度高，促进了 HC 在排气过程中的氧化，另外燃烧时降低了汽缸的面容比，燃烧室内的激冷面积减小，使排出的 HC 减少，但要以牺牲燃料经济性为代价，所以得不偿失。

③对 NO_x 排量的影响。点火时刻提前，燃料经过的燃烧时间长，燃烧完全，汽缸内的温度高，NO_x 的排量高；点火时刻推迟，降低了汽缸内的温度，可以减少 NO_x 排量，但降低了缸内温度的同时，发动机的热效率也降低了，若调整不当会严重影响发动机的动力性、经济性和稳定性。

（3）发动机负荷的影响。

发动机的负荷可以用与节气门相关的进气管压力来表示，进气管压力越大，发动机的负荷越大。

①对 CO 排量的影响。发动机冷起动时需供给发动机多而浓的混合气；怠速和很小负荷时，需分配供给少而浓的混合气；急加速时，由于短时间内供给过量的燃料而使混合气的浓度达 $\alpha=0.8\sim0.9$；急减速时，节气门迅速关闭，特别是发动机原先高转速时，在进气管内产生瞬间的强真空，吸入过多的燃料，使混合气过浓。这些都会造成 CO 排量的增加。中等负荷时，需供给稍稀的混合气（$\alpha=1.05\sim1.15$），燃料燃烧完全，排出的 CO 较少。

②对 HC 排量的影响。怠速和很小负荷时，需供给发动机少而浓的混合气，还可能造成火焰传播不全，燃料不能完全燃烧，所以 HC 的排量较多；中等负荷时，供给发动机的混合气稍稀，燃料燃烧完全，HC 的排量较少；大负荷和全负荷时，发动机的转速高，虽燃料燃烧的时间变短，可能使 HC 的排量增加，但这期间排气温度高，有利于 HC 的进一步氧化，所以 HC 的排量也较怠速时少。

③对 NO_x 排量的影响。负荷小时，进气压力低，进气流动速度慢，形成的混合气的品质

差,火焰传播慢,燃料燃烧不完全,发动机汽缸内温度较低,NO$_x$ 排量少。中速时,混合气燃烧完全,NO$_x$ 排量较多。

(4)发动机转速的影响。

①对 CO 排量的影响。在怠速和很小负荷时,供给发动机的是供给少而浓的混合气,急加速时,由于短时间内供给过量的燃料而使混合气的浓度达 $\alpha = 0.8 \sim 0.9$;急减速时,节气门迅速关闭,特别是发动机原先高转速时,在进气管内产生瞬间的强真空,吸入过多的燃料,使混合气过浓。造成燃烧不完全,而使 CO 的排量高;中速时,燃料煅烧完全,排出的 CO 也相应较少;高速时,虽燃料燃烧的时间相应较短,可能造成燃烧不完全而使 CO 排量增多,但高速时,排气温度较高,有利于 CO 的进一步氧化,所以 CO 的排放比中速时低但比怠速时高。

②对 HC 排量的影响。转速升高,加大了汽缸中的扰流和涡流作用,使形成的混合气品质更佳,燃烧更完全,HC 的排量越少。

③对 NO$_x$ 排量的影响。对于不同浓度的混合气,转速对 NO$_x$ 排量的影响不同。对燃烧速度较慢的稀混合气,在点火时刻不变的情况下,转速升高,燃烧过程将在做功过程压力和温度不太高的条件下进行,NO$_x$ 的排量减少;对于燃烧速度较快的浓混合气,转速升高,增加了进气的扰流和涡流作用,火焰传播速度快,热量损失小,所以燃烧速度快使 NO$_x$ 排量增加。

(5)发动机温度的影响。

①低温时。低温时,燃油雾化不良,再加上吸入的混合气和冷的进气管及汽缸壁接触时,一部分汽油发生凝结成为液态和粒状。正是由于考虑到这种情况,冷态供给的是浓混合气,结果由于空气量不足,使 CO 量增加。同时燃烧温度降低,NO$_x$ 减少而 HC 增加。

②高温时。冷却液温度达到 $80 \sim 90$℃ 时,燃料汽化良好,发动机在燃料经济性较好的状态下运转。但是,当发动机温度过高时由于引起过热、爆燃、早燃等现象,使燃烧温度上升,NO$_x$ 的生成量增多,同时 CO 和 HC 的生成量减少。

(6)其他因素的影响。

①喷油器工作情况的影响。当喷油器密封不严和喷油雾化质量不良时,会引起 CO 和 HC 排量增加,使 NO$_x$ 减少。

②燃油供给系统燃油压力的影响。压力过高时,相同的喷油脉宽,供给的燃油多,混合气浓度大,CO 和 HC 排量增加,使 NO$_x$ 减少。

③L 型空气供给系统的发动机,空气流量传感器之后的进气通道有漏气现象时,会使 NO$_x$ 的排量增加,使 CO 和 HC 排量减少。

④空气流量传感器(或进气压力传感器)检测进气量数值不准确、活性炭罐故障、三元催化转换器故障、EGR 阀故障等,都会引起 CO、HC、NO$_x$ 排量的变化。

4. 三元催化转换器的作用及工作原理

(1)三元催化转换器的作用,就是将汽车发动机尾气中含有的三种主要有害气体:即一氧化碳(CO)、碳氢化合物(HC)和氮氧化合物(NO$_x$)被人吸入肺部,会导致缺氧;HC 会使人出现中毒症状;NO$_x$ 对人体呼吸道有严重危害)在排气管道中转化为无害物质。

(2)三元催化转换器的工作原理。当高温的汽车尾气通过净化装置时,三元催化转换器中的催化剂将增强 CO、HC 和 NO_x 三种气体的活性,促使其进行一定的氧化－还原化学反应,其中 CO 在高温下氧化成为无色、无毒的二氧化碳气体;HC 化合物在高温下氧化成水(H_2O)和二氧化碳;NO_x 还原成氮气和氧气。三种有害气体变成无害气体,使汽车尾气得以净化,如图 19-2 所示。

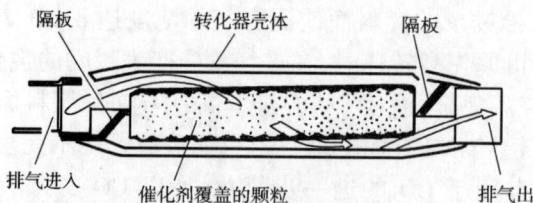

图 19-2 三元催化转换器的工作原理图

5. 我国现行汽车尾气排放标准

汽车正常运行时,CO、CO_2、O_2、HC 和 NO_x 的含量之和应为 15%～16%。

(1)怠速工况的正常排放值见表 19-1。

发动机怠速工况的正常排放值　　　　　　　　　　表 19-1

排　放　物	排放物含量	
	催化转化前	催化转化后
CO	0.8%～1.5%	<0.1%
CO_2	13%～16%	13%～16%
O_2	1%～2%	1%～2%
HC	$<300 \times 10^{-6}$	$<50 \times 10^{-6}$

(2)发动机转速在 2000r/min 时的正常排放值见表 19-2。

转速在 2000r/min 时的正常排放值　　　　　　　　表 19-2

排　放　物	排放物含量	
	催化转化前	催化转化后
CO	<0.8%	<0.1%
CO_2	13%～15%	13%～16%
O_2	1%～2%	1%～2%
HC	$<300 \times 10^{-6}$	$<50 \times 10^{-6}$

6. 废气分析仪的概述及使用(以 NHA—506 型废气分析仪为例)

1)NHA—506 型废气分析仪概述和组成

NHA—506 型废气分析仪采用不分光红外线吸收法原理,测量机动车排放中的 HC、CO 和 CO_2 的成分,用电化学电池原理测量废气中的 NO_x 和 O_2 的成分,并可根据测得的 CO、CO_2、HC 和 O_2 的成分计算出过量空气系数。如图 19-3 所示,其主要由仪器主机、嵌入式打印机、取样管、前置过滤器、短取样管、取样探头等组成。

图 19-4 所示为 NHA—506 的前面板布置。

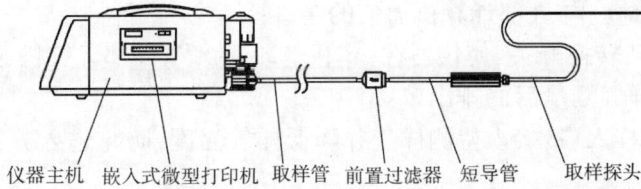

仪器主机　嵌入式微型打印机　取样管　前置过滤器　短导管　取样探头

图 19-3　NHA—506 气体分析仪的组成

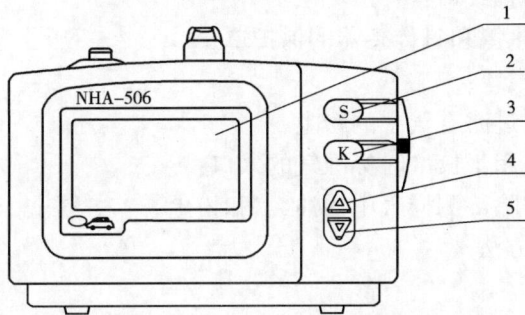

图 19-4　NHA—506 气体分析仪的前面板

前面板各部分的名称和功用如下：

1——液晶显示屏：显示操作菜单和测量数据；

2——"S"功能键：水平移动液晶显示屏上的光标，以选择所需项目；

3——"K"功能键：确认所选项目；

4——"▲"功能键：上移显示屏上的光标，选择所需项目；调节显示屏上文字、图像的对比度；校准前用于修改校准气的设定值；

5——"▼"功能键：下移显示屏上的光标，选择所需项目；其余功能同"▲"键。

图 19-5 所示为 NHA—506 的后面板布置。

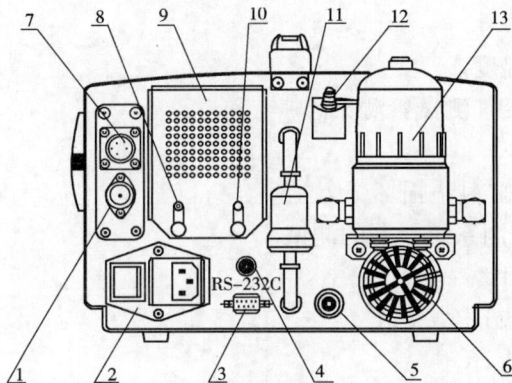

图 19-5　NHA—506 气体分析仪的后面板

后面板各部分的名称和功用如下：

1——油温信号插座：输入油温探头的信号；

2——电源插座及开关：插座用于输入 220V 交流电，开关用于接通或断开电源；

3——RS-232C 插座：与外部计算机通信的接口；

4——"通信/打印"转换开关：使仪器在"本机打印"和"与外部计算机通信"间切换；

5——主排气口：样气测量后的排出口；

6——冷却气及吸样入口：接入待测样气并降低样气温度，防止进入分析光学平台的气体产生冷凝水；

7——转速信号插座：输入转速测量钳的信号；

8——氧化氮传感器排气口；

9——传感器罩：氧化氮和氧传感器的保护罩；

10——氧传感器排气口；

11——零气过滤器：过滤空气中的粉尘；

12——标准气入口：用于校准时标准气的入口；

13——水过滤器：去除待测样气中的油、水和粉尘。

2）废气分析仪测试方法

（1）正常测试。

①起动发动机，故障灯指示应正常，使发动机达正常温度。

②发动机从怠速状态加速至 70% 额定转速，运转 60s 后降至 50% 额定转速，将取样探头插入排气管中，深度不少于 400mm，并固定在排气管上，维持 15s 后，读取 30s 内的最高值和最低值，其平均值即为高怠速污染物测量结果（对于使用闭环控制电子控制燃油喷射系统和三元催化转换器的汽车，还应同时读取过量空气系数的数值）。

③发动机从高怠速降至怠速状态 15s 后，读取 30s 内的最高值和最低值，其平均值即为怠速污染物测量结果。

④若为多排气管的车辆，取各排气管测量结果的算术平均值作为测量结果。若车辆排气管长度小于测量深度时，应使用排气加长管。

（2）汽缸与冷却水道泄漏的测试。

①打开散热器盖。

②发动机达到正常温度。

③在散热器盖口用废气测试管测试。

④读取 HC 值。

⑤若有升高，说明汽缸衬垫损坏。

（3）燃油蒸发排放控制系统泄漏的测试。

①在汽油泵处测试 HC。

②在活性炭罐处测试 HC。

③在加油口盖处测试 HC。

④在油管接头处测试 HC。

⑤在油箱密封处测试 HC。

（4）曲轴箱通风装置测试。

①发动机运转至正常温度。

②读取尾气中 CO 及 O_2 值。

③拆下 PCV 阀管路(靠近测试端)并读取尾气中 CO 及 O_2 值,CO 值将减少 1% 以上,O_2 值将升高。

④用手堵住 PCV 阀,读取 CO 及 O_2 应恢复正常。

⑤若按上述步骤检查 CO 及 O_2 值均无变动,表示 PCV 阀阻塞。

(5)三元催化转换器的测试。

①发动机运转达正常工作温度。

②加速至额定转速的 50% ,保持 2min。

③测量排气,O_2 应在 1% 左右,CO 值在 0.5% 以下,表示三效催化转换器工作正常。

④加浓混合气,O_2 值慢慢下降,CO 值增高约 0.5% ,表示系统正常。

⑤超出以上标准为不正常。

7. 尾气分析的项目和基本原则

1)尾气分析的项目

分析的参数有 CO、HC、CO_2 和 O_2 ,还有空燃比(A/F)或过量空气系数 λ。

2)废气分析的基本规则

(1)HC 和 O_2 的读数高,是由点火系统不良和过稀的混合气熄火而引起。

(2)当测试的 CO、HC 高,CO_2、O_2 低时,表明发动机工作混合气很浓。

(3)如果燃烧室中没有足够的空气(O_2)保证正常燃烧,通常情况下,CO_2 的读数和 CO、O_2 相反。燃烧越完全,CO_2 越高,其最大值在 13% ~ 16% ,此时 CO 的读数应该是 0% 或接近 0% 。

(4)废气中 O_2 的含量是最有用的诊断数据之一。O_2 的读数和其他 3 个读数一起,能帮助找出诊断问题的难点。通常,装有催化转换器的汽车的 O_2 的读数应该是 1.0% ~ 2.0% ,说明发动机燃烧很好,只有少量未燃烧的 O_2 通过汽缸。如果 O_2 的读数小于 1.0% ,则说明混合气太浓,不利于很好地燃烧。如果 O_2 的读数超过 2% ,则说明混合气太稀。如汽油滤清器堵塞、汽油压力低、喷油器阻塞、真空系统漏气、废气再物质循环(EGR)阀泄漏等都可能导致混合气过稀失火。

(5)利用功率平衡试验(根据制造厂的使用说明)和四气体排气分析仪的读数,可以指出每个缸的工作状况。在进行发动机功率平衡试验的同时,测量发动机尾气排放,如果每个缸 CO 和 CO_2 的读数都下降,HC 和 O_2 的读数都上升,且上升和下降的量都一样,则证明每个缸都工作正常。如果只有一个缸的变化很小,而其他缸一样,则表明这个缸火或(和)燃烧不正常。一个调整好的电控汽车排放量中,HC 大约为 55×10^{-6} 、CO 低于 0.5% 、O_2 为 1.0% ~ 2.0% ,CO_2 为 13% ~ 16% 。

利用四气体分析仪所检测得到的排放物数量与发动机故障的关系,见表 19-3。

四气排放状况与发动机故障　　　　　　　　　　表 19-3

CO	CO_2	O_2	HC	可能的原因
低	低	低	很高	间歇性失火、汽缸压缩压力不正常
很高	低	低	很高/高	混合气浓
很低	低	很高/高	很高/高	混合气稀

续上表

CO	CO$_2$	O$_2$	HC	可能的原因
高	正常	正常	低	点火太迟
低	正常	正常	高	点火太早
变化	低	正常	变化	EGR 阀泄漏
很低	很低	很高	很低	空气喷射系统故障
低	低	高	低	排气系统漏气

在断开空气喷射系统的条件下,利用五气体分析仪所检测到的排放物数量与发动机故障的关系,见表19-4。

五气排放状况与发动机故障综合分析　　　　　　　　　　　表 19-4

CO	CO$_2$	O$_2$	HC	NO$_x$	可能的原因
很高	很低	很低	很高	很低	节温器或冷却液温度传感器故障(发动机在冷态运转)
很低	很高	很低	很低	很高	节温器或冷却液温度传感器故障(发动机在冷态运转)
很低	很低	很高	很低	很低	三元催化转换器后漏气
很低	很高	很高	很低	中	喷油器故障,三元催化转换器工作有效
很高	很高	很高	很高	很高	喷油器故障;三元催化转换器未工作;真空泄漏;混合气浓
很高	很低	很低	低	很低	混合气浓;喷油器泄漏;功率阀泄漏;油面过高(油压高);空气滤清器过脏;燃油蒸发排放控制系统故障;PCV 阀系统故障;电控系统故障;曲轴箱被未燃汽油污染
高	很低	很低	低	很高	同上栏原因且三元催化转换器未工作
很高	很低	很高	很高	很低	混合气浓且点火系统失火
很低	很低	很高	很高	很低	混合气稀;点火失火;真空泄漏或空气流量传感器与节气门体间的管路漏气;EGR 不良,真空管安装错误;喷油器不良;氧传感器不良或故障;电控系统故障;油面过低(或汽油压力低)
低	很低	很低	低	低	汽缸压缩压力低;气门升程不足
低	很低	很低	低	很高	点火太早;高压线与地短路或开路
低	很低	很低	低	高	电控系统对真空泄漏补偿
很低	很高	很低	很低	很低	燃烧效率高且三元催化转换器工作有效

想一想

1. 电控燃油喷射(EFI)、电子控制点火提前角(ESA)的采用是否可以降低汽车的排放水平?为什么可以降低排放?

2. 如何对发动机尾气进行检测,以及根据检测结果判断发动机尾气是否正常?如果不正常,可能有什么故障?

二、实 践 操 作

1. 实践准备

（1）干净的抹布，常用工具1套、废气分析仪2台。

（2）2013款科鲁兹轿车2辆、相关的维修手册等。

2. 技术要求及注意事项

（1）要查看汽车制造厂的排放标准，使空气泵和空气喷射系统停止工作，对于装有三元催化转换器的汽车，如三元催化转换器工作正常，会减少CO和HC，故应测量未经转换的排气，将取样探头插到三元催化转换器之前，或EGR阀的排气口检测（有的厂家提供一个专用接口）。

（2）发动机暖机后才能使用尾气分析仪进行尾气检测。

（3）进行尾气检测前，应对尾气分析仪预热5min左右，并作泄漏试验和清零处理。

（4）不要在下雨、下雪、冰冻、通风不良的环境中进行尾气检测。

（5）读取测量数据前，不要让发动机怠速运转时间过长。

（6）在进行变工况测试中，要让加速踏板稳住后再读取测量数据。

（7）科鲁兹轿车的发动机在怠速工况时，排放成分的标准是：CO体积含量小于1.5%，HC体积含量小于0.06%。

3. 实践操作

一辆科鲁兹轿车，发动机怠速高，油耗大，需要检测发动机尾气。

1）记录待修车辆的情况（表19-5）

待修车辆的基本情况　　　　　　　　　　　表19-5

项　目	内　容
车辆VIN	
发动机型号	
客户反映	发动机经常熄火，用手持式汽车诊断仪调取故障码，无故障码
维修接待意见	进行发动机尾气测量

2）排气系统检查

通过目测、耳听对排气系统进行外观检查。

（1）让发动机处于怠速工况，举升汽车，重点听一听排气系统有无漏气的声音？并记录在下面空格中。

_____

（2）用工作灯检查排气管有无开口、撞伤、掉色、生锈、积碳、消声器开裂、干涉振动、隔热罩脱落等现象，并记录在下面空格中。

_____

（3）观察三元催化转换器是否过热。观察三元催化转换器的外壳是否发白或呈褐色，并记录在下面空格中。

_____

3）尾气检测

（1）连接好尾气分析仪，接上电源，预热 5min 左右。

（2）将尾气分析仪的取样管插入排气尾管，深度不少于 400mm，并固定在排气管上。

（3）打开尾气分析仪，按下测试按钮，起动发动机。观察发动机起动时各种气体的含量；将观察结果填入表 19-6 中。

发动机起动时各种气体的含量   表 19-6

气 体 名 称	含　　量	气 体 名 称	含　　量
CO		O_2	
CO_2		NO_x	
HC			

（4）继续观察各种气体含量的变化，待发动机冷却液温度正常后，将各种气体的含量记录在表 19-7 中。

发动机冷却液温度正常后各种气体的含量   表 19-7

气 体 名 称	含　　量	气 体 名 称	含　　量
CO		O_2	
CO_2		NO_x	
HC			

（5）将发动机转速提高到 2000r/min 时，观察发动机尾气中各种气体含量的变化，并将观察到的结果记录在表 19-8 中。

发动机转速提高到 2000r/min 时尾气中各种气体含量的变化   表 19-8

气 体 名 称	含　　量	气 体 名 称	含　　量
CO		O_2	
CO_2		NO_x	
HC			

（6）查阅国家现行的轻型车排放标准，对照国家标准判断检测结果是否符合国家排放标准？

_____

（7）如排放超标，试分析故障产生的原因，找出故障点并排除故障。

_____

三、学 习 拓 展

（1）发动机尾气中各气体含量可以反映发动机工作情况。有经验的维修技师可以根据尾气的检测结果推测出发动机的故障部位。尝试拆下氧传感器连接器,重新测试发动机尾气含量,将测试结果与没有拆下氧传感器连接器时的结果进行比较,分析测试结果有何区别,并说明原因。

(2)断开某一缸的高压线,观察各气体的含量,分析与没有断开高压线时的区别,并说明原因。

(3)断开一缸的喷油器连接器,观察各气体的含量,分析与没有断开高压线时的区别,并说明原因。

四、评价与反馈

1. 自我评价与反馈

(1)你能主动参与工作现场的清洁和调整工作吗?(　　　)

    A. 主动完成　　　　　　　B. 被动完成　　　　　　　C. 未完成

(2)你能正确规范地独立完成汽车尾气的测试吗?(　　　)

    A. 快速规范　　　　　　　B. 规范但不熟练　　　　　C. 不会使用

(3)写出废气分析仪的测试步骤。

_____

_____

(4)写出汽车尾气中主要有害成分各自产生的原因和影响其排放量的因素。

_____

_____

(5)你在本学习任务的学习中遇到的困难是什么?你是如何解决的?

_____

_____

签名:_____　_____年____月____日

2. 小组评价与反馈

(1)工作页的填写情况如何?(　　　)

    A. 正确且书写认真　　　B. 正确但书写潦草　　　C. 有抄袭现象

(2)是否主动参与小组讨论?(　　　)

    A. 主动　　　　　　　　　B. 被动　　　　　　　　　C. 未参与

(3)是否完成本学习任务的学习目标?(　　　)

    A. 完成且效果好　　　　B. 完成但效果不好　　　C. 未完成

(4)是否积极学习,不懂的问题是否积极向别人请教,是否积极帮助他人学习?(　　　)

    A. 积极学习　　　　　　　B. 积极请教

    C. 积极帮助他人　　　　D. 全部不积极

(5)零件、工具与油污有没有落地,有无保持作业现场的整洁?(　　　)

A. 无掉地且场地整洁　　　B. 有零件、工具掉地

C. 有油污掉地　　　　　　D. 未保持作业现场的清洁

（6）实施过程中是否注意维修质量和有责任心？（　　　）

A. 注意质量，有责任心　　B. 不注意质量，有责任心

C. 注意质量，无责任心　　D. 全无

（7）团队学习中主动和合作的情况如何？

A. 好　　　　　　　　　　B. 较好　　　　　　　　C. 一般

参与评价的同学签名：_____

_____　_____年_____月_____日

3. 教师评价

_____

教师签名：_____　_____年_____月_____日

五、技能考核标准

技能考核标准见表19-9。

技 能 考 核 标 准　　　　　　　　　　　　　　　　　表19-9

序号	项目	操作内容	规定分	评分标准	得分
1	准备	（1）清点工具、清理工位； （2）正确连接和检查废气分析仪并预热； （3）对车辆的保护	5 5 5	（1）酌情扣分； （2）酌情扣分； （3）酌情扣分	
2	检测	（1）对车辆进排气系统目测检查； （2）对车辆故障灯、冷却液温度、油温的检查； （3）用尾气分析仪测量发动机不同工况的排放气体的含量	5 5 20	（1）无此项扣5分，操作不当扣1～5分； （2）无此项扣5分，操作不当扣1～5分； （3）操作不当扣1～10分，读数不准确扣1～10分	
3	测试结果分析	对测试结果进行分析，如测试结果超出国家标准，分析故障原因，并找出故障部位和排除故障	30	（1）分析方法不当扣1～10分； （2）结果分析不正确扣1～5分； （3）不能分析故障原因扣1～10分	
4	完成时限	60min	10	（1）超时1～5min扣1～5分； （2）超时5min以上扣10分	
5	安全文明	无安全隐患，无不文明操作	5	未达标扣1～5分	
6	结束	（1）工具、量具清洁归位； （2）工作场地清洁	5 5	（1）漏一项扣1～5分，未做扣5分； （2）不彻底扣1～5分，未做扣5分	
		总分	100		

学习任务二十 可变配气正时(VVT)机构的检修

任务要求

完成本学习任务后,你应能:

1. 知道可变配气正时系统的发展与分类;

2. 明白 VVT 系统的作用、组成和工作原理;

3. 分析不同可变配气正时系统不同特点;

4. 检查凸轮轴正时机油控制阀(OCV 阀)及其电路;

5. 能进行凸轮轴位置执行器电磁阀控制电路的检修。

建议学时:8 学时。

任务描述

一辆 2016 款别克威朗(L3G 发动机)轿车,发动机怠速不稳、动力不足,油耗增加,经维修工作人员检查,诊断出智能可变气门正时系统(VVT)有故障,需对 VVT 系统各元件及其电路进行检查,以确定故障部位,并维修或更换。

一、理论知识准备

在传统的发动机上,由于凸轮轴与曲轴之间的位置关系是固定不变的,因此它的气门正时也是固定的,而在发动机工作中发动机转速、进气量、节气门的开度等是不断变化的,固定的配气相位不利于发动机低转速时的经济性和排放的控制,也影响了高转速时发动机动力性的发挥。为提高发动机的功率输出、改善发动机燃料消耗率和减少尾气排放,可变配气技术应运而生。

可变配气正时可随发动机转速、进气量的节气门开度等的变化,自动的调节进、排气门的早开角和迟闭角,使发动机获得最佳的早开角和迟闭角(即配气相位是变化的),从而有利于提高发动机的动力性和经济性,降低发动机的排放。

1. 可变配气正时系统的发展与分类

可变配气相位是现代汽车技术手段中的新技术之一。它改变了配气相位固定不变的状态,在发动机运转工况范围内提供最佳的配气正时,提高了充气系数,较好地解决了高转速与低转速、大负荷与小负荷下动力性与经济性的矛盾，在一定程度上改善了废气排放、怠速稳定性和低速平稳性，降低了怠速转速。

可变配气技术，从大类上分，包括可变气门正时和可变气门行程两大类。发动机只匹配可变气门正时，如通用别克 VVT 发动机，丰田的 VVT—i 发动机；发动机只匹配了可变气门行程，如本田的 VTEC；发动机既匹配可变气门正时又匹配可变气门行程，如丰田的 VVTL—i，本田的 i—VTEC。

2. 配气相位

随着汽车技术的发展，发动机的转速不断提高，使活塞每一行程经历的时间十分短促，只有百分之几秒甚至千分之几秒，这样短的进气或排气过程，往往会使发动机充气不足或排气不干净，从而造成发动机功率下降。因此，现代的发动机都采取气门的开启和关闭时刻不正好在活塞的上止点和下止点，而是分别提早和延迟一定的曲轴转角，以改善进、排气状况，

图 20-1　配气相位

从而提高发动机的动力性。用曲轴转角表示的进、排气门开闭时刻和开启持续时间，称为配气相位，如图 20-1 所示。

1）进气门的配气相位

（1）进气提前角。在排气行程接近终了，活塞到达上止点之前，进气门便开始开启。从进气门开始开启到上止点所对应的曲轴转角称为进气提前角（或早开角）。进气提前角用 α 表示，α 一般为 10°～30°。进气门早开，使得活塞到达上止点开始向下运动时，因进气门已有一定开度，所以可较快地获得较大的进气通道截面，减少进气阻力，从而增加进气量。

（2）进气迟后角。在进气行程下止点过后，活塞又上行一段，进气门才关闭。从下止点到进气门关闭所对应的曲轴转角称为进气迟后角（或晚关角）。进气迟后角用 β 表示，β 一般为 40°～80°。

进气迟后可以利用压力差继续进气和气惯性继续进气，从而增加进气量。

2）排气门的配气相位

（1）排气提前角。在做功行程的后期，活塞到达下止点前，排气门便开始开启。从排气门开始开启到下止点所对应的曲轴转角称为排气提前角（或早开角）。排气提前角用 γ 表示，γ 一般为 40°～80°。排气门提前开启可以利用汽缸内的废气压力提前自由排气，减少排气消耗的功率，同时高温废气的早排，还可以防止发动机过热。

（2）排气迟后角。在活塞越过上止点后，排气门才关闭。从上止点到排气门关闭所对应的曲轴转角称为排气迟后角（或晚关角）。排气迟后角用 δ 表示，δ 一般为 10°～30°。排气门推迟关闭，可以利用缸内外压力差继续排气和用惯性继续排气。

3）气门重叠及气门重叠角

（1）气门重叠。由于进气门早开而排气门晚关，因此在排气行程上止点附近出现了进、排气门同时开启的现象，这种现象称为气门重叠。

（2）气门重叠角。气门重叠过程中所对应的曲轴的转角称为气门重叠角，气门重叠角

为:$\alpha+\delta$。设置气门重叠角,可以使进入汽缸内部的新鲜气体可增加汽缸内的压力,将废气排出。

3. 可变配气正时(VVT—i)组成和工作原理

1)可变配气正时(VVT—i)的组成

VVT—i 系统由 VVT—i 控制器、凸轮轴正时机油控制阀和传感器三部分组成,如图 20-2 所示。

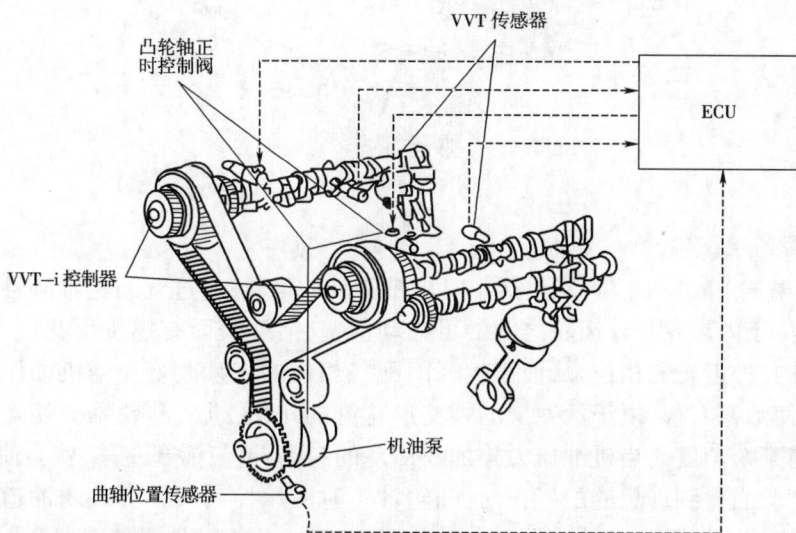

图 20-2　可变配气正时(VVT—i)的组成

VVT—i 系统控制器按安装部位不同而分成两种:一种是安装在排气凸轮轴上的,称为叶片式 VVT—i,如丰田 PREVIA(大霸王)、丰田花冠等安装此款;另一种是安装在进气凸轮轴上的,称为螺旋槽式 VVT—i,如丰田雷克萨斯 400、430 等高级轿车安装此款。两者构造有些不一样,但作用是相同的。

(1)叶片式 VVT—i 控制器由驱动进气凸轮轴的管壳和与排气凸轮轴相耦合的叶轮组成,来自提前或滞后侧油道的油压传递到排气凸轮轴上,导致 VVT—i 控制器管壳旋转以带动进气凸轮轴,连续改变进气正时。当油压施加在提前侧油腔转动壳体时,沿提前方向转动进气凸轮轴;当油压施加在滞后侧油腔转动壳体时,沿滞后方向转动进气凸轮轴;当发动机停止时,凸轮轴液压控制阀则处于最大的滞后状态。

叶片式 VVT—i 控制器的内部结构如图 20-3 所示,主要由控制器外壳、叶轮、锁止销、叶轮复位弹簧、端盖及螺栓等组成。叶轮与凸轮轴是固定的,而控制器外壳与叶轮之间不是硬连接,它们之间可以有相对运动。这一相对运动是由气门正时提前室和滞后室的容积决定的,当容积改变时,也改变了叶轮与控制器外壳之间的相对角度,从而改变了气门的配气相位,因此,当提前室容积增大,滞后室容积减小,叶轮相对于控制器外壳的运转方向与外壳的运转方向相同,凸轮轴的相位也就提前,反之亦然。

复位弹簧的作用是使叶轮(图 20-3)回到最滞后的位置,这一位置是发动机停止运转位置,此时提前室容积最小,锁止销在弹簧力作用下被推入控制器外壳的销孔内,于是外壳与叶轮处于"硬连接"，这有利于发动机正常起动，当发动机起动后，由于系统建立了油压，销止销在油压的作用下使弹簧被压缩，随之锁止销从控制器外壳销孔内脱出，于是实现对提前室和滞后室容积的控制，以实现对凸轮轴相位进行实时智能调节。

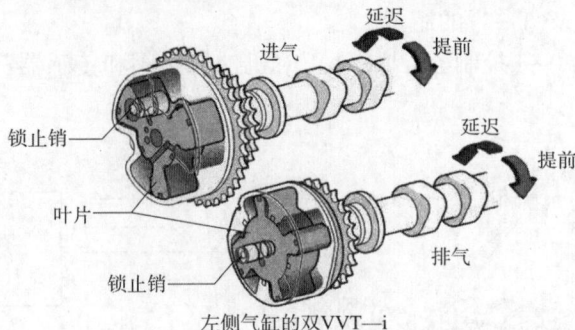

图 20-3　叶片式 VVT—i 控制器

（2）螺旋槽式 VVT—i 控制器包括正时皮带驱动的齿轮、与进气凸轮轴刚性连接的内齿轮，以及一个位于内齿轮与外齿轮之间的可移动活塞，活塞表面有螺旋形花键，活塞沿轴向移动，会改变内、外齿轮的相位，从而产生气门配气相位的连续改变。当机油压力施加在活塞的左侧，迫使活塞右移，由于活塞上的螺旋形花键的作用，进气凸轮轴会相对于凸轮轴正时皮带轮提前某个角度。当机油压力施加在活塞的右侧，迫使活塞左移，就会使进气凸轮轴延迟某个角度。当得到理想的配气正时，凸轮轴正时液压控制阀就会关闭油道使活塞两侧压力平衡，活塞停止移动。其传感器有曲轴位置传感器、凸轮轴位置传感器和 VVT 传感器。

该系统的结构如图 20-4 所示，主正时链驱动进气侧的 VVT—i 控制器外壳的链轮，外壳上的另一链轮驱动副正时链，并同时驱动排气侧 VVT—i 控制器外壳。

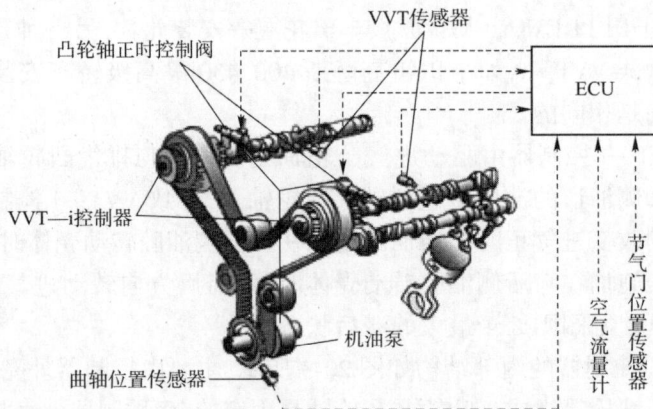

图 20-4　丰田卡罗拉双 VVT—i 发动机基本结构

2）VVT—i 工作原理

VVT—i 控制系统如图 20-2 所示，双 VVT—i 有两个凸轮轴位置传感器和两个凸轮轴正时液压控制阀。发动机 ECU 依据曲轴位置传感器、空气流量传感器和节气门位置传感器的信号确定对叶轮正时的控制指令，液压控制电磁阀根据 ECU 来的控制信号推动滑阀，如图 20-5 所示。

272

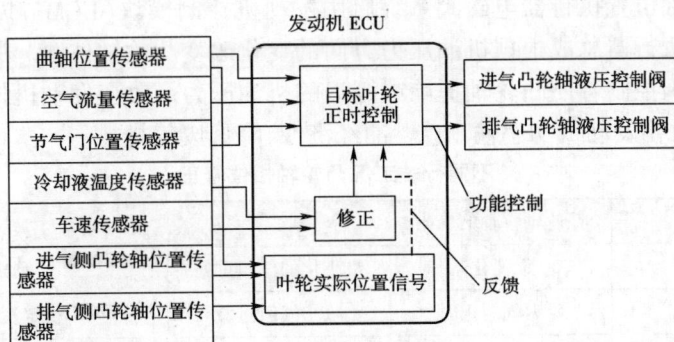

图 20-5　VVT—i 的控制原理图

压力油在滑阀的控制下有两个方向的流动,一个方向是使提前室容积增加、滞后室容积减小(图 20-6 中红色箭头所示方向),另一个方向是提前室容积减小、滞后室容积增加(图 20-6 中蓝色箭头所示方向),前者配气相位提早,后者配气相位推迟。当 ECU 判断不需要调整配气相位时,滑阀处于中间状态,压力油不流动,提前室与滞后室容积不变,凸轮轴相位也不变。

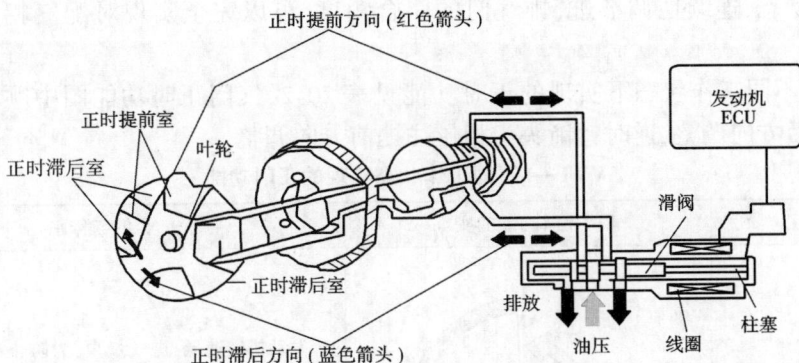

图 20-6　发动机 ECU 对 VVT—i 压力油流向的控制

由于各种 VVT—i 控制器对凸轮轴位置的控制不一定准确地把凸轮轴位置调整到与气门相应的理想位置。因此,凸轮轴位置传感器的作用就是检测凸轮轴的实际位置,并把这一位置信号反馈给 ECU,对目标叶轮正时进行控制,使凸轮轴的位置精确地处于理想的相位。与此同时,ECU 还把冷却液温度传感器和车速传感器信号作为修正信号,也对目标叶轮进行修正控制(图 20-7),以根据发动机工作状态实时地对正时相位进行调整。

发动机在运行时,进气凸轮轴位置执行器电

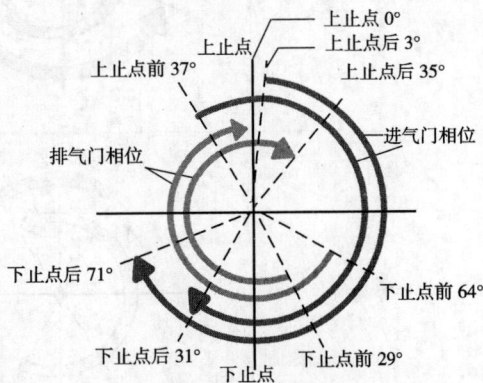

图 20-7　双 VVT—i 的配气相位

磁阀和排气凸轮轴位置执行器电磁阀系统启用发动机控制模块（ECM）以改变凸轮轴的正时。凸轮轴位置执行器总成根据机油压力方向的变化改变凸轮轴位置。进气和排气凸轮轴位置执行器电磁阀控制着使凸轮轴提前或延迟的机油压力。改变发动机指令修正凸轮轴正时（表20-1），以改善发动机功率输出、燃油经济性，降低废气排放。

不同行驶工况凸轮轴相位修正　　　　　　　　　　表20-1

行 驶 状 态	凸轮轴位置的变化	目　　标	结　　果
急速	无变化	最小化的气门重叠	稳定的急速
发动机低负荷	延迟气门正时	减小气门重叠	稳定发动机的输出
发动机中度负荷	提前气门正时	增加气门重叠	在达到低排放的情况下，获得更佳的燃油经济性
在高负荷低转速的情况下	提前气门正时	提前进气门的关闭	改善低-中负荷内的转矩
在高负荷高转速的情况下	延迟气门正时	延迟进气门的关闭	改善发动机的输出

4. 可变配气相位（VVT—i）的工作过程

双VVT—i的配气相位如图20-7所示，能同时对进、排气门的开启和关闭正时进行控制，也就是能控制进、排气门打开和关闭的最大提前角和最大迟闭角。这一系统根据发动机不同的工作状态，连续地调节进、排气门的闭合角度，可以完全实现对配气相位进行智能调整。

VVT—i不同工作状态下实现的正时功能见表20-2，气门正时功能图中顺时针箭头表示往相位滞后方向调整，逆时针箭头为相位往提前方向调整。

VVT—i不同工作状态实现的正时功能　　　　　　　表20-2

工 作 状 态	气门正时功能的实现	目的与作用
在急速、轻载、低温和起动时		发动机转速低，进气量少，为防止出现缸内新鲜充量向进气管内的倒流，双VVT—i控制进气门相位滞后，排气门相位提前，即减小了进排气门的叠开角，以便稳定燃烧，增加低速转矩，提高燃油经济性和环保性
中等载荷		发动机工作在中等负荷，属于常用工况，为了降低 NO_x 排放，双VVT—i控制提早进气门开启角，推迟排气门关闭角，其目的是让部分废气倒流入进气管，降低了进入到汽缸内的氧含量和混合气的燃烧温度，从而降低 NO_x 的排放；另一方面，这一配气相位的好处也能降低进气损失，改善燃油经济性

续上表

工 作 状 态	气门正时功能的实现	目的与作用
高速、重载		发动机工作在这一工况时,由于发动机转速较高,相当于发动机的换气时间缩短,因此,Dual VVT—i控制排气门开启角度提前,同时应推迟进气门迟闭角,以最大限度地利用高转速时的气流惯性,充分进行过后充气,提高充气效率,满足发动机高速时动力性的要求
低中转速、大负荷		发动机转速低、负荷大,双VVT—i控制排气相位,使之适当推迟,即排气门开启角D推迟,同时控制进气门相位提前,即减小进气迟闭角,这样可提高充气效率,减小泵气损失,使发动机获得最大转矩

想一想

1. VVT—i可变气门正时系统出故障后,发动机有何症状?
2. VVT—i的EGR效应指的是什么?

二、实 践 操 作

1. 实践准备

干净的抹布及厚棉布、常用工具、2016款别克威朗(L3G发动机)试验台2台、2016款别克威朗整车1辆、汽车解码器1台、数字式万用表1只、压缩空气及气枪2把、相关的维修手册等。

2. 技术要求及注意事项

(1)检查凸轮轴VVT—i控制器锁销:将凸轮轴包上厚棉布,防止台虎钳夹伤凸轮轴。

(2)检查进气凸轮轴VVT—i控制器动作时,气枪施加的气压为0.15MPa,气压不可太高;给正时油路减压时,减压应缓慢,以防转动冲击损坏锁销。

(3)应使用数字式万用表检查转速传感器、凸轮轴传感器等的内阻。

3. 实践操作

1)记录待修车辆的基本信息(表20-3)

待修车辆基本信息　　　　　　　　　　　　　　表 20-3

项　目	内　容
车辆型号（VIN）	
发动机型号	
客户反映	急速不稳、动力不足，油耗增加
维修建议	检查 VVT—i 可变气门正时系统

2）可变配气正时（VVT—i）机械故障检查检查

（1）检查正时标记。检查正时标记如图 20-8 所示，注意正时链是否松动或跳齿。

（2）检查进气凸轮轴 VVT—i 控制器总成。

①检查凸轮轴 VVT—i 控制器锁销。

将凸轮轴包上厚布夹紧在台虎钳上，转动控制器壳，锁销应能锁紧正时齿轮和凸轮轴。

②控制器动作测试。

如图 20-9 所示，堵住凸轮轴第一道轴颈上的两个提前油道孔和两个滞后油道孔中的一个，用两把气枪向另外两个提前和滞后油道孔施加 0.15MPa 的气压（注意：气压不可太高）。先给正时滞后油路减压，外壳（链轮）应能向凸轮轴正时提前的反方向平滑转动，无卡滞现象；再给滞后油路增压，给提前油道减压（减压应缓慢，以防转动冲击损坏锁销），外壳（链轮）应能向凸轮轴正时滞后的反方向平滑转动，无卡滞现象。

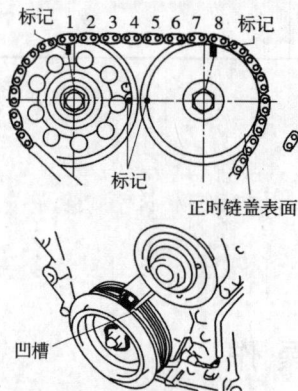

图 20-8　正时标记

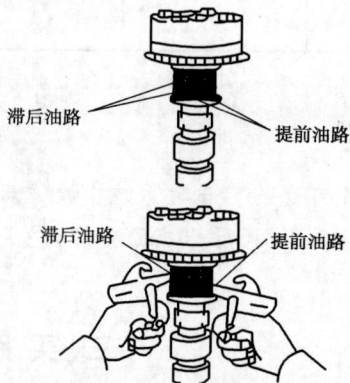

图 20-9　控制器动作的测试

（3）压力油控制阀、机油滤清器及油道检查。压力油控制阀机油滤清器及油道过脏会引起控制器卡滞，应进行彻底清洗。

3）VVT—i 电控系统故障检测方法

先连接手持式发动机检测仪，读取故障码和相关数据。如果发动机 ECU 检测到压力油控制阀电路短路或断路时，将会存储故障码，并将车辆和驾驶条件信息记录为定格数据，同时点亮组合仪表中的故障指示灯。排除故障时，首先检查导线插接器是否松动，插脚是否脏污、锈蚀，接线是否断脱，然后用万用表进一步检测。当出现实际气门正时与电脑存储的该工况下的配气正时不符时，故障指示灯不亮，但有故障码存储，这时应着重检查机械部分。

（1）读取故障码。用手持式发动机检测仪读取故障码，VVT—i 可变气门正时系统诊断故障码见表 20-4。

VVT—i 可变气门正时系统诊断故障码 表 20-4

故障码	故障灯状态	是否存储故障码	故 障 原 因	故 障 部 位
P0010	亮	是	压力油控制阀电路短路或断路	压力油控制阀电路短路或断路;压力油控制阀;ECU
P0011	灭	是	气门正时过于提前(发动机暖机后,转速达 500~4000r/min 时,无可变气门正时提前功能)	气门正时;压力油控制阀;凸轮轴正时齿轮总成(正时记号、链条松动或跳齿);机油过脏造成卡滞;ECU
P0012	灭	是	气门正时过于滞后(发动机暖机后,转速达 500~4000r/min 时无可变气门正时滞后功能)	气门正时;机油控制阀;凸轮轴正时齿轮总成(正时记号、链条松动或跳齿);机油过脏造成卡滞;ECU
P0016	灭	是	曲轴位置传感器和凸轮轴位置传感器信号对应有偏差	正时记号;正时链条跳齿,链条磨损、拉长;ECU

(2)VVT—i 各传感器的检测。用万用表检测转速传感器,其电阻值应为 1.34kΩ;检测凸轮轴位置传感器,其电阻值应为 2.08kΩ。

(3)压力油控制阀。

①内阻及连接导线的检查。如图 20-10 所示,拔下压力油控制阀导线插接器,测量其电阻应为 7~8Ω,电磁阀导线插接器至 ECU 相应端子间导线的电阻应小于 1Ω,各端子至车身搭铁间的电阻应大于 10kΩ。

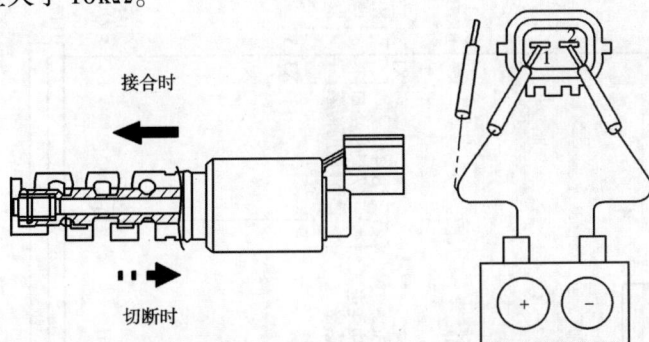

图 20-10　压力油控制阀检查

②移动情况的检查。将蓄电池正极接至端子 1,负极接至端子 2,观察阀的移动情况,应移动灵活,无阻卡现象。

(4)凸轮轴位置执行器电磁阀控制电路的检测。运行故障诊断码的条件:点火开关置于运行或起动位置;点火电压介于 11~32V 之间;在点火循环中,发动机控制模块指令进气凸轮轴位置执行器电磁阀和排气凸轮轴位置执行器电磁阀通电和断电至少一次。满足上述条件并持续 1s 以上,DTC P0010 和 P0013 将持续运行。

如果该故障是间歇性故障,在发动机运行时,移动相关的线束和连接器,同时用故障诊断仪监测部件的电路状态参数。如果电路或连接有故障,则电路状态参数将从"OK(正常)"或"not run(未运行)"转变为"fault(故障)"。

注意:发动机机油油位和机油压力对凸轮轴位置执行器系统的正常工作至关重要。在继续本诊断前,确认发动机机油油位和机油压力正常。

①查阅维修手册,识读可变配气正时(VVT—i)与 ECU 连接线路图,如图 20-11 所示。

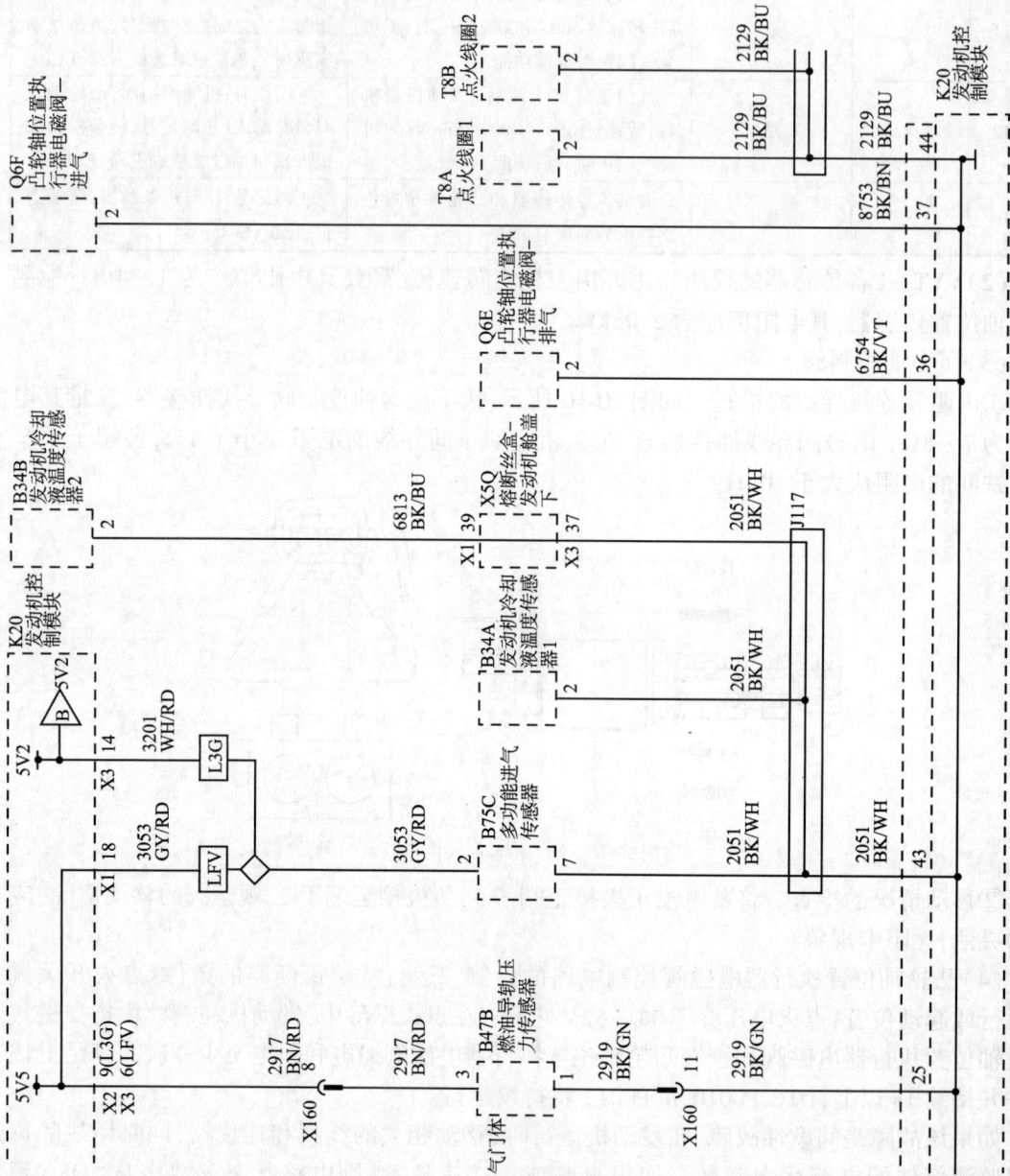

图 20-11 可变配气正时（VVT—i）与 ECU 连接线路图

②将点火开关置于"OFF（关闭）"位置并关闭所有车辆系统,断开相应的 Q6F 进气凸轮轴位置执行器电磁阀或 Q6E 排气凸轮轴位置执行器电磁阀的线束连接器,可能需要 2min 才能让所有车辆系统断电。

③测试搭铁电路端子 1 和搭铁之间的电阻是否小于 10Ω。

如果等于或高于 10Ω,将点火开关置于"OFF（关闭）"位置。测试搭铁电路端对端的电阻是否小于 2Ω。如果为 2Ω 或更大,则修理电路中的开路/电阻过大。如果小于 2Ω,则修理搭铁连接中的开路/电阻过大故障。

④如果搭铁电路端子 1 和搭铁之间的电阻小于 10Ω,在控制电路端子 2 和 B + 之间连接一个数字式万用表,设定为二极管挡。

⑤将点火开关置于"ON（打开）"位置。

⑥用故障诊断仪指令进气凸轮轴位置执行器电磁阀或排气凸轮轴位置执行器电磁阀 "OFF（断开）"。数字式万用表读数应高于 2.5V 或显示"O. L（过载）"。

如果等于或小于 2.5V,将点火开关置于"OFF（关闭）"位置,断开 K20 发动机控制模块的线束连接器,再将点火开关置于"ON（打开）"位置。测试控制电路和搭铁之间的电压是否低于 1V。

如果是 1V 或更高,则修理电路上的对电压短路故障。

如果低于 1V,将点火开关置于"OFF（关闭）"位置。测试控制电路和搭铁之间的电阻是否为无穷大。

如果电阻不为无穷大,则修理电路上的对搭铁短路故障。

如果电阻为无穷大,则更换 K20 发动机控制模块。

⑦如果高于 2.5V 或显示"O. L（过载）",当使用故障诊断仪指令进气凸轮轴位置执行器电磁阀或排气凸轮轴位置执行器电磁阀接通时,确认数字式万用表读数低于 1V。

如果等于或高于 1V,点火开关置于"OFF（关闭）"位置,断开 K20 发动机控制模块的线束连接器。测试控制电路端对端的电阻是否小于 2Ω。

如果为 2Ω 或更大,则修理电路中的开路/电阻过大。

如果小于 2Ω,则更换 K20 发动机控制模块。

⑧如果低于 1V,测试或更换相应的 Q6F 进气凸轮轴位置执行器电磁阀或 Q6E 排气凸轮轴位置执行器电磁阀。

(5)凸轮轴位置执行器电磁阀测试(静态测试)方法。

①将点火开关置于"OFF（关闭）"位置,断开相应的 Q6F 进气凸轮轴位置执行器电磁阀或 Q6E 排气凸轮轴位置执行器电磁阀的线束连接器。

②测试控制端子 2 和低电平参考电压端子 1 之间的电阻是否为 7 ~ 12Ω。

如果不在 7 ~ 12Ω 之间,更换相应的 Q6F 进气凸轮轴位置执行器电磁阀或 Q6E 排气凸轮轴位置执行器电磁阀。

③如果在 7 ~ 12Ω 之间,测试各个端子与相应的 Q6F 进气凸轮轴位置执行器电磁阀的壳体/外壳或 Q6E 排气凸轮轴位置执行器电磁阀的壳体/外壳之间的电阻是否为无穷大。

④如果电阻不是无穷大,更换相应的 Q6F 进气凸轮轴位置执行器电磁阀或 Q6E 排气凸轮轴位置执行器电磁阀。

⑤如果电阻为无穷大,全部正常。

三、学习拓展

1. CVVT(连续可变的气门正时系统)

韩国的汽车工业一向不以技术先进闻名,所以所用技术也多是借鉴了德、日等国的经验,而CVVT正是在 VVT—i 和 i—VTEC 的基础上研发而来。以现代汽车的 CVVT 发动机为例,它能根据发动机的实际工况随时控制气门的开闭,使燃料燃烧更充分,从而达到提升动力、降低油耗的目的。但是 CVVT 不会控制气门的升程,也就是说这种发动机只是改变了吸、排气的时间。

2. VVT—i(智能可变配气正时系统)

VVT—i 是丰田独有的发动机技术,已十分成熟,近年国产的丰田轿车,包括新款的威驰等大都装配了 VVT—i 系统。与本田汽车的 VTEC 原理相似,该系统的最大特点是可根据发动机的状态控制进气凸轮轴,通过调整凸轮轴转角对配气时机进行优化,以获得最佳的配气正时,从而在所有速度范围内提高转矩,并能改善燃油经济性,从而有效提高了汽车性能。

3. VTEC(可变气门配气相位和气门升程电子控制系统)

由本田汽车开发的 VTEC 是世界上第一款能同时控制气门开闭时间及升程两种不同情况的气门控制系统,现在已演变成 i—VTEC。i—VTEC 发动机与普通发动机最大的不同是:中低速和高速会用两组不同的气门驱动凸轮,并可通过电子系统自动转换。此外,发动机还可以根据行驶工况自动改变气门的开启时间和提升程度,即改变进气量和排气量,从而达到增大功率、降低油耗的目的。

四、评价与反馈

1. 自我评价与反馈

(1)你能主动参与工作现场的清洁和调整工作吗?(　　　)

    A. 主动完成　　　　　　B. 被动完成　　　　　　C. 未完成

(2)你能正确规范地完成可变配气正时(VVT—i)的检修吗?(　　　)

    A. 快速规范　　　　　　B. 规范但不熟练　　　　　C. 不会使用

(3)写出检查可变配气正时(VVT—i)的检测步骤与检查工具。

_____

_____

_____

_____

(4)你在本学习任务的学习中遇到的困难是什么?你是怎样解决的?

_____

_____

签名:_____　_____年____月____日

2. 小组评价与反馈

（1）工作页的填写情况如何？（　　　）

　　A. 正确且书写认真　　　B. 正确但书写潦草　　　C. 有抄袭现象

（2）是否主动参与小组讨论？（　　　）

　　A. 主动　　　　　　　　B. 被动　　　　　　　　C. 未参与

（3）是否完成本学习任务的学习目标？（　　　）

　　A. 完成且效果好　　　　B. 完成但效果不好　　　C. 未完成

（4）是否积极学习，不懂的问题是否积极向别人请教，是否积极帮助他人学习？（　　　）

　　A. 积极学习　　　　　　B. 积极请教

　　C. 积极帮助他人　　　　D. 全部不积极

（5）零件、工具与油污有没有落地，有无保持作业现场的整洁？（　　　）

　　A. 无掉地且场地整洁　　B. 有零件、工具掉地

　　C. 有油污掉地　　　　　D. 未保持作业现场的清洁

（6）实施过程中是否注意维修质量和有责任心？（　　　）

　　A. 注意质量，有责任心　B. 不注意质量，有责任心

　　C. 注意质量，无责任心　D. 全无

（7）团队学习中主动与合作的情况如何？

　　A. 好　　　　　　　　　B. 一般　　　　　　　　C. 不好

参与评价的同学签名：

_____

_____　　　　　年_____月_____日

3. 教师评价

_____

_____

_____

教师签名：_____　_____年_____月_____日

五、技能考核标准

技能考核标准见表20-5。

技 能 考 核 标 准　　　　　　　　　　　　表20-5

序号	项目	操作内容	规定分	评分标准	得分
1	准备	(1)清点工具、清理工位； (2)打开并支撑发动机罩； (3)安装汽车保护罩	5 5 5	(1)酌情扣分； (2)酌情扣分； (3)酌情扣分	
2	检测	(1)VVT—i系统外观目测； (2)读取发动机故障码；	5 5	(1)无此项扣5分，操作不当扣1~5分； (2)无此项扣5分，操作不当扣1~5分；	

序号	项目	操作内容	规定分	评分标准	得分
2	检测	(3)检查正时标记是否对准、正时链是否松动、跳齿; (4)检查凸轮轴VVT—i控制器总成; (5)检查凸轮轴正时机油控制阀(OCV阀); (6)检查凸轮轴位置执行器电磁阀控制电路; (7)检测VVT—i各传感器; (8)检查油压控制阀滤清器是否堵塞	5 10 10 5 5 5	(3)无此项扣5分,操作不当扣1~10分; (4)无此项扣5分,操作不当扣1~10分; (5)无此项扣5分,操作不当扣1~10分; (6)无此项扣5分,操作不当、测量数据; (7)不准扣1~10分; (8)无此项扣5分,操作不当扣1~10分	
3	拆装	(1)会拆装正时链条; (2)会拆装凸轮轴VVT—i控制器总成	5 5	(1)操作不当扣1~5分; (2)操作不当扣1~5分	
4	完成时限	50min	10	(1)超时1~5min扣1~5分; (2)超时5min以上扣10分	
5	安全文明	无安全隐患,无不文明操作	5	未达标扣1~5分	
6	结束工作	(1)工具、量具清洁归位; (2)工作场地清洁	5 5	(1)漏一项扣1~3分,未做扣5分; (2)不清洁扣1~3分,未做扣3分	
总分			100		

附 录 发动机故障诊断工作页

故障问诊		
项目	7作业记录内容	备注
一、前期准备	（不需要填写）	
二、安全检查	（不需要填写）	
三、仪器连接	（不需要填写）	
四、故障现象确认	故障1： 故障2：	※确认故障症状并记录症状现象
五、模块通信状态及故障码检查	故障1： 故障2：	
六、正确读取数据和清除故障码	1.反映故障现象的主要数据 故障1（有故障码或显性故障现象）： 故障2（有故障码或显性故障现象）：	※如果没有故障码或无动态数据则无须填写

故障1表格：

项 目	数 值	单 位	判 断

故障2表格：

项 目	数 值	单 位	判 断

项目	作业记录内容	备注
六、正确读取数据和清除故障码	2. 清除故障码 3. 确认故障码是否再次出现，并填写结果	※如果没有故障码或无动态数据则无需填写
七、确定故障范围	故障1： 故障2：	
八、基本检查	线路/连接器外观及连接情况　□ 正常　□ 不正常 零件安装等　□ 正常　□ 不正常	※不拆装

九、部件测试

故障1：

部　件	检查或测试后的判断结果	
	□ 正常	□ 不正常
	□ 正常	□ 不正常
	□ 正常	□ 不正常
	□ 正常	□ 不正常
	□ 正常	□ 不正常
	□ 正常	□ 不正常

故障2：

部　件	检查或测试后的判断结果	
	□ 正常	□ 不正常
	□ 正常	□ 不正常
	□ 正常	□ 不正常
	□ 正常	□ 不正常
	□ 正常	□ 不正常

十、电路测量

故障1：

线路范围	检查或测试后的判断结果	
	□ 正常	□ 不正常
	□ 正常	□ 不正常
	□ 正常	□ 不正常
	□ 正常	□ 不正常
	□ 正常	□ 不正常
	□ 正常	□ 不正常

备注：※注明插件代码和编号，控制单元针脚代号以及测量结果

续上表

项目	作业记录内容	备注
十、电路测量	故障2： 	线路范围	检查或测试后的判断结果	
	□ 正常	□ 不正常
	□ 正常	□ 不正常
	□ 正常	□ 不正常
	□ 正常	□ 不正常
	□ 正常	□ 不正常
	□ 正常	□ 不正常
	□ 正常	□ 不正常
	□ 正常	□ 不正常		※注明插件代码和编号，控制单元针脚代号以及测量结果
十一、故障部位确认和排除	确定的故障与排除处理： 	故障类型	确认的故障位置	排除处理说明
线路故障	故障1：	□ 更换　□ 维修　□ 调整
	故障2：	□ 更换　□ 维修　□ 调整
元件故障	故障1：	□ 更换　□ 维修　□ 调整
	故障2：	□ 更换　□ 维修　□ 调整
其他		□ 更换　□ 维修　□ 调整		
十二、维修结果确认	1.维修后故障码读取，并填写读取结果 2.与原故障码相关的动态数据检查结果 3.维修后的功能操作确认并填写结果	※表中项目检查有内容时填写检查结果，如果没有时填写"无"
十三、现场恢复	（不需要填写）	

参 考 文 献

［1］朱军,等.汽车发动机常见维修项目实训教材［M］.北京:人民交通出版社,2010.

［2］黄英超.汽车发动机构造与维修［M］.北京:机械工业出版社,2017.

［3］仇雅莉.汽车故障诊断技术［M］.4 版.北京:电子工业出版社,2014.

［4］岳杰.发动机常见维修项目实训教材［M］.北京:人民交通出版社,2009.

［5］朱军.汽车故障论断方法［M］.北京:人民交通出版社,2008.

［6］杜文锁,冯斌.汽车故障诊断与检测技术［M］.北京:化学工业出版社,2016.

［7］张敏.汽车发动机机械系统检修［M］.北京:机械工业出版社,2017.

［8］姚秀驰.汽车发动机电器与控制系统检修［M］.北京:人民交通出版社股份有限公司,2017.

［9］李维东.汽车电控发动机检修［M］.北京:人民交通出版社,2016.

［10］蒋红梅,吴国强.汽车检测与诊断技术［M］.北京:人民交通出版社股份有限公司,2017.

［11］都来学汽车学习平台 http://www.doulaixue.com.cn/ComputerHome.

［12］上海通用汽车有限公司别克威朗维修手册.

［13］一汽大众汽车有限公司迈腾维修手册.

［14］上海通用汽车有限公司科鲁兹维修手册.

［15］一汽丰田汽车有限公司卡罗拉维修手册.